D1146351

Lance Armstrong

John Wilcockson

Lance Armstrong

*Het openhartige verhaal van
de grootste kampioen ter wereld*

VERTAALD DOOR GIES AALBERTS,
EDWIN KRIJGSMAN EN ERIK DE VRIES

Het Sporthuis

UITGEVERIJ DE ARBEIDERSPERS/HET SPORTHUIS
AMSTERDAM · ANTWERPEN

Uitgeverij De Arbeiderspers stelt alles in het werk om op milieuvriendelijke en duurzame wijze met natuurlijke bronnen om te gaan. Bij de productie van dit boek is gebruikgemaakt van papier dat het keurmerk van de Forest Stewardship Council (FSC) mag dragen. Bij dit papier is het zeker dat de productie niet tot bosvernietiging heeft geleid.

Eerste druk juli 2009
Derde druk augustus 2009

Copyright © 2009 John Wilcockson
Copyright Nederlandse vertaling © 2009 Gies Aalberts/Edwin Krijgsman/
Erik de Vries/BV Uitgeverij De Arbeiderspers, Amsterdam
Oorspronkelijke titel: *Lance Armstrong. A Candid Portrait of the Greatest
Champion in the World*
Oorspronkelijke uitgave: Da Capo Press, Philadelphia PA

Omslagontwerp: Steven van der Gaauw
Omslagfoto: © Corbis / Outline

ISBN 978 90 295 7150 0 / NUR 480

www.arbeiderspers.nl
www.uitgeverijhetsporthuis.nl

Voor Fabio, die met een glimlach op zijn gezicht stierf op zijn fiets
Voor Rene en Rita, hun enthousiasme en inspiratie

Inhoud

Voorwoord

'Hé, John, ik zit op Twitter om mensen te laten weten dat we een interview doen. Hoeveel Tours heb jij verslagen?'

'Veertig,' antwoord ik.

'Ze zullen versteld staan,' zegt de zevenvoudige winnaar van diezelfde Tour de France.

Hij maakt nu zelf deel uit van de geschiedenis van die wielerwedstrijd, maar Lance Armstrong wil altijd méér weten; ik vertel hem een verhaal over een van de legendarische Tourhelden.

'Van de eerste Tour waar ik bij was, in 1963, is mijn meest levendige herinnering dat ik aan de finish in Chamonix sta. Het was de laatste dag in de bergen, en Jacques Anquetil won de etappe en nam de gele trui over. Op weg naar het podium liep hij pal voor me langs. Het regende pijpestelen en toen hij ongeveer anderhalve meter van me af was, haalde hij een kam uit zijn achterzak en haalde die door zijn natte, blonde haar. Hij leek net een filmster.'

Anquetil was de eerste die de Tour de France vijf keer won. De daaropvolgende dertig jaar evenaarden drie andere Europeanen dat record, waarna een Amerikaan met een grote mond, die een ongepolijst talent bezat en geen respect voor tradities en geen grenzen kende, zijn opwachting maakte. Lance heeft, net als Anquetil, een forse borstkas en lange, dunne benen, en hij is razendsnel op de fiets. Maar daar houden de overeenkomsten ook op. Lance wist niet eens dat profwielrennen bestond toen hij opgroeide in een buitenwijk van Plano, Texas.

Vandaag de dag kent iedereen het heroïsche verhaal over een wielrenner die kanker overleefde en vervolgens meerdere keren 's werelds zwaarste etappekoers won. Het is een verhaal dat miljoenen

9

mensen over de hele wereld heeft geïnspireerd en de aanzet heeft gegeven tot een beweging die de ziekte kanker over de hele wereld onder de aandacht heeft gebracht. Maar niet veel mensen weten dat deze vroeger zo branieachtige jonge Texaan uit een bescheiden milieu komt, opgroeide in een football-cultuur en zich naar de top werkte van een zeer on-Amerikaanse sport – nog voor er bij hem kanker werd vastgesteld.

Met een enorme wilskracht ging Lance de uitdaging van de ziekte kanker aan, zoals hij dat later met de uitdaging van de Tour zou doen: in samenwerking met een groep vrienden, experts en adviseurs om de beste oplossingen te vinden voor de grootste uitdagingen. Die aanpakte stelde hem, samen met een ongekende toewijding en discipline, in staat om een aardverschuiving teweeg te brengen in een sport die de mooiste maar ook de zwaarste ter wereld wordt genoemd. En door zeven Tours in zeven jaar te winnen, iets wat nooit eerder was gebeurd, wierp Lance zich op als de allergrootste sporter aller tijden.

Wie komt er nog meer in aanmerking voor die titel? Die vraag stelde ik mij al op heel jonge leeftijd.

Ik groeide op in het naoorlogse Engeland, waar de bevolking verstrooiing vond in het kijken naar sport, en mijn broer en ik werden sportverslaafd. We hadden voortdurend discussies over wie de beste dit of de beste dat was in iedere denkbare sport. We speelden voetbal op straat en cricket, we renden door de bossen, beklommen wat wij dachten dat bergen waren, en fietsten uiteindelijk naar Europa en de Tour de France.

Onze ouders namen ons mee naar Londen, waar we veel van die topsporters zagen over wie we het hadden. We zagen het Engelse cricketteam tegen Australië, Zuid-Afrika en Brits West-Indië spelen. We zagen de cricketlegende Don Bradman en lazen over hem, en we stelden ons de vraag hoe hij zich verhield tot de Amerikaanse honkbalsterren Babe Ruth en Ty Cobb. We gingen naar onze mythische landgenoot op de mijl, Roger Bannister, kijken, en naar de Australische tennisster Ken Rosewall. Voordat er tv kwam hoorden we op onze krakende radio het liveverslag van het boksduel om het wereldkampioenschap tussen Joe Louis en Rocky Marciano, en Formule 1-races waaraan de Argentijn Juan Manuel Fangio meedeed. We waren fanatieke fans van het plaatselijke voetbalteam en diep onder de indruk van het talent van de onsterfelijke Pelé.

Kon een van hen aanspraak maken op de titel allergrootste sporter aller tijden?

Vandaag de dag zijn het voetballers die als de belangrijkste kandidaten daarvoor doorgaan. Michael Jordan bracht een heel land in vervoering door zijn wil om te winnen en zijn uitgesproken talent. Pelé had een heel veld onder controle door zijn unieke balbehandeling, zijn snelheid en zijn vermogen om fantastische doelpunten te scoren. Tiger Woods kan een golfballetje spectaculairder driven, chippen en putten dan wie ook vóór hem. Ruth domineerde het honkbal in zijn tijd, en cricketer Bradman gebruikte, net als Ruth, zijn slaghout genadelozer dan ooit het geval was geweest in zijn sport. Andere gegadigden zijn Mohammed Ali, die zijn sport met een combinatie van sterallures, voetenwerk en stoten naar een bovenaards niveau tilde, hardloper Haile Gebrselassie, die – werkelijk ongelooflijk – op nagenoeg iedere afstand een wereldrecord neerzette, van de vijfduizend meter tot en met de marathon, en formule 1-coureur Michael Schumacher, die het recordaantal van zeven wereldkampioenschappen behaalde.

Al deze sporters zetten duizelingwekkende prestaties neer, maar weinigen van hen wonnen de belangrijkste titel in hun sportdiscipline vaker dan een handvol keren, en geen van hen deed mee aan een zo zware beproeving als de Tour de France – die fysiek, mentaal en emotioneel zó veeleisend is dat hij zelfs sadistisch is genoemd. In 23 dagen onderwerpen de renners zich aan een uithoudingstest van olympische allure, waarbij ze met duizelingwekkende snelheid zo'n vijfduizend kilometer afleggen. Daarbij moeten ze het opnemen tegen zware zijwinden op het vlakke, moeten ze als adelaars over tientallen bergpassen heen en dalen ze af met onmenselijke snelheden. Hun lichaam moet bestand zijn tegen ijskoude regen en verzengende hitte, en een op de vier renners die aan de start verschijnen krijgt te maken met een valpartij, verwonding of ziekte.

Profwielrennen is een van de weinige sporten waarbij gestreden wordt door teams, maar waar vervolgens sprake is van een individuele winnaar. Een puur talent kan de Tour winnen, maar om dat jaar na jaar te herhalen, dat vereist een ander soort sportperfectie. Lance liet zien dat hij over alle eigenschappen en vaardigheden beschikt die je bij een topsporter maar kunt verwachten; de techniek waar hij gebruik van maakte, de manier waarop hij met zijn lichaam omging, de allernieuwste trainingsmethoden die hij gebruikte. Bovendien maakte hij zich een aantal leidinggevende vaardigheden eigen die hem in staat stelden om de sterkste Tourploeg in honderd jaar samen te stellen, te prepareren en aan te voeren. Die prestaties hebben er, samen met het grenzeloze zelfvertrouwen waarmee hij alles wat hem in de weg stond te lijf ging, voor gezorgd dat Lance een grotere, overtuigender kampioen is dan welke van de vijfvoudige Tourwinnaars ook, inclusief de eerste blonde wielersuperster, Jacques Anquetil, begin jaren zestig.

In dit verhaal van Lance komen al die mensen voor die een rol hebben gespeeld in zijn leven en die hem in staat hebben gesteld om de vaardigheden, de kennis en het zelfvertrouwen te vergaren waar hij tijdens zijn sportcarrière en zijn leven als icoon blijk van heeft gegeven. Ieder van hen kwam – en misschien moest het wel zo zijn – in zijn leven op het moment dat Lance hem of haar het meest nodig had, en hielp hem om te groeien, zijn top te bereiken, en uiteindelijk de grootste sporter aller tijden te worden.

Proloog Zomaar een idee

12 Augustus 2008. Het is twee weken na de Tour de France. Ik zat achter mijn laptop te lunchen toen er een e-mailtje van 'Lance Armstrong' op het scherm verscheen. Het onderwerp was: 'Chat.' Nieuwsgierig klikte ik het open en las: 'John, heb je even tijd om met Bill en mij te chatten? Bedankt, L.' Bill zou wel Bill Stapleton zijn, zijn zakenpartner en vriend. Ik had geen idee waar ze het over wilden hebben en was benieuwd. De laatste keer dat ik contact met Lance had gehad, was vóór de Tour. Het was in juni, toen hij als reactie op een van mijn vragen voor dit boek antwoordde: 'Sorry dat ik zo laat reageer, ik zit met de kinderen in Santa Barbara (om de hitte te ontlopen!) lekker niks te doen...'

Lekker op het strand liggen, dat was wat hij naar eigen zeggen zou gaan doen nadat hij drie jaar eerder met wielrennen was gestopt. Nadat hij in 2005 de laatste tijdrit had gewonnen, de dag voorafgaand aan de slotetappe naar Parijs – waar hij zijn profcarrière wilde afsluiten met een recordaantal van zeven Touroverwinningen – sprak Lance tijdens de traditionele winnaarspersconferentie na afloop ruim een uur met de pers. Achter een tafel op een hoog podium in een hol van een hal, vroeg hij om de laatste vraag. Een Franse journalist pakte de microfoon en vroeg: 'Wat zul je volgend jaar in juli doen als de Tour bezig is?' Lance glimlachte. Hij leek er al bij voorbaat van te genieten. 'Dan zit ik met mijn kinderen op het strand,' zei hij, 'lekker ontspannen met een koel biertje.'

Niemand twijfelde daaraan. Net zomin als iemand aan zijn oprechtheid twijfelde toen hij de volgende dag in Parijs sprak. Terwijl hij, zoals iedereen dacht, voor de laatste keer de gele trui droeg, pakte Lance de microfoon van de omroeper en richtte zich tot de duizen-

13

den toeschouwers langs 's werelds mooiste boulevard, de Champs-Élysées. Nooit eerder had een Tourwinnaar de menigte toeschouwers in Parijs toegesproken, zelfs Lance niet. Maar dit was zijn laatste kans.

Weinigen, als er al iemand was, waren op de hoogte van wat hij ging zeggen, al wisten de meesten dat het geen sentimenteel afscheid zou zijn. Lance was, zoals altijd gedurende zijn veertien jaar als profwielrenner, zelfverzekerd en uitdagend. Allereerst prees hij, als een Academy Award-winnaar, zijn tegenstanders en dankte hij zijn vrienden, familie en collega's die hem tijdens zijn carrière hadden bijgestaan. Vervolgens gebruikte hij, de harde kant van zijn karakter tonend die hij al had sinds hij het halverwege de jaren tachtig als tiener opnam tegen professionele triatleten, het Tourpodium om uit te halen naar de 'cynici en sceptici', vooral journalisten die hem, sinds hij zijn comeback maakte nadat hij kanker had gehad en de Tour van 1999 won, als dopingzondaar probeerden af te schilderen.

'Ik heb met jullie te doen. Ik heb met jullie te doen omdat jullie niet kunnen dromen,' zei hij op die laatste zondag van juli 2005. 'Ik heb met jullie te doen omdat jullie niet in wonderen geloven. Maar dit is een ongelooflijk zware wedstrijd, en er zijn geen geheimen. Dit is een harde sport, en alleen maar door hard te werken kun je winnen.'

Dat was het. Hij trok zich terug uit de sport op zijn drieëndertigste – een jaar ouder dan de vorige drie renners die de Tour hadden gedomineerd waren toen ze ophielden: de Spanjaard Miguel Induráin (die zijn laatste wedstrijd in 1996 reed), de Fransman Bernard Hinault (1986) en de Belg Eddy Merckx (1978).

Er wordt gezegd dat de Tour zó zwaar is dat het iedere keer dat je meedoet een jaar van je leven kost. Lance had elf keer keer aan de Tour meegedaan; hij wilde zíjn leven niet nog meer bekorten. Tegen journalisten zei hij dat hij mentaal opgebrand was. En hij wilde nog andere dingen doen.

Het belangrijkste was dat hij een goede vader wilde zijn voor zijn zoon Luke, die toen vijf jaar was, en voor zijn tweelingdochters Grace en Isabelle, toen drie. Ze stonden in 2005 naast hun vader op het Tourpodium, de meisjes in dezelfde gele zomerjurkjes om de gele trui van hun vader te accentueren. Hij gaf de in geel cellofaan gewikkelde bos bloemen aan de een, en een gele speelgoedleeuw van sponsor Crédit Lyonnais aan de ander. Luke wachtte geduldig tot zijn vader hem de overwinningstrofee zou aanreiken, een goudgerande fruitschaal van Sèvres-porselein. Hun moeder, Kristin, van wie Lance in 2003 scheidde, keek van een afstandje toe.

Toen Lance van het podium en uit zijn wielercarrière stapte, verwachtte hij niet dat hij het minder druk zou krijgen. Behalve meer tijd met zijn kinderen doorbrengen en genieten van zijn relatie met zangeres Sheryl Crow, met wie hij inmiddels twee jaar samen was, was hij van plan om meer tijd te gaan steken in de naar hem vernoemde stichting die aandacht wil vragen voor de ziekte kanker, het daaraan gekoppelde merk LiveStrong in de markt zetten met diverse ondernemingen, en doorgaan met het binnenhalen van vele miljoenen aan sponsorgeld.

Maar minder dan een maand na de Tour van 2005, werd Lance' wereld plotseling bedreigd. Op 23 augustus prijkte er op de voorpagina van de invloedrijke Franse sportkrant *L'Équipe* een bitse en beschuldigende kop: *Le Mensonge Armstrong* ('De leugen Armstrong'). Er stond een verhaal in van de hand van de dopingexpert van de krant, onderzoeksjournalist Damien Ressiot. Het opgewonden artikel beweerde dat zes van Lance' urinestalen uit de Tour van 1999, die in het kader van een experimenteel programma opnieuw waren onderzocht, sporen vertoonden van het verboden middel voor bloeddoping erytropoëtine (epo). De test om dat middel in urine aan te tonen, werd pas in augustus 2000 door het World Anti-Doping Agency (WADA) goedgekeurd, dus gaf de WADA een Frans lab toestemming om oude urinestalen te onderzoeken om meer kennis te vergaren over epo-tests.

Lance ontkende de beschuldigingen en een onafhankelijk onderzoek van het voormalige hoofd van het Nederlandse antidopingbureau, advocaat Emile Vrijman, pleitte de Texaan vrij in een rapport aan de Internationale Wielerfederatie, die bekendstaat onder haar Franse afkorting, de UCI. Maar kort na verschijning van het verhaal in *L'Équipe* grapte Lance dat hij een comeback zou gaan maken om 'de Fransen te laten zien' dat hij als sporter schoon was. Sommigen namen dat serieus, dus belegde hij een persconferentie om zijn standpunt toe te lichten. 'Ik ben hier kotsmisselijk van,' zei hij. 'Ik zit hier en moet het weer over dit alles hebben, in de wetenschap dat als ik een comeback zou maken, ik bij voorbaat al verdacht zou zijn

– op de weg, bij de dopingcontrole, of in de labs. Ik ben blij met hoe mijn carrière is verlopen en geëindigd, en ik ga niet weer wielrennen.'

Die woorden leken een definitief einde te maken aan Lance' carrière. Hij richtte zijn aandacht op zijn leven als icoon van de kankergemeenschap en als beroemdheid. De drie jaren die volgden, wijdde Lance zich aan het aandacht vragen voor kanker. Hij sprak voor fundraisers, deed mee aan liefdadigheidswielerkoersen en -marathons, bezocht kankerpatiënten en benaderde zelfs presidentskandidaten om meer geld te reserveren voor de strijd tegen kanker. Tegen de tijd dat de Tour van 2008 zou gaan beginnen, had de Lance Armstrong Foundation meer dan 250 miljoen dollar binnengehaald.

Een van Lance' grootste uitdagingen buiten het wielrennen diende zich in de herfst van 2007 aan toen hij in Texas campagne voerde voor een voorstel om in die staat in drie jaar tijd drie miljard dollar te reserveren voor kankeronderzoek. Om dat erdoor te krijgen, bewerkte Lance de staat waar hij geboren was als een politicus en hield hij een emotionele rede in de Texaanse senaat. Daarnaast trok hij met een buscampagne door de staat en hield speeches in grote en kleinere steden. Ondanks het vele geld dat ermee gemoeid was, werd de maatregel met grote meerderheid aangenomen.

De groei van het aan zijn stichting gelieerde merk LiveStrong – dat begon met de alom bekende gele polsbandjes – behelsde grote projecten als een jaarlijkse top om kanker onder de aandacht te brengen, een 'gezond leven'-website en een wereldwijd project ter bestrijding van kanker. En voor het geval Lance nog iets nodig had om zijn tomeloze energie in kwijt te kunnen, opende hij een boutiqueachtige fietswinkel, Mellow Johnny's (Texaans voor *maillot jaune*, wat Frans is voor gele trui). De winkel in Austin, waar hij twintig jaar had gewoond, toont wat van de bijzondere kunstvoorwerpen die hij op veilingen koopt voor zijn huis in Spaanse stijl dat hij daar bezit, het onderkomen dat hij in Aspen wilde aanschaffen en een huis aan het strand in de Cariben.

Lance verplaatst zich meestal in een chartervliegtuig, en via zijn BlackBerry heeft hij contact met zo'n beetje iedereen, van collega-activisten als Bono tot president Barack Obama. Sinds zijn afscheid van de Tour is het privéleven van de Texaanse multimiljonair – die opgroeide in de achterbuurten van Zuid-Dallas – niet zo privé meer.

De sensatiebladen zijn dol op zijn engagement en zijn (daardoor veroorzaakte) scheiding van Sheryl Crow, hielden nauwlettend zijn latrelatie met modeontwerpster Tory Burch in de gaten en leefden zich uit in kiekjes van zijn twee maanden durende flirt met filmster Kate Hudson.

Lance en Kate gingen in hetzelfde weekend uit elkaar dat de Spaanse wielrenner Carlos Sastre de Tour de France van 2008 op zijn naam schreef. Nog geen twee weken later deed Lance – voor de lol – mee aan een zware, 160 kilometer lange mountainbikerace door de Rocky Mountains, en hij verbijsterde iedereen door als tweede te eindigen, achter de befaamde mountainbiker Dave Wiens uit Colorado. Vier dagen na dat evenement stuurde Lance me zijn 'chat'-mailtje. Na mijn bevestiging, antwoordde hij mij die avond laat: 'Bedankt, john. We willen alleen maar een idee met je bespreken.' Nieuwsgierig naar wat dat idee inhield, ging ik naar bed. Misschien was het weer zo'n project als zijn fietswinkel in Austin, maar waarom moest Stapleton bij dat gesprek betrokken worden? En waarom het aan een schrijver voorleggen?

Zijn telefoontje kwam de volgende ochtend. 'Sorry dat ik niet eerder heb gebeld,' begon hij. Hij klonk een beetje aarzelend, wat ongewoon is voor Lance. 'Ik was weg. Ik was in Aspen om een weekje te fietsen. Nu ben ik weer terug in Santa Barbara. Ik wilde met je praten, want ik denk dat mijn idee van invloed is op het boek dat je schrijft.'

Nu werd ik nog nieuwsgieriger. Misschien was het iets persoonlijks.

Toen zei hij: 'Ik denk erover om volgend jaar de Tour de France te gaan rijden. Wat vind jij?'

Terwijl ik probeerde bij te komen van de schok over die mededeling, vervolgde Lance: 'Volgend jaar ben ik 37, maar ik denk niet dat ik te oud ben.' Ik beaamde dat en merkte op dat de Italiaanse wielrenner Davide Rebellin zojuist op zijn zevenendertigste zilver had gewonnen in de wegwedstrijd tijdens de Olympische Spelen in Peking.

'En,' vervolgde hij, 'er is nu ook al die aandacht voor de zwemster Dana Torres, die medailles wint. Ze is 41, dus er zal vast ook veel aandacht voor mijn idee zijn.' Ik zei tegen hem dat als hij zijn comeback zou maken in de Tour, dat een enorme aandacht teweeg zou brengen. De media zouden verbijsterd zijn, zei ik.

Lance zei me dat hij het met nog maar heel weinig mensen over zijn plan had gehad – voornamelijk zijn beste vrienden uit Austin en zijn personal coach Chris Carmichael, zijn vertrouweling en ploegleider Johan Bruyneel en zijn ex-echtgenote Kristin Armstrong, die enthousiast instemde. 'Zij is mijn allergrootste fan,' zei hij. 'Als zij geen ja had gezegd, had ik dit niet gedaan. De kinderen zijn te belangrijk.'

Lance begon nu enthousiast te raken over het idee om de Tour van 2009 te rijden. 'Ik zal ze eens wat laten zien,' zei hij, en hij klonk als de oude Lance, de Lance die zich met overgave in de strijd en op een uitdaging stortte. 'De Tour van dit jaar was een beetje een grapje. Ik heb niks tegen Sastre... of Christian Vandevelde. Christian is een aardige jongen, maar vijfde worden in de Tour de France? Kom op!'

'Ik ben er nog niet helemaal uit,' ging hij verder, 'maar voor de zekerheid heb ik me al ingeschreven bij de UCI, de WADA en de USADA [het Amerikaanse antidopingagentschap], en ik ben al opgenomen in hun testprogramma's.'

Vervolgens begon Lance over de reputatie van de sport en het slechte image ervan dat in stand werd gehouden door Versus, de Amerikaanse kabelzender die de Touruitzendrechten voor de VS bezit.

'Heb je de uitzendingen van Versus gezien?' vroeg hij naar aanleiding van hun Tour de Franceprogramma's. 'Ze hadden een "Take Back the Tour"-campagne, alsof de Tour in het verleden alleen maar door dopinggebruikers is gewonnen. En ik was woedend dat ze het steeds over Triki Beltran en Tyler Hamilton en Roberto Heras en Floyd Landis hadden – al die jongens waren in het verleden ploegmaats van me [en hebben sindsdien schorsingen gekregen vanwege doping]. Versus wil de Tour niet terug, ze willen de kijkcijfers van 2004 en 2005 terug!'

Hoe langer Lance sprak, hoe meer het erop leek dat hij zichzelf ervan aan het overtuigen was dat hij zijn comeback in het wielrennen kon maken, dat hij de Tour weer kon rijden – en dat hij kon winnen. Maar, vroeg ik hem, waarom zou hij dat willen? Toen hij bekendmaakte dat hij al zijn antidopingtestresultaten op internet wilde zetten, totale openheid tegenover de media wilde geven, en een out-of-competitiontestprogramma wilde opzetten dat werd uit-gevoerd door een onafhankelijk antidopingexpert, besefte ik dat hij weer zou gaan wielrennen om zijn naam te zuiveren, om al die scep-tici tot wie hij zich in 2005 vanaf het podium had gericht, te laten zien dat hij onomstreden schoon de Tour kon winnen.

Maar wat was de ware reden?

Lance zweeg even. Toen zei hij, duidelijk uit het diepst van zijn hart: 'Ik doe dit voor mijn kinderen. Met al het nieuws dat via inter-net zo makkelijk toegankelijk is, kunnen ze alles lezen wat ze willen. En ik wil niet dat ze opgroeien en al die dingen over mij en doping lezen.'

Het is alleen maar een idee, zei hij.

Dat zal wel, dacht ik, in de wetenschap dat wanneer Lance een idee had – van het verbreken van ieder Tourrecord tot het in het le-ven roepen van een wereldwijde kankerstichting – hij onmiddellijk tot actie overgaat.

'Wat ga je morgen doen?' vroeg ik.

'Een trainingsrit van vier uur maken.'

De weken daarop begrepen Lance en zijn stichting welke moge-lijkheden zijn comeback zou bieden om zijn kankerproject over de hele wereld onder de aandacht te brengen. Later zei hij tegen de me-dia dat dat de belangrijkste reden was voor zijn comeback. En, stelde hij, het maakte niet uit of hij won of niet; er zou hoe dan ook meer aandacht voor de ziekte kanker komen.

Dat was allemaal waar, maar het deed niets af aan de dieper lig-gende, simpeler waarheid die hij aan de telefoon had opgebiecht. Een goede vader en een goed voorbeeld zijn, is voor Lance enorm belangrijk. Dat is iets wat hij naar zijn gevoel zelf nooit heeft gehad. In zekere zin is het daar allemaal mee begonnen.

1 Afkomst

'Ze bracht me bij dat je hard moet werken in het leven en je best moet doen, en dat harde werken maakt je sterk. En iedere dag opnieuw zei ze: "Pak ze!"'
— Lance Armstrong

De moeder van Lance is slim en fel, net als haar zoon, en hun gezicht heeft dezelfde langgerekte vorm. Maar terwijl Lance een imposant atletische gestalte heeft, is Linda Armstrong van een tengerheid die niet lijkt te stroken met haar pittige karakter. En gezeten aan de lange eetbar onder het hoge plafond van haar huis aan de noordkant van Dallas, lijkt ze zelfs bijna nietig.

Ze heeft een lichte lunch voor ons bereid die we nuttigen terwijl zij over haar leven en haar enige kind vertelt. Linda, halverwege de vijftig, praat met een licht zangerige Texaanse tongval en ze heeft een onverwacht warme lach. Ze zegt dat haar man, Ed Kelly, 'een supervent is, de man van mijn dromen'. Linda trouwde in 2002 met de Iers-Amerikaanse Kelly, een gepensioneerde ex-leidinggevende bij IBM. Het was haar vierde huwelijk. En het beste, zegt ze, waar ze aan toevoegt dat ze nog nooit zo gelukkig is geweest. Hun bakstenen nieuwbouwhuis grenst aan de achterkant aan een golfterrein, en als de telefoon gaat klinkt 'When Irish Eyes Are Smiling'.

Hun huis in een voorstad van Plano is maar een uur rijden van Dallas-Zuid waar Linda opgroeide, maar het is een andere wereld. Ze woonde daar met een jonger zusje en broertje, Debbie en Alan, en hun alleenstaande moeder, Elizabeth. Ze groeiden op nadat hun vader, Paul Mooneyham, net terug was gekomen uit de Vietnamoorlog. Zijn daaruit voortvloeiende alcoholisme en gewelddadige gedrag leidden tot een snelle scheiding.

'Het drinken vormde een ongelukkig, overheersend deel van ons leven,' zegt Linda's zus Debbie Glanville.

Debbie is groter, luidruchtiger en Texaanser dan haar zuster.

Haar mond is breder, haar haar met blonde strengen is minder verzorgd en haar lippenstift is van een feller rood. Debbie, getrouwd met een baptistische predikant en moeder van drie dochters, heeft dertig jaar als lerares op een middelbare school in een voorstad in de staat Maryland gewerkt.

Nadat ze me in haar sportwagen op Penn Station in Baltimore heeft afgehaald, lijkt ze wat opgelaten wanneer we door een buurt in de binnenstad rijden. Misschien herinnert het haar aan het harde leven in Oak Cliff, inmiddels een stadsdeel van Dallas, waar de kinderen van het gezin Mooneyham in de jaren zestig en begin jaren zeventig opgroeiden, toen criminaliteit en bendes welig tierden na de komst van arme kleurlingen en het vertrek van veel blanken naar de voorsteden. 'Dallas-Zuid is een nogal oud gebied, en heel arm,' zegt ze. 'Er leven daar heel veel verschillende etnische groepen. Wij vormden een minderheid.

We woonden in appartementen, en altijd gehuurd,' voegt Debbie eraan toe, terwijl ze in een lunchcafé haar handen om een koffiebeker houdt. 'Mijn moeder verhuisde zó vaak – ik weet zeker dat het vanwege de financiën was. Mijn vader stuurde soms geld voor ons kinderen, maar meestal was dat niet het geval. De laatste verhuizing was naar het goedkoopste appartement. Ze kon waarschijnlijk niet meer betalen.'

Dan buigt Debbie zich naar me toe, laat vanwege de twee gekleurde vrouwen die aan het tafeltje naast ons zitten te praten haar stem zakken, en fluistert: 'Maar met de rassenverhoudingen zoals ze daar waren... Het was allemaal heel anders, als je begrijpt wat ik bedoel, en ik herinner me nog dat ik een paar haltes eerder uit de bus stapte en een stuk liep, zodat de mensen niet wisten dat we daar woonden. Pijnlijk.'

Pijnlijk of niet, de straatarme zusters Mooneyham waren ook gewone tieners. Linda was lid van het 'drill team', een soort majorettes, op de Adamson High-school. 'Ze was erg populair op de middelbare school,' zegt Debbie. 'Daar moesten we onze stimulans vandaan halen, van onze medescholieren. En toen was Linda opeens zwanger. Ze zei alleen maar: "Ik ben erbij." Alle meisjes deden het al, al haar vriendinnen. Natuurlijk had mijn moeder niks verteld over de pil; daar had je het in die tijd niet over.

Linda vertelde het eerst aan mijn moeder, en toen aan mij. Zij was zestien, ik vijftien. Het was een enorme schok. Een van haar beste vriendinnen was kort daarvoor in verwachting geraakt en moest met het vliegtuig naar Mexico voor een abortus – want zo was het toen, weet je, in 1970, 1971.'

Debbie zegt dat men in de familie van mening verschilde over wat er moest gebeuren. Haar moeder was overstuur omdat Linda zich 'in de nesten' had gewerkt, maar uiteindelijk werd er besloten dat Linda de baby zou houden. 'Ik weet het nog heel goed,' zegt Debbie, 'dat ik stemde met de gedachte dat fout maal fout nog geen goed is. Ik was ervan overtuigd dat abortus geen oplossing was.'

En zo werd er besloten dat de baby zou komen. Er was een kampioen op komst.

'De grootste schok was de vader van Lance,' zegt Debbie. 'Eddie Gunderson was niet de meest begerenswaardige jongen. Ze hadden elkaar op school leren kennen. Hij was op het randje, geen coole jongen, maar een crimineeltje. Maar hoe jong ze ook was, Linda betoonde zich pragmatisch: "Weet je, zo is het en niet anders." En ik weet nog dat mijn vader – hij woonde vlakbij – tegen Linda zei: "Je moet gaan trouwen." Dus we organiseerden snel een bruiloft, en ik was een soort bruidsmeisje.'

Ze trouwden op Linda's zeventiende verjaardag, op 12 februari 1971. 'Linda droeg een galajurk van een van haar vriendinnen, en het werd een prachtig kerkelijk huwelijk,' herinnert Debbie zich. 'Het zat stampvol. Alle leerlingen van school waren er.' Maar de feeststemming was al snel voorbij. 'Veel van Linda's vriendinnen lieten haar zitten nadat ze in verwachting was geraakt,' zegt Debbie. 'Onze kleine familie probeerde eensgezind te zijn en er het beste van te maken. Tijdens haar zwangerschap droeg ze mijn jurken, want ik was altijd groter dan Linda, veel groter. Mijn moeder kon financieel nooit bijspringen, en Linda kon zich niets veroorloven. Ze ging van school en ging als caissière in een levensmiddelenzaak werken, dat soort baantjes. Eddie bracht kranten rond. Zo waren zij en haar man in staat om een klein tweekamerappartementje te huren, daar in Oak Cliff, om er de baby te krijgen.'

Het jongetje, dat op 18 september van dat jaar ter wereld kwam, was fors, zo'n vier kilo. Het was een zware bevalling voor een tengere vrouw als Linda. Ze noemden hem Lance, naar de beroemde *wide receiver* van de Dallas Cowboys, Lance Rentzel, en Edward, de

22

middelste naam van Linda's vader. (De ironie wilde dat de Cowboys zich dat jaar van Rentzel ontdeden, nadat hij was gearresteerd wegens potloodventen.)

'Lance bracht zoveel vreugde en geluk en stabiliteit in mijn leven,' zegt Linda, 'omdat ik dat nooit had gehad. Maar het was zwaar...'

Ze vertelde haar zoon nooit hoe moeilijk ze het in haar jeugd in Dallas-Zuid had gehad, noch hoe moeizaam hij ter wereld was gekomen of over de moeilijkheden die er waren toen hij nog klein was. Hij kwam erachter toen hij in 2005 haar boek *Geen berg te hoog – Het levensverhaal van een sterke moeder* las. 'Ik dacht: o, mijn god,' vertelt Lance me. 'Wat een armzaligheid, wat een wanhoop, wat zwaar, wat een gevecht, wat een uitzichtloosheid. Haar boek onthutste me, het was echt een schok voor me. Toen ik dat las – man, ik had nooit geweten dat we het zo zwaar hadden gehad. Er was altijd goed voor me gezorgd.'

Aanvankelijk heerste er in de families Mooneyham en Gunderson het idee: laten we er iets van maken. De vader van Linda kocht een wasdroogcombinatie voor in hun appartement, 'en de moeder van Eddie, Willene – we noemden haar Mamie – deed behoorlijk veel', zegt Debbie. 'Ze was heel arm, maar ze hielp met babysitten, en dat deed ik ook. Hun appartement was vlak bij ons. Het waren nog echt kinderen.

Toen ik in de vijfde klas van de middelbare school zat, ging ik altijd Mamie helpen als ze met Lance naar de min moest... Weet je, Eddie was niet bepaald sportief, en Linda is nooit een atletisch type geweest. Dus ik heb me vaak afgevraagd: waar heeft Lance dat talent voor sport vandaan? Eddie hield van fietsen, maar alleen maar voor zijn plezier. Ik heb wat aan sport gedaan, en mijn broer ook, maar nooit op het niveau van Lance. En mijn ouders? Helemaal niks.'

De familie van Eddie bestond echter uit geharde lieden. Zijn grootouders, Martin en Marie Gunderson, werden halverwege de negentiende eeuw in de Noorse hoofdstad Oslo geboren, en ze emigreerden naar een Noorse kolonie in het kleine Prairieville, in Texas. Prairieville is een afgelegen boerengemeenschap zo'n tachtig kilometer ten zuidoosten van Dallas. Begin twintigste eeuw woonden er maar tweehonderd mensen en het waren er nog maar vijftig toen het oude echtpaar Gunderson tijdens de Grote Depressie stierf.

Beide ouders van Lance kwamen uit families met weinig geld, maar Eddie was minder volwassen dan Linda en veel baldadiger. 'Als hij aanbood me naar mijn werk bij Dunkin Donuts te brengen,' zegt Debbie, 'dan ging ik lopen. Als je bij Eddie in de auto zat, sloeg je een kruisje. Hij reed wel honderddertig kilometer per uur. Hij was heel jong en opgefokt.'

Getrouwd zijn en het vaderschap gingen Eddie Gunderson op zijn zeventiende niet goed af. Hij voelde zich beroofd van zijn vrijheid als tiener, en reageerde zijn frustraties af op zijn jonge echtgenote. 'Ik geef toe dat ik geen lieverdje was, en ik heb in mijn leven een paar dingen gedaan waar ik niet trots op ben, maar ik heb Linda nooit in elkaar geslagen, zoals zij beweert. Ik herinner me dat ik haar één keer een klap heb gegeven,' zei Eddie in 2005. 'Wat ik heb gedaan is stom. Ik ben er zeker van dat Linda een heleboel over mij heeft verteld tegen Lance, en ik ben er zeker van het meeste waar is.'

Boosheid en ruzies zijn niet de beste omstandigheden voor een huwelijk of het opvoeden van een baby. 'Linda ging een keer bij Eddie weg en trok in bij mijn vader in zijn kleine appartement met één slaapkamer,' zegt Debbie. 'Toen ze weer terugging naar Eddie, zei papa tegen haar: "Je kunt nog één keer komen, maar dat is het dan ook." Ze wist dat hij het meende. Maar toen ging het weer helemaal mis, dus belt ze mijn vader: "Ik heb hulp nodig. Ik moet hier weg."

Toen Linda voor de tweede keer bij Eddie wegging, was dat een traumatische gebeurtenis. Ik was altijd de sterke, degene met de spieren, dus ging ik papa helpen met hen te verhuizen. We moesten de wasdroogcombinatie weghalen – samen met Linda en Lance. En de baby meenemen, dat was alles.

Eddie was er kapot van. Hij was niet gewelddadig, maar hij gebruikte grove taal, erger kon niet, en hij zei zulke verschrikkelijke dingen tegen mijn vader dat ik op een gegeven moment moest huilen. Mijn vader zei helemaal niks tegen hem en Linda had een houding van: ik heb jou niks meer te zeggen. En ik denk dat hij inzag dat dat het einde was. Het einde van Eddie. Het was afgelopen.'

Het huwelijk had minder dan twee jaar standgehouden. Bij de scheiding werd bepaald dat Lance bij Linda zou blijven en ieder

24

weekend bij de familie Gunderson zou zijn. Eddie zou twintig dollar per week aan de opvoeding van het kind bijdragen.

Debbie, die toen in de vijfde klas van de middelbare school zat, herinnert zich: 'Onze vader liet Linda geld opzijzetten – je verdient zoveel, en zoveel spaar je – en ze kocht een klein appartement. Daar verdient hij een compliment voor.'

Eddies cheques voor de opvoeding van het kind kwamen niet altijd, dus Linda begon te denken als een alleenstaande moeder. 'Ook al was ik jong en onnozel, ik zag mezelf als de leeuwinnenmoeder die van niemand iets zou pikken,' zegt ze met die strijdlustige houding die ze op haar zoon zou overdragen.

Behalve op haar stoerheid vertrouwde Linda op haar geloof om haar door de moeilijkste periode van haar leven met Lance te krijgen. Wat hielp was dat Eddies moeder en Linda's familie dol waren op het jochie. 'Lance was een zegen,' zegt Debbie, 'en een baby is sowieso een zegen, hoe de omstandigheden ook zijn. Tien jaar lang was hij het enige kleinkind.'

Het hielp ook dat Lance een sterk, gezond en voorlijk kind was. Toen hij negen maanden was liep hij al, en al gauw bleek dat hij snel leerde. 'Toen Lance twee jaar was, ging hij naar een christelijke dagopvang, en daar deden ze met Kerst een toneelopvoering. Ik had bij Sears een pakje voor hem gekocht,' weet Linda nog. 'Hij ging het toneel op en het lukte hem om een heel bijbelvers uit zijn hoofd op te zeggen. En hij was de jongste. Dat was echt geweldig.'

In die tijd, zegt Debbie, begon Linda langzamerhand haar leven op orde te krijgen. 'Ze wist zich op te werken tot receptioniste bij een autodealer. En later haalde ze haar GED-certificaat, een middelbare-schooldiploma.' Maar ze maakte zich zorgen dat Lance zonder vader opgroeide, en een vader was voor haar geloof en haar normen iets onmisbaars. Dat zat in haar achterhoofd toen ze Terry Armstrong ontmoette, de adoptiezoon van Raymond Armstrong, een predikant van de First Christian Church in Paris, Texas. Terry was na zijn studie meteen gaan werken voor een bedrijf dat *corndogs* [een soort gepaneerd worstje, vert.] en barbecuevlees verkocht. Hij was het soort man, dacht Linda, dat een goed rolmodel voor haar zoon zou zijn.

Het was niet toevallig dat ze elkaar ontmoetten, vertelt Terry me.

'Een vriend van me zei: "Ik zou je graag willen laten kennismaken met een meisje dat ik ken." We gingen naar de autodealer waar ze werkte en ik dacht: ja... En dus ging ik daarna naar haar appartement en klopte aan. Ze zei dat ik even moest wachten – ze had een babysitter – en toen ik binnenkwam zag ik dat kind in de wieg, en het was zo... zo prachtig want het was een jongetje en ik was een jongeman,' zegt hij, waarbij hij uitlegt dat hij indertijd zocht naar vastheid in zijn leven. 'Het was zo intens omdat Linda echt leuk was, maar het was een *gezinnetje* – en ik voelde me meer aangetrokken tot haar doordat ze een zoon had dan vanwege haarzelf.'

Terry Armstrong praat met me in de vergaderruimte van een modern kantoorgebouw in Plano, waar hij de leiding heeft over een plaatselijk verkoopkantoor van Monterey Mushrooms. Terry, een vriendelijke vijftiger met dunnend grijs haar, draagt zwarte elegante schoenen, een grijze pantalon met scherpe plooi en een gesteven wit overhemd. Tot nu toe heeft hij zich nooit publiekelijk over Lance uitgelaten. Hij spreekt met een sterk Texaans accent.

'Toen ik met Linda begon uit te gaan, was Eddie nog steeds in haar leven,' vertelt Terry, want Linda's ex-echtgenoot bracht Lance om de week naar zijn moeder. 'Het gebeurde regelmatig dat Eddie hem niet op tijd terugbracht, en dan ging Linda helemaal uit haar dak. Toen ik erachter kwam dat Eddie een eh... strafblad had, begon ik me ook zorgen te maken. Ik herinner me zelfs dat Linda me vertelde dat Eddie toen ze getrouwd waren een keer een schroevendraaier naar haar had gegooid, en dat die in haar been terechtkwam.

Ik zag het allemaal en dacht na over dat gezinnetje: ze wonen in een appartementje met één slaapkamer in Oak Cliff, ze verdient niet veel, ze heeft een probleem met die ex-echtgenoot met z'n losse handjes, en ze krijgt geen alimentatie. Ik zag hoe moeilijk ze het had.' Met dat voor ogen en in de wetenschap dat hij een aardig inkomen had als vertegenwoordiger, vroeg Terry Linda ten huwelijk, en ze zei ja. 'Ik weet nog dat ik Paul [Mooneyhand] om Linda's hand vroeg,' vertelt Terry. 'We waren bij haar in het appartement, Lance lag in zijn wiegje, ik zei: "Ik zal voor je dochter zorgen." Paul antwoordde: "Dat weet ik." '

Ze huwden in 1974. Terry's vader verbond het jonge stel in de echt. Terry was tweeëntwintig, Linda twintig en Lance twee jaar.

Linda had nu een nieuwe echtgenoot, maar ze vond het niet prettig dat haar zoon nog steeds de achternaam Gunderson had. Dat herinnerde haar voortdurend aan een man aan wie ze niet herinnerd wilde worden. De oplossing was adoptie, maar daarvoor moest Eddie eerst afstand doen van zijn vaderlijke rechten op Lance. 'Op een weekend besloot Eddie hem niet meer terug te brengen,' herinnert Terry zich. Ze belden als een gek overal naartoe en schakelden de politie in. 'Ik werd razend. Hij had al heel lang niet meer bijgedragen aan het onderhoud van het kind, en ik kwam hem tegen op een parkeerplaats. Nadat ik Lance had aangepakt, gingen we met elkaar op de vuist.

Wat mij betreft had hij drie meter lang kunnen zijn, het kon me niets schelen. Het draaide om een kind dat nu in mijn huis woonde, ik was verliefd op zijn moeder, dus het kon me niet schelen hoe groot hij was. Dit mocht hij haar niet aandoen...

Dus ik zei: "Teken, teken deze documenten en dan ben je er vanaf, dan hoef je niet meer te betalen." Waar ik aan toevoegde: "Laat je hier nóóit meer zien." ' Lance was nog maar drie jaar oud, Eddie was twintig. Sinds die dag hebben ze elkaar niet meer gezien.

Nadat Eddie de papieren had ondertekend, stond niets de adoptie meer in de weg, die dan ook snel werd afgehandeld. 'Op de dag dat Terry Lance adopteerde, ging ik met Linda en Lance naar het adoptiebureau,' vertelt Debbie. 'Er was verder niemand. Het was een soort vergadering. De achternaam van Lance veranderen in Armstrong. En Eddie ging gewoon verder met zijn dolle leventje. Zijn moeder probeerde contact te houden, maar Linda draaide de knop om: "Goed, punt erachter." '

Twintig jaar later zei Eddies moeder Willene over Lance: 'Ik heb zoveel gehuild en gebeden. Ik wil niets anders dan hem zien, mijn armen om hem heen slaan en zeggen dat ik van hem houd. Hij is mijn kleinzoon. Ook al heb je meerdere kleinkinderen, je blijft die ene altijd missen.'

Lance zou enig kind blijven. 'Niet lang daarna trouwden Linda en ik,' vertelt Terry. 'We waren bij een vriend thuis en Linda zei: "Laten we kinderen nemen! Laten we zwanger worden!" En ik zei: "Nee, ik heb een zoon. Ik heb een verantwoordelijkheid en ik ben tamelijk jong, en ik denk niet dat we nog een kind nodig hebben." Ik denk dat het nogal egoïstisch gedacht was, weet je. Ik had een zoon – en hij droeg mijn naam.

Jong als ik was dacht ik: als ik geen andere kinderen meer krijg, dan kan Lance alles krijgen... alle verjaardagscadeautjes, alle opleidingen... alles. Dus waarom nog een kind krijgen? Het klonk heel logisch. En ik wist dat de bevalling voor Linda heel zwaar was geweest. Waarom zou ze nog een keer moeten lijden? Vanwege ego's?'

Dus bleef Lance het middelpunt van de belangstelling, vooral tijdens de vakanties. 'Als enig kind en enig kleinkind werd hij totaal verwend,' zegt Linda. Ze herinnert zich nog een Kerstmis die ze doorbrachten met haar zus en broer, die bij hun vader waren ingetrokken, iets verderop in de straat in Oak Cliff. 'Kerstmis betekende vrolijkheid, en Lance was helemaal weg van de Kerstman. Een vriend van mijn broer verkleedde zich als Kerstman en klopte aan de deur. Hij zag er heel echt uit. En dat was het jaar dat mijn vader Lance zijn eerste fiets gaf en hij leerde fietsen zonder zijwieltjes.'

Debbie herinnert zich die tijd ook nog goed. 'Mijn vader hield op met drinken en ging bij de post werken,' vertelt ze. 'Toen hij eenmaal niet meer dronk, begon hij ons weer bij elkaar te brengen en probeerde hij de kinderen op alle mogelijke manieren te helpen.'

Debbie herinnert zich ook nog dat Lance er echt schattig uitzag, wat leidde tot zijn eerste fotosessie. 'Er kwam een grote foto van Lance die een corndog at, reclame voor een van de producten die Terry verkocht.'

'De beste plek om corndogs te verkopen, waren de scholen,' legt Terry uit, 'want iedere school in het land heeft corndogs op het menu staan. Dus huurde ik een fotograaf in om Lance met een corndog in de hand vast te leggen, en bij elk evenement waar we kwamen hadden we een foto van Lance bij ons.'

In die jaren kwam Lance alleen maar buiten Texas wanneer hij op bezoek ging bij zijn tante Debbie in Maryland. 'Hij kwam hier met zijn moeder en bleef dan een week,' vertelt ze. 'Hij had nog nooit een kelder gezien en hij wist niet wat hij zag. In Texas zijn er geen kelders. Hij deed de deur open en viel van de trap. Helemaal naar beneden!

In die tijd woonden we bij de vader van mijn man. Het was een oudere man, gepensioneerd, heel fit, met een strohoed op – en Lance keek de hele tijd maar naar hem. Liep achter hem aan in de tuin. Dan zeiden we bijvoorbeeld, laten we naar de kermis gaan of zo, maar hij was helemaal in zijn element met mijn schoonvader. Op een dag was mijn schoonvader aan het tuinieren. Hij was in zwembroek en Lance kwam naar me toe en zei: "Tante Debbie, waarom heeft opi zijn onderbroek aan?" Hij noemde hem gewoon zo, dat had ik hem niet gezegd.'

Lance herinnert zich niets meer van die dingen. Sterker nog, hij weet bijna niets meer uit zijn kindertijd. Een van de weinige herinneringen die hij heeft, is een onplezierige. 'Ik was ongeveer vier jaar,' vertelt hij me. 'Ik viel van mijn speelgoed-Tonka-truck en kwam op mijn elleboog terecht, en moest naar het ziekenhuis. Ik kan me dat nog herinneren omdat het ziekenhuis zo eng was en ik gehecht moest worden.'

Net als zijn moeder zou Lance later het contact met Terry Armstrong verbreken. Maar Terry heeft nog warme herinneringen aan zijn adoptiezoon: 'Ik zal nooit vergeten dat wanneer ik op pad was geweest om mijn producten te verkopen en thuiskwam, hij over het gras naar me toe kwam rennen, mijn jasje pakte en zei: "Pappa is thuis." Ik weet nog hoeveel vreugde het me gaf om zijn stralende ogen te zien wanneer ik iets voor hem kocht, speelgoed of zo.'

'Hij verdiende heel aardig als verkoper,' herinnert Debbie zich, 'en mijn moeder zegt vaak: "Terry hielp financieel echt." ' Dankzij die hulp en het feit dat Linda werkte en steeds meer ging verdienen, waren ze uiteindelijk in staat om Linda's lang gekoesterde droom te realiseren en weg te gaan uit de vervallen buurt Oak Cliff. Het jonge gezinnetje verhuisde naar de andere kant van de rivier de Trinity, naar de snel groeiende voorstad Richardson in het noordoosten van Dallas, met haar winkelstraten, country clubs en mooie alleenstaande huizen.

'Ik geloof dat toen Linda verhuisde,' zegt haar zuster, 'ze heel bewust voor Richardson koos, en dat zette een hele reeks van gebeurtenissen in gang. Het was daar allemaal een stapje of wat hoger – wat mensen deden en wat ze bereikten was van een hoger niveau. Het was een heel ander verhaal, en dat veranderde het leven van hen allemaal. Een mooi huis... en Lance kreeg uiteindelijk een groepje vriendjes – kinderen die alles hadden, dure kleren, rijke kennissen... Ik denk dat die omgeving Lance stimuleerde, en dat hij niet zei: "Nee, dat is niks voor mij." Ik denk dat als hij in Dallas-Zuid was gebleven,' zegt Debbie, 'het allemaal wel eens heel anders had kunnen lopen.'

2 Lance opvoeden

'Linda zei dat Lance een mentor nodig had. Geen mentor om te coachen, maar een levensmentor, iemand die hem op het rechte pad hield.'
— Scott Eder

Jim Hoyt is een bekende figuur in de wielerwereld van Dallas. Hij is de oprichter van een de grootste, succesvolste fietswinkels in de vs. En zoals veel fietswinkeleigenaren steunt en helpt hij jonge, getalenteerde renners. Lance was er daar een van. Hoyt groeide in de jaren vijftig op in een klein plaatsje in de staat Indiana. Als jongen was hij altijd ondernemend en hij was dol op fietsen; vanaf zijn tiende werkte hij in een fietsenwinkel. In plaats van te gaan studeren, vertrok Hoyt naar Chicago om te gaan werken als vloerveger bij Schwinn, toen de grootste fietsfabriek in Amerika. Maar al snel moest hij als soldaat naar Vietnam, waar hij zwaar gewond raakte. 'Ik werd geraakt in mijn been, borst en rug,' zegt hij nuchter, terwijl we over de grote, lege parkeerplaats voor zijn winkel, Richardson Bike Mart, lopen. 'Na de oorlog kwam ik weer terug bij Schwinn, als mecanicien. Ik was eenentwintig, de jongste mecanicien die ze ooit hadden gehad. Voor op mijn Vietnamhelm stond "Texas", ik weet niet waarom, dus toen ik van Schwinn kon kiezen tussen Denver en Dallas, koos ik Dallas. De dag dat ik hierheen verhuisde, in december 1970, was het net zulk weer als nu,' zegt hij, terwijl hij naar het troebele zonnetje gebaart dat langzaam de ochtendnevel doet verdwijnen.

Hoyt leidt me rond in zijn winkel van supermarktafmetingen met een indrukwekkende collectie nieuwe fietsen – alles, van kinderfietsen tot Treks van achtduizend dollar waar in de Tour op gereden wordt – waarna we plaatsnemen in zijn ruime, raamloze kantoor dat vol staat met metalen ladenkasten en houten bureaus en stoelen die niet bij elkaar passen. 'Ik heb altijd hetzelfde bureau gehad,' zegt hij trots.

Hoyt, inmiddels een zestiger, heeft een vierkant gezicht en zilvergrijs haar, en zijn montuurloze bril accentueert zijn stralende ogen. Hij zegt dat hij jong blijft door samen met zijn vrouw Rhonda jaarlijks duizenden kilometers te fietsen. Hij dacht dat hij nooit meer bij Schwinn weg zou gaan, tot hij begin jaren tachtig de kans kreeg een van de vijf Bike Mart-filialen in Dallas over te nemen. 'Ik werk nog steeds zes dagen in de week,' zegt hij. 'Goede service is waar het om draait.'

Zijn eerste winkel bevond zich ruim drie kilometer ten zuiden van de huidige. Het was toevallig 'pal tegenover' het appartement waar de familie Armstrong na de verhuizing uit Oak Cliff haar intrek had genomen. Hoyt zag Lance voor het eerst toen hij als leerling van de eerste klas lagere school met zijn moeder een BMX-kinderfiets kwam kopen. 'Het was een Schwinn Mag Scrambler, kastanjebruin met gele wielen, en ze wisten wat korting te bedingen,' weet Hoyt nog. 'Op die leeftijd, zes jaar, was hij gewoon een lief jongetje. Maar na verloop van tijd werd hij een opgewonden opdondertje.'

Dan wijst Hoyt naar de aftandse stoel waarin ik zit. De bekleding is gerafeld en hij staat wat scheef. Moet opgeknapt, stel ik voor. 'Ja, hij begint het te begeven,' beaamt hij, 'maar hij dient hier al achtentwintig jaar sinds ik deze winkel heb. Die stoel draagt heel wat historie met zich mee. In die stoel ging Lance altijd zitten om me over zijn dromen te vertellen.'

Lance droomde er vaak over dat hij een succesvol sporter was, zegt Hoyt, en om 'wat aangenamere dingen in het leven' te hebben. Maar het was pas als tiener dat Lance het erover had om wielrenner te worden. Doordat hij vlak bij de thuisbasis van de Dallas Cowboys opgroeide, werd hij meer geconfronteerd met football, en daarna honkbal in de 'little league' en voetbal. Maar Lance had nooit echt iets met teamsporten, ook al deed zijn nieuwe vader, Terry Armstrong, er alles aan door bij te dragen aan zijn coaching en de beste uitrusting voor hem aan te schaffen.

'Een van Terry's weinige goede eigenschappen was dat hij in materieel opzicht goed voor Lance zorgde,' zegt diens tante Debbie. 'Maar hij en Lance hadden nooit een echte vader-zoonrelatie.'

Misschien niet, maar op een bepaalde manier deed Terry zijn best. 'Toen Lance begon met honkballen, wilde hij catcher zijn,' vertelt Terry me. Ik vroeg: "Waarom wil je nou catcher zijn?" En hij zei: "Omdat ik me heb bedacht dat de catcher altijd speelt." Dus kocht ik voor hem de duurste catcher-handschoen. Ik wilde hem zo veel mogelijk kans geven.'

Later, toen het gezin naar een huis in de buurt van Garland verhuisde en Lance lid werd van de YMCA om American football en voetbal te spelen, werd Terry coach van het footballteam. Volgens Linda was dit de enige periode waarin Lance en Terry een nauwe relatie met elkaar hadden, en Lance bevestigt dat. Terry was een echte middle-classvader waar het ging om zijn zoon kansen te bieden in de sport. 'Ik maakte me voortdurend zorgen vanwege de coaches, want je hoort altijd van die indianenverhalen,' zegt Terry. 'Dus om te zorgen dat Lance de beste coaches had, leek het me het beste om zelf deel uit te gaan maken van de trainersstaf. Ik begon als trainersassistent, en toen het jaar daarop de hoofdtrainer vertrok, nam ik diens taak over.

Ons team heette de Oilers, dus ik vroeg het calqueerpapier aan van de echte Oilers, uit Houston, en kocht hetzelfde, zodat we onze helmen een identiek strepenpatroon konden geven. Ik zorgde voor Oilers-petjes voor de coaches en ik zei dat we er, ook al zouden we nooit iets winnen, in het veld in ieder geval goed uit zouden zien. En we bleven ongeslagen. Ik gaf iedere speler een medaille met zijn naam en de uitslagen. Af en toe kom ik nog wel eens een van die jongens tegen, en ze noemen me nog steeds Coach en zeggen dat ze nooit meer in een team hebben gespeeld dat ongeslagen bleef.

Lance was een goede footballspeler, en in honkbal was hij écht goed – als catcher kon hij bijna een tweede honkslag slaan. Halverwege het seizoen besloot hij om pitcher te worden. Hij zegt: "Deze jongens kunnen niet pitchen, ik kan het beter." Dus werd hij de pitcher, en ik speelde de catcher, en in de achtertuin gooiden we urenlang.

Aan het eind van het seizoen werd hij als pitcher voor het all-starteam gekozen. Hij vond het heerlijk om op de werpheuvel te staan. Ik heb me altijd afgevraagd of dat het begin was van zijn wens om beroemd te worden. Als je als kind op de heuvel staat, dan sta je in het middelpunt van de belangstelling, en daar genoot hij van.'

In de vierde klas begon Lance zijn interesse voor honkbal en football te verliezen. 'Ook al leek hij uit te blinken in teamsporten,' zegt Terry, 'hij vond het niet fijn om afhankelijk te zijn van anderen.

33

Hij vond het verschrikkelijk wanneer iemand een tegenstander liet gaan, hij vond het verschrikkelijk wanneer iemand een vangbal liet vallen.'

Een van de weinige individuele sporten die in die tijd openstonden voor een negenjarige was BMX – fietscrossen op een zandcircuit. 'Er was een klein circuit ten zuiden van Richardson, en hij bleef maar zeggen dat hij daarheen wilde,' zegt Terry. 'Dus ik ging naar Jim Hoyt en zei: "Welke fiets Lance ook nodig heeft, ik koop 'm voor hem."'

Terry haalt een foto uit een stapel vergeelde prenten die op zijn bureau ligt. Het is Lance, al met een stevige borstkas, schrijlings over een spiksplinternieuwe BMX-fiets staand. Zijn jongensgezicht vertoont een brede grijns. Maar noch BMX-crossen noch opgroeien bleek makkelijk voor hem. 'Een keer viel hij tijdens een wedstrijd van zijn fiets, en hij lag daar maar in het zand,' vervolgt Terry. 'Ik ging naar hem toe en hij huilde. Ik tilde hem op en zei: "We houden ermee op." Waarop hij reageerde: "Wat bedoel je?" "Als je gaat huilen, dan houden we ermee op," zei ik. "Ik heb net al deze spullen voor je gekocht. We houden ermee op. Als je hiernaartoe komt en opgeeft en gaat huilen, dan houden we het voor gezien." Waarop hij riep: "Nee, nee, nee." En ik zei: "Nee. Het is echt afgelopen. Ik wil geen opgever hebben."

Ik wilde zijn fiets in de auto leggen en die terugbrengen naar Jim. Maar er was nog een wedstrijd te gaan. "Ik help je erbij," stelde ik voor. Hij deed mee aan de race en ging vervolgens iedere zaterdag. Dat was in 1981.'

Net als Lance was Terry enig kind. Hij had een goede relatie met zijn adoptieouders, Raymond en Nel Armstrong, die zo'n honderdzestig kilometer ten noordoosten van Dallas woonden, in Paris. Nel was organiste in de kerk waar haar echtgenoot predikant was.

'Op belangrijke feestdagen gingen we naar Paris,' vertelt Terry. 'Soms kwam Linda's moeder met Kerstmis bij ons, andere keren haar vader Paul. En in de zomer bracht Lance een week of twee met zijn vader door. In de Paris Country Club hadden ze het dan ook altijd over de kleine Lance die rondreed in het golfwagentje van zijn vader. En een mevrouw leerde Lance daar in het zwembad in haar achtertuin zwemmen. Ze barbecueden vaak, en dan at hij hamburgers en ijs. Iedereen in Paris, Texas kende Lance... en ook nu nog herinneren ze zich hem.'

Terry was dol op zijn eigen vader. 'Pa hield van werken, en hij hield van mensen,' zegt hij. 'Hij belde me iedere dag en stelde me drie vragen: "Wat doe je voor je medemens? Wat doe je voor de kerk? En wat doe je voor je eigen zoon?"'

Tante Debbie mocht Terry's vader ook graag. 'Ja, het was een aardige kerel,' zegt ze. 'Maar met Terry's moeder had ik helemaal niks. Ik kan me nog herinneren dat Lance een keer een week bij haar was. Ik ging hem daar met Linda ophalen, en hij kwam huilend naar buiten. Hij moet toen acht of negen zijn geweest. "Ik wil naar huis." Dat was Lance. En ik keek naar Linda en zei: "Breng hem nooit meer hiernaartoe. Je moet hem hier nooit meer laten logeren."'

Zulke gebeurtenissen droegen bij aan de moeizame relatie tussen Lance en zijn adoptievader en -grootouders. Hij kwam veel liever bij papa Paul, die was verhuisd naar het gebied rond Cedar Creek Lake, tachtig kilometer ten zuidoosten van Dallas.

'Mijn grootvader was een militair en hij had een goed pensioen, dus hij hoefde niet meer te werken,' zegt Lance. 'Op een gegeven moment was hij burgemeester van Seven Points, Texas. Hij is erg gelovig. Ik ging er in de zomer heen vanwege het meer, en hij ging vissen. In de krant van Dallas stonden visuitslagen. We haalden goede prestaties en op een keer stond mijn naam in de krant omdat ik een grote vis had gevangen. Dat was te gek.'

Thuis begonnen er flinke problemen te ontstaan tussen Terry en Linda. 'We stonden lijnrecht tegenover elkaar waar het ging om de opvoeding van Lance,' geeft Terry toe. 'Ik zei altijd: "We moeten Lance mee laten beslissen." Maar het kwam er altijd op neer dat ik nee zei tegen Lance en zij ja. En ze wees me er altijd op: "Nou, hij is mijn zoon." Zo ging het altijd.

Maar waarschijnlijk was het allemaal nog wel goed gegaan... en als ik zou moeten zeggen waar het mis ging met ons gezin, dan is het toen Linda de kerk verliet. Ik was de jongste diaken van de Northway Christian Church in Dallas. We waren heel sterk betrokken bij de kerk. Lance zat op zondagsschool en iedere zondag gingen we naar de kerk. En toen zei Linda: "Ik wil niet meer naar die kerk." En gingen we niet meer.'

Terry heeft nog steeds spijt van die periode in zijn leven. 'Wanneer je als gezin ophoudt met naar de kerk te gaan, en je bent nog jong, dan gaan je morele waarden gewoon...' Hij laat de zin onuitgesproken en hakt met zijn hand de lucht in mootjes. 'Ik neem mijn verantwoordelijkheid want ik had erop aan moeten dringen dat we naar de kerk bleven gaan, als de spirituele leider van het gezin. Maar dat heb ik niet gedaan. En ik kan bijna teruggaan naar toen en zeggen: "Wanneer begon de lijm los te laten?" Ik heb het gevoel dat als we bij de kerk betrokken waren gebleven, dat het dan goed had kunnen gaan.'

In plaats daarvan begon Lance afstand te nemen van Terry en hij werd onafhankelijk en gesloten. Debbie zegt over haar neef: 'Hij was verlegen. Op zijn tiende of elfde kwam hij een keer naar Maryland en bleef een week bij ons – maar eigenlijk wilde hij naar huis. Ik denk niet dat het voor hem echt een prettig verblijf was... En school was ook niet echt iets voor Lance. Hetzelfde gold voor Linda. Dat zit hem waarschijnlijk dwars...'

Lance beaamt dat. 'Ik was geen geweldige leerling omdat ik mijn best niet deed,' zegt hij, 'ik was niet echt dol op leren. Ik zou het heel graag over willen doen. Ik zat op school en dacht na over wat ik als mijn werk zag, sport. Ik ben erdoorheen gekomen, maar in die tijd dacht ik: waarom moet ik nou Spaans leren?'

Debbie heeft een dieper gaande verklaring voor de houding van haar neef jegens school: 'Het is waarschijnlijk het schoolsysteem, dat ik niet echt geweldig vind. Ik maak er zelf deel van uit, dus ik kan het weten. Ik herinner me dat hij een keer in Plano was, zo rond z'n twaalfde. Lance had een onvoldoende gekregen voor zijn proefwerk Spaans. Dus Linda zegt: "Waarom vraag je niet of tante Debbie je daarmee wil helpen?" omdat ik Spaans geef. Ik keek ernaar, en het leken wel hiërogliefen; ik kon het amper lezen. Maar toen ik er echt voor ging zitten om het te lezen, bleken de antwoorden goed! Ik zei tegen Lance: "Je antwoorden zijn goed, maar je lerares kan het waarschijnlijk niet lezen. Misschien moet je de volgende keer dat je een proefwerk inlevert wat duidelijker schrijven, zodat ze begrijpt wat er staat.'

Lance had weinig interesse voor of succes op school, maar des te meer energie stopte hij in sporten, vooral de individuele, zoals BMX. En hij had het geluk dat zijn ouders hem erbij wilden helpen zijn sportdoelen te bereiken.

'Ik werd altijd geplaagd,' herinnert Terry zich. ' "Je jaagt niet, je vist niet, je golft niet, je gokt niet, wat doe je eigenlijk wel?" Ik zei: "Ik ben met mijn kind bezig." Zij gingen achttien holes spelen, en ik nam Lance mee naar de BMX-baan. Dus ik was altijd gericht op Lance. Toen ik ons eerste huis kocht, lieten we het ergens bouwen waar Lance lopend naar school kon, want ik wilde niet dat hij met de bus ging.'

Het nieuwe, alleenstaande huis van het gezin Armstrong stond in een rustige buurt met door bomen omzoomde straten en keurig gemaaide gazons, slechts een paar straten verwijderd van de Dooley Elementary School. De volgende scholen waar Lance naartoe zou gaan – Armstrong Middle School, Williams High en Plano East High – lagen binnen een straal van vijf kilometer. Lance raakte al snel bevriend met Adam Wilk, die ook in de vierde klas zat en aan de overkant in de Mesa Drive woonde. 'Het is een soort nouveaux riches-gemeenschap,' zegt Wilk wanneer hij hun oude buurt beschrijft, die grenst aan Los Rios Golf Club en Bob Woodruff Park. Het stond in scherp contrast met de achterbuurt Oak Cliff, waar Linda opgroeide en Lance geboren werd.

Wilk woont nog steeds in de Los Rios-buurt. Hij werkt al meer dan vijftien jaar als manager bij Keys Fitness, een fabrikant van fitnessapparaten voor thuis en loopbanden. Ik zocht hem op in het enorme magazijn van het bedrijf, tegenover een modern industrieterrein in de buurt van Garland dat uitkijkt op akkerland.

We nemen plaats in zijn kantoor, waar zijn desktop iedere vijf minuten laat weten dat er een nieuw e-mailtje is binnengekomen. Wilk heeft een mager, sportief lichaam en op zijn kalende schedel prijkt een klein gebiedje met grijs haar. Als hij 'niet alleen maar een mopperkont' is, zoals hij het zelf omschrijft, is hij een triatleet op nationaal niveau en een voormalig nationaal kampioen kilometertijdrit.

'Mijn vader maakte deel uit van de hardloopploeg van Rutgers University,' vertelt Wilk. In 1981, 1982 verhuisden we naar Plano. In die tijd leerde ik Lance kennen. Chann McRae woonde ongeveer vierhonderd meter van ons vandaan. We zijn alle drie van dezelfde leeftijd, alle drie mager. En we hebben alle drie nationale wielerkampioenschappen gewonnen.'

Een andere vriend die Lance in die tijd kreeg, was John Boggan, die vijf huizen verderop woonde. 'Ons huis was het trefpunt voor iedereen,' zegt Boggan. 'Het was heel groot en had een basketbalring en grensde aan het park... Mijn ouders hadden er een handje van om te zeggen: "Laat iedereen maar hier komen." We wilden de hele tijd bij elkaar zijn, een beetje lol trappen, kattenkwaad uithalen. Ik hield van zwemmen, was er dol op. Ik volgde de populaire sporten niet.'

'John en ik waren het beste in sport. We speelden tennis, basketbal, alles,' herinnert Wilk zich. 'Chann en ik hadden ons aangemeld bij de zwemploeg van Los Rios, maar Lance was geen lid; hij zat bij het footballteam van de Armstrong Middle School. En ik deed al aan hardlopen.'

De interesse van zijn vrienden voor minder bekende sporten had een grote invloed op Lance, of het nu om hardlopen met Wilk ging ('Natuurlijk wint Lance de allereerste hardloopwedstrijd waar hij aan meedoet') of zwemmen met Boggan. Maar het keerpunt kwam, volgens zijn stiefvader Terry, toen Lance ongeveer dertien jaar was. 'Op een dag kwam ik thuis en hij keek naar de Ironman-triatlon op televisie. En hij zei: "Dat ga ik doen. Ik ga de Ironman doen. Ik wil triatleet worden."'

Triatlon is de zwem-fiets-hardloopsport die een breed scala omvat van kleine wedstrijden van minder dan een uur tot en met het Ironman-WK op Hawaï, waar de sporters meer dan acht uur over doen. Door de BMX-wedstrijden had Lance genoeg fietservaring, en hij had al deelgenomen aan een paar hardloopwedstrijden van tien kilometer. 'Mijn moeder deed er ook aan mee,' weet hij nog. 'Ik won de eerste keer in mijn leeftijdscategorie. Maar ik liep niet echt serieus... ik liep zomaar om te lopen.'

Zwemmen was echter een probleem. Lance kon zwemmen, maar niet goed. Dus besloot hij om samen met zijn vrienden Adam, Chann en John lessen te nemen.

'We zaten allemaal in de zesde klas van de lagere school toen we lid werden van COPS (City of Plano Swimmer) en een zwemproef deden,' zegt Wilk. 'Chann, John en ik werden bij de achttienjarigen ingedeeld, Lance lager. Hij zwom als een tienjarige.'

Ontsteld door zijn lage niveau vroeg Lance aan COPS-coach Chris MacCurdy wat hij moest doen om beter te worden. 'Ik zie hem nog staan bij het metalen hek tussen het publiek en het bad,' zegt MacCurdy tegen me, 'toe te kijken hoe zijn maatjes trainden, en je zag het gewoon in zijn ogen, dat hij zijn hersens pijnigde over de vraag hoe hij hen zou kunnen overtroeven. En inderdaad lukte hem dat binnen een maand. Het was waarschijnlijk een combinatie van zijn wilskracht en zijn aanleg.'

Binnen anderhalf jaar kwalificeerde Lance zich niet alleen voor het zwemkampioenschap van de staat, maar hij eindigde ook bij de eerste vijf op de één mijl vrije slag. Dat niveau zo snel halen 'is bijna ongekend', zegt MacCurdy.

'Chris was een heel goede coach, hoewel ik in die tijd dacht dat hij het toppunt van gemeenheid was,' herinnert Lance zich. 'Hij was hard, waarschijnlijk toen te goed voor mij. De trainingen waren uiterst nauwgezet. Als ik binnenkwam, stond het schema helemaal op het bord. We zwommen 's ochtends van 5.30 tot 6.45 uur, vervolgens gingen we naar school, en 's avonds kwamen we weer terug. De zwaarste trainingsdag was 15.000 meter per dag – 5.000 's ochtends, 10.000 's avonds – en je was blij dat je de ochtendsessie kon doen. Als je een training miste of te laat kwam, was hij streng. Hij werd ziedend... en stuurde ook een paar jongens van de club af.' Maar Lance hield het vol.

Terwijl zijn capaciteiten als zwemmer nu zijn ontluikende hardloop- en wielrentalenten aanvulden, had Lance het gevoel dat hij klaar was voor zijn eerste triatlon. Hij zei tegen zijn ouders dat hij mee wilde doen aan de lokale Ironkids-wedstrijd, een nationale wedstrijd voor tieners waaraan regionale gekwalificeerden deelnamen. Maar eerst had hij nog een fatsoenlijke racefiets nodig.

'Er werd in het gezin heel wat geld aan Lance besteed,' herinnert Wilk zich, 'voor een drumstel, een prachtige BMX-fiets, en daarna toen we allemaal wegracefietsen kregen. Zijn vader was zonder meer bereid om geld uit te geven voor zijn zoon, vooral wanneer Lance zo'n periode had dat hij niet tegen hem praatte.'

Wilk zegt dat het hem verbaast dat Lance in interviews zelden iets over Terry zegt en hem 'bijna beschouwt als een deel van zijn leven dat nooit echt heeft plaatsgevonden'. Maar, zet Wilk uiteen, 'hij heeft hem wel geholpen. Toegegeven, ze hadden misschien niets met elkaar, maar financieel heeft hij hem zeker gesteund.'

Lance herinnert zich nog heel goed de eerste racefiets die zijn ouders voor hem kochten zodat hij aan Ironkids kon meedoen. Het was een gemiddeld geprijsde, Franse fiets met tien versnellingen, 'en hij had toeclips, dun plastic stuurtape, een Campy [een Campagnoloderailleur], lange remkabels die een grote boog maakten en vleugelmoeren,' zegt hij. 'Chann en ik fietsten er helemaal heen. We fietsten zelfs naar Dallas, alleen maar om te zeggen dat we het deden. En we droegen geen helm – dat deed niemand.

Ik vond het te gek om van huis te zijn. Als kind van huis weggaan, de bocht om waarna er niemand meer is en je alleen bent, op jezelf, en vrij... Dat is zo voor kleine kinderen, maar het gold ook voor mij toen ik dertien jaar was en op een racefiets stapte en gewoon op weg ging.'

Debbie begreep onmiddellijk wat de fiets voor Lance betekende. 'Die fiets hield vrijheid voor hem in. Hij stapte gewoon op en reed weg. Hij was een vrije geest.' Ze zag ook dat haar neef een andere kant ontwikkelde, een bepaalde zachtheid.

'Ik kan me nog herinneren dat hij een keer terugkwam van een rit. Mijn kinderen waren nog klein, drie jaar en anderhalf, en hij wilde altijd de baby. Hij wilde met de baby spelen. Hij had ook die echt lieve kant van hem, die ik in de loop der jaren ook gezien heb wanneer hij met andere kinderen was. Hij heeft een echt lief karakter.'

Maar als tiener had hij ook een harde, ongecontroleerde kant die zijn moeder soms zorgen baarde. 'Het was de periode van de moeilijke puberteit,' zegt Linda. 'Hij was geen engel. Hij was niet volmaakt. Ik dacht dat ik van mijn vriendinnen de enige was met een moeilijk tienerkind. Chris MacCurdy zei dan: "O, Lance deed weer moeilijk vandaag." En om dat nog eens te benadrukken, zeiden zelfs mensen met wie ik werkte: "O, hij is lastig." Maar ik weet dat dat hem het zelfvertrouwen gaf om te winnen. Ik bekijk de dingen liever van de positieve kant dan op dat soort gedrag te letten.'

Terry zag het niet altijd allemaal zo positief en was meer geneigd om hun zoon streng aan te pakken – zoals hij deed toen Lance op het BMX-circuit viel en ging huilen. Terry geeft toe dat hij af en toe zijn houten broederschapsstaf gebruikte om Lance een pak slaag te geven, maar hij voegt eraan toe dat Linda daarvan op de hoogte was. 'O, dat wist ze,' zegt hij. 'Ik gaf Lance nooit met een klopper als zij er niet was.'

'Ja, dat klopt,' zegt Lance tegen me. 'Ik wil niet unfair zijn jegens hem, want het was in die tijd veel normaler. Ik sla mijn kinderen niet. Er zijn dagen dat ik zou willen dat ik het wel deed, verdorie. En er zijn verstandige mensen die zeggen dat het de beste manier is om je kinderen op te voeden. Maar doe je dat dan met je broederschapsstaf? Waarschijnlijk niet. En die was groot en fors en had een met tape omwikkelde handgreep. Die kleredingen gebruikten ze op school ook. Als je iets uithaalde, kreeg je met de klopper – ik een keer of twee. Maar ik kreeg van hem vaker met de klopper.

De enige keer die ik me goed herinner – niet dat hij me daardoor voor het leven heeft getekend – was toen ik ongeveer de leeftijd van mijn zoon Luke had, negen of tien jaar. Hij zei: "Laat nooit je lades openstaan." Een keer liet ik ze open, terwijl er allemaal zooi uithing: sokken, kleren, alles. En inderdaad kwam hij goddomme met die klopper op me af. Het deed niet zozeer lichamelijk pijn, als wel geestelijk.'

Misschien, suggereert Linda, was het die strenge opvoeding die haar zoon ertoe bracht zo uit te blinken in sport. Lance geeft toe dat hij vaak door woede werd gedreven. 'De oude wonden,' schreef hij, 'worden de brandstof van strijdlust.'

Hij werd ook gedreven door een grote uitdaging: 'De meeste kinderen gaan als ze een fiets krijgen een helling op en zeggen dan: "Shit, dat is zwaar." Ik ging er gewoon van uit dat het erbij hoorde,' zegt Lance. 'Ik vond het heerlijk... en nog steeds. Wat ik toen ook had of bereikte en fijn begon te vinden, dat is nu nog altijd het geval. Ik vind het nog steeds geen probleem om tot het uiterste te gaan. Ik loop nog steeds hard en wielren en doe dingen die zwaar zijn.'

Die zware dingen begonnen met zijn eerste triatlon. Lance zegt vaak dat hij veel te danken heeft aan zijn moeders betrokkenheid bij zijn eerste schreden in de sport, en hoe ze hem leerde: 'Jongen, je moet nooit opgeven.' Maar Terry herinnert zich ook nog welke inbreng hij heeft gehad. 'Toen Lance voor de eerste keer aan Ironkids meedeed, wist ik als trotse vader dat Lance iedereen zou verslaan,' zegt Terry. 'Hij won ook, maar de tijdmeting was een rommeltje, en ze zeiden: "Nou, we kiezen gewoon drie jongens en die mogen naar het kampioenschap." Het kampioenschap was in Orlando bij Disney World. Ik zei: "Nee, zo doen we dat niet." Ik maakte zoveel stennis dat ze ons met het vliegtuig naar Houston lieten gaan, waar de volgende wedstrijd was, en ik regelde het hotel. En Lance won.

In Orlando zaten we in een Disney World-hotel toen er een kerel naar ons toe kwam en snoefde dat zijn zoon zou gaan winnen. Dus wedde ik om vijfhonderd dollar dat mijn zoon hem zou verslaan – en dat deed Lance, die tweede werd in de wedstrijd. Die vent gaf me die vijfhonderd dollar. En in die tijd bezat ik niet eens vijfhonderd dollar. Maar ik wist dat Lance hem naar huis zou rijden.'

Alles wat Lance nog weet, is dat hij de nationale titel niet won. 'Ik baalde er stevig van dat ik werd verslagen,' zegt hij.

'Na Ironkids ging het als een trein,' zegt Wilk over het groeiende vertrouwen van zijn vriend bij elke wedstrijd waar hij aan meedeed. Lance begon al snel te trainen voor het volgende belangrijke lente-evenement, de President's Triathlon, die plaats zou vinden bij Lake Lavon, niet ver van waar Lance woonde. Maar twee weken vóór de wedstrijd liet de Amerikaanse triatlonfederatie organisator Jim Woodman weten dat er vanwege nieuwe regelgeving niemand onder de vijftien jaar mocht deelnemen, anders zou zijn aansprakelijksverzekering geannuleerd worden.

'Er waren zo'n twintig jongens van de 2200 deelnemers op wie dat van toepassing was,' zegt Woodman, 'en we moesten hun ouders in kennis stellen. Lance was een van hen, en zijn ouders waren de enigen die het niet accepteerden. Ze drongen aan om Lance te laten meedoen, anders zou hij er totaal kapot van zijn. "Wat dacht je ervan wanneer ik je een geboortebewijs kom brengen dat aantoont dat hij echt vijftien is?" vroeg Terry. Ik had zó genoeg van al dat gedoe dat ik meteen akkoord ging, en later die avond toonde Terry me een overduidelijk vals geboortecertificaat. "Lijkt me prima," zei ik. "Hij kan meedoen."'

Lance deed het die dag niet zo goed als hij gehoopt had, wat niet verwonderlijk was, gezien de ongewoon lange afstanden: 2 kilometer zwemmen, 80 kilometer fietsen en 16 kilometer hardlopen. 'En ik kreeg een tijdstraf vanwege in de slipstream rijden,' herinnert hij zich nog. Maar al snel na die wedstrijd werd zijn ontluikende talent bevestigd bij een duatlon bij een exclusieve fitnessclub in de Dallas Galleria. De wedstrijd heette de Splash and Dash, over twaalf baantjes in een 25-meterbuitenbad, gevolgd door vier rondjes over een astroturfbaan op het dak van het complex. Zowel Lance als zijn moeder nam deel. Ondanks dat Lance nog maar veertien was, werd hij de overall-winnaar en won hij een waardebon van honderd dollar voor een paar Avia-hardloopschoenen. Hij kreeg de schoenen per post toegestuurd, maar ze pasten niet goed. De plaatselijke vertegenwoordiger van Avia, Scott Eder, werd verzocht om een genoegdoening, en hij sprak af dat hij langs zou gaan bij de Armstrongs in Plano.

Linda werkte in die tijd nog fulltime, en omdat Terry als verkoper veel onderweg was, maakte zij zich zorgen dat Lance zo vaak alleen was. Toen ze te weten kwam dat Eder, in die tijd eind twintig, een amateursporter was met veel contacten in de sportwereld, kreeg ze een idee.

'Toen we aan de praat raakten,' vertelt Eder me, 'zei Linda dat Lance een mentor nodig had. Geen mentor om te coachen, maar een levensmentor, iemand die hem op het rechte pad hield en hem discipline bijbracht. Zo is hij in ons leven gekomen.

Ik raakte bevriend met Linda, en ze vroeg me niet al te veel. Lance en ik gingen hardlopen, of gingen trainen, of naar de sportschool, en daarna gingen we wat eten en ergens naartoe, waarna ik hem weer naar huis bracht. Een paar jaar lang gingen we een keer of drie in de week samen lunchen of eten. Linda vroeg me om hem aan wedstrijden te laten deelnemen, te zorgen voor de betaling van het deelnemersgeld, uitrusting voor hem te kopen, hem te vergezellen naar wedstrijden en te zorgen dat hij weer veilig thuiskwam.'

De vrienden van Lance, die ook aan triatlons begonnen mee te doen, leerden Eder ook kennen. 'Toen Scott begon, waren we in de zevende hemel,' zegt Wilk. 'We waren nog maar een stel kinderen, en Scott was als een oudere broer voor ons. Hij deed alles voor ons – "Mam, je hoeft niet mee te komen, Scott brengt ons." Ja, hij was inderdaad zoiets als de manager van Lance en hij paste op ons, maar hij was ook een vriend. Daarvóór was mijn moeder de enige niet-werkende moeder, en zij bracht ons overal naartoe.'

Een van de belangrijke taken die Eder uitvoerde, was Lance weer op goede voet brengen met wielerwinkeleigenaar Jim Hoyt. 'Toen ik Lance leerde kennen, was hij niet welkom in de winkel,' zegt Eder. 'Ik had gehoord dat hij er een paar keer uit was gegooid – toen hij elf was, en toen hij op z'n dertiende terugkwam, was hij nog steeds niet welkom. Dus mijn eerste daad was hen met elkaar te verzoenen, Jim verzekeren dat de jongen weer oké was. Dat was mijn eerste verzoenende daad als mentor, te zorgen dat hij weer in Richardson Bike

Mart mocht komen. Uiteindelijk gaf Jim hem een fiets en vierhonderd dollar per maand om zijn trainingen, reiskosten en wedstrijddeelname te betalen.'

Een stipendium van vierhonderd dollar was in die tijd een enorme stimulans voor een jonge sporter die succes nastreefde, vooral in een sport die nauwelijks aandacht kreeg in de Amerikaanse media. Het was een riskante investering voor de Vietnamveteraan, die nog steeds bezig was zijn fietsenwinkel tot een succes te maken. Maar het was ook een gebaar om de dromen te verwezenlijken die Lance jaren daarvoor in die gammele stoel in het kantoor met Hoyt had gedeeld.

3 Weg

*'Mensen vroegen me of ik Lance coachte, en ik zei: "Nee.
Niemand coacht Lance." Lance deed wat hij wilde. Hij was
een geboren kampioen.'*
— Scott Eder

De meeste mensen zijn verbaasd over hoeveel Lance op een dag
doet. 'Dat heb ik van Linda geleerd,' zegt hij. 'Dat heeft ze me via
osmose, of hoe dat ook heten mag, geleerd. Ze werkte heel hard en
klaagde daar nooit over, en ze bracht me echt een gevoel voor planning bij. Iedere dag, steeds weer opnieuw, zei ze: "Vandaag is de eerste dag van de rest van je leven." Het klinkt nogal pathetisch, zoiets
wat je bij de dokter aan de muur ziet hangen. Maar nu plan ik alles,
en sommige mensen worden daar helemaal gek van.'

Zijn dag helemaal vullen doet Lance al vanaf zijn veertiende,
toen hij zijn eerste triatlons won. Om succesvol te zijn in die nieuwe
sport, moest hij trainen in zwemmen, hardlopen en wielrennen, en
daarbij huiswerk doen. En dan nog had hij tijd om met zijn vrienden
op te trekken en het leven te leiden van een tiener in het Texas van de
jaren tachtig: meisjes, feestjes, geintjes, drank, rockmuziek en snelle
auto's.

Behalve zijn huiswerk deed Lance het meeste met plezier. Maar
hij moest wel een ijzeren discipline aanleren om zijn sportieve doelen te verwezenlijken – vooral omdat Terry veel op pad was als verkoper en zijn moeder een voltijdbaan had. Linda vond het niet prettig dat haar zoon naar huis kwam en er dan niemand was. Maar, zegt
ze: 'Ik zorgde altijd dat er na een wedstrijd eten was, zoals het hoort.
Dingen die hij makkelijk kon klaarmaken.'

Wat Linda het meeste zorgen baarde was dat, hoewel ze een mentor voor haar zoon gevonden had in de persoon van Scott Eder, Lance zichzelf steeds weer problemen op de hals leek halen. 'Ik was de
eerste om toe te geven, jeetje, hij is echt een lastige tiener. En die
problemen waren zijn grote mond en de dingen die tieners uithalen,'

zegt ze. 'Maar waarom zeiden de andere moeders niet: "O, dat doet die van mij ook." Ik had het gevoel dat ik de enige was die dat had. Zo erg dat ik Tough Luck belde – een advieslijn waar je met iemand over problemen kon praten – omdat ik zo bezorgd was. De andere moeders bij zwemmen en triatlons zeiden: "O, dat soort dingen doet mijn zoon niet!" O, god.'

Terwijl Linda zich zorgen maakte en hulp zocht, trad haar man Terry meer op tegen hun tienerzoon. 'Ik kende Terry Armstrong toen nog niet goed,' zegt Lance, 'en nu ken ik hem zeker niet. Toen ik eenmaal oud genoeg was, begreep ik al snel dat hij niet deugde, en ik was er goed in om hem uit te dagen.'

Die houding leidde tot wat Terry omschrijft als 'een echt flinke ruzie', toen Lance probeerde hem een dreun te verkopen. 'Hij was vijftien of zo,' vertelt Terry me. 'Toen hij me wilde slaan, vochten we een robbertje in de woonkamer. Ik was van de oude stempel en had geleerd: "Nooit je vader slaan, want het kan wel eens de laatste klap zijn die je uitdeelt." Misschien was dat hoe ik werd opgevoed, toen ze zeiden: "Respect voor je vader." Dus ik gooide hem de deur uit en zei: "Dit zijn helaas mijn regels, en als je me probeert te slaan, dan kom je er bij mij niet meer in." Toen brak hij en begon te huilen, en ik zei: "Sorry, dat zijn de regels." Ik herinner me dat hij terugkwam en aanklopte, en ik zei: "Accepteer je mijn regels?" En hij zei: "Ja, oké." '

Maar het was niet oké. Onderweg naar een zwemwedstrijd, op het vliegveld van Dallas, zag Lance dat Terry een paar keer probeerde wat op te schrijven, waarna hij iedere keer het vel papier verfrommelde en in een afvalbak gooide. Toen zijn stiefvader naar het toilet ging, viste Lance de proppen uit de afvalbak en stopte ze in zijn tas. Later kwam hij erachter dat het aanzetten tot liefdesbrieven waren – en niet aan zijn moeder. Hij zei het tegen niemand, zelfs niet tegen Linda. Hij wilde haar geen pijn doen. Lance was geschokt en woedend, hij voelde zich bedrogen. Maar hij hield al die gevoelens voor zich en gebruikte al zijn woede als stimulans bij het sporten. Gefixeerd als hij was op winnen, was de jonge sporter altijd op zoek naar iemand die hem kon helpen, of het nu zijn mentor Eder was, wielerzaakeigenaar Jim Hoyt, zwemcoach Chris MacCurdy of zijn beste vrienden: Adam Wilk, Chann McRae, John Boggan of nieuwkomer Steve Lewis.

'Lance was waarschijnlijk mijn beste jeugdvriend,' zegt Boggan, die nu een leidinggevende functie heeft bij het telecombedrijf Sci. 'We waren van vroeg tot laat bij elkaar en trainden iedere dag samen, vooral in de zomer. Onze dagen bestonden uit wakker worden, op de fiets naar het zwembad gaan, twee uur zwemmen, dan weer op de fiets naar huis, een beetje rusten, dan midden op de dag hardlopen of 's avonds fietsen. Op dagen dat we niet gingen zwemmen, maakten we lange ritten op de fiets.

Onze standaardroute was over de weg die langs de Interstate-75 liep. Lance koos een keerpunt verderop, nog eens ruim zes kilometer extra; de totale afstand was 56 kilometer. Ik probeerde het eerste keerpunt te nemen en niet ingehaald te worden. Gedurende de vier jaar dat we dat gedaan hebben, is het me maar één keer gelukt om thuis te komen zonder dat hij me had ingehaald. Ik was geen slechte renner, maar er was een groot verschil tussen ons, en ik wist dat ik moest gaan studeren en een baan zoeken. Als professioneel triatleet zou ik het niet ver geschopt hebben.'

Wilk, die wel proftriatleet zou worden, herinnert zich dat behalve de zwemtrainingen van MacCurdy, hun training niet erg professioneel was. 'We lazen wat boeken of gingen een stuk hardlopen,' zegt hij. 'We deden domme dingen, zoals eten voor het hardlopen en dan kijken wie er niet moest overgeven. We aten een biefstuk en liepen dan tien, twaalf kilometer hard. We volgden nooit de "long-slow-distance"-trainingsmethode. Als je jong bent, doe je alles intens.'

Boggan beaamt dat hun training heel erg basic was. 'We aten gewoon alles waar we zin in hadden, fietsten, liepen hard en zwommen,' zegt hij. 'We wilden alleen maar beter worden. Lance was erg gedisciplineerd en gedreven, veel meer dan ik. Hij nam me altijd op sleeptouw als ik een dag niks wilde doen.'

Voor het nieuwe triatlonseizoen kreeg Lance een nieuwe fiets, een superdure Raleigh, met de allernieuwste aerodynamische Roval-wielen voorzien van flinterdunne spaken. 'Het was het nieuwste van het nieuwste,' zegt Linda. 'Ik had die fiets net voor hem gekocht of ik werd op mijn werk gebeld. Lance lag in het ziekenhuis. Toen hij op de fiets op weg was van Plano naar Richardson, had een auto hem aangereden.

Mijn baas bracht me naar het ziekenhuis. Lance was gewond aan zijn hoofd en bloedde flink. Geen helmen in die tijd. Hij was over de auto gevlogen en met zijn hoofd tegen de trottoirband gekomen, precies op een kruising. Het had slechter kunnen aflopen, maar zijn v-vormige lichaam zorgde voor een zachtere landing. Zijn bovenlichaam was zeer gespierd door het zwemmen. Hij had een paar hechtingen in zijn hoofd en in zijn teen, want daarmee was hij tegen de voorkant van de auto geklapt.

De dokter zei: "Het been is niet gebroken, maar het ziet er niet goed uit. Je moet naar de orthopedist, maar voorlopig krijg je een brace." Die liep van zijn heup helemaal naar beneden. De dokter zei: "Hij moet dit been niet gebruiken, hij kan niet fietsen, hij kan niet lopen..."

De week daarop had Lance een belangrijke triatlon in Lewisville, en hij zei: "Mam, ik ga meedoen. Punt uit." En ik zei: "Met dat been kun je niet hardlopen." "O, mam, er is niks aan de hand." Hij pakte zijn tennisschoenen en sneed er bij de teen een gat uit. En ik geloof dat mijn vriendin Sue de hechtingen uit zijn hoofd verwijderd heeft. Vervolgens deed hij mee aan die wedstrijd, en hij presteerde goed. Het was een echt koude, regenachtige dag.

Ik belde allerlei mensen om te zorgen dat de krant aandacht aan Lance besteedde. En de orthopedist schreef ons later een brief waarin stond dat hij van zijn leven niet had gedacht dat Lance zou kunnen deelnemen. Lance was als een kat met negen levens.'

Lance was van plan om opnieuw mee te doen aan de President's Triathlon, en als voorbereiding deed hij twee belangrijke regiowedstrijden, de Hillcrest-Tulsa-triatlon en de triatlon in Waco. Hij won ze beide, in een recordtijd.

'Toen Lance de wedstrijd in Waco won,' zegt Terry, 'stond ik hem net te feliciteren toen er iemand over de finish kwam. Hij moet een jaar of drieëntwintig, vierentwintig zijn geweest. Hij pufte en hijgde en sprong en schreeuwde van vreugde: "Ik heb gewonnen! Ik heb gewonnen!" De wedstrijdofficial zei: "Nee, je bent tweede geworden. Die jongen daar heeft gewonnen." Die vent kwam naar ons toe, keek Lance aan en zei: "Weet je, ik heb je de hele tijd niet gezien. Ik keek steeds maar vooruit, en er liep niemand voor me, je had zo'n grote voorsprong."'

Een andere deelnemer die onder de indruk was van Lance' overwinning, was de twintigjarige Bart Knaggs uit Austin, voor wie het zijn eerste triatlon was. 'Ik begon net aan het hardloopgedeelte toen de omroeper meldde dat een vijftienjarige jongen genaamd Lance Armstrong op het punt stond te finishen,' zegt Knaggs. 'Ik kon mijn oren niet geloven. De rest van het hardlooptraject vroeg ik me af hoe hij bij het zwemmen en het fietsen dertig minuten voorsprong op mij had kunnen nemen.'

Lance lag zo ver voor dat toen hij zijn buurjongen John Boggan ontwaarde in een groepje dat hem op het loopparcours tegemoetkwam, hij naar de andere kant van de weg ging en Boggan een highfive gaf. 'Dat was echt te gek. Zo'n soort vriend was hij,' zegt Boggan. 'Hij wilde me aanmoedigen.'

'Hij was een fenomeen, een fanatiekeling,' voegt Knaggs daaraan toe. 'Ik hoorde later dat Lance tijdens de race niet eens water had gedronken. Hij bond drie reepjes kauwgom aan de middenstang van zijn fiets en kauwde kauwgum in plaats van water te drinken.'

Voor Lance betekende zijn verpletterende overwinning in Waco de bevestiging die hij nodig had om de overstap naar de professionele triatlonsport te maken – zodat hij echt geld kon verdienen in plaats van amateurprijzen. Maar aangezien een profstatus deelname aan de Olympische Spelen bij het zwemmen of atletiek in gevaar kon brengen, wendde hij zich tot de University Interscholastic League van zijn staat voor raad.

'Coach MacCurdy dacht dat Lance iets zou kunnen bereiken als zwemmer op de Olympische Spelen, dus hij wilde niet dat hij prof werd,' legt Terry uit. 'De UIL zci dat triatlon geen olympische sport was, en dat hij dus geld zou kunnen verdienen zonder zijn amateurstatus in gevaar te brengen. Maar het liep erop uit dat Lance en Chris langdurig met elkaar overhoop lagen, want Lance wilde triatlons doen en Chris wilde dat hij zwemmer werd.'

Lance trok aan het langste eind. Zoals anderen begonnen op te merken, ging Lance als hij eenmaal ergens zijn zinnen op had gezet er helemaal voor, met volle overgave.

Wat Eder het meest indrukwekkende vond aan de jonge triatleet Lance, was zijn 'ongelooflijke killerinstinct. Niet zozeer discipline, maar wanneer de wedstrijd eenmaal was begonnen, had hij een onvoorstelbare behoefte om de anderen verpletterend te verslaan – niet om te winnen, maar om de anderen verpletterend te verslaan. Ik heb een opname van toen hij veertien jaar was, en de interviewer vraagt hem wat zijn doelstelling is, en Lance zegt: "Ik wil binnen vijf jaar de beste ter wereld zijn – met afstand, met niemand in mijn buurt. Geen twijfel over mogelijk." '

Er zijn weinig sporters die op zo'n jonge leeftijd zulke boude uitspraken doen. Een ander die dat deed, al was het in besloten kring, was Greg LeMond, die in de zomer dat Lance voor de eerste keer als prof aan een triatlon deelnam, de eerste Amerikaanse Tourwinnaar werd. Maar LeMond verkondigde zijn ambities niet tegenover de media. Op zijn zestiende noteerde hij zijn persoonlijke doelen op een schrijfblok, waarbij hij (correct) voorspelde dat hij vóór zijn vijfentwintigste het wereldkampioenschap en de Tour zou winnen.

Zowel Lance als LeMond heeft wat de experts een 'big engine' noemen, waarvan één genetisch aspect het vermogen is om tijdens het sporten veel zuurstof te gebruiken. Deze parameter, die met maximale zuurstofopname of VO_2max wordt aangeduid, wordt gemeten in milliliters zuurstof per kilogram lichaamsgewicht per minuut en geldt als de beste indicator voor cardiovasculaire fitheid. Dat getal ligt voor een gemiddelde amateursporter tussen de 40 en 50 ml/kg/min. Naar verluidt zou bij LeMond ooit 92,5 zijn gemeten, net onder de hoogste VO_2 ooit gemeten, bij de Noorse crosscountryskiër Bjørn Daehlie, die in de jaren negentig op de Olympische Winterspelen het recordaantal van acht gouden medailles won. Toen hij vijftien was, kwam Lance er haast bij toeval achter hoe hoog zijn eigen VO_2 was.

Eder vertelt me het verhaal. 'Iemand op de Cooper Clinic in Dallas, die toen nog het Aerobic Center heette, vond een apparaatje uit dat hij Cool Collar doopte. Het was een halsketting met bevroren koelmiddel dat je kerntemperatuur laag zou moeten houden. Voor het empirische bewijs moest ik voor vijf hardlopers zorgen die tegen betaling een uur zouden moeten rennen terwijl ze de Cool Collar droegen. Ik was een van hen, en ik nam ook Lance mee. Hij had nog nooit eerder een uur lang hardgelopen, dus zei ik: "Die jongen is een grensgeval, maar waarschijnlijk redt hij het wel." Deel van de vergoeding was een complete lichamelijke checkup, inclusief een VO_2max-test en een elektrocardiogram.

We deden een VO_2max-test. Daarbij loopt een sporter vijftien minuten op een loopband met hellingsgraad waarbij de snelheid langzamerhand wordt verhoogd, totdat de sporter bijna niet meer kan. Hij ademt daarbij in een luchtdicht masker dat is aangesloten op een apparaat dat de hoeveelheid zuurstof meet in de uitgeademde lucht en de maximale opname laat zien – die wordt bereikt wanneer het zuurstofverbruik gelijk blijft bij een toenemende belasting.

Drie dagen later belt die vent me en zegt: "Wie was die jongen met wie je hier was? Hij heeft de hoogste VO_2max-waarde gescoord die we hier ooit hebben gemeten, 79,5." Ik zei: "Dat is interessant, want als je hem op de fiets had gemeten, dan zou het nog hoger zijn geweest." We waren stuk voor stuk goede sporters, maar onze waarden zaten allemaal ergens in de zestig. O ja, en die Cool Collar? Nooit in de handel gebracht.'

Nu hij wist van zijn uitzonderlijke VO_2max, en met twee belangrijke overwinningen op zak, leefde Lance naar de President's Triathlon toe in de overtuiging dat hij een goede prestatie zou kunnen leveren. Zijn enige twijfel was dat hij het voor de eerste keer tegen profs zou opnemen. Een van die profs was Mark Allen, een Amerikaan die het jaar daarvoor bij het Ironman-wereldkampioenschap tweede was geworden en op het punt stond de beste in zijn discipline te worden.

'Dat jaar zou de wedstrijd opgetrokken worden naar de internationale afstand en verhuisde naar de Las Colinas Country Club, vlak bij vliegveld Dallas Fort Worth. We zwommen in een klein, kunstmatig aangelegd meer, en ik kwam er samen met de grote jongens uit,' herinnert Lance zich nog. Andrew McNaughton, een Canadees, reed ons er op de fiets helemaal af. Ik bleef in de buurt van Allen en na het fietsen lag ik tweede, en vervolgens liep ik zo hard als ik kon. Het was enorm heet.'

Zijn moeder kwam naar de wedstrijd kijken, samen met Eder, die zegt: 'Ik stond bij Linda toen ze het overgangsgedeelte op kwamen. Toen Lance van de fiets kwam met een voorsprong op Allen, dachten wij: Wauw! Maar dat was zijn strategie, die inhield vol gaan zolang je kon, omdat hij wist dat hij met hardlopen de mindere was van die jongens. En het was een ongelooflijk heuvelachtig, ongelooflijk zwaar hardloopparcours – allemaal door woonbuurten, straten met huizen. Beestachtig.'

Lance verbaasde de profs met zijn uiteindelijke zesde plaats. Allen passeerde hem bij het hardlopen, haalde ook McNaughton in en won; maar iedereen had het over Armstrong. 'Na afloop ging ik uit m'n dak,' zegt Lance. 'En Mark Allen? Die was verbaasd...'

Allen kan zich die dag nog herinneren. 'Hij was nog maar een jonge jongen, en ik was verbijsterd toen ik hoorde hoe oud hij was. Ik was geen veteraan, 25 waarschijnlijk, maar een verschil van tien jaar op die leeftijd... Ik dacht aan wat ik deed toen ik vijftien was. Ik zwom, en niet bepaald op wereldniveau.

In sportief opzicht, wat ontwikkeling betreft, dacht ik, man, die jongen is vijftien en hij geeft de besten van de wereld partij... een jongen die het echt goed deed, die duidelijk maakte dat hij een hele grote ging worden.'

'Dat was de grote doorbraak voor Lance,' constateert Eder. 'Dat was de opmaat voor de telefoontjes, want ik fungeerde als een soort manager voor hem. Mensen vroegen me of ik Lance coachte, en ik zei: "Nee. Niemand coacht Lance." Lance deed wat hij wilde. Hij had een aangeboren talent. Ik heb hem nooit iets geleerd. Hij was een geboren kampioen.'

Die zomer lukte het Eder om Lance te laten deelnemen aan een paar internationale triatlons. Maar de wedstrijd waar Eder zich met Lance vooral op richtte, was het Amerikaanse nationale sprintkampioenschap, de halve afstand van de President's Triathlon, in Boca Pointe, Florida.

'Ik belde de organisator en zei: "Ik denk dat Lance jullie wedstrijd kan winnen," ' zegt Eder. 'De reactie van de organisator was: "Eh, goed. Iedereen komt. Hij heeft geen enkele kans om te winnen." Dus zei ik: "Ik wed dat hij vanaf het begin bij de eersten zit, en hij heeft een verdomd goede kans om in de topvijf te eindigen." De eerste zeven zouden prijzengeld krijgen. Dus ik liet die vent de reis van Lance' premie betalen. Het hotel was gratis, de vliegtuigtickets waren zo'n tweehonderdvijftig dollar per stuk. Als Lance niet bij de eerste zeven zou eindigen, dan moest hij dat betalen. Maar als hij wél bij de eerste zeven zou zitten, dan zou hij de vijfhonderd dollar terugkrijgen.

Mike Pigg werd winnaar, en Lance eindigde als vijfde en won vijftienhonderd dollar. Dus hij hield er duizend dollar aan over. Dat was in 1987. Het jaar daarop verraste hij iedereen en won.'

Ondanks de groeiende faam van Lance als nationaal triatleet, noemden zijn collega-profs hem 'Junior', met verwijzing naar het feit dat hij vijftien was en de middelbare school tot een goed einde probeerde te brengen. En hoewel hij fysiek was gegroeid – inmiddels 1,78 meter en 68 kilogram – was hij nog steeds een echte puber. Zo zag Mark Henricks, een in Texas gevestigde freelanceauteur, Lance toen hij in de herfst van 1987 de jonge rijzende ster interviewde voor het tijdschrift *Sport*.

'Het interview vond plaats met Lance, zijn moeder en Scott Eder,' vertelt Henricks me op een onstuimige dag in Austin bij de koffie. 'Lance was net derde geworden bij een triatlon en had de nationaal kampioen verslagen, geloof ik. Op je vijftiende word je niet geacht om van de nationaal kampioen te winnen. Hij lette erg op zijn woorden. Hij was nog niet vaak geïnterviewd en was echt op zijn hoede. Terughoudend.

Ik weet nog dat ik ervandaan kwam met het idee dat hij het niet had. Het is een gewone jongen met een uitzonderlijke lichamelijke aanleg, maar hier of hier heeft hij het niet.' Henricks wijst naar zijn hart en zijn hoofd.

'Iets bracht me ertoe om hem een vraag over drugs te stellen,' voegt hij eraan toe. 'Zijn antwoord... het leek weer typisch dat van een vijftienjarige die waarschijnlijk bier had gedronken en jointjes gerookt en die vraag niet wilde beantwoorden waar zijn moeder bij was. Maar hij zei nee, hij had nooit drugs gebruikt, met die wegkijkende blik. En hij deed waarschijnlijk wat alle jongens uit de grote stad Dallas op hun vijftiende doen... met daarnaast heel veel trainen.

Waar het om ging is dat ik dacht dat het niks met hem zou worden. Ik ben niet goed in het voorspellen van komende winnaars, dat is wel zeker.'

Zijn oude vriend Wilk geeft meer het beeld van een onstuimige, zelfs ruwe Lance op zijn vijftiende. 'We hadden ontelbare knokpartijen met een buurman die veel ouder was dan wij,' zegt Wilk. 'Op een keer lijmde Lance zijn brievenbus dicht. Dat mag niet, dat is strafbaar. Dus belden ze de politie. Toen we hoorden dat die aan de deur stond, verstopte ik me in de kamer van zijn moeder, en hij in zijn kamer. Hij had een "Armstrong"-straatnaambord op zijn kamer dat we van een paal hadden gehaald. En natuurlijk is het strafbaar om straatnaamborden te stelen. De smerissen waren niet blij.

Dus of hij een lastpak was? Nou en of.'

Wilk vertelt vervolgens over een andere streek, waar Lance het in zijn boek *Door de pijngrens* over heeft. 'We waren met vijf of zes jongens bij hem thuis om een vuurbal te maken,' zegt Wilk, waaraan hij toevoegt dat het gezin Armstrong inmiddels was verhuisd naar een nieuwe bungalow, vier kilometer van hun oude buurt Los Rios. 'Terry was daar zelden, en zijn moeder werkte, dus het huis van Lance was de plek van samenkomst. Het was c-vormig rond een kleine binnenplaats gebouwd. 'We nemen een emmer, gieten er benzine in, dopen daar een tennisbal in en steken die aan.

Daarna slaan we de bal tegen een muur, en die raakt het hout en veroorzaakt een kleine brandvlek. Als hij op het dak kwam, klommen we erop en maakten hem uit, of we gooiden hem over de muur en renden over het binnenplaatsje, door de garage, en maakten hem uit.'

Steeds enthousiaster vertelt Wilk verder: 'Lance roert dit in het boek aan... maar hij raakt de muur en die bal stuitert en stuitert en komt precies in de emmer met benzine terecht. Er slaat een vlam en rook uit van wel twintig verdiepingen hoog, en hij staat onder de onderkapping van het huis. Iedereen roept: "Schop hem omver! Schop hem omver!" We schoppen hem omver en de splinternieuwe emmer van zijn vader brandt op tot een groot, rond stuk plastic.

Het was de tijd dat Lance en zijn vader echt heftige meningsverschillen hadden. We wilden niet dat zijn vader erachter kwam dat we zijn emmer naar de klote hadden geholpen, dus moesten we hem snel op een veldje twee straten verderop begraven.'

Wilk somt nog een paar van dat soort grappen op die de buren van Lance kwaad maakten, zoals vuurwerk aansteken en dan wegrennen, ballonnen met water naar auto's gooien en garage hoppen.

'Daar waren we goed in,' zei Wilk, 'want je kunt blikjes bier uit de koelkasten in garages halen, door het gangetje wegrennen en de garage openlaten. Iedereen had een koelkast. Lance noemde het garage hoppen.

En het draaide allemaal om rennen. We waren zo snel dat als iemand ons betrapte en we ervandoor moesten, we altijd weg wisten te komen – of het nu met het vuurwerk was, garage hoppen of de ballonnen met water. We waren gewoon sportief ingestelde jongens die aan sport deden. Maar dat veranderde allemaal toen Lance zich serieus met triatlon begon bezig te houden. Hij werd snel goed.'

Een gebeurtenis toen hij vijftien was bleef Lance bij. 'Lance vertelde me een verhaal uit de tijd dat hij in de tweede klas van de middelbare school zat,' zegt Bob Mionske, een van de eerste olympische wielrenners met wie Lance bevriend raakte toen hij achttien was. 'Hij was op een feestje waar voornamelijk ouderejaars waren, en hij wilde naar de wc, maar de deur zat op slot. Hij werd steeds ongeduldiger en begon op de deur te kloppen en ertegenaan te schoppen. Er kwamen een paar ouderejaars naar buiten die hem tegen de grond sloegen en hem vervolgens schopten en helemaal in elkaar ramden. Hij vertelde me dat verhaal en ik kon zien dat het hem nog steeds aangreep.'

Met de naderende zestiende verjaardag van Lance in september 1987, wilden zijn ouders een auto voor hem kopen. 'Omdat Linda en ik beiden een voltijdbaan hadden en Lance 's ochtends vroeg naar zwemmen moest, hadden we al een scooter voor hem gekocht. Maar ik wist dat hij een auto nodig zou gaan hebben,' zegt Terry. 'Op een dag zat ik in de auto, en toen zag ik een rode Fiat Spider cabrio. Die kocht ik voor hem – en ik verkocht de scooter.'

Lance wilde dolgraag zijn rijbewijs halen en de auto uitproberen. En al snel, zo vertelt Wilk, 'reden we in dat rode cabriootje overal naartoe. Lance was al de blitse jongen, die op zijn vijftiende in de auto naar school kwam.'

Net zoals zijn fiets voor Lance op z'n dertiende vrijheid had betekend, zo gaf zijn tweedehands Fiat hem een nieuwe onafhankelijkheid – om overal heen te kunnen rijden, indruk te maken op zijn schoolmakkers en met meisjes uit te gaan. En dat waren er nogal wat.

'Er zijn heel wat meisjes met wie ik te doen heb gehad,' zegt Linda. 'Gina Di Luca was er een van. Ik was dol op dat kind. Ik zie haar nog zo voor me.'

'Ze kwam uit Plano,' voegt Linda's zus Debbie eraan toe. 'Italiaanse. Groene ogen. Zwart haar. Een prachtige meid.'

'Hij hield van meisjes,' bevestigt Wilk. 'Gina Di Luca was de eerste. Dat was in de eerste of tweede klas van de middelbare school. Een van zijn ex-vriendinnen werkt bij de fitnessclub waar ik tegenwoordig sport, en ik zie haar regelmatig, Beth Seymour. Dat was in de derde of de vierde klas. Hij reed de hele tijd rond in die rode cabrio. We hadden een te gekke groep meiden om ons heen.'

'Lance is zonder meer dol op vrouwen,' zegt Jim Hoyt. 'Hij wilde altijd al een beroemdheid worden, dat stak hij niet onder stoelen of banken. Hem in toom houden, dat was het probleem.'

4 Alles willen

'Overal waar hij kwam veroorzaakte hij deining. Er was altijd zo veel energie om hem heen.'
– Mark Allen

Lance wilde de coolste en de beste zijn – in de snelste auto's rijden, met de mooiste meisjes uitgaan, bij iedere beklimming als eerste boven komen, en iedere wedstrijd winnen waar hij aan deelnam. En zo rond zijn vijftiende, zegt hij, leek het hem allemaal makkelijk af te gaan.

'Ik vond het te gek dat ik een sponsor had en over de wereld kon reizen en prijzengeld kon winnen. Ik wist dat het mijn moeder heel erg zou helpen want we zaten altijd krap, en ik verdiende nu genoeg om al mijn eigen spullen te betalen – en meer. Niet dat ik me opofferde, hoor. Buiten het seizoen, in de winter, ging ik met mijn vrienden op pad en maakte ik plezier.'

Scott Eder, de man die door Lance wordt omschreven als 'een aardige kerel, een soort combinatie tussen een coach, een manager en een oudere broer', begeleidde hem naar ruim twintig triatlons, waarbij hij zaken voor hem probeerde te doen en hem ver van problemen hield. Twee van die wedstrijden waren in het Caribische gebied, waar Lance allereerst meedeed aan de internationale triatlon op Saint Croix, een van de Amerikaanse Maagdeneilanden. Daar begon Eder een paar karaktertrekken van zijn jonge protegé te ontdekken.

'Lance was een gezelligheidsmens, heel verwaand, heel maf,' zegt Eder, die nu begin vijftig is en een rond gezicht heeft, kort grijzend haar en een hoge, krakende stem. 'Hij was zestien maar dacht dat hij al volwassen was, en hij nam het ook inderdaad op tegen volwassenen en was rijp voor zijn leeftijd. Maar hij wilde zich gedragen als een volwassene, en als ze een feestje hadden en er was alcohol, dan probeerde hij via de achterdeur binnen te komen.

Na de wedstrijd in Saint Croix probeerde hij de bar binnen te glippen – die was net een fort met een patio. Alle triatleten waren binnen een groot overwinningsfeest aan het vieren. Ik stond wat buiten en hield Lance in de gaten.

Hij liep eerst langs de ene kant van het gebouw en probeerde naar binnen te komen, en toen langs de andere kant. Uiteindelijk probeerde hij over een muurtje te klimmen om binnen te komen. Hij was al halverwege toen er een uitsmijter aankwam die hem met zijn grote hand bij de rug pakte en hem naar beneden trok. Ik moest die vent ervan weerhouden om Lance te arresteren door te zeggen: "Laat hem met rust. Hij is hier met een stel kerels, en hij wil gewoon een volwassen man zijn." '

Het waren echter de kerels die de zware Saint Croix Triathlon beheersten: Mark Allen en Mike Pigg, twee van de toppers in deze discipline, die eerste en tweede werden. Lance eindigde ver achter hen, in de langste wedstrijd waaraan hij ooit had deelgenomen.

'Op Saint Croix kon Lance niet meekomen,' geeft Eder toe, 'hoewel hij het bij het zwemmen en fietsen goed deed.' Dat hij een sterke prestatie leverde bij de twee mijl oceaanzwemmen, was geen verrassing omdat Lance al meer dan twee jaar zwom met zijn coach van de middelbare school, Chris MacCurdy, waarbij hij zich vooral richtte op de één mijl vrije slag. Wat zijn concurrenten verbaasde, was hoe goed Lance het deed op het wielerparcours van bijna honderd kilometer, waar een heuvel in was opgenomen die zo steil was dat de deelnemers hem 'The Beast', Het Beest noemden.

Lance liet nog meer van zich zien bij een ander evenement, de Bermuda International Triathlon, met een prijzengeld van meer dan honderdduizend dollar. Eder vergezelde hem die keer niet.

'Nee, Lance belde gewoon die vent in het hotel daar en zei dat hij voor de wedstrijd daarheen kwam en een kamer wilde,' legt Eder uit. 'En, mijn hemel, hij kreeg het nog voor elkaar ook. Hij moest "Bermuda Princess Hotel" op zijn shirt zetten, en hij maakte flink wat reclame voor hen. Bij het zwemmen en fietsen zat hij voorin, samen met Mark Allen en Dave Scott...'

Inmiddels wist Allen dat die jongen uit Texas het goed zou doen op de fiets, maar hij wist niet hoe goed. 'Het ging alleen maar tussen hem, mij en die andere gozer,' weet Allen nog. 'We kwamen aan de leiding en bij het fietsen kwam hij naast me rijden en zei: "Doen we het goed? Is dit in orde? Is alles zoals het moet zijn?" Ik zat aan mijn maximum – ik kreeg niet genoeg zuurstof binnen – en het lukte me niet om die gozer zijn mond te laten houden. Lance won niet... maar dat was de eerste keer dat ik zag hoe goed hij kon fietsen.'

Allen, de uitblinker tijdens de wedstrijd – en de uiteindelijke winnaar – zag ook in dat Lance een rijzende ster was. 'Hij had een behoorlijk grote mond,' zegt Allen. 'Hij zei gewoon wat hij van plan was, en hij deed het – niet zoals een heleboel jongens die van alles zeggen en het dan niet waarmaken. Overal waar hij kwam veroorzaakte hij deining. Er was altijd zo veel energie om hem heen.'

Wilk, Lance' maatje van de middelbare school, voelde die energie ook. 'Hij reed in blitse auto's, hij was een paar keer op tv te zien geweest en hij begon al op heel jonge leeftijd een ster te worden.'

Zijn sterallures werden ook onderkend door wedstrijdorganisatoren. Toen Eder en Lance het voorjaar daarop weer terugkeerden naar Saint Croix, kregen ze een groot vakantiehuis aangeboden voor hun verblijf van twee weken. En dit keer lukte het Lance wél om samen met een paar vrienden uit Dallas het feestje na afloop van de wedstrijd te bezoeken. De volgende ochtend zouden ze van het eiland vertrekken, en het was Lance die de ergste kater had.

'We moesten vroeg naar het vliegveld,' herinnert Eder zich. 'Ik heb nooit alcohol gedronken, maar alle anderen waren behoorlijk zat, en we zouden samen terugvliegen. Lance was in een soort coma, helemaal van de wereld; er was geen beweging in hem te krijgen. Hij woog toen waarschijnlijk zo'n 72 kilo, een flinke kerel. Wij schudden aan hem en schudden aan hem, en uiteindelijk hebben we hem letterlijk naar de auto en in het vliegtuig moeten dragen. Vlak voordat we opstegen begon hij bij zijn positieven te komen. Hij sliep heel erg diep, vooral wanneer hij wat op had.'

Terwijl Lance' pogingen om snel volwassen te worden niet altijd succesvol waren, kwam hij als sporter rap tot wasdom. 'Op zijn zestiende nam hij deel aan vier of vijf van de Bud Light us Triathlon Series-wedstrijden, in steden als Chicago en Tampa,' zegt Eder. 'Hij eindigde meestal als zevende, achtste, negende. Eén keer finishte hij bij de eerste drie, en bij de Hilton Head, het nationale kampioenschap, werd hij zevende of achtste. En hij won de Rookie of the Year-titel. Vergeleken met de kerels tegen wie hij het opnam, trainde hij waarschijnlijk maar op halve kracht – zeg 70 procent wat betreft het fietsen en 20 procent voor het zwemmen en hardlopen.'

Het was na afloop van die uitreiking van de nationale titels dat ik Lance Armstrong voor het eerst zag. Toen hij in gezelschap van de toptriatleten van zijn land naar het podium liep, leek hij een beetje verlegen en opgelaten ten overstaan van dat publiek van een paar honderd man. Maar hij leek ook bijzonder content dat hij zijn plaats naast de toppers in zijn discipline had ingenomen.

Lance zat qua zwemmen en fietsen al op het niveau van triatlonsterren als Allen, Pigg en Dave Scott, maar hij moest nog werken aan zijn uithoudingsvermogen om profijt te trekken van zijn aanleg voor hardlopen. Het antwoord leek gelegen in cross-country, dat veeleisender was dan lopen op de baan omdat het over een langer parcours ging met een gras- of zandondergrond. En dus duurde het niet lang voordat Lance, samen met zijn vrienden Wilk, Chann McRae en John Boggan, cross-country opnam in zijn programma.

'Ik wil je een grappig kiekje van na een cross-country in 1988 laten zien,' zegt Lance, terwijl hij een foto uit zijn kast tevoorschijn haalt. 'Da's Chann daar links. Hij was toen een punk.' Hij lacht, terwijl hij naar Channs rechtopstaande haar kijkt. 'En hij is nog steeds een punk. En dat in het midden ben ik.' Hij wijst naar zichzelf en lacht vanwege het warrige kapsel dat hij toen had. 'En rechts staan Adam Wilk en John Boggan. We zaten in het eindexamenjaar. De wedstrijden gingen over vijf kilometer, de grootste afstand die we als middelbare scholieren konden lopen.'

'Toen we met cross-country begonnen,' herinnert Wilk zich, 'was onze coach James Mays, die fungeerde als haas, als aanjager voor Steve Cram toen die in 1985 het wereldrecord op de mijl verbeterde. Mays liep met ons mee, en dan ging hij sneller en sneller en sneller, zodat wij steeds beter werden.'

'Mays maakte echt het verschil,' zegt Lance. 'Hij zat op de Texas Tech University en was een loper van wereldklasse op de 800 meter. Hij was een Afro-Amerikaan, lang en met een lichtgekleurde huid, hij leek verdorie wel een gazelle. Voor ons was hij een held. Hij reed in een Porsche, en hij verdiende het meeste als haas. Wij begrepen niet waarom hij een cross-countrycoach was op de middelbare school. Ja, hij wist ons echt te motiveren. Hij was fantastisch.'

De nieuwe leerlingen van coach Mays kregen de kans hem eer

te bewijzen toen ze tijdens hun eindexamenjaar deelnamen aan het teamkampioenschap cross-country van het district Dallas – en dat ook wonnen. Het was de eerste keer dat de Plano East-school de titel won. Maar Lance en zijn ploeggenoten kregen niet het respect dat ze hadden verwacht, en ze kwamen in het geweer.

'Het was de allereerste keer dat onze school het districtskampioenschap won, maar de volgende dag stond er helemaal niets in de schoolkrant,' vertelt Wilk. 'Het footballteam had de avond ervoor met een verschil van vijftig punten verloren en daar werd uitgebreid bij stilgestaan – maar niks over onze cross-country. Dus besloten we om iets te ondernemen. Dat weekend trokken we er 's avonds laat op uit en schreven met een spuitbus 'Plano East Cross-Country Super Klasse' op een muur bij de school. We richtten geen schade aan de school aan en we lieten het spuiten over aan iemand anders, want als we het in ons eigen handschrift hadden gedaan, zouden we zijn gepakt. Maar op maandagmorgen werd er omgeroepen dat "Lance Armstrong en Chann McRae naar de rectorskamer" moesten komen. Die twee moesten zich alleen maar melden omdat ze altijd lastig waren.'

Ze waren ook twee van de beste sporters van de school, maar ze kregen geen erkenning omdat ze hadden gekozen voor minder populaire sporten. Lance heeft geschreven dat je op de middelbare school alleen maar meetelde als je football speelde of rijk was. Hij was rijk noch een getalenteerd footballspeler. Maar hij had twee 'vriendengroepen, een kringetje populaire scholieren... en mijn sportvrienden, de hardlopers en triatleten'. Maar toch meed de populaire, welgestelde, footballgekke groep hem soms: 'Ik was die jongen die aan rare sporten deed en de verkeerde logo's droeg.'

Maar, zoals Wilk opmerkt: 'Als Lance niet bevriend was geraakt met mij en Chann, die niks met football en honkbal en zo hadden, en hij gewoon iemand was geweest die naar de universiteit ging, dan had hij nooit geweten waartoe hij in staat was. Lance maakte altijd deel uit van de groep populaire scholieren, en die groep koos voor football. Als wij niet met hem bevriend waren geweest, dan was hij nooit maar dan ook nooit hardloper geworden, of wielrenner, of zwemmer – niet waar wij vandaan kwamen. Uit Texas. Waar vrijdagavond de stadionverlichting aangaat. Tijd voor Texas-football.'

Lance begon met triatlon op het moment dat die sport aan populariteit begon te winnen, en hij wist dat hij om vooruitgang te boeken niet alleen harder moest gaan trainen, maar ook op de hoogte moest blijven van de nieuwste technische ontwikkelingen. Triatleten rijden op speciale fietsen, zoals wielrenners in de Tour de France die alleen voor tijdritten gebruiken – ritten tegen de klok waarbij de fietsen zo aerodynamisch mogelijk moeten zijn om seconden te kunnen winnen. Eind jaren tachtig was triatlon enorm populair aan het worden, en er was een sterke concurrentiestrijd gaande om de meest aerodynamische fiets en uitrusting. In 1987 werden er drie revolutionaire innovaties in productie genomen: de tri-bars, betaalbare dichte wielen en speciale triatlonfietsen.

De Amerikaanse uitvinder Boone Lennon kwam met de ongemakkelijk uitziende, maar effectieve Scott DH tri-bars, die de renner ver voorover liet zitten (vergelijkbaar met skiërs in een aerodynamische houding) en ervoor zorgde dat het bovenlichaam parallel aan het wegdek was. Steve Hed produceerde dichte wielen van carbonfiber, die lichter draaien dan gewone fietswielen met spaken, die meer turbulentie veroorzaken. En de firma's Quintana Roo en Kestrel experimenteerden met een zadelstang in een scherpe hoek, die ervoor zorgde dat de renner de meest aerodynamische houding kon aanhouden. Wegrenners noemden het 'maffe' fietsen vanwege hun onhandige uiterlijk.

In 1988 stapte Lance van zijn eerste triatlonfiets, een Basso van Italiaanse makelij, over op een van de eerste Kestrel-fietsen met carbonfiberframe. En later reed hij op de uitermate aerodynamische Quintana Roo, die 26-inch wielen had, één inch minder dan de standaardwielen.

Naarmate de triatlonfietsen steeds meer begonnen af te wijken van gewone fietsen voor op de weg, vormden er zich twee groepen sporters. Er was zelfs sprake van enige animositeit tussen de traditionalisten en de triatlonjongens. 'Lance meldde zich voor onze zondagse ritten op zijn maffe Basso-fiets,' herinnert Craig Staley zich, indertijd een wielrenner uit Dallas op plaatselijk niveau, 'tot hij uiteindelijk een gewone wegfiets kreeg. Goed, nu ben je normaal. We zaten bij dezelfde club, The High Wheeler – een klein eenmanszaakje – die clubwedstrijden organiseerde. Lance deed mee aan triatlons en begon langzaam over te stappen op wielrennen op de weg.'

Lance deed ook mee aan de grote groepstrainingsritten die begonnen bij Richardson Bike Mart, die de plaatselijke Matrix-ploeg sponsorde. 'Toen Lance voor de eerste keer met de ploeg reed, met Bob Bird en Max Smiley,' zegt Hoyt, 'bleven ze honderd meter voor hem rijden en lieten hem zweten. Dan haalde hij hen bij en zei: "Dus jullie hebben het niet zo op triatleten, hè?" Maar ze werden vrienden, omdat hij met hen samen kon fietsen. Maar als ze besloten: "We rijden hem helemaal zoek," dan konden ze dat, want hij was in die tijd nog heel jong.'

Lance was onder de indruk van de Bike Mart-wedstrijden. 'Ze waren fantastisch, met waanzinnig veel mensen,' zegt hij. 'Onder hen waren een paar heel getalenteerde renners. Ik dacht dat ze prof waren. Ik wist niet dat ze een gewone baan hadden. Ik zei: "Deze jongens verdienen hun geld met wielrennen. Moet je je voorstellen." '

Lance' vriend en buurjongen Wilk trainde met hen mee om zo mee te kunnen doen met de groepsritten, die soms wel meer dan honderd kilometer lang waren. 'We woonden vijf kilometer van Southfork, de ranch die beroemd is geworden door de tv-serie *Dallas*,' zegt hij. 'Bijna al onze trainingsritten gingen langs Southfork. Toen het zomer werd, reden we rond Lake Lavon, een rit van ruim honderd kilometer. Je gaat maar twee keer de bocht om: je rijdt 30 kilometer, bocht, nog een keer 30 kilometer, bocht, terug naar huis. De meeste wegen in Texas zijn lang, recht en vlak. Er is nergens een heuvel. En toch zouden Lance en Chann tot de betere klimmers in het profwielrennen gaan behoren.

Onze beklimmingen tijdens de Bike Mart-ritten door de week waren op een parallelweg die over drie kleine heuveltjes ging. Dat waren onze bergen. Op een rit van 70 kilometer was het 400 meter klimmen. En die twee jongens werden uiteindelijk rasklimmers.'

In 1988 zou Lance een paar echte bergen beklimmen in de buurt van San Diego, Californië. Hij en John brachten daar de zomer door die voorafging aan hun examenjaar. Eder droeg een steentje bij aan de reis. 'Een vriend van ons ging medicijnen studeren in San Diego,' zegt hij, 'dus gingen ze met hem mee en verbleven bij hem. Ze sliepen op de bank in zijn appartement.'

'Dat was, behalve wat korte reisjes, de eerste keer dat hij van huis weg ging,' zegt Linda. 'Ik stuurde mijn banana-breadmix, wat mijn handelsmerk is. En ik stuurde hun puzzels en vliegers, in de veronderstelling dat die jongens wel wat vertier konden gebruiken. Ik was nogal naïef.'

Al snel maakten Lance en Boggan deel uit van de triatlongemeenschap van San Diego. Gedurende die lange zomer zwommen die twee jonge Texanen in het zwembad van Del Mar, fietsten ze door de heuvels van het zuiden van Californië en liepen hard langs de kust van de Stille Oceaan in gezelschap van veel van de toptriatleten, zoals Mark Allen, Scott Molina, Dave Scott en Scott Tinley, die allemaal aan het trainen waren voor het Ironman-wereldkampioenschap in oktober op Hawaï. 'Het waren de allergrootsten,' zegt Lance. 'Zij waren de idolen, de grote vier.'

'Ik verbleef er ongeveer acht weken,' zegt Boggan. 'Lance was er de volle twaalf weken. Iedere dag zaten we op de fiets. We deden een woensdagrit van 160 kilometer over Escondido en Mount Palomar, wat onze eerste keer in de bergen rijden was.

In die acht weken deed ik het drie keer, ik had er een gruwelijke hekel aan. Ik vond het het allerergste wat je kon doen, dat ding beklimmen. Het was beestachtig. We reden zo'n dertig kilometer naar de berg, en daarna was het ruim 22 kilometer omhoog. Lance zei: "Goed, ik zie jullie boven." Op die 22 kilometer was hij dertig minuten sneller dan ik. En dat was wanneer ik in vorm was!'

Volgens Eder was de reis een volgend keerpunt voor Lance, die zowel met wielrenners als met triatleten trainde en de twee sporten met elkaar vergeleek. 'Ik denk dat Lance besefte dat triatlon goed was wat betreft de verdiensten, maar wielrennen misschien wel beter,' zegt Eder.

Dat telde mee. Maar Lance vertelt me dat de echte reden dat hij overwoog van sport te veranderen, de Olympische Spelen waren. De zomerspelen van 1988 in Seoel waren in het nieuws, en de eerste wedstrijden vonden plaats op zijn zeventiende verjaardag. Hij zou bijna eenentwintig zijn wanneer de volgende Olympische Spelen in Barcelona zouden worden gehouden, en daar wilde hij bij zijn. Hij wist alleen niet zeker in welke sport.

'Triatlon is de meest logische olympische sport,' zegt hij. 'Maar er heerste al dat gedoe in de triatlonwereld, met al die verschillende bonden. Het kostte eeuwen voordat ze eruit waren welke zou worden erkend door het IOC [Internationaal Olympisch Comité], en toen dat eenmaal het geval was, was ik al overgestapt op het wielrennen om daar mijn olympische kans te wagen... Dat was het belangrijkste, daardoor maakte ik de overstap.

Het leven is een kwestie van kruispunten. Soms zijn het twee wegen, soms vijf, en jij moet beslissen welke kant je opgaat. Kies je voor sport of een studie? En als het sport wordt, welke sport dan? En dan dwaal je door dat doolhof: zwemmen, wielrennen, triatlon of hardlopen. En wat doe je vervolgens?

Als sporter voel je de druk om voor een van de populaire sporten te kiezen. Maar als ik zou zijn bezweken voor die sociale druk, dan had ik het geprobeerd in het honkbal of basketbal, en dan zou ik totaal mislukt zijn.'

Los van de druk wist Lance wat hij wilde. 'Ik weet nog dat Lance op een middag thuis was,' vertelt Jim Hoyt, 'en hij zei: "Man, ik wil wielrennen op de weg gaan proberen." Hij deed in die tijd voor ons mee aan triatlons.'

Om te kunnen wielrennen, vroeg hij een wedstrijdlicentie aan bij de US Cycling Federation, de Amerikaanse wielerbond. Als beginner werd hij ingedeeld in de laagste categorie, 4 junior. Zijn eerste wedstrijd was een criterium. Dat vond plaats op de Lennox Loop in Richardson, niet ver van Hoyt's Bike Mart. De plaatselijke bewoners noemen het de Tuesday Night Crit.

'Ik kende de mensen achter de inschrijftafel,' herinnert Lance zich, en ze zeiden: "Je hebt een categorie 4-licentie, maar we laten je meedoen met de categorieën 1, 2 en 3; maar wat je ook doet, je kunt niet winnen." Dat zou hun een hoop problemen opleveren. Dus ik zei: "Goed. Prima!"'

Hoyt was met zijn vrouw Rhonda naar de wedstrijd komen kijken. 'Ik weet nog dat Rhonda aan het begin tegen Lance zei: "Rijden!" en hij vertrok als een speer. Een van de renners uit de categorie 1, Kevin Cameron, ging in het wiel van Lance rijden.'

Lance was nog steeds typisch een triatleet, en hij had zojuist het nieuwste snufje op het gebied van aerodynamische technologie, de U-vormige Scott clip-up, aan zijn stuur bevestigd, waardoor hij een tijdritachtige houding aannam op zijn normale wegfiets. Dat hielp hem om van het veld weg te rijden, met Cameron in zijn kielzog.

'Kevin is echt een heel aardige jongen, zes jaar ouder dan Lance,' voegt Hoyt eraan toe. 'Hij is klein en stevig gebouwd, en hij kon goed hard tegen de wind in fietsen op de vlakke Texaanse wegen. Die jongen kon het gas opendraaien. Hij is echt een racemachine, geen wielrenner.'

Cameron zag al snel in dat hij, ondanks zijn snelheid en ervaring, veel minder kracht had dan Lance, de prille beginner. 'Kevin zei: "Ik ga niet sprinten, ik ga niet sprinten," vertelt Lance. 'Dus als hij niet zou gaan sprinten, dan zou ik winnen. Ik dacht er vijf minuten over na en concludeerde: dikke vinger, ik ga gewoon winnen. Als ze me willen straffen, moeten ze dat maar doen.

Ik won en natuurlijk wist de jury dat ik categorie 4 was, en hun eerste reactie was: "We trekken je licentie in." Ze beraadslaagden er een paar weken over en ten slotte besloten ze me gewoon over te zetten naar categorie 3. Dat was mijn allereerste wielerkoers.'

En zo won Lance de triatleet, die niets wist van de tactiek of regels van het wielrennen, de wedstrijd – en zijn wielercarrière had een aanvang genomen.

Lance hield niet meteen op met triatlon, omdat hij er goed geld mee verdiende, en hij wist dat het belangrijk was voor zijn moeder wanneer hij in zijn eigen levensonderhoud voorzag, nu haar huwelijk niet zo stabiel meer was. Om dezelfde reden wendde hij zich tot zijn sponsor Hoyt toen hij zijn Fiat cabrio wilde inruilen voor wat groters. Hoyt stond garant voor een lening voor een Chevrolet Camaro, en Lance loste die maandelijks af. En toen Hoyt hem een parelwitte Schwinn Paramount os bezorgde – 'echt een puike stalen fiets; dat jaar verkocht ik vijfentwintig van die juweeltjes' – voorzag hij Lance' auto ook van een Yakima-fietsdrager zodat de nieuwe Schwinn veilig vervoerd kon worden.

Weldoeners als Hoyt hielpen Lance snel vooruitgang te boeken in de door hem verkozen sporten en namen wat druk af van zijn moeder, die toen overuren draaide om op haar werk hogerop te komen. De mentoren van Lance zorgden ook voor geestelijke steun, die hem door een paar moeilijke momenten in zijn jeugd hielp en het verdriet hielp verlichten over het slechte huwelijk van Terry en Linda.

Nadat Linda had ontdekt dat Terry andere vrouwen had – wat Lance al vermoedde sinds hij op het vliegveld Terry's liefdesbrieven uit de prullenbak had gevist – verzamelde ze uiteindelijk de moed om haar man te vertellen dat hij haar huis uit moest en ook haar leven. Toen ze Lance belde en hem vertelde wat er was gebeurd, was hij naar eigen zeggen 'intens blij'.

Maar het spijt Linda dat de leugenachtigheid waar Lance getuige van was geweest, haar zoon wegleidde van de godsdienst. 'Terry was de zoon van een predikant en we hadden de pech dat we al die leugens moesten meemaken,' zegt ze. 'Die jaren waren van groot belang in de ontwikkeling van Lance, en ik denk dat de pijn die ik had door wat ik doormaakte en de ontrouw waar Lance getuige van was, hem een onaangename smaak in de mond gaven wat betreft godsdienst. Daarom heeft hij zo'n moeizame relatie met het geloof.'

Voor Linda is het geloof altijd een bron van kracht geweest. 'Hoe het ook zij, daar wend ik me altijd toe,' zegt ze, 'en het heeft me heel veel geholpen.' Het baart haar zorgen dat Lance dat niet heeft als steun, maar ze begrijpt waarom. 'Je hebt een voorbeeldrol,' zegt ze, 'vooral bij kinderen.'

Er zijn ook zaken die Terry spijten. 'Als ik bij de kerk was gebleven en trouw aan mijn geloof was geweest, dan was ik nooit vreemdgegaan,' zegt hij met onvaste stem. 'Heb ik daar spijt van? Zonder meer. En heb ik spijt van hoe ik Lance heb opgevoed? Absoluut niet.'

Terry zegt dat hij altijd het beste voor Lance heeft gewild, en dat is nog steeds zo. 'Toen Linda en ik de scheidingsakte gingen ondertekenen,' vertelt hij, 'vroeg ze me: "Zullen we het huis verkopen?" En ik zei: "Geen sprake van. Lance blijft daar wonen tot hij zijn middelbareschooldiploma heeft. Maar daarna moet het huis wel verkocht worden."'

Terwijl Lance zag hoeveel verdriet zijn moeder had door de scheiding, ging hij zich harder tegenover Terry opstellen en werd hij steeds toegewijder aan haar. 'Hij zag hoe moeilijk ze het had en daardoor wilde hij slagen,' zegt zijn oude vriend Boggan. Dat verband werd die herfst duidelijk toen Lance meedeed aan het Amerikaanse triatlonkampioenschap in Hilton Head, waar hij achter op zijn shirt had laten zetten: 'Ik hou van mijn moeder.'

Maar niets zou zijn moeder trotser hebben gemaakt dan dat Lance zijn schooldiploma zou halen en vervolgens zou gaan studeren

– een droom die voor haar niet was uitgekomen omdat ze als tiener zwanger was geraakt. En terwijl Lance aan zijn eindexamenjaar begon, leek hij beide mogelijkheden binnen bereik te hebben. Goede sporters als Lance zakten zelden voor hun eindexamen en zijn zwemcoach, Chris MacCurdy, zei dat hij waarschijnlijk wel een sportstudiebeurs van de universiteit zou krijgen – en misschien zelfs als zwemmer kon meedoen aan de volgende Olympische Spelen. Maar Lance had andere plannen.

Plaatselijke wielerkenners hadden al het idee dat Lance in staat zou zijn om nationaal door te breken. Ze kregen gelijk toen zijn moeder hem meenam naar Moriarty, New Mexico, om een wedstrijd te rijden op het snelste tijdritparcours van het land. Het evenement vond plaats op een hoogte van 1800 meter, en het was frisjes, dus gaf Linda hem haar kleine roze windjack om tijdens de wedstrijd te dragen. 'Mijn moeder was mijn beste vriendin en mijn trouwste bondgenoot geworden,' zegt Lance. 'Ze was mijn steun en toeverlaat en mijn motivator, een dynamo.' Onder haar aanmoedigingen reed Lance de 20 kilometer met een verbazingwekkend gemiddelde van 48 kilometer per uur in een tijd van 25.03 minuten, waarmee hij het nationale record bij de junioren met maar liefst 44 seconden verbeterde.

'Hij was nog maar een jongen, en veel tijdritten had hij nog niet gereden,' zegt Craig Staley, voormalige trainingspartner van Lance. 'Maar het probleem in die tijd was dat hij tijdens de wedstrijden geen grenzen kende. Soms nam hij het op tegen renners die al tien jaar ervaring hadden en die er nogal pissig en boos over waren – en moeilijk deden. Maar niets kon hem tegenhouden. Iedere renner werd geremd door angst of vermoeidheid of wat dan ook, maar hij kende geen grenzen.'

Die kwaliteiten werden ook opgemerkt door Bart Knaggs, de sportman uit Austin die Lance ontmoette bij de triatlon van Waco en die nu een van de beste wielrenners in de staat was. 'We reden een echt zware wegwedstrijd ergens ten westen van Austin,' zegt Knaggs. 'Lance bleef in het peloton hangen en nam ons allemaal op sleeptouw naar de finish. Hij was erg ontdaan over het verloop van de wedstrijd. We zaten allemaal bij te komen en te drinken en opeens komt Lance tevoorschijn in een of andere godvergeten bikini, en gaat een uurtje hardlopen – trainen voor een of andere triatlon!

Hij barstte gewoon van de energie.'

Staley beaamt dat. 'Wat me meteen opviel bij Lance, wat hem toen anders maakte en er daarna voor zou zorgen dat hij anders bleef, was dat "geen grenzen"-gevoel, die instelling van hem.'

Lance bleef met die instelling sporten en in de lente van 1989 bezorgde het hem een uitnodiging voor selectiewedstrijden voor de Amerikaanse juniorenwielerploeg op het Olympic Training Center in Colorado Springs, Colorado. Maar omdat die reis betekende dat hij tijdens het tweede semester van het eindexamenjaar absent zou zijn, waarschuwden zijn docenten van de Plano East-school dat hij dan misschien niet zou slagen – vooral omdat hij het jaar daarvoor al lessen had gemist vanwege zijn deelname aan triatlons. Lance hoorde wat ze zeiden, maar ging toch naar Colorado.

'Ik deed mee aan de selectiewedstrijden omdat het me te gek leek om als zeventienjarige naar Rusland te gaan,' zegt Lance, waarmee hij doelt op het wereldkampioenschap wielrennen voor junioren in juli van dat jaar. Om opgenomen te worden in de nationale ploeg hoefde hij alleen maar te laten zien dat zijn reputatie als wegrenner en tijdrijder terecht was. De coaches van de wielerfederatie zagen dat al snel. 'Tijdens een trainingskamp daar reed hij het hele veld op een ronde achterstand,' zegt Hoyt. De beloning voor Lance was een reis naar het WK van 1989 in Moskou, samen met zijn vriend Chann McRae, die zich ook kwalificeerde voor de ploeg. Maar er was ook slecht nieuws: de leiding van de school besloot dat de twee door hun reis niet konden slagen voor hun eindexamen.

'Ze kregen iedereen over zich heen!' zegt klasgenoot Wilk. 'Want in die tijd was er een andere eindexamenkandidaat, een superzwemster, die ook geselecteerd werd voor het wereldkampioenschap. Zij mocht wel gaan, maar Lance en Chann kregen te horen: "Jongens, dit kunnen jullie niet maken. We laten jullie zakken." Ik denk dat het was omdat zij lastige jongens waren, en het meisje een brave leerlinge.'

Lance was woedend vanwege de beslissing van de school. Maar zijn moeder bleef rustig en ze deed er alles aan om een school te vinden die geen deel uitmaakte van het systeem van openbare scholen van Dallas en die haar zoon zou laten slagen voor zijn schooldiploma. Uiteindelijk vond ze er een, Bending Oaks High School, die hem zou helpen de gemiste lessen in te halen zodat hij zijn diploma zou kunnen halen. Het schoolgeld bedroeg een paar duizend dollar. Ex-echtgenoot Terry zegt dat Linda hem schreef met de vraag of hij kon helpen. 'Dat deed ik, en ik heb de uitbetaalde cheque nog,' vertelt hij.

Terry koestert die cheque en de herinneringen aan zijn zoon. Maar Lance en zijn moeder hebben alles gedaan om dat deel van hun leven te vergeten en Terry en Eddie, die met Linda getrouwd waren en een vader voor Lance waren, te verdringen. Ze zien hen nooit en praten zelden over hen, alsof ze daardoor simpelweg zouden verdwijnen. 'Mijn moeder hield onvoorwaardelijk van mij, en ik hield op dezelfde manier van haar, en dat was voor ons gevoel genoeg,' heeft Lance geschreven. Maar vreemd genoeg blijven de twee mannen die zij verstoten steeds in de buurt.

Nadat Lance' biologische vader, Eddie Gunderson – die Linda in haar boek 'Eddie Haskell' noemt – uit Dallas was vertrokken, vestigde hij zich in Kemp, Texas, maar een kwartiertje rijden van waar Paul Mooneyham, de opa van Lance, bij Cedar Creek Lake woonde. Eddie ging onroerend goed verkopen, hertrouwde drie keer en kreeg nog twee kinderen – maar hij zag zijn dochter niet meer nadat ze, net als Linda, als tiener in verwachting was geraakt. Eddies leven heeft zich buiten de publiciteit afgespeeld, met uitzondering van 21 januari 2008, toen hij opnieuw in aanraking kwam met de politie.

Die avond werd Eddie door agenten aangehouden nadat een getuige hem als een dolle had zien rijden en plotseling tegen het verkeer in had zien gaan, op ongeveer twintig minuten van zijn huis. Een blaastest was positief. En toen een van de agenten de Jeep Cherokee van Eddie doorzocht, trof hij ruim drie kilo marihuana, 25 valiumtabletten en 40 gram geestverruimende paddo's aan, netjes in zakjes. Er werd ook een bedrag van 2.664 dollar aan cash aangetroffen. Het geld en de auto werden in beslag genomen en Eddie ging achter de tralies.

Eddies gevangenisfoto toont een forse man van halverwege de vijftig met treurige bruine ogen, een wilde blonde haardos tot op zijn schouders, en een grote montuurloze bril; hij ziet er verdwaasd uit. Hij werd eerst op borgtocht vrijgelaten, en kreeg vervolgens strafvermindering nadat hij schuld had bekend.

Lance' stiefvader, Terry Armstrong – naar wie Linda in haar boek slechts verwijst als 'Sales' – keerde vijftien jaar na zijn scheiding weer terug naar zijn christelijke geloof, en ontmoette kort daarna de vrouw die zijn tweede echtgenote zou worden. Terry bezoekt tegenwoordig een baptistenkerk in het stadsdeel van Plano waar Linda nu woont, op zo'n vijf minuutjes van haar huis.

'Weet je, er gaat geen dag voorbij dat ik niet voor Lance bid,' zegt Terry tegen me. We zitten in zijn kantoor, waar foto's van Lance en een schilderij van Jezus aan de muur hangen. 'De laatste keer dat ik hem zag, was hij zeventien – ik denk dat ik toen een maand of drie, vier bij hen weg was – en ik ging bij hen langs om hem iets voor zijn verjaardag te geven, ik geloof honderd dollar. Hij was heel haatdragend, rancuneus, vanwege de situatie. Dat was de laatste keer dat ik hem gezien heb.'

En zo had Lance op zijn zeventiende alles wat hij wilde: de snelle auto, de mooie meisjes, en nationale roem bij het zwemmen, de triatlon en het wielrennen. Maar wat betreft één ding had hij het mis: het zou niet allemaal zo gemakkelijk gaan.

5 Verdergaan

*'Mijn schoolkameraden wonen allemaal god bewaar me nog
in Plano. Ik wist niet hoe snel ik daar weg moest komen.'*
– Lance Armstrong

Terwijl het IJzeren Gordijn de Sovjet-Unie nog stevig omsloot, ging
Lance naar Moskou en toonde de wereld zijn kracht als wielrenner. Hij was zeventien toen hij in 1989 deelnam aan het wereldkampioenschap wielrennen voor junioren. Het was zijn eerste reis naar
Europa en de eerste keer dat hij het opnam tegen internationale tegenstanders. Hij won niet, maar zijn optreden bezorgde hem meer
aandacht dan de winnaar, de Zwitser Patrick Vetsch, die de massasprint won, was gegund.

Vóór die wedstrijd had bijna niemand buiten Dallas van Lance
gehoord. En zelfs tijdens de wedstrijd hadden weinig wielerfans
aandacht voor hem – aangezien het gebeurde op het moment dat
Greg LeMond met een nipte voorsprong van acht seconden een heroïsche overwinning boekte in de Tour de France.

Maar enkele sleutelfiguren merkten het wel op. Een van hen was
Chris Carmichael, een profwielrenner uit Florida die kort daarvoor
was gestopt. 'Ik was net begonnen als coach,' zegt Carmichael, 'en
ik hoorde praten over die reusachtig sterke gozer. De meeste mensen zeiden: "Hij is een triatleet, hij is dom, hij kan niet wielrennen."
Toen las ik het wedstrijdverslag van het WK voor junioren in *VeloNews*.'

Een ander wie Lance opviel was de Amerikaanse ploegarts in
Moskou, Andy Pruitt, een invloedrijke figuur in de sportwereld.
Toen Pruitt Lance voor de eerste keer zag rijden, dacht hij: deze
jongen is echt anders. 'Hij had de eenzelvige mentaliteit van een triatleet. En toen we van tevoren het parcours verkenden, werd het me
duidelijk dat hij bovenmenselijk was.'

Lance' optreden in Moskou maakte ook diepe indruk op een van zijn Amerikaanse ploeggenoten, Dede Demet, die bij de meisjes meedeed. Dede won goud en ontwikkelde zich vervolgens tot een van de succesvolste Amerikaanse wielrensters. Ze kan zich Lance nog goed herinneren van die Russische reis twee decennia geleden. 'Hij was gedrongen en stevig, maar afgetraind. Hij had nogal wat bravoure. Ik herinner me dat hij al na een kilometer of twee in de wedstrijd aanviel en samen met een Rus de hele koers aan de leiding lag, maar hij deed al het werk, het was echt een indrukwekkende onderneming. Ik geloof dat hij daarvoor maar vijf koersen had gereden, en dat maakte het alleen maar indrukwekkender.'

Er was nog iets anders wat Demet in die tijd frappeerde. 'Lance deed nog steeds aan triatlon,' zegt ze, 'en hij nam het trainen uitermate serieus. Hij won het jaar daarvoor een belangrijke triatlon [het USAT Sprint Kampioenschap], en hij bereidde zich voor op de editie van dat jaar, eind van de zomer. Ik weet nog dat ik verbijsterd was toen ik hoorde dat hij een paar dagen voor de WK-wedstrijd samen met Chann MacRae 16 kilometer had hardgelopen.'

Professionele wielrenners dóén dat gewoon niet. Hun mantra is: liever wandelen dan hardlopen, liever zitten dan staan, en liever liggen dan zitten. En de loopkoers van Lance en Chann ging daar lijnrecht tegenin – en viel niet goed bij een van de Amerikaanse teamcoaches, Connie Carpenter, winnaar van olympisch goud in 1984.

'Connie had er stevige kritiek op en probeerde hen ervan af te houden,' herinnert Demet zich. 'Connie wil graag controle, en ook al was ze geen coach van de mannen, ze wilde dat ze zich meer als wielrenners zouden voorbereiden. Maar het hielp niet. Ze deden wat ze wilden en dat zit heel sterk in het karakter van Lance.' De wedstrijd in Moskou, gehouden op hetzelfde heuvelachtige parcours als van de Olympische Spelen van 1980, was een soort achtbaan, met scherpe bochten en veel stijgen en dalen. 'Ik verkende het parcours met Connie,' zegt Demet, 'en ze zei me dat ik op een bepaald punt tijdens een bepaalde ronde moest aanvallen, en tot dan in de grote groep blijven. Dus viel ik aan waar ze het me had gezegd, en reed weg en won de wedstrijd. Ik had echt geluk dat ik iemand als Connie had om me advies te geven en me te vertellen hoe ik moest rijden. Ik denk niet dat Lance hetzelfde soort advies kreeg van de mannencoach, Bob Bills.'

Maar zo vroeg in zijn carrière luisterde Lance naar niemand. Zijn plan bestond erin om heel hard weg te rijden uit de groep en tot het einde vooruit te blijven. 'Ik ging veel te onbeheerst van start,' geeft Lance nu toe, 'en ik at niet. En het parcours in Moskou is echt raar. Het is zwaar, maar niet slopend, met alleen maar korte moeilijke stukken.'

Nadat hij meer dan twee uur voorop had gereden, werd Lance in de laatste ronde door het voortdenderende, compacte peloton bijgehaald. Hij liet het tempo zakken en kwam als 73ste over de finish, meer dan vier minuten na de winnaar. 'Na de wedstrijd deed alles pijn,' zegt hij. 'Ik deed strekoefeningen om mijn rugpijn te verlichten, die waarschijnlijk veroorzaakt werd doordat ik niet goed op de fiets zat.'

'Na afloop hebben we gelachen en gehuild,' herinnert Pruitt zich nog. 'Lance kon maar niet accepteren dat hij verslagen was. Hij wist dat hij de sterkste was geweest, maar de hele groep had hem ingehaald. Hij was boos en aanmatigend, vooral toen Dede haar wedstrijd won en alle aandacht naar de meisjes ging en we in het hotel een feestje bouwden rond Dede. Hij was een behoorlijk arrogante jongeman. Maar na die ontsnapping was het duidelijk dat hij een grootse toekomst voor zich had.'

Nu, twintig jaar later, kan Lance zich nog steeds het 'papperige babyface' van zijn Russische tegenstander voor de geest halen, die tijdens hun lange maar vruchteloze odyssee op het Moskouse circuit ronde na ronde bij hem bleef. 'Het was Heinrich Trumheller,' zegt hij, blijk gevend van zijn griezelig goede geheugen voor mensen en namen. 'Hij wilde heel graag shirts ruilen. Ik zei dat ie moest oprotten. Ik zat helemaal kapot. Hij had zowel de Russische als de Duitse nationaliteit, en hij was prof bij de Telekom-ploeg. Als prof was hij niet zo sterk. Dat geldt voor veel goede junioren – begin twintig zijn ze weg. Die jongens gaan zich met andere dingen bezighouden... meisjes, alcohol...'

Los van de empirische oorzaak van Lance' nederlaag in Moskou – groepstactiek is in het algemeen sterker dan individuele kracht – had Pruitt nog een andere verklaring. 'Er zijn mensen die goed presteren wanneer ze woede voelen,' zegt hij. 'Rocky Balboa heeft het over "the eye of the tiger", en ieders "eye of the tiger" komt ergens anders vandaan. Ik denk dat Lance vol woede opgroeide, en hij groeide op om de wereld alles te tonen wat hij maar wílde. Maar in Moskou koesterde hij woede jegens niemand.

Wanneer hij zijn energie wél samenbalt, dan kunnen weinigen iets tegen hem inbrengen. Zijn "eye of the tiger" is woede.'

Fietswinkeleigenaar Jim Hoyt uit Richardson zag die woede ook. 'Toen hij terugkwam uit Moskou, had hij wat problemen met ploeggenoten,' herinnert Hoyt zich. 'Bij een van de Tuesday Night Crits versloeg zijn ploeggenoot Max Smiley hem in de sprint, ondanks dat Lance hem duwde en probeerde af te snijden. Max sprong van zijn fiets en sprong als een cowboy op Lance en werkte hem tegen de grond. Lance was door het dolle heen. Hij ging tegen me tekeer, en uiteindelijk nam ik zijn fiets weer terug. Het was de Schwinn Paramount die ik hem bezorgd had en waarop hij het WK voor junioren had gereden.'

Lance was woedend dat hij zijn fiets kwijt was, maar Hoyt had het helemaal gehad met diens opgewonden gedrag. Eerder dat jaar hadden Lance en een vriend een scooter van Hoyts winkel geleend voor wat dernytraining. Ze kregen een ongeluk met de scooter, en Lance zette hem zonder iets te zeggen terug in het magazijn. 'Dat noem ik nog eens een kwajongen,' zegt Hoyt. Vervolgens kwam Lance terug van het trainingskamp in Colorado zonder de vijfhonderd dollar kostende fietsdrager die Hoyt op zijn auto had laten monteren. 'Hij zei me dat hij het geld zo hard nodig had,' vertelt Hoyt. 'We hadden er een woordenwisseling over, en daarna was het voor mij afgedaan.'

Maar het volgende incident was voor Hoyt niet zo snel afgedaan.

Het was even na middernacht toen de witte sportwagen op hoge snelheid over de kruising van de Interstates 75 en 635 in Dallas-Noord reed. Binnen een paar seconden had een agent de zwaailichten en sirenes van zijn auto aan en de achtervolging ingezet. De vier jongens die in de Chevrolet Camaro IROC-Z28 zaten, hadden de bloemetjes buitengezet in een nachtclub in Deep Ellum, de trendy buurt met gerenoveerde oude pakhuizen oostelijk van het centrum van Dallas.

Toen ze de politiesirenes hoorden, schreeuwde een van de jongens meteen: 'We moeten stoppen! We moeten stoppen.' In plaats daarvan trapte de bestuurder, Lance, het gas in en de vijf liter-, 190 pk-motor ging brullend naar zijn topsnelheid van boven de 200 km/u. 'Dat ding was snel, verdomde snel,' zegt Adam Wilk, die die avond naast Lance zat. 'En we hadden gedronken.'

Lance dacht wellicht dat hij de politie van zich af kon schudden. Binnen de kortste keren zou hij buiten de bebouwde kom van Dallas zijn, en in Richardson langs Hoyt's Richardson Bike Mart scheuren. Misschien schoot het door Lance' hoofd dat Hoyt het hem mogelijk had gemaakt om de IROC te kopen. ('Ik medeondertekende een financiering voor zijn auto,' zegt Hoyt. 'Wat ik me niet realiseerde was dat de auto op mijn naam stond.')

Maar terwijl hij door Richardson raasde, was Lance er alleen maar mee bezig om de ontketende tweeduizend kilo in bedwang te houden bij een snelheid die hij nooit eerder had gereden. Er was op dat tijdstip niet veel verkeer op de I-75, maar wel wegwerkzaamheden met tijdelijke afscheidingswanden waardoor er maar twee rijbanen in gebruik waren. 'Het was echt smal,' herinnert Wilk zich terwijl hij het grommende geluid van de IROC-motor nabootst dat terug werd gekaatst van de betonnen muren. Lance en zijn drie kameraden hadden Richardson al snel achter zich gelaten, maar een derde politiewagen wachtte hen op toen ze Plano binnenreden. Lance was op bekend terrein, pakweg een kilometer of vijf van huis, en hij wist precies waar hij de autoweg af moest, en hij wist dat een vriend van hen in de buurt van Collin Creek Mall, waar ze net langs waren gekomen, een feestje had.

'We knalden de auto neer bij de afslag pal voor Park Boulevard en sprongen eruit,' vertelt Wilk, 'want in die tijd stond daar niks, alleen een paar huizen. Lance en ik gingen ervandoor, want we waren niet heel dronken. We konden nog rennen. We smeerden hem de velden in. Gingen plat tegen de grond liggen. De twee andere jongens werden gepakt. Een bleef in de auto, en Steve Lewis werd gepakt bij de McDonald's op de hoek.'

Een van hun andere vrienden, John Boggan, herinnert zich: 'Ik was op het schoolfeest waar Lance naar op weg was. Ik geloof dat hij lopend kwam.' 'Als hij niet zo snel had kunnen rennen, was hij in de bak terechtgekomen,' stelt Terry Armstrong vast.

Terwijl Lance op het feestje was, probeerde de politie de eigenaar van de achtergelaten auto op te sporen. 'Om ongeveer drie uur 's nachts kwam de politie me met getrokken pistolen uit mijn huis halen,' vertelt Hoyt. 'Lance en zijn IROC hadden hen eruitgereden, en dus namen ze de auto in beslag en kwamen erachter dat hij op mijn naam stond. Ik was er niet echt blij mee.'

Hoyt hoefde die nacht niet mee naar het politiebureau, maar het verhaal was nog niet ten einde. 'Een week later,' zegt hij, 'was ik in de stad met het hoofd van de recherche en de hoofdcommissaris aan het overleggen over veiligheidsmaatregelen voor fietsers. Ik wilde de auto weer meenemen en ermee naar huis rijden. Maar toen de twee hoofden vertrokken waren, komt er een agent naar buiten – en ik word gearresteerd! Ze zeiden dat er nog boetes voor te hard rijden niet betaald waren. Lance stond bekend vanwege zijn snelheidsboetes. Ik had ook niet beseft dat mijn eigen verzekering gekoppeld was aan die auto, wat verklaarde waarom mijn premie maar bleef stijgen... Ik sprak met Linda, zijn moeder, en zei dat Lance de auto niet zou terugkrijgen als hij het niet eerst met mij zou uitpraten.'

Het zou nog even duren voordat dat gebeurde. Wilk vertelt dat Lance een paar weken onderdook nadat ze de IROC hadden gedumpt. Wat er daarna gebeurde, wordt me verteld door Bob Mionske, met wie Lance bevriend raakte in de nationale wielerploeg.

'Ik vertel je de korte versie van zijn verhaal over die auto,' zegt Mionske. 'Lance zegt dat hij nooit zijn excuses heeft aangeboden, en een paar weken later doet hij mee aan een wedstrijd in de Stockyards in Fort Worth. Het was een criterium, en hij was toen nog een junior. Voor de start en binnen gehoorsafstand van Lance, zegt Jim Hoyt: "Honderd dollar voor de eerste die Armstrong ten val brengt." De andere deelnemers zullen wel hebben gereageerd in de trant van: "Zeker een geintje, hè?" Maar Lance hoorde het, en hij reed het hele veld op twee ronden. En toen hij op het podium stond, zei hij: "Ik draag mijn overwinning op aan Jim Hoyt." En hij keek Jim strak aan, en Jim beantwoordde hem met een woeste blik, want Lance had hem een koekje van eigen deeg gegeven.'

Hoyt en Lance zouden tien jaar lang geen woord meer met elkaar wisselen. Hoyt liet de inbeslaggenomen IROC zeven maanden thuis staan en maakte er toen een kort ritje mee. 'Hij was zo fel, dat hij op straat om zijn as tolde,' vertelt hij, 'en dus verkocht ik hem.'

Toen Lance achttien werd, kwam zijn leven in een stroomversnelling. Hij was klaar met de middelbare school en studeren stond niet op zijn agenda. Hij nam nog steeds deel aan triatlons en presteerde goed. 'Die herfst verpletterde hij iedereen tijdens het nationale sprintkampioenschap in Ventura, Florida,' herinnert zijn voormalige mentor Scott Eder zich, die inmiddels uit Lance' leven was verdwenen. 'Maar hij begon het bij het wielrennen ondertussen ook geweldig te doen.' Niet alleen maar geweldig, hij won praktisch iedere wedstrijd waar hij aan meedeed. Lance wist dat zijn toekomst in het wielrennen lag. Als de dingen liepen zoals hij hoopte – en hij wist in het reine te komen met zijn moeders weerzin tegen zijn carrièrekeuze – zou hij aan de Olympische Spelen van 1992 meedoen en vervolgens fulltime prof worden.

Na zijn indrukwekkende optreden tijdens het wk in Moskou, kreeg Lance vanuit alle hoeken advies over hoe hij zijn carrière moest uitstippelen. Het was de tijd dat mobieltjes en e-mail nog niet bestonden en er gecommuniceerd werd met ouderwetse telefoons, faxen en brieven via de post. Als toenmalig uitgever van *VeloNews*, het belangrijkste wielrentijdschrift in Amerika, kreeg ik een fax van twee van Lance' wielermaatjes uit Dallas. Ze vroegen of ik Lance kon helpen met het vinden van een Europese ploeg, zodat hij zich kon bekwamen in de bakermat van die sport. Ik schreef de Zwitserse wielergoeroe Paul Köchli aan – hij leidde Greg LeMond naar diens eerste Tourzege – en zei: "Wat kun je betekenen voor die jongeman uit Texas? Hij heeft niet hetzelfde fysiek als Greg, maar hij zou heel goed de volgende Amerikaanse Tourwinnaar kunnen worden. Kun je helpen?'

Paul, die toen manager was van het Zwitserse profteam Helvetia, faxte me terug. Hij liet me weten dat hij Lance bij een Franse ploeg, us Créteil-Lejeune, kon onderbrengen, die hem diende als kweekvijver voor zijn profploeg. Het had een geweldige start kunnen zijn, maar het leven van Lance nam een andere loop.

Het nieuws over zijn talent had zich snel verspreid in de wereld van het Amerikaanse wielrennen. Een van de gerespecteerde namen daarin was die van Eddie B – wat stond voor Borysewicz –, een Poolse immigrant die in 1976 naar de vs kwam, bij de Amerikaanse wielerfederatie de eerste voltijdcoach van de nationale ploeg was en in 1984 de coach was van de Amerikaanse ploeg die voor het eerst in zeventig jaar weer olympische medailles bij het fietsen haalde voor de vs. Drie jaar later ging hij weg bij de federatie en maakte de overstap naar het profwielrennen en voor 1989 zette hij een ploeg op, met hulp van Thom Weisel, een succesvolle investeerder (en amateurrenner) die de leiding had over een makelaarskantoor in San Francisco, Montgomery Securities. Ze wisten sponsoring te krijgen van de Japanse autofabrikant Subaru, die zich juist een plaats probeerde te verwerven op de Noord-Amerikaanse markt. Het doel van Eddie B en Weisel was om van Subaru-Montgomery een ploeg te maken die op een dag zou kunnen deelnemen aan de Tour de France. Ze begonnen met een bescheiden budget en een mix van ervaren profrenners en opkomende amateurtalenten.

Een van de telefoontjes die ze kregen, was van Mike Fraysse, een official bij de wielerfederatie, die Eddie B zo'n twaalf jaar eerder had geholpen een leven in de VS op te bouwen. In zijn hakkelige Engels met een zwaar accent vertelt Eddie B: 'Mike belde me en zei: "Eddie, jij zoekt altijd naar talent, in Texas is er een beest" – zo zei hij het precies – "dus wil je daar achteraan gaan?" En hij gaf me zijn telefoonnummer.

Dus ik bel Lance en zeg dat ik in Austin naar een wedstrijd kom kijken. Ik ging erheen, en na afloop spreken we met elkaar. Een van mijn vragen betrof zijn gezondheid: "Ben je de afgelopen tijd nog ziek geweest?" Hij zegt: "Nee, nooit." Hij was nooit ziek. Goed, heb je griep gehad? Nee. Hoofdpijn? Nee. Dus ik zeg: "Man, dat kan niet." En zijn moeder was erbij, en die zegt: "Nee, hij is nooit ziek geweest." En met zijn tanden? "Mijn gebit is prima." Ik praat wat met de moeder. Vertelde dat ik altijd op zoek ben naar jonge talenten. En ik zeg tegen hem: praat met je moeder, praat met je vrienden, en als je bij ons wilt komen, bel me dan.'

Eddie B, inmiddels halverwege de zestig en werkzaam als consultant en parttime coach, woont op het platteland van Zuid-Californië, in de buurt van Escondido. Hij vervolgt zijn verhaal over Lance, en vertelt: 'Binnen een week stuurde hij mij de resultaten van een bloed- en een VO_2-test. Toen ik die ontving, liet ik hem weten: "Kom naar Escondido, want we hebben een paar appartementen. Daar kun je samenwonen met een stel jongens zoals Mike McCarthy [die deelnam aan de Olympische Spelen van 1988]." En hij komt, en toen we met elkaar begonnen te praten, zei ik: "We kunnen je twaalfduizend dollar bieden." Hij was heel eerlijk. "Dat verdien ik niet," zei hij. Ik zei: "Jij maakt het af, je verdient het."

En ik zei: "Afgesproken dus. Voor je eten wordt gezorgd, en over geld hoef je je geen zorgen te maken." Want in die tijd had hij geen cent te makken. Dus ik moest hem betalen om hem zich op z'n gemak te laten voelen en zich op het fietsen te laten concentreren. Hij was heel goed te coachen, heel vriendelijk, heel eerlijk. De hele tijd had ik een goed gevoel over hem.'

Dat gevoel was wederzijds, dus Lance tekende bij Subaru-Montgomery. Behalve zijn honorarium werden hem fietsen en een uitrusting van de ploeg ter beschikking gesteld en werden zijn reiskosten betaald. Linda zag in dat haar zoon een creditcard nodig had, wat in die tijd praktisch onmogelijk was voor een tiener zonder een vaste baan of bezit van onroerend goed.

'Ik zei tegen Lance: "Zal ik naar American Express schrijven en vragen of ik mede kan ondertekenen om voor jou een creditcard aan te vragen, en ik stuur ze een kopie van jouw contract." En verdomd, ze sturen me een creditcard op naam van "Lance Armstrong". En dat was in een tijd waarin nog niet iedereen een creditcard had,' zegt Linda. 'Tegenwoordig heeft hij zo'n zwarte American Express-kaart, en ik heb nog de normale. En de zwarte kaart is blijkbaar carte blanche – je kunt er de maan mee kopen als je wilt.'

De jonge Lance mikte op het allerhoogste. 'Toen hij terugkwam van de ontmoeting met Eddie B in Escondido,' herinnert Linda zich, 'zei hij: "Mam, ik verhuis waarschijnlijk naar Californië." Ik was er natuurlijk nog helemaal niet klaar voor dat hij uit huis ging, laat staan naar Californië verhuizen. Dat was veel te ver.'

Lance was enthousiast over het klimaat, de heuvels en de zee in Zuid-Californië, maar hij wist niet zeker of hij daarnaartoe moest verhuizen. Hij wist alleen dat hij niet wilde blijven waar hij was, in de snel groeiende noordelijke periferie van Dallas. 'Mijn schoolkameraden wonen god bewaar me nog in Plano,' zegt Lance. 'Ik wist niet hoe snel ik daar weg moest komen.' Hij stond op het punt om de man te ontmoeten die dat mogelijk zou maken.

John Thomas Neal zou een enorm belangrijke rol gaan spelen in het leven van Lance. Hij was ook een van de mafste, slimste en meest sociale mensen die hij ooit had ontmoet. J. T., zoals hij door iedereen werd genoemd, was klein en sprankelend, en hij was altijd in beweging. Hij liep en praatte snel, en hij leek tegelijkertijd te glimlachen en te praten. 'Een wereldgozer,' zegt Lance.

J.T., afgestudeerd in de rechten aan de universiteit van Texas, was advocaat voordat hij makelaar in Austin werd. Hij woonde met vrouw en kinderen in een dure buurt in het westen van de stad. Doordat hij vermogend was, kon hij doen waar zijn hart lag: zwemmers, triatleten en wielrenners die Austin aandeden masseren en verzorgen.

'Ik leerde J. T. kennen tijdens de Tour of Texas van 1990. Ik was alleen maar toeschouwer,' zegt Lance. 'J.T. was de masseur voor Subaru–Montgomery. Toen zag ik hem bij het districtskampioenschap. "Luister," zei hij. "Ik heb een woning te huur die vrijkomt. In juni is hij beschikbaar." Ik zei: "Ik kom." '

Lance' tante weet nog hoe zijn moeder reageerde toen hij ging verhuizen naar Austin, de hoofdstad van Texas, 350 kilometer zuidelijk van Plano. 'Toen Lance wegging, voelde ik Linda's verdriet omdat hij er niet meer was,' zegt Debbie. 'Maar hij moest verder met zijn leven. Dat was van het grootste belang.

Ik denk niet dat ze echt geloofde dat hij er wat van ging maken. Maar hij geloofde vanaf het begin in wat hij deed. En hij had die opschepperige kant, dat aanmatigende – en dat provoceerde iedereen, ook mijn vader. Toen hij naar Austin verhuisde, deed dat pijn! Linda was er kapot van.'

Linda geeft toe: 'Hij liet een leegte in mijn hart achter. Het was niet zozeer dat ik van hem afhankelijk was, maar we deden zoveel heerlijke, leuke dingen samen. Ik was nog nooit alleen geweest, en ik had geen hobby's, had geen uitlaatklep voor mezelf omdat de avonden en de weekenden aan Lance waren gewijd, en in die tijd werkte ik overdag.'

Lance zegt dat hij geen idee had dat Linda zo ondersteboven zou zijn door zijn verhuizing. 'Dat was een zware dag voor mijn moeder. Ze was helemaal overstuur,' zegt hij. 'Ik wist niet dat het zo erg zou zijn.'

'En toch,' zegt Linda, 'wist ik dat het voor ons beiden goed was. En behalve dat ik verdrietig was, was ik ook blij voor hem. Ten eerste wist ik dat hij bij J. T. in goede handen zou zijn – J.T. was gewoon een parel. En wat betreft die eerste twee jaar dat hij in Austin was, zonder J. T. had hij het nooit zo goed gedaan. Dus J.T. krijgt echt alle credits. Hij was zijn "mam" daar in Austin.'

Lance zat meer op één lijn met J. T. dan hij ooit had gehad met zijn stiefvader, Terry, of de mentor in zijn jonge jaren Eder, of fiets-winkeleigenaar Hoyt. 'J. T. was grappig. Hij katte overal op, maar op een leuke manier,' zegt Lance, waarna hij een perfecte imitatie ten beste geeft van J. T.'s gebaren en zijn hoge stem met het accent van Arkansas. ' "Lance, je drinkt te veel. Ik wéét dat je te veel drinkt. Het is winter, je bent hier met je maatjes bij elkaar, je drinkt al dat bier"... "Verdomme, je bent dik, Lance, je bent dik, jongen." En dan begon hij over meisjes. "Lance, te veel meisjes om je heen. Je moet langzamerhand eens een beetje serieus worden." Of ik plaste voor een urineanalyse. "Moet je kijken, verdomme, je drinkt niet genoeg water. Je pis is géél. Je moet meer drinken." Ik dacht: wat maakt mij het uit. Hij was echt een geweldig figuur.'

Behalve dat hij voor Lance zorgde en hem masseerde, hielp J. T. hem om zich thuis te voelen in zijn nieuwe woonplaats. 'J. T. vond het gewoon prettig om te helpen,' zegt Lance, 'en hij hoefde er niet voor betaald te worden. Zijn vrouw was als mijn moeder. De eerste tijd na de verhuizing was ik voortdurend bij hen.

In die tijd was Austin te gek. Je had er de eerste Whole Foods, een klein rommelig biologisch winkeltje in Lamar op Lamar Boulevard. Ik liep er van mijn woning naartoe. J. T. en ik zaten altijd in een eettentje in de buurt te lunchen.'

Austin was ook de stad waar Bert Knaggs vandaan kwam, die een paar keer aan een wedstrijd had meegedaan waaraan Lance ook deelnam. Uiteindelijk hadden ze elkaar ontmoet toen hij na een dinsdag-avondcriterium naar huis reed. Knaggs, die vijf jaar ouder was dan Lance, was al afgestudeerd en had een voltijdbaan. Knaggs intelligentie en rijpheid droegen bij aan hun vriendschap, net als Knaggs kennis van de beste achterafweggetjes in de Texaanse heuvels om te trainen – wat een enorme verbetering was ten opzichte van het vlakke terrein waar Lance in Plano over fietste. En hoe meer de twee samen fietsten, hoe hechter hun band werd.

'Een van de lastigste dingen voor een wielrenner is een geschikte trainingsmaat vinden,' zegt Knaggs, 'omdat trainen zo veel tijd in beslag neemt. Je fietst vier of vijf uur naast elkaar, zes, zeven dagen per week. Het is goed als je elkaar dan nog iets te zeggen hebt en kunt uitstaan... en wij konden het echt goed met elkaar vinden.'

Knaggs omschrijft de Lance zoals hij hem toen leerde kennen als 'echt taai, was er altijd, geloofde niet in God, had nooit iets nodig, had zijn vader niet nodig, had geen behoefte aan een verzoening met zijn vader en was heel volwassen. Op zijn achttiende of negentiende was hij een man.'

'En,' voegt Knaggs eraan toe, 'Lance wist toen nog niet dat hij slim was, omdat mensen tegen hem zeiden dat hij dom was. Maar als je ergens over begon, wist hij meteen naar de kern van de zaak te gaan. Hij zei: "Goddomme, waarom was dat zo, en hoe zit dat, wie is die gozer, waarom heb je dit niet gedaan, hoe werkt dat?" Hij had altijd zo veel vragen.

Je wist gewoon dat het iemand was die ging bereiken wat hij wilde bereiken. Hij heeft nooit gedacht dat hij de volmaakte wielrenner was, maar hij kwam in de buurt. Hij was onverzadigbaar wat betreft de dingen die hem interesseerden, en in die tijd waren dat drie heel eenvoudige zaken: meisjes, geld en fietsen. Tijdens onze ritten wilde hij het niet over fietsen hebben, omdat we dat al aan het doen waren. Nee, hij wilde bijvoorbeeld weten hoe het met Whole Foods ging, hoe het er met hun aandelen voor stond. Hij was niet alleen maar bezig met fietsen.'

Linda was er nog altijd niet zeker van dat Austin voor haar zoon de beste keus was. 'Het paste bij de levensstijl van Lance, laat ik dat alleen maar zeggen,' zegt ze. 'J. T. regelde een heleboel voor hem, zoals ik hier deed... Maar het was geen prettig gevoel dat ik Lance kwijt was. Ik ben ervan overtuigd dat ik in een soort depressie zat. Het leek alsof ik alleen maar echt gelukkig was geweest toen we met z'n tweeën waren.'

Maar al snel zag Linda één groot voordeel van Lance' verhuizing in: J. T. Neal. 'Zonder hem zou Lance volgens mij niet de juiste weg hebben gevonden,' zegt ze zacht, terwijl ze terugdenkt aan de energieke J. T. die jong zou sterven. 'Het stelde me gerust om te weten dat J. T. daar was, en we kregen een hechte band. Ik was echt dol op hem, dol.'

'Als er één rode draad in het verhaal van Lance is, dan is het Linda,' zegt Debbie. 'Maar J. T. speelde een enorm belangrijke rol.'

6 Daar komt de koning

'Fysiek heb je het helemaal. Maar zolang je niet weet hoe wielrennen in elkaar zit, zul je nooit een wereldkampioenschap winnen.'

– Chris Carmichael

Lance was kwaad toen hij Chris Carmichael voor het eerst ontmoette. De datum was 11 juni 1990, de plaats het internationale vliegveld O'Hare van Chicago. Ze gingen in tegenovergestelde richting. Carmichael was op weg naar huis na twee weken Engeland, waar hij tijdens de Tour of Britain coach was geweest van de Amerikaanse A-wielerploeg. Lance vertrok, om met de B-ploeg deel te nemen aan de Ronde van Zweden. Beiden zetten hun eerste schreden op het pad van een nieuwe carrière: Carmichael als coach van de nationale ploeg, Lance als fulltime amateurwielrenner.

'Lance was boos op me omdat hij in het B-team was gezet, terwijl Bobby Julich in de A-ploeg zat, en ze waren even oud, twee junioren op weg naar een carrière. Hij dacht dat ík dat had gedaan,' zegt Carmichael. 'Ik legde hem uit: "Luister, ik ben pas coach van de nationale ploeg geworden toen de selectie al gekozen was, dus ik krijg het ook maar zo op mijn bordje. En het kan me niet schelen dat Bobby Julich wordt voorgetrokken, want nu ben ik de coach en als jij in de A-ploeg opgenomen wilt worden, dan zul je jezelf moeten bewijzen.

Lance zei: "Moet je horen, ik zal mijn gelijk aantonen, Chris Carmichael, want ik ga bewijzen dat ik verdomme de allerbeste wielrenner ben die er te vinden is." En ik zei: "Ik verheug me erop." Hij dacht dat ik kwaad op hem zou worden, maar dat was niet zo. Ik zei alleen maar: "Laat het alsjeblieft zien." '

Het was een uitdaging die Lance niet kon weerstaan. 'Ik had de pest in omdat ik in het B-team zat,' herinnert hij zich. 'Ik was supergemotiveerd om mensen hun ongelijk te laten zien. Dat was waarom ik de Ronde van Zweden reed.'

Maar overstappen van twee uur durende juniorwedstrijden naar normale koersen van vier uur kost de meeste sporters een aanpassing van een paar jaar. En in dat eerste jaar moest Lance niet alleen veel langere afstanden rijden, hij moest ook deelnemen aan wedstrijden met profs en amateurs, en het opnemen tegen geroutineerde profs. Dat was het geval in de Ronde van Zweden, een etappekoers van een week die een paar dagen na de ontmoeting met Carmichael begon. Veel ploegen gebruiken de wedstrijd in Zweden als voorbereiding op de Tour de France.

'We reden tegen jongens als Jean-François Bernard,' vertelde Lance me vlak na de wedstrijd in Zweden, en hij had het over de Franse ster die in de Tour van 1987 derde was geworden en de etappe op de mythische Mont Ventoux won. 'Tijdens die wedstrijd werd ik helemaal verliefd op die sport,' voegde Lance er enthousiast aan toe. 'Ik ben dol op dat "rock-'n-roll"-gedoe in Europa. Het is een heel groot gebeuren, en daar wil ik deel van uitmaken.'

Dat Lance uiteindelijk deel zou gaan uitmaken van de Europese wielerwereld, waar wielerkampioenen beschouwd worden als rocksterren, leek onvermijdelijk. Hij zag al snel in dat zijn nieuwe sport aan de andere kant van de oceaan dezelfde soort magie en aantrekkingskracht bezat als honkbal en football in Amerika. Maar hij zag ook dat achter de glamour van het wielrennen een niet-aflatende, slopende hardheid school waar hij in Zweden voor de eerste keer mee kennismaakte.

'Zo zwaar als in die Ronde van Zweden heb ik het als prof of op een hoog niveau nooit meer gehad,' zegt Lance. ''s Avonds lag ik in bed en was...' Hij laat zijn hoofd hangen, zonder de zin af te maken. 'Ik was zó kapot. Mijn lichaam verzette zich voortdurend tegen de neiging om de volgende dag niet op de fiets te stappen. Het was alsof ik uit mijn lichaam getreden was.'

Het was een zware koers voor een jongen van achttien, en dat hij überhaupt finishte was al indrukwekkend. Goede resultaten waren in die eerste fase van zijn internationale carrière niet onontbeerlijk. Het was belangrijker dat hij in deze wedstrijden op hoog niveau leerde koersen als een Europeaan. Als triatleet streed hij 'tot het uiterste', tot hij uitgeput was, van de start tot de finish. Nu zou hij, in plaats van voortdurend veel energie te steken in voornamelijk solo-ondernemingen, in de beschutting van het peloton energie moeten sparen tot de beslissende momenten in de wedstrijd. Het zou Lance heel wat moeite kosten om die elementaire les te leren.

Wie nauwlettend Lance' naïviteit observeerde was Len Pettyjohn, die hoogleraar was aan de universiteit van Denver en vervolgens een van de belangrijkste ploegleiders in de vs werd. In 1990 had hij de leiding over de profploeg Coors Light, die deelnam aan de meeste Amerikaanse wedstrijden waar Lance met Eddie B's Subaru–Montgomery-team aan meedeed.

'Mijn eerste indruk van Lance was weer zo'n onstuimige, onervaren jongen uit de nationale ploeg,' zegt Pettyjohn terwijl we op de veranda van zijn neovictoriaanse huis in Boulder zitten. 'We staken altijd de draak met dat soort jongens – "weer zo'n dartel veulen" – omdat ze naar voren in het peloton gingen en daar als het ware in de weg zaten. Lance week een beetje af omdat hij gewoon bij de kop van de groep wegreed. En bijna altijd was het geen goede zet. Je kon zien dat hij behoorlijk wat kracht had, maar geen controle, geen echt idee of benul wat hij aan het doen was. Na een wedstrijd vroeg iemand Lance een keer waarom hij op dat moment had aangevallen – omdat hij lang alleen op kop had gereden, vervolgens werd ingelopen en uiteindelijk gelost. Lance antwoordde: "Ik voelde me goed." Toen hij dat in het voorbijgaan hoorde, zei een van de jongens uit onze ploeg: "Ja, toen voelde iedereen zich goed."

Waar het om gaat, je valt niet aan wanneer iedereen zich goed voelt. We gniffelden daar een beetje om, en hij bleef het doen, wedstrijd na wedstrijd. Maar je kon zien dat hij de sterkste renner van de nationale ploeg zou gaan worden.'

Pettyjohn zegt dat Lance' komst in de nationale ploeg – hij werd al snel naar de A-ploeg overgeheveld – moeilijk te accepteren was voor een paar oudere, meer ervaren ploegleden. Dat gold voor John Lieswyn, een van de amateurs in Pettyjohns ploeg. 'Lieswyn dacht dat hij minstens even goed of beter was dan alle anderen, en hij kon niet accepteren of begrijpen waarom Carmichael en wij allemaal opeens Lance als de beste in de ploeg beschouwden.'

Een van de renners die geen probleem hadden om Lance als kopman te accepteren, was Bob Mionske. Mionske was de heersende amateurkampioen van de vs, en bij de wegwedstrijd op de Olympische Spelen in 1988 had hij een schitterende vierde plaats gehaald. 'Het stoorde me niet dat een van mijn ploeggenoten de beste van de wereld was,' zegt Mionske. 'Ik denk dat dat anders lag voor Bobby Julich, Chann McRae en de andere jongens. Ze waren een beetje jaloers, waar ik het juist prettig vond om te zien waar ik stond. Dat stelde me in staat om makkelijker met Lance te praten.'

Mionske, die tegenwoordig advocaat is, was geen typische olympische sporter. Hij is negen jaar ouder dan Lance, en studeerde alvorens fulltime wielrenner te worden af in de psychologie. Zijn intelligentie en openheid waren aantrekkelijke eigenschappen voor een jongeling.

Ik tref Mionske in een café in San Francisco om over Lance te praten. Hij draagt een spijkerbroek, een verschoten World Peace T-shirt en een zonnebril, en hij begint met het relaas van hun eerste ontmoeting.

'We waren op weg naar een trainingskamp in Austin en reden met een snelheid van 130 of 140 km/u over de Interstate, over die lange golvende weg,' zegt Mionske met zijn zware Midwest-accent. 'Lance reed in zijn nieuwste model BMW, en we vertelden elkaar verhalen, tastten elkaar af. We hebben een vergelijkbare achtergrond. Onze moeders waren beiden erg jong toen ze ons kregen, en onze vaders verdwenen uit ons leven, en we waren allebei een soort leiderstype en we plooiden ons nooit naar iemand. Hij was als wielrenner fysiek beter aangelegd maar zijn fysieke kwaliteiten komen beter tot hun recht op andere terreinen.

Mijn moeder was serveerster in Illinois en bracht me bij een pleeggezin onder. Uiteindelijk ging ik bij mijn neven en nichten wonen en toen ik weer terugkwam bij mijn moeder, was ze getrouwd met een ex-veroordeelde die een politieman in elkaar had geslagen. Het was dus allemaal nogal wat, weet je. Hij was erg agressief, en ik leerde om mijn mannetje te staan jegens hem. Op school vocht niemand meer met me, want ik was nooit bang. En als je niet bang bent, valt niemand je lastig. Ik heb dat de rest van mijn leven gebruikt... en ik denk Lance ook.

Dus Lance en ik rijden met te hoge snelheid over de Interstate en een politiewagen die van de andere kant kwam deed zijn zwaailichten aan en draaide om achter ons aan te komen. 'Rijen! Rijen!' We namen de eerste afslag en scheurden verder over een landweg. Hij eindigde op een parkeerplaats van een padvinderskamp, waar we slippend tot stilstand kwamen en iedereen ons aangaapte. We waren de politiewagen kwijt, maar we bleven een halfuurtje wachten voor het geval dat.'

Nadat ze elkaar hadden leren kennen, verdiepten Lance en Mionske hun vriendschap in de twee jaar aanloop naar de Olympische Spelen in Barcelona. Lance liet zien dat hij er voor hem, Mionske, was, één keer tijdens een wedstrijd en één keer toen hij persoonlijk in de problemen zat. 'Ik moest als de donder vanuit Dallas naar San Jose zien te komen,' zegt hij terwijl hij met die persoonlijke crisis begint. 'Het was uit met mijn vriendin, waarna ze vervolgens weer iets met me wilde. En Lance had me beloofd om me van het huis waar ik verbleef naar het vliegveld te brengen. Hoe dan ook, ik wachtte en wachtte, en ik raakte in paniek. Ik wilde net weer naar binnen hollen om een taxi te bellen, toen hij met zijn BMW de hoek om kwam scheuren.

We gooiden mijn spullen achterin en in Highland Park, echt een chique buurt van Dallas, reden we werkelijk door ieder rood licht. En snel jakkerden we over de Interstate, waarna we een andere autoweg op moesten. Het stond vast zover je kon kijken, en hij voelde zich schuldig dat hij zo laat was gekomen. En hij is net als ik – hij gaat er gewoon voor. Hij stuurde de linkerberm in en gaf plankgas, vlak langs een afscheidingsmuurtje. Er staan drie rijbanen helemaal vast en wij gingen er met 120 km/u aan de binnenkant langs! We reden door het stof en het vuil en wierpen wolken op. Als je achteruit keek zag je de auto's niet eens – alleen maar stof. Ik dacht: dit gaat misschien niet goed aflopen, maar we bleven gaan. Ik wilde die vlucht echt halen, en ik rende puur op adrenaline het vliegveld door. Uiteindelijk kwam ik bij mijn vriendin... en ben ik met haar getrouwd. Dankzij Lance.'

En dan was er nog wat Lance voor zijn vriend deed tijdens een koers in Texas vroeg in het seizoen die Primavera heet. Volgens Mionske was hij behoorlijk in vorm, en ook al was hij verzwakt door een maaginfectie, hij hoopte indruk te maken op iemand van de nieuwe teamsponsor die was komen kijken. Het was de laatste etappe van een meerdaagse wedstrijd, en Lance moest wat tijd pakken om vóór twee oudgedienden uit de ploeg te eindigen, Kent Bostick en John Frey. Mionske had een plan: een vroege verrassingsaanval om gebruik te maken van een sterke zijwind die er na een stormachtige nacht stond. 'Ik zei tegen Lance: "Laten we ze van meet af aan in de vernieling rijden," ' zegt Mionski. 'En toen hij naar voren kwam om de kop over te nemen zag ik dat hij echt voluit zou gaan, dus ik kroop in zijn wiel. Hij liet me maar een paar centimeter afstand en ging een kilometer of drie, vier voluit. Toen ik omkeek zag ik een heel lang stuk lege weg, en we hadden de hele nationale ploeg én alle andere ploegen losgereden. De enige die bij ons was gebleven was Bostick, en hij kon maar met moeite aanklampen.

Zelfs heuvel af trapte Lance hard. Ik zat pal achter hem, raakte bijna zijn wiel, maar ik was ervan overtuigd dat mijn remmen aanliepen want ik voelde de slipstream niet. Toen we Kent ergens heuvel af hadden gelost, begreep ik dat er niets mis was met mijn remmen. Lance ging gewoon superhard. Dus het ging nu alleen nog maar tussen Lance en mij.

Mijn kracht begon af te nemen en ik zei tegen Lance: "Ik moet deze wedstrijd winnen, want de sponsor is er. Dat hadden we afgesproken." Hij zei: "Ja, prima." Ik heb nog nooit van mijn leven een overwinning gevraagd, en toen vroeg ik het ook niet echt, maar hij begreep het. Op een gegeven moment waren we nog zo'n vierhonderd meter van de finish – en hij vliegt me voorbij! Maar toen kwam hij overeind, gaat rechtzitten en kijkt me breed glimlachend aan. Hij had zo bij me kunnen wegrijden, maar hij gunde het me... hoewel ik nog steeds heel hard moest sprinten om de winst te pakken.'

Terwijl Mionske Lance als kopman van de nationale ploeg met open armen ontving, moesten anderen niets hebben van die gozer die ze beschouwden als een cowboy uit Texas. 'Er was een heleboel weerstand bij de oudere jongens,' zegt Carmichael. 'Ze mochten hem niet. En er waren heel wat redenen om hem níét te mogen. Allereerst boezemde hij hun angst in omdat hij heel, heel erg sterk was. En hij was agressief. Hij zei: "Ik geef je een pak slaag." Hij was nog maar een jonge jongen die net kwam kijken, en hij was anders gekleed dan zij. Dat was de generatiekloof.'

Carmichael, die later de personal coach van Lance zou worden alvorens Carmichael Training Systems op te richten, praat met me op de hoofdvestiging van zijn bedrijf in Colorado Springs, een verbouwde graanopslag. Hij is waarschijnlijk de meest bescheiden CEO van het hele land, die spijkerbroeken, sportieve hemden en een honkbalpetje draagt. Hij is eind veertig, maar een lok blond haar die over zijn strakke voorhoofd valt geeft hem iets jongensachtigs.

'In 1989, toen ik coach van de nationale ploeg werd, was ik nog steeds actief in de sport,' vertelt hij, 'en ik wist dat men heel graag de oude ploeg intact wilde laten. Maar ik volgde dezelfde tactiek als Eddie B toen die zijn opwachting maakte in het Amerikaanse wielrennen: richt je aandacht op de jongste sporters. Dus besloot ik niet te veel energie te steken in de oudere jongens, maar om de groep jongeren onder aanvoering van Lance, Chann en Julich bij te staan.'

Het hoogtepunt van het seizoen voor het nationale team was altijd het wereldkampioenschap op de weg voor amateurs, dat in 1990 plaatsvond in Utsunomiya, Japan. Het jaar daarvoor was de Amerikaanse ploeg vierde geworden bij de 100 kilometer ploegentijdrit – een wedstrijd waarbij de uit vier man bestaande ploegen met steeds een interval van drie minuten starten en zo snel mogelijk het parcours proberen af te leggen. De ploeg met de snelste tijd wint.

'Ter voorbereiding op Japan belegden we een trainingskamp voor de ploegentijdrit,' zegt Carmichael. 'Lance reed bij de tests steeds als sterkste, dus zorgde ik de hele tijd voor omstandigheden waarbij hij de oudere groep rijders kon prikkelen, door ze te laten rouleren in tijdritten met steeds twee renners. En Lance was altijd weer de beste. Toen we de ploeg met vier man moesten samenstellen, wilden ze de oude handhaven en Lance er geen deel van laten uitmaken. Dus zei ik: "Luister, het spijt me, Lance komt erin. Hij heeft de hele tijd laten zien de sterkste te zijn. Dit is de ploeg." Alleen John Frey had er geen probleem mee. Dus namen we Lance op in de tijdritploeg, en hij reed ze allemaal stuk. Die kerels smeekten om genade.

Het was duidelijk dat Lance naar Japan moest. En wanneer hij eenmaal een plek heeft verworven, is hij een echte teamspeler. Het was zijn eerste jaar als amateur en hij was pas achttien, dus maakte men zich een beetje zorgen: kon hij beide wedstrijden rijden, de ploegentijdrit en vervolgens de wedstrijd op de weg? Er waren heel wat coaches die dachten dat het te veel gevraagd was van een jonge jongen. En dat was het ook. Maar twee van onze renners hadden tijdens een wedstrijd in de voorbereiding een sleutelbeen gebroken, dus reed Lance beide wedstrijden. Hij zou hoe dan ook opvaring opdoen.'

Dat het WK voor de eerste keer in Azië plaatsvond, betekende dat de Europese wielersport eindelijk de wereld begon te veroveren.

Dat proces zou in de jaren negentig versneld worden door satelliet-ontvangst en internet, die een groter publiek in aanraking brachten met wielrennen. De nogal traditioneel ingestelde sport veranderde snel, en had een persoonlijkheid nodig die het publiek over de hele wereld zou kunnen aanspreken – iemand als Lance.

Hij maakte al veel indruk op de mensen die hem beter leerden kennen. Een van hen was Dede Demet, die, net als Lance, de overstap had gemaakt van de nationale juniorenploeg die naar Moskou was gegaan naar de ploeg voor Japan. Ze legt uit waarom, zoals Carmichael al opperde, niet iedereen in de ploeg blij was de komst van Lance.

'Op weg naar het wereldkampioenschap in Japan,' zegt Demet, 'begon iedereen hem The King te noemen. Het leek wel een grapje. Hij gaf inderdaad altijd nogal luidruchtig zijn mening, en zijn stem kwam er steeds bovenuit. Veel oudere rijders staken de draak met hem omdat zij dachten dat Lance dacht dat hij The King was. Maar ik geloof dat Lance het wel aardig vond.'

De oudere rijders namen dan misschien voorafgaand aan de wedstrijden een loopje met Lance, aan het einde van de week toonden ze respect.

De eerste wedstrijd was de ploegentijdrit, die bijzonder zwaar is. Iedere renner gaat bij toerbeurt op kop terwijl er bijna twee uur lang zo'n 50 km/u wordt gefietst. Lance zegt dat het nog steeds zijn favoriete onderdeel bij het wielrennen is, deels omdat het zo zwaar is, maar ook omdat iedere renner moet vertrouwen op zijn drie ploeggenoten, in wat in wezen een zware oefening in teambuilding is.

De ploegentijdrit vereist een welhaast militaristische aanpak, reden waarom in de jaren tachtig en begin jaren jaren negentig ploegen uit de Sovjet-Unie meestal het WK domineerden. En er werd verwacht dat dat in Japan opnieuw zou gebeuren.

Dat schrikte Lance niet af, ook al was hij de jongste deelnemer. Zijn ploegmaats waren allemaal acht tot tien jaar ouder, en toch was hij al de leider van het Amerikaanse kwartet, degene die het tempo aangaf. Twee van zijn ploeggenoten zaten samen met Lance bij Eddie B's Subaru-Montgomery. De vierde was Nathan Sheafor.

'Lance was erg sterk in de ploegentijdrit en het hele team reed fantastisch,' weet Carmichael nog. Halverwege hadden de vier Amerikanen de snelste tijd, op afstand gevolgd door de Sovjets en de Oost-

Duitsers. Het zag ernaar uit dat ze op het punt stonden een van de indrukwekkendste prestaties in de geschiedenis van het Amerikaanse amateurwielrennen neer te zetten – tot twee mechanische problemen hun een paar minuten kostten, en ze zevende werden.

Lance had maar twee dagen om te herstellen van die extreme inspanning alvorens te beginnen aan de wegwedstrijd, over 184 kilometer. Voor de start sprak Carmichael met hem: 'Ik zei tegen hem: "Het doel is om deze wegwedstrijd te voltooien, niet alleen maar tot halverwege te geraken, niet om het alleen maar te zien als het opdoen van ervaring. Dus ik wil dat je aan deze wedstrijd begint met de instelling dat jij de nieuwe wereldkampioen wordt." En hij zei: "Zo ga ik het ook doen." Ik denk dat hij het fijn vond dat ik dat tegen hem zei.'

De 'geen grenzen'-instelling van Lance betekende dat hij meteen wilde laten zien hoe sterk hij was – net zoals hij een jaar eerder had gedaan tijdens het WK voor junioren in Moskou. Hij had bedacht dat het slim zou zijn om voorop te rijden op het ruim 14 kilometer tellende circuit, waarin een echt steile klim was opgenomen die ze twaalf keer zouden moeten nemen.

'Lance had die wedstrijd moeten winnen,' zegt Demet. 'Hij was duidelijk de sterkste renner, maar hij reed ook dit keer weer onverstandig. Hij gaf in het begin te veel. Hij ontsnapte heel, heel vroeg, en finishte uiteindelijk als elfde. Dat was de beste Amerikaanse prestatie in jaren, maar hij was supergefrustreerd. Ik kan me herinneren dat Chris Carmichael desondanks heel trots op hem was, omdat hij had getoond over de kracht te beschikken om te winnen. Na de wedstrijd gingen we met z'n allen een biertje drinken en Chris was blij met hoe sterk Lance was. Hij zei tegen hem: "Je moet je talent verfijnen en leren hoe je tactisch een wedstrijd moet rijden. Maar er is geen reden waarom je op een dag geen wereldkampioen kunt worden."'

Carmichael bevestigt dat, en voegt eraan toe dat hij tegen Lance zei: 'Je reed goed, maar je moet je aanpak veranderen; zo kun je niet door blijven gaan. Iedereen weet nu wie je bent, dus moet je de lat hoger leggen en in gaan zien dat er ook nog een hele mentale dimensie mee gemoeid is. Fysiek heb je het, en dat moeten we blijven ontwikkelen. Maar zolang je niet begrijpt hoe het wielrennen in elkaar zit, zul je nooit een WK of de Olympische Spelen winnen.'

De enige manier waarop een Amerikaanse renner kan leren 'hoe wielrennen in elkaar zit', is in Europa gaan rijden. Van oudsher hebben Angelsaksische renners zich in België en Nederland gevestigd, waar in de lente en zomer bijna elke dag wedstrijden zijn. Het was daar dat Carmichael in 1981 als jonge renner naartoe ging – en negen keer won – maar voor Lance had hij een ander plan.

'Het was een keerpunt in zijn carrière dat hij naar Europa vertrok,' zegt Carmichael. 'Ik nam hem als lid van de nationale ploeg op zijn negentiende mee naar Italië. Veel mensen waren van mening dat hij in België had moeten gaan fietsen, omdat dat past bij een grote kerel als hij. Maar hij moest eerst de finesses leren. Hij was opgegroeid in Plano, Texas, waar alles vlak is met veel wind. En in Italië leer je echt wat professioneel wielrennen is. Hij zou zware beklimmingen moeten doen en leren hoe hij zich in het peloton moest opstellen. Daar zou hij zich echt kunnen ontwikkelen, terwijl België een speciaal type wielrennen betekent, met kasseien, nauwe straatjes en veel regen en wind.'

Lance was het ermee eens. 'Ik moest leren om slim te worden, en ik begon dat te doen onder Michael.' Het hoogtepunt van het verblijf van de nationale ploeg in Italië in april 1991 was een meerdaagse wedstrijd, de Settimana Bergamasca. Het zou een mijlpaal worden in de amateurcarrière van Lance – hij leerde niet alleen de vaardigheden van de sport zoals Carmichael had verwacht, maar kreeg ook inzicht in de loyaliteiten, achterkamertjespolitiek en ongeschreven regels binnen het wielrennen. En daarbij moest het Amerikaanse nationale team het niet alleen opnemen tegen enkele Italiaanse topamateurs, onder wie het jonge talent Marco Pantani, maar ook tegen meerdere profteams. Het was een overgangsperiode voor het wielrennen, toen er een duidelijke scheiding was tussen amateurrenners en profs, die het alleen maar tegen elkaar konden opnemen in officiële prof-amateurkoersen, zoals deze in de provincie Bergamo in Noord-Italië.

Dit soort wedstrijden kon af en toe zorgen voor tegenstrijdige belangen – zoals het geval was voor Lance tijdens de Bergamasca. Hij kwam daarin uit voor het nationale Amerikaanse amateurteam, maar een van de deelnemende ploegen was de profploeg van Subaru-Montgomery, onder leiding van Eddie B – die Lance' talent had helpen ontwikkelen en zijn kennis met hem had gedeeld, en die hem duizend dollar per maand betaalde. Een van de renners op de loonlijst van Subaru was Reiss, met wie Lance het jaar daarvoor in Japan de ploegentijdrit had gereden. Als gevolg van dat alles kon de situatie in Italië wel eens explosief worden – voor Lance, Eddie B en Carmichael.

'Toen ik op mijn zestiende, zeventiende met wielrennen begon, maakte ik deel uit van het nationale juniorenteam,' zegt Carmichael, 'en Eddie B was de coach. Ik was een van die jongere jongens onder Eddie, samen met Greg LeMond, Ron Kiefel en Davis Phinney. En daar sta ik dan, op mijn dertigste, als coach van de nationale ploeg, en Eddie is de ploegleider van Lance bij Subaru. Dat bleek een beetje touwtrekken, vooral tijdens de Bergamasca.'

Terwijl Subaru en de andere profploegen in luxehotels verbleven, moest Carmichaels ploeg zich met een armzalig budget zien te redden. Toen enkele van zijn renners ziek werden, schakelde de ploegleider Massimo Testa in, een jonge huisarts uit de buurt van Como. Testa had bij het team van 7-Eleven als ploegarts en officieuze ploegleider gediend toen Carmichael er deel van uitmaakte.

'Ik ging na mijn werk naar hen toen, dus ik kwam er rond halftien 's avonds aan,' weet Testa nog. 'Ze lagen allemaal in één kamer, zes man – Lance, Chann McRae, Fred Rodriguez, Steve Larsen en nog twee anderen – op stapelbedden. De kamer bevond zich boven een pizzeria waar het nogal luidruchtig was. Drie of vier van hen waren ziek, dus ik moest naar de apotheek om antibiotica te halen.'

Ondanks hun spartaanse logies, slaagden de jongens in de 'stars-and-stripes' erin om tijdens de tiendaagse koers een goede prestatie neer te zetten. Na vijf etappes stond de Italiaan Mariano Piccoli stevig aan de leiding in het algemeen klassement. 'En toen kwam die etappe met echt slecht weer, regen en natte sneeuw,' zegt Carmichael. 'We hadden ons goed voorbereid, en Lance reed sterk en klom naar de tweede plaats in het algemeen klassement, achter Nate Reiss.' Reiss nam de rood-gele leiderstrui – het equivalent van de *maillot jaune* in de Tour de France – over doordat hij derde werd in die etappe. En Piccoli, die niet goed reed bij slecht weer, verloor enkele minuten.

'De volgende dag zei Eddie B tegen Lance dat hij voor Subaru-Montgomery-ploeggenoot Nate Reiss moest rijden, en Lance kwam naar me toe in de volgwagen en vertelde me dat,' zegt Carmichael. 'En ik zei: "Nee, dat doe je niet. Je rijdt hier voor de nationale ploeg."'

Lance bevestigt dat ze dat gesprek hadden. 'Ik had er geen probleem mee om niet hard te werken,' zegt hij, en ik zei: "Luister, Eddie, ik ga hem niet tegenwerken, maar ik ga me ook niet over de kop rijden om hem te helpen."'

Wanneer ik Eddie B naar deze geschiedenis vraag, heeft hij een wat andere versie. Hij herinnert zich dat zijn Subaru-team in de daaropvolgende etappes de leidende positie verdedigde tegen de Italianen en hij rept er niet over dat hij Lance om steun vroeg. Maar Carmichael houdt vol: 'Eddie kwam na een van de etappes naar me toe en zei: "Lance rijdt voor mij. Hij rijdt voor mijn ploeg. Ik betaal hem." En ik zei: "Eddie, dit is de nationale ploeg. Hij rijdt niet voor jou. Hij rijdt hier voor het Amerikaanse team." Het was heel confronterend.

Eddie had een nauwe band met Lance opgebouwd, en hij voelde zich verraden. We spraken erover aan de vooravond van een zware bergetappe en Lance zegt: "Nate Reiss gaat het niet goed doen. Hij gaat het helemaal niet goed doen. Ik hoef hem niet eens aan te vallen." Ik zei: "Nou, weet je, ikzelf denk dat je zou moeten aanvallen als je de wedstrijd wilt winnen." En hij zegt: "Luister, dat ben ik ook van plan."'

Tot ver in de beslissende etappe had Reiss nog steeds een kans om algemeen leider te blijven. Toen kreeg hij, volgens Eddie B, pech. 'Nate reed lek,' zegt Eddie met zijn staccato Poolse accent. 'Dus hij krijgt een nieuw wiel – en alle Italiaanse profteams gaan naar voren en beginnen tempo te rijden.'

Door de versnelling van de profteams werd het deelnemersveld uiteengetrokken, en daardoor was het moeilijk voor Reiss om in zijn eentje weer terug te komen. Hij had hulp nodig, dus Eddie B reed naar het peloton om met zijn andere renners te overleggen – er was in die tijd nog geen radioverbinding. Toen hij eindelijk het peloton bereikte, zei hij tegen het hele team – maar niet tegen Lance – dat ze op Reiss moesten wachten. Lance zag dat anders. 'Nate Reiss en ik konden nooit zo goed met elkaar opschieten,' zegt Lance. 'Hij reed in de leiderstrui en werd gelost. En ze wilden dat ik op hem bleef wachten.'

'De finish was op een parcours dat een paar keer afgelegd moest worden,' vervolgt Eddie B, 'en na een hele ronde zware achtervolgingsarbeid brachten mijn jongens Nate weer terug in het peloton.'

'Nate haalde ons uiteindelijk bij,' beaamt Lance, 'maar er was een hoop gedoe. Een van de Italianen schopte tegen het stuur van een Subaru-renner, en die viel, waarop andere Subaru-renners terugschopten.'

'We zaten in de laatste ronde, heuvel op naar de finish,' vervolgt Eddie B, 'en Nate was moe vanwege het zware werk; hij gaf ongeveer veertig seconden toe op de etappewinnaar. En Lance, die als tweede in het algemeen klassement aan de etappe was begonnen, werd de nieuwe leider.'

'Na de etappe, toen ik de leiderstrui had gekregen,' voegt Lance eraan toe, 'kwam Eddie B op me afgestormd. "We betalen je niet, en we gooien je uit de ploeg."'

Eddie B zegt: 'Natuurlijk hielp Lance mijn jongens niet met jagen, prima, want hij was tweede in het algemeen klassement. Het probleem was, wilde hij bij mijn ploeg horen of alleen maar bij de nationale ploeg? Toen hij eenmaal leider in het algemeen klassement was, wilde hij natuurlijk geen werk meer doen voor welke ploeg ook. Dus ik zei prima, oké.'

Lance nam de leiding in het algemeen klassement over, maar hij had maar een paar seconden voorsprong op zijn naaste belager, Fabio Bordonali, een doorgewinterde Italiaanse prof. En omdat de Amerikaanse amateurs inmiddels de vermoeidheid begonnen te voelen, leek het erop dat Lance wel wat hulp van een andere ploeg zou kunnen gebruiken om de agressieve Italianen op afstand te houden.

Tijdens etappekoersen gebeurt het vaak dat in dit soort situaties een ploegleider afspraken maakt om een andere ploeg te helpen – het kan zijn met een ploeg die geen winstkansen meer heeft, of mogelijk ook met een bevriende ploeg, zoals Subaru. Eddie B zegt dat dat precies was wat er gebeurde.

'Eerst sloot Carmichael een deal met de Russen,' zegt hij, 'maar de Russische ploeg ging de vernieling in. Vervolgens met de Tsjechen, en die trof hetzelfde lot. Uiteindelijk kwam Carmichael, met Lance, naar ons toe om steun te vragen. Sommige van mijn jongens waren razend. Ik legde uit dat hij jong was, onervaren, maar een van ons. Iedereen maakt fouten, en ik zei: "Jullie moeten voor hem werken"... en de ploeg leverde uitstekend werk af.'

Maar nog vóór de laatste etappe bereikte het nieuws over de onenigheid tussen Lance en Eddie B de baas van het Subaru-team, Thom Weisel in San Francisco. Lance zegt dat een van de Subaru-renners eerder naar huis was gegaan nadat hij was afgestapt, en het verhaal had verteld aan de oudste renner van het team, Thurlow Rogers, die in Californië was.

'Dus toen we terugkwamen was er enorme ophef,' zegt Lance, 'met Thom en het team, en Eddie die alles hoorde. En Thurlow belde Thom en zei: "Dit is zwaar klote."

Dat was echt een moeilijke tijd voor me. Ik was doodsbang. Het team overwoog me eruit te gooien, en ik dacht: ze gaan me niet betalen, waar moet ik van leven? De laatste drie nachten tijdens de wedstrijd deed ik geen oog dicht, en ik was doodziek.

Er waren toen geen mobieltjes, en ik wist niet hoe ik vanuit Italië iemand kon bellen. Uiteindelijk wist ik mijn moeder aan de lijn te krijgen in een telefooncel in een van die kleine plaatsjes waar we verbleven. Ze zei: "Doe wat je moet doen." '

En toen brak de laatste dag van de wedstrijd aan. Er waren twee etappes, 's morgens een lange etappe en 's middags een zware tijdrit heuvel op. De avond ervoor kwam dokter Testa zijn nieuwe patiënten bezoeken. 'De ziekste was Lance,' zegt hij. 'Eerst probeerde ik Lance ervan af te brengen om de volgende dag te gaan fietsen. Maar hij was leider in het algemeen klassement. Dus hij zei: "Geen sprake van. Geef me de zwaarste antibiotica die je hebt." '

Lance wist zijn krappe voorsprong tijdens de etappe over 144 kilometer vast te houden – met of zonder de hulp van Subaru – en toen moest hij nog de afsluitende tijdrit rijden. Die was niet te vergelijken met de volkomen vlakke tijdrit waarin hij een paar jaar eerder een nationaal record had neergezet. Deze was maar 11 kilometer lang, maar het ging over een smal weggetje met haarspeldbochten naar de top van de Colle Gallo.

De renners startten met een tussenpoos van één minuut voor hun solorace tegen de klok, waarbij Lance één minuut na Bordonali vertrok. In de twee zwaarste etappes van de Bergamasca was de Italiaan respectievelijk eerste en tweede geworden – beide keren vóór Lance. En Lance was nog steeds in het nadeel bergop vanwege het gewicht van zijn gespierde lichaam, in vergelijking met de magerdere, lichtere renners. En dan had Lance nog te kampen met de werking van de antibiotica. Hij zou zich gewoon maar zo goed mogelijk door de tijdrit heen moeten slaan, puur op kracht en motivatie, teneinde de eerste plaats vast te kunnen houden.

Testa stond op de Colle Gallo en hielp Carmichael met het opnemen van de tussentijd, om hem te laten weten hoe Lance het deed in vergelijking met Bordonali. 'Gezien de ziekte van Lance,' zegt Testa, 'was ik onder de indruk van de instelling van die negentienjarige jongen. Hij moest het opnemen tegen een van de beste Italianen, en tijdens die tijdrit bergop gaf hij alles. Aan de finish was hij doodziek, maar hij hield de leiderstrui in zijn bezit en won.'

Bordonali was snel vertrokken, maar viel met de top in zicht terug, om uiteindelijk 35 seconden achter Lance te finishen. Reiss werd vierde in het algemeen klassement, op tweeënhalve minuut. Nooit eerder had een Amerikaan de Settimana Bergamasca gewonnen, dus dit was een geweldige doorbraak voor het Amerikaanse amateurwielrennen, en ook voor Lance. Eddie B zag het anders. 'Lance won de wedstrijd, goed,' zegt hij. 'Maar nadat hij van het podium was gekomen heeft hij nooit gezegd: "Bedankt ploeg, voor jullie hulp." Mijn jongens waren laaiend... en dat was een probleem, de wrijvingen in de ploeg met Lance.'

'Lance voelde zich verraden,' legt Carmichael uit. 'Hij voelde dat het niet goed was afgehandeld. Dat maakte onze band sterker, en die zomer zijn we veel samen geweest. Hij vertelde me over zijn jeugd en nog veel meer. Ja, in Italië kwamen we tot elkaar, en er is geen twijfel over mogelijk dat ik hem geholpen heb in zijn wielercarrière. Maar hij was een jongeman die bezig was zich een identiteit aan te meten en die te maken had met de problemen van iemand die opgroeit.'

Iemand die Lance in die tijd van nabij volgde, Demet, zegt: 'Lance was overduidelijk een supertalent. Maar ik ben ervan overtuigd dat hij zoveel bereikte in zijn carrière dankzij zijn instelling en zijn zelfvertrouwen. En hij was in staat om heel hard te werken. Die karaktereigenschappen waren al op heel jonge leeftijd zichtbaar. Hij raakte ze nooit kwijt, ze veranderden niet, en hij liet zich door niets weerhouden.'

Opzij voor The King.

7 De weg naar Barcelona

'Hij zag in dat je het parcours, de afstand en de andere ren-
ners het veld murw moest laten maken, en je spaart jezelf voor
dat ene moment om je slag te slaan.'
— Chris Carmichael

De breuk die in Italië plaatsvond tussen Lance en Eddie B maakte een einde aan de plannen van de coach om hem naar olympische
roem te leiden – maar maakte van Lance onmiddellijk de meest ge-
wilde jonge renner. In die tijd waren er, naast Subaru-Montgomery van Eddie B, maar twee Amerikaanse ploegen geschikt voor een
ambitieuze renner als Lance. Een was Coors Light van Len Pettyjohn, die, dankzij de olympische medaillewinnaar Alexi Grewal en
Davis Phinney, het wielrennen in eigen land beheersten. De andere
was Motorola, een Tour de Francedeelnemer onder leiding van Jim
'Och' Ochowicz, die het team tien jaar daarvoor had opgericht met
sponsorgeld van 7-Eleven. Zowel Och als Pettyjohn begeerde Lance.
'Ik zei tegen mijn sponsor: "Hij is de beste jonge renner die ik ooit
heb gezien,"' vertelt Pettyjohn. 'Ik had gezien hoe LeMond zich als
junior ontwikkelde en wat hij had bereikt, en ik zei dat deze jongen
net zo goed zou worden als Greg, maar op een andere manier. Dus
kwam ik met dit verzoek: "Je moet een aanvullende sponsor zien
te vinden, want deze jongen zal niet bij Eddie B blijven." Maar de
sponsors gaven me nul op het rekest; ze vonden de ploeg goed zoals
hij was.'
Och had een veel groter budget, en hij was altijd bereid om te
praten met jonge renners die waren aangeprezen door de coach van
de nationale ploeg Chris Carmichael, die bijna zijn hele profcarrière voor de 7-Eleven-ploeg van Och uitkwam. Dus minder dan
een maand na de wedstrijd in Bergamo troffen Lance en Och elkaar
na een van de eerste etappes van de Tour DuPont 1991, destijds de
grootste etappekoers van Amerika, die werd verreden in de Mid-At-
lantische staten.

'Mijn eerste indruk van hem was behoorlijk positief,' zegt Och. 'Hij zei dat hij prof wilde worden, aan de Tour de France wilde deelnemen, en een van de toprenners worden. We vonden elkaar meteen aardig en er was vertrouwen, en ik was er tamelijk zeker van dat ik hem erbij wilde hebben.'

Drie maanden later tekende Lance bij Motorola. In het contract stond dat hij zijn amateurstatus zou behouden en tot de Olympische Spelen van 1992 een stipendium zou ontvangen, en daarna een normaal betaalde prof zou worden en deel van de ploeg zou uitmaken.

Och en zijn staf konden voor de eerste keer een indruk krijgen van Lance de koersrenner tijdens de Tour DuPont van 1991. Sean Yates kreeg het beste beeld van hem toen hij en Lance deel uitmaakten van een groepje van drie vluchters tijdens een avondcriterium in Richmond, Virginia, waar duizenden toeschouwers 'U-S-A, U-S-A' schreeuwden voor hun olympische kansen.

'Ik hou niet van te veel praten,' zegt Yates, een van de meest nuchtere figuren in het profwielrennen, 'maar tijdens die ontsnapping babbelde ik wel een beetje met Lance. Och zei dat dit de grote jongen was, en volgend jaar zou hij bij ons in de ploeg zitten.'

De Engelse veteraan zegt dat hij Lance' bereidheid om hard voor een collega te rijden en te werken voor de eerste keer zag op die warme avond in Virginia, toen Lance zijn teamgenoot uit de nationale ploeg Nate Sheafor hielp om de etappe te winnen. Deels omdat ze deze goede collegiale eigenschappen gemeen hadden, voelden Lance en Yates wederzijds respect en werden ze de jaren die volgden goede vrienden. Twintig jaar later hadden ze nog steeds een hechte band, en ze kregen weer met elkaar te maken bij de Astana-ploeg, waar Lance in 2009 aan zijn comeback begon en Yates sports director was. Lance, die tien jaar jonger is, heeft het over Yates als de oudere broer die hij nooit heeft gehad.

Yates praat over zijn jongere broertje op een warme zomerdag in de Franse Alpen, terwijl we bij de materiaalauto van zijn ploeg zitten. De lange Brit, inmiddels eind veertig, heeft nog steeds de supermagere benen van een wielrenner. Hij praat met een onverbloemd accent, want hij werd door zijn hippieouders opgevoed in de Ashdown Forest, een gebied in het zuidoosten van Engeland met steile, met varens begroeide heuvels en smalle weggetjes.

'We konden meteen goed met elkaar opschieten,' zegt Yates over zijn eerste ontmoeting met Lance tijdens het Motorola-trainings-kamp in Santa Rosa, Californië, in januari 1992. 'We gingen heel vaak samen fietsen, alleen hij en ik. Op een dag, tijdens een rit van zes uur, maakten we onderweg een grap over iemand die we op straat zagen, en hij kwam niet meer bij van het lachen. Ik draaide me om en zei: "Het lachen zal je wel vergaan als je prof bent, jongen!" En daar begint hij altijd weer over, iedere keer dat ik hem zie.'

Yates wilde het jonge veulen Lance waarschuwen dat het leven binnenkort heel wat zwaarder zou worden. Een profwielrenner moet zich talloze vaardigheden eigen maken en die vervolgens perfectio-neren, hoe sterk hij fysiek ook is. Een belangrijke les die hij moet le-ren is om zonder angst met snelheden tot wel 110 km/u per uur van een berg af te dalen. Yates werd beschouwd als de snelste daler in het wielrennen, en hij begon Lance die vaardigheden bij te brengen tij-dens dat trainingskamp in Californië.

'We waren nieuwe Specialized-banden aan het testen,' weet Yates nog, 'en ze waren totaal niet geschikt om af te dalen, vooral bij nat weer. En dus vroeg hij me hoe hij moest afdalen. Hij kwam achter me aan, en ik liet hem de lijn zien die hij moest volgen en zei dat hij ontspannen moest zijn. Hij is een zelfverzekerde kerel, en wanneer hij me voor zich uit zag dalen, zou hij denken: Jezus, als hij het kan, waarom ik dan niet? Dus leerde ik hem om zich niet door angst te laten beïnvloeden, anders gezegd, geen schijterd te zijn. En al snel voel je de bochten aan, weet je hoe ver je kunt gaan, en dan is het niet meer zo moeilijk.'

Terwijl de nieuwe ploeggenoten van Lance hem de vaardigheden bijbrachten die hij in het profwielrennen nodig zou hebben, leerde hij ook van Carmichael, zijn coach bij het nationale juniorenteam. 'Die hele winter lang hebben we veel gepraat,' zegt Carmichael, 'en ik begon hem echt te coachen. Voordat ik met hem ging werken, had hij nooit langer dan vier uur gefietst, en ik liet hem vijf of zes uur op de fiets zitten. Dat was deels om hem gewicht te laten verliezen. "Je moet magerder worden," zei ik tegen hem. "Je zult er meer als een wegrenner uit gaan zien als je gaat trainen als een wegrenner, en niet al die andere dingen doet, zoals hardlopen en zwemmen, als een tri-atleet."

Hij was sterk; hij was een goede tijdrijder, en voor zo'n zware jongen reed hij goed bergop. Nu wilde ik dat hij aan zijn sprint ging werken. Dat was niet belangrijk bij triatlon, maar het was een vaardigheid die hij nodig zou gaan hebben want veel wedstrijden eindigen in een sprint. Hij ging steeds beter sprinten, en dat vond hij heerlijk want hij begon wat van tactiek te begrijpen. Hij zag in dat je het parcours, de afstand en de andere renners het veld murw moest laten maken, en je spaart jezelf voor dat ene moment om je slag te slaan.

Je hebt maar twee kogels in je pistool, niet zes, alleen maar twee. Een is om aan te vallen of naar een ontsnapping te rijden, en de andere is om een eventuele sprint te winnen. Het is een slimme jongen, dus begon hij te kijken hoe het parcours en de afstand de krachten van de renners deden afnemen. Dus na vier uur koers aanvallen is heel wat effectiever dan na twee uur koers.'

Lance bleef advies vragen aan Carmichael, Yates en zijn Motorolaploeggenoten, maar hij luisterde niet altijd. Dat stelde Motorolakopman Andy Hampsten, de eerste Amerikaan die, in 1988, de Giro d'Italia won, en die in de Tour de France twee keer bij de beste vier in het algemeen klassement eindigde, vast. Hij zag dat Lance een opmerkelijke manier had van kennis vergaren. 'Hij was heel gretig wat betreft uitproberen en leren, hoe arrogant hij ook was,' zegt Hampsten. 'En hij was niet alleen maar arrogant om arrogant te zijn. Hij wist sommige dingen echt niet, maar in plaats van dat toe te geven en het te vragen, ging hij het zelf uitzoeken – en leerde het meteen.

Ik zeg niet dat dat de beste manier is om te leren, maar zo moet Lance Armstrong leren. Andere mensen kunnen vragen, kunnen toekijken, kunnen boeken lezen, ze kunnen video's over wielrennen bekijken en hetzelfde leren. Of ze kunnen het gezelschap van hun ploeggenoten zoeken en het hen laten uitleggen. Maar hij cultiveerde zijn houding vol branie.'

Toen ik Lance vroeg naar zijn arrogantie waar hij toen om bekendstond, gaf hij een kort, maar niet verdedigend antwoord: 'Ik vind mezelf niet arrogant of aanmatigend. Ik ben alleen heel erg zelfverzekerd. Ik weet niet of het woede of agressie of wat dan ook was. Ik was alleen maar gemotiveerd om mensen te laten zien dat ze het mis hadden.'

Sommige van Lance' tegenstanders waren zo verblind door wat

zij als arrogantie beschouwden, dat ze het ongelooflijke talent van de Texaan niet zagen. Dat was het geval met Alexi Grewal, de enige Amerikaan die de wegwedstrijd op de Olympische Spelen had gewonnen, in 1984, en die in 1992 deel uitmaakte van Pettyjohns Coors Light-ploeg. 'Mijn eerste indruk van hem was: dit kan nooit wat zijn. Hij was nogal lomp, had een stevige bouw en was behoorlijk sterk. Maar hij fietste harkerig,' zegt Grewal, die wielerjargon gebruikt om een niet bepaald sierlijke stijl van trappen aan te duiden. 'Dat veranderde in de loop der tijd waarin ik hem in wedstrijden zag en tegen hem fietste. Maar ik had nooit gedacht dat hij de renner zou worden die hij werd, in geen duizend jaar.'

Grewals baas, Pettyjohn, zag 'een andere veelzeggende kant van Lance' karakter' tijdens een etappekoers in Colorado waar Lance werd gezien als een bedreiging voor zijn ploeg. 'Eén etappe was een criterium in Val. In het laatste gedeelte ontsnapte Lance samen met twee van mijn renners, Davis Phinney en David Farmer. Ik gaf te kennen dat ze zich van hem moesten ontdoen,' zegt Pettyjohn, met verwijzing naar wanneer een team bij een ontsnapping een twee-tegen-één-voordeel heeft. 'Ze wisten dat je een gevaarlijke klant als Lance niet mee moet nemen naar de finish. Dus Davis en Farmer begonnen aan te vallen. Maar wie er ook weg wilde springen, Lance haalde hem bij, tot de volgende uitval, die hij ook weer pareerde.

Na twee of drie van dat soort pogingen, kwam Davis naast Lance rijden en zegt: "Wat doe je? Want we blijven je aanvallen tot een van ons wegkomt. Dus kom maar overeind." En vervolgens sprong Farmer weg, en Lance haalde hem terug, en hij draaide zich om naar Davis en riep: "Fuck you!" Toen ging Davis weer – maar ze konden Lance niet losrijden. Hij had een houding van: het maakt me niet uit wat wijsheid is in deze sport. Fuck you! Zo was Lance. Hij was vanaf het begin de branieachtige, arrogante, het-kan-me-niet-schelen-wat-je-doet-jongen.'

Tijdens zijn voorbereiding op de Olympische Spelen in Barcelona reed Lance alleen maar voor Carmichaels nationale ploeg – in de lente in Europa, en in het begin van de zomer in de vs – om daarna zijn voorbereiding af te ronden in Spanje. Het was de bedoeling dat hij zijn vorm zou opbouwen tot de olympische wegwedstrijd op 2 augustus, waarbij Lance zich tijdens de voorafgaande wedstrijden zou inhouden. Maar het kostte Carmichael moeite om Lance in toom te houden. En waar de heethoofdige Texaan niet probeerde om zijn overwinning in de Italiaanse Settimana Bergamasca te prolongeren, kon hij er niet van weerhouden worden een etappe te winnen, waarbij hij ten koste van veel kracht twee sterke Russen aftroefde.

Twee weken later was Lance weer in Amerika voor een Grand Prix-wedstrijd in Atlanta. Hij nam het als amateur op tegen de Amerikaanse profteams, te beginnen met Coors Light. Renner van die ploeg Phinney, de favoriet voor de overwinning, herinnert zich dat de nationale ploeg van Carmichael net een draadloos radiosysteem had gekregen, geproduceerd door Motorola, dat de coach in staat stelde om tijdens de koers met zijn renners te praten. 'Ze waren de eersten die dat communicatiesysteem hadden,' zegt Phinney, 'en het hielp hen de wedstrijd te winnen. Lance begon aan een ontsnapping met Greg Oravetz van onze ploeg, die een paar jaar eerder het USPRO-kampioenschap had gewonnen. Greg was een beetje zoals Lance, groot en sterk en zelfverzekerd. Hij dacht dat hij ging winnen. Carmichael zat achter hen in de ploegwagen, en sprak via de radio met Lance. Chris kon zien wanneer Oravetz weg wilde springen, en toen hij dat ook deed kon Lance precies op het goede moment meegaan – waarna hij Greg in de sprint versloeg.'

Kort na de wedstrijd in Atlanta reden Lance en de nationale ploeg opnieuw de Tour DuPont, en dit keer kwam hij tot een uitstekende twaalfde plaats. De winnaar van het algemeen klassement was Greg LeMond, terwijl een andere Tour de Francewinnaar, de Fransman Laurent Fignon, achtste werd. De toenmalige wereldkampioen, Gianni Bugno uit Italië, werd vlak voor Lance elfde.

Na de afsluitende etappe, een tijdrit in Washington, DC's Rock Creek Park, stond Lance met Grewal in de lift van het hotel waar de ploeg verbleef. Het leek de renner met de olympische ambities een goede gelegenheid om Grewal te vragen naar zijn gouden-medaille-race tijdens de Olympische Spelen van Los Angeles. Maar volgens de uit Colorado afkomstige Grewal wilde Lance uitleg over iets wat volgens hem onbegrijpelijk was: het feit dat Grewal de dag ervoor in Richmond spectaculair de etappe won en vervolgens in de tijdrit die dag laatste werd. 'Ik begrijp het niet,' zei Lance tegen Grewal. 'De ene dag win je, en de volgende dag ben je helemaal nergens. Wat is er gebeurd?'

'Jongen,' antwoordde Grewal. 'Ik ben moe. Dat is de reden dat ik nergens was. Maar gisteren heb ik tenminste gewonnen.'

Wanneer hij zich zestien jaar later dat gesprek weer in herinnering brengt, zegt Grewal dat het voor Lance niet te bevatten was dat je zó moe kon zijn.

Nadat hij zeven dagen hard had gewerkt in de Tour DuPont, was Lance uitstekend in vorm voor een wedstrijd in Pittsburgh voor profs en amateurs het weekend daarop, toen de Amerikaanse amateurploeg het opnieuw tegen de beste Amerikaanse profploegen moest opnemen. De Thrift Drug Classic, over 184 kilometer en genoemd naar het farmaceutische bedrijf dat als sponsor optrad, werd beschouwd als de zwaarste eendagskoers in Amerika. Deze vond plaats op een stratenparcours van 13 kilometer en bevatte een steile, spiraalvorige heuvelbeklimming die met een stijgingspercentage van zo'n tien procent naar de top van Mount Washington ging. De wedstrijd was nog zwaarder omdat het dat jaar koud en nat was, wat ertoe leidde dat veel renners vroegtijdig afstapten. Gezien zijn groeiende favorietenrol voor de Olympische Spelen, werd Lance beschouwd als een van de kanshebbers, stelt ook Pettyjohn van Coors Light. 'Voorafgaand aan de wedstrijd hadden we teamoverleg, en ik zei tegen mijn renners: "Jullie mogen Lance niet zomaar weg laten rijden,"' vertelt hij, waaraan hij toevoegt dat hij hoopte dat twee van zijn beste renners, Stephen Swart en Scott Moninger, sterk zouden rijden.

'Dus Lance valt in de klim aan, en wij halen hem terug. Lance versnelt opnieuw, en ook dat weten we te pareren. Lance gaat voor de derde keer, en nu is hij weg. Alle anderen zijn nu helemaal gesloopt. Eerst zijn er 80 jongens in de strijd, vervolgens 20, dan nog 3, en uiteindelijk rijdt hij alleen weg.

Ik ga naar voren naar de achtervolgende groep waar Swart in zat en zeg tegen hem: "Wat ben je verdomme aan het doen? Je kunt hem niet zomaar laten gaan." Swart kijkt me aan en hij zegt: "Ga jij godklote achter hem aan!" En ik zie dat hij helemaal scheel ziet. Dus ik zeg: "O, maar je rijdt niet hier omdat je hem hebt laten wegrijden. Híj is weggereden." En we konden er niets aan doen.'

Pettyjohns beste renner die dag was Moninger, op meer dan vier minuten achter Lance. 'Het was duidelijk dat Lance meer kracht had, vooral in de beklimming,' zegt Pettyjohn. 'En wat echt verschrikkelijk was, was dat hij enorm snel herstelde van een zware inspanning en het keer op keer kon. Het leek alsof Lance steeds maar weer een Westgate-test deed. Dat is een test die in het lab wordt gedaan om je maximumkracht te meten en te zien hoe snel je kunt herstellen van zo'n maximale inspanning. Het is de allerzwaarste dertig-secondentest die je op een fiets kunt doen.'

Iedere sporter die die test heeft gedaan, weet hoeveel pijn dat doet. Lance' vriend van de middelbare school, Adam Wilk, zegt dat zijn coach Erin Hartwell, een olympisch medaillewinnaar, de test deed waarbij 'je probeert zo veel mogelijk melkzuur te produceren als je maar kunt', en onwaarschijnlijk hoog scoorde. 'Hij deed de test en viel letterlijk om,' weet Wilk nog. 'Anderhalf uur lang lag hij opgerold op de grond; zo diep was hij gegaan!'

Lance' vermogen om pijn beter te verdragen dan de meeste sporters, ontwikkelde zich in de loop van zijn carrière; en het was al snel duidelijk dat zijn vermogen om achter elkaar een maximale inspanning te verrichten, belangrijker was dan zijn grote longinhoud of een bovengemiddeld groot hart.

De ploeg van Pettyjohn zou het een maand later weer opnemen tegen Lance en zijn Amerikaanse olympische ploeg tijdens de vierdaagse Longsjo Classic in Fitchburg, Massachusetts. Na twee etappes, een tijdrit en een etappe over een stratencircuit, stond Lance aan de leiding met vier seconden voorsprong op Swart van Coors Light. Om het algemeen klassement te winnen, moesten Lance en zijn ploeggenoten Swart controleren tijdens een heuvelachtige etappe die eindigde op de ruim 600 meter hoge Wachusett Mountain.

Halverwege de etappe zat Lance in een groepje dat vijf minuten achterstand had op een zes man tellende kopgroep met daarin zijn ploeggenoot Darren Baker en Swarts ploeggenoot Phinney, die onder meer twee etappes in de Tour de France op zijn naam had staan.

Phinney, die zag dat de nationale ploeg weer gebruikmaakte van zijn radiosysteem, beschrijft wat er gebeurde met zijn zes man tellende groep. 'Ik zag dat Baker van de nationale ploeg luisterde naar wat er via zijn oordopje werd gezegd, waarna hij weer terugging achter in ons groepje. Achter ons kwamen er auto's die toeterden, en er komt een renner aan die ons gewoon passeert, zo'n 10 km/u sneller dan wij – het was Lance! Hij ging ons heuvelop voorbij, niet zo steil, maar heel hard. Baker sprintte vervolgens achter ons weg en ging met Lance mee. Het leek alsof ze met een andere wedstrijd bezig waren, ze finishten met vijf minuten voorsprong op ons.

Na de etappe, in het hotel, riep ik Lance en ging op zijn kamer met hem praten. Ik was de veteraan van het peloton, en hij was het jonge broekie, vol bravoure en zelfverzekerd. Hij was in die tijd helemaal gericht op Barcelona en hij zei: "Ik zou willen dat de Olympische Spelen vandaag waren." '

Op de ochtend dat de Olympische Spelen van Barcelona begonnen, zat Lance vóór aanvang van de eerste wielerwedstrijd, een ploegentijdrit over 100 km, rustig in de pits van het Cataluna-racecircuit. Hij had een sikje laten staan en zijn jeugdige gezicht vertoonde een sombere uitdrukking, alsof hij terneergeslagen was door het feit dat hij die dag niet voor de nationale ploeg van de vs uitkwam. Hij werd wat opgevrolijkt door de komst van een paar familieleden en vrienden – zijn grootvader Paul, zijn moeder en haar nieuwe echtgenoot, John Walling, en zijn ouwe schoolkameraad John Boggan – maar Lance leek verveeld. Terwijl hij toekeek hoe zijn vier ploegmaats zich klaarmaakten voor hun rit, schopte hij met zijn hakken tegen een betonnen muurtje. Op zijn twintigste was hij dan misschien de sterkste tijdrijder van de ploeg, maar coach Carmichael had besloten om Lance rust te gunnen met het oog op de wegwedstrijd het weekend daarop – waar hij de grootste kans had op een gouden plak.

Lance was dol op koersen, en trainen voor en meedoen aan de ploegentijdrit had hem kunnen inspireren en zijn vorm doen toenemen. In plaats daarvan kreeg hij alleen maar zijn dagelijkse portie trainingskilometers vanaf het hotel waar de Amerikaanse ploeg verbleef, in de wijnstreek Penedès ten westen van Barcelona. Ze hadden daar hun intrek genomen omdat er rond het olympische dorp te veel verkeer was om veilig te kunnen fietsen. Lance, die zich lekker voelt bij opwinding en actie, zei dat hij veel liever te midden van al die duizenden andere olympische sporters was geweest dan in een hotel veraf. Maar hij kon wel wat verveling hebben als dat betekende dat hij beter was voorbereid voor zijn poging olympisch goud te halen, zijn belangrijkste doel sinds hij twee jaar daarvoor de triatlon had ingeruild voor wielrennen.

Lance stond in het middelpunt van de belangstelling van de media bij de wegwedstrijd in Sant Sadurni d'Anoia, een slaperig stadje van 10.000 inwoners waar *cava*, een Spaanse mousserende wijn, wordt gemaakt. Maar de Amerikaanse ploeg zou niet met glazen klinken op die smorend hete dag in de glooiende heuvels van Catalonië.

De Amerikanen leken van meet af aan geen enkele kans te maken. De regels schreven voor dat de 61 vertegenwoordigde landen elk maar drie renners mochten laten starten. Lance wilde zijn twee sterkste ploeggenoten om hem bij te staan, Darren Baker en Bob Mionske. Mionske was erbij, maar een overjarige regel van het Amerikaans Olympisch Comité schreef voor dat een van de drie renners uit de olympische kwalificaties moest voortkomen. De verrassende winnaar daarvan was de internationaal onervaren Timm Peddie, van wie Carmichael zei: 'Ik denk dat Timm inziet dat hij hier nog niet klaar voor is.'

Een andere nadelige factor was het parcours: met maar twee korte klimmetjes op de omloop van 16 kilometer, was het niet erg zwaar. Lance had zware beklimmingen nodig om zijn ware kracht te tonen, en dit was een wedstrijd voor sluwe tactici.

Uiteindelijk waren het de Italianen die het slimste reden. Zij stuurden hun wereldkampioen van 1991 bij de amateurs Mirko Gualdi mee in de belangrijkste ontsnapping van de dag – die op touw werd gezet door een gedreven Mionske – en deden vervolgens een tegenaanval met Fabio Casartelli, die in de laatste ronde met twee anderen ontsnapte en goud won. Een halve minuut later won de Duitser Erik Zabel de sprint van het achtenzestigkoppige peloton, waarbij Lance als twaalfde finishte, Peddie als zevenendertigste en de uitgeputte Mionske als vierenzeventigste. Mionske was door de warmte bevangen geraakt. Peddie zei dat hij 'langzaam minder werd'. En Lance gaf toe: 'Ik had niet mijn beste dag. Ik reed vooraan om gemotiveerd te blijven, maar mijn benen waren duidelijk niet super.'

Aan de finish, zegt Mionske, 'zaten we helemaal kapot. En toen we na afloop in de teamtent bijeen waren, was Lance niet vrolijk. Hij zei weinig. Dus liet ik hem weten: "Als jij vandaag in vorm was geweest, zou je zo bij die jongens zijn weggereden. Jij bent echt veel sterker." Als ik niet ziek was geworden, dan had ik er misschien zelf ook wel bij kunnen blijven, misschien zelfs wel gewonnen. Maar omdat ik bij die ontsnapping zat, wist ik dat ze niet sterk reden – zelfs uitstekende coureurs als Erik Dekker. In vergelijking met Lance was ik een brommer, die jongens een scooter, en hij was een 500cc-motor.'

In de wetenschap dat hij de kracht had, hoopte Lance dat hij zijn amateurloopbaan als renner zou afsluiten met een gouden medaille om zijn nek. Maar die ging naar Casartelli, de veelbelovende Italiaan die de komende jaren samen met Lance deel zou uitmaken van de Motorola-ploeg. En wat betreft de Texaan, die ging van Barcelona linea recta naar Spaans Baskenland om zijn allereerste profkoers te rijden. En het was niet zomaar een wedstrijd, maar een Wereldbeker-koers, de Clásica San Sebastián, over 232 kilometer. Een moeizame entree in het profpeloton voor de nieuweling uit Plano.

8 Een nieuweling aan het firmament

'Mijn eerste indruk van hem was net als die van iedereen: een
gozer met een grote mond en een beetje aanmatigend. Maar
je kon zonder meer zien dat er iets bijzonders aan hem was.'
— Johan Bruyneel

In Baskenland regent het meer dan in de meeste andere delen van
Spanje. En op 8 augustus 1992, toen Lance begon aan de eerste
haarspeldbochten van de Jaizkibel, de belangrijkste beklimming van
de Clásica San Sebastián, brak er een hevig onweer met regen los.
'Het was het slechtste weer waarin ik ooit heb gereden,' zei de doorgewinterde Mexicaan Raúl Alcalá, die in de leidende groep zat en de
445 meter hoge, in wolken gehulde top al achter zich had gelaten.

De zware omstandigheden begonnen hun tol te eisen onder de
207 renners die aan de start waren verschenen. Kort voor die laatste
klim waren bij een massale valpartij op de glibberige wegen twintig
renners tegen de grond gegaan, onder wie de Spanjaard Miguel Induráin, die twee weken ervoor voor de tweede keer de Tour de France op zijn naam had geschreven. Een andere voormalige Tourwinnaar, de Ier Stephen Roche, verloor tijdens een gevaarlijke afdaling
de controle over zijn stuur en reed tegen een rotswand, waarna hij in
zijn gezicht gehecht moest worden.

Zesennegentig renners stapten onderweg af, te bang, te uitgeput
of te geslagen om verder te fietsen. Maar Lance, die op flinke achterstand achter de andere overblijvers reed, zwoegde verder door de
klaterende regen. Misschien dacht hij aan de woorden van zijn moeder: 'Jongen, nooit opgeven.' Of misschien dacht hij aan de woorden
die Hennie Kuiper, de assistent-ploegleider eerder tegen hem had
gezegd. Toen Lance moest lossen uit het peloton, kwam Kuiper in
de volgauto naast hem rijden, deed het raampje naar beneden en zei:
'Rijden, Lance! Wat je nu doet, daar heb je later wat aan.'

Kuiper, een van de intelligentste oudgedienden in het profwielrennen, was misschien wel de meest onverschrokken renner die de

sport heeft gekend. De stoïcijnse Nederlander, wereldkampioen en olympisch kampioen, won de zwaarste klassiekers en werd twee keer tweede in de Tour de France. Doorzettingsvermogen was zijn grootste kracht, en van eenzelfde soort gehardheid gaf Lance blijk nu hij zich door de storm worstelde.

Terwijl hij nog steeds voortzwoegde, waren zijn ploeggenoten van Motorola al over de finish gegaan en naar hun hotel vertrokken. Een van hen, Andy Hampsten, zegt: 'We waren alleen maar bezorgd over waar hij was.' Er was geen mogelijkheid om erachter te komen wat er met Lance was gebeurd, want er waren toen nauwelijks mobieltjes, en het bereik van de teamradio was zeer beperkt. Lance gaf later toe: 'Als ik alleen was geweest, zou ik zijn afgestapt.' Maar dat was hij niet. Een tweede auto van de Motorola-ploeg zou bij de nieuweling blijven voor het geval hij moest worden bijgestaan.

Kuiper stond bij de finish, die inmiddels helemaal verlaten was nadat Alcalá als winnaar was gehuldigd. 'Ik stond al een halfuur op hem te wachten,' zei Kuiper. 'Iemand vroeg me wat ik daar deed. Ik zei dat ik op iemand aan het wachten was. Toen kwam er een politieauto met zwaailicht... het was al helemaal donker... en toen verscheen Lance, als allerlaatste. Maar hij reed nog steeds flink door.'

Hampsten zegt: 'Ik vond het echt fantastisch dat hij zijn eerste wedstrijd uitreed, terwijl bijna iedereen zou hebben opgegeven. Het was echt een lange koers, ruim zes uur. Ik herinner me dat Lance behoorlijk onder de indruk was hoe zwaar het was, en dat hij er ook een beetje bang voor was. Maar het was een goede inwijding voor hem.'

Het was ook een zware inwijding. 'Ik wilde die dag stoppen met wielrennen,' zegt Lance.

''s Avonds, na een stevige maaltijd, kwam hij weer een beetje tot zichzelf,' voegt Hampsten eraan toe, 'en keek hij alweer uit naar de volgende wedstrijd.'

Dat hij weigerde af te stappen en laatste werd in San Sebastián, maakte misschien meer duidelijk over het karakter van Lance dan welke andere prestatie ook. Dat is de mening van zijn mecenas uit het begin, Jim Hoyt, die de carrière van Lance van op een afstand volgde. 'In mentaal opzicht was het zijn angst om te falen die van Lance zo'n ongelooflijke topper maakte,' zegt Hoyt. 'Kijk maar naar zijn eerste profkoers... Respect hebben voor falen, en in staat zijn om te falen, dat is heel, heel belangrijk.'

Dat hij in zulke zware weersomstandigheden reed en de hele afstand van 232 kilometer volbracht – de langste die hij ooit had gefietst – maakte het Lance mogelijk om zijn volgende wedstrijd, de Ronde van Galicië, met ongeschonden trots te beginnen. Zijn tweede profwedstrijd, ook weer aan de ruige Noord-Spaanse kust, begon twee dagen erna. Het bood Lance vijf dagen minder zware fietsarbeid, de gelegenheid om zich een plekje in het profpeloton te zoeken, en de mogelijkheid om zich voor te bereiden op de hype die hem voorafging.

'Iedereen had over Lance gelezen omdat hij kort daarvoor op de Olympische Spelen was geweest,' zegt Johan Bruyneel, een toen achtentwintigjarige renner van de Spaanse topploeg ONCE. 'Mijn eerste indruk van hem was net als die van iedereen: een gozer met een grote mond en een beetje aanmatigend. Maar je kon zonder meer zien dat er iets bijzonders aan hem was.'

Jaren later zou Bruyneel Lance' ploegleider en vertrouweling worden. Bij toeval werden ze in die wedstrijd in 1992 in Galicië door de statistieken aan elkaar gekoppeld: Bruyneel eindigde als dertiende, en Lance was veertiende, 3 seconden na hem.

Het was een geweldige prestatie voor Lance in zijn eerste etappekoers als prof. Bovendien reed hij iedere dag sterker. In de vierde etappe, een rit van honderd kilometer van Tuy, een plaatsje bij de Portugese grens, naar Cangas, een vissershaven aan de Atlantische kust, behaalde Lance zijn eerste overwinning als prof. Hij kreeg flinke hulp van zijn Canadese ploeggenoot, Steve Bauer, die Lance al had laten zien wat winnen was toen hij in de tweede etappe de massasprint won. Bauer nam Lance de laatste kilometer in Cangas op sleeptouw en stelde hem in staat om de sprintkwaliteiten te gebruiken die Carmichael hem eerder dat jaar had bijgebracht. Met gemak versloeg Lance de rappe Engelse sprinter Malcolm Elliott, die tweede werd. En de volgende dag in de laatste etappe, van Cangas naar de stad Pontevedra, werd Lance nipt tweede achter de Belg Peter De Clercq, die kort daarvoor een etappe in de Tour de France had gewonnen.

Met vernieuwd zelfvertrouwen en een grotere ambitie dan ooit, verliet de nieuweling Lance Spanje en reisde hij af naar Italië en vervolgens Zwitserland voor veel belangrijkere koersen, waaronder een die het invloedrijke Franse sportdagblad *L'Équipe* tot de volgende kop bracht: 'Armstrong verschijnt aan het firmament.'

Lance had geluk toen hij prof werd. Dat jaar telde de Motorola-ploeg drie van de meest getalenteerde renners ooit uit de Britse Commonwealth: Phil Anderson uit Australië, Bauer uit Ontario en de Engelsman Yates. Alle drie waren ze dertigers en in de nadagen van hun carrière, en samen vertegenwoordigden ze meer dan dertig jaar ervaring in het profwielrennen. 'Ze waren geweldige leermeesters voor Lance,' zegt ploegleider Och, 'omdat ze bereid waren hun kennis te delen.' En wat minstens zo belangrijk was, ze konden Engels met hem praten. Als Lance naar een topploeg uit Europa was gegaan, dan zou het advies van de ervaren collega's daar in het Frans, Italiaans of Spaans zijn geweest – talen die hij niet begreep.

De sociaal ingestelde Anderson, afkomstig uit een voorstad van Melbourne, was een ware pionier: de eerste Australische geletruidrager in de Tour de France en de eerste die een klassieker won. Hij was een goed voorbeeld voor Lance omdat hij dezelfde fysieke kwaliteiten had als Lance en bij ieder soort wedstrijd goed kon presteren.

Bauer, die in zijn jeugd in het plaatsje Fenwick ijshockey speelde op bevroren meertjes, begon als tiener met wielrennen en won, alvorens prof te worden, zilver bij de Olympische Spelen in 1984. En in de Tour de France behaalde hij maar liefst een vierde plaats. Bauers rustige karakter, zijn oprechtheid en volstrekt onwankelbare vastberadenheid waren allemaal karaktereigenschappen waar Lance bewondering voor zou hebben. En dan had je nog Yates, de betrouwbare ploeggenoot die zonder gedoe alles deed wat er van hem gevraagd werd.

Behalve dat de renners dezelfde taal spraken, heerste er bij Motorola ook een wat lossere sfeer. Normaal gesproken bepaalde de *directeur sportif* wat er in een team gebeurde, en daar was geen discussie over. Bij Motorola was dat anders. 'Wij waren geen ploeg waar de druk hoog was,' zegt Yates. 'En Och was niet iemand die door de oortelefoontjes tegen ons schreeuwde. Maar toch boekten we heel wat overwinningen. Ik was gemotiveerd om voor de anderen te rijden, en de komst van Lance was perfect.

Vanaf het begin lagen we op één kamer. Ik ben een nuchtere jongen, en hij ook behoorlijk, en daarom konden we het waarschijnlijk zo goed met elkaar vinden. We hadden altijd plezier en hij wilde altijd dat ik hem verhalen vertelde voordat hij ging slapen. Verhalen over wielrennen, zoals voor iemand het voorbereidende werk doen bij de sprint, of wat dan ook.'

Yates, Bauer en Anderson bleven allen een paar jaar samen met Lance bij Motorola, tot ze een punt achter hun carrière zetten. In die periode zag Len Pettyjohn van Coors Light hoe zij met elkaar omgingen. 'Ik geloof niet dat er enige twijfel bestond dat Yates de belangrijkste kracht was, degene die Lance vertrouwde,' zegt Pettyjohn. 'Hij maakte Lance min of meer wegwijs in het peloton.

Wat Lance nodig had was iemand die echt sterk was en voor wie hij respect had. Dus hij zag Yates niet als een concurrent; hij zag hem als iemand aan wie hij iets kon hebben, en hij bezat ook de communicatieve vaardigheden om het op hem over te brengen. Ik denk dat dat echt van cruciaal belang is, want Lance luisterde in die tijd naar bijna niemand – en ik vraag me af of hij dat ooit heeft gedaan. Ik zou zeggen dat de belangrijkste persoon in Lance' leven als wielrenner Sean Yates is geweest.

Ik observeerde ze tijdens wedstrijden samen. Sean reed naar Lance toe en dan zag je dat hij zich naar hem toe boog en iets zei. En in de loop van de jaren zag je dat Lance steeds minder fouten ging maken. Hoe meer Yates hem van raad voorzag, hoe meer Lance het punt bereikte dat we hem nooit meer los konden rijden. En omdat Yates hem waarschijnlijk precies het goede vertelde, viel Lance exact op het juiste moment aan en kregen we hem nooit meer te pakken.'

'Met Lance was het altijd een kwestie van hem afremmen,' zegt Och, waarbij hij doelt op de neiging bij de nieuweling om te vroeg in de wedstrijd weg te springen. De raadgevingen van Anderson, Bauer en Yates begonnen echter vrucht af te werpen, en dat werd duidelijk in de tweede Wereldbeker-wedstrijd waar Lance aan meedeed, het Kampioenschap van Zürich, twee weken na zijn laatste plaats in San Sebastián. Vreemd genoeg schrijft Lance in zijn in samenwerking geschreven autobiografie *Door de pijngrens* over de wedstrijd in Zürich: 'Vanaf het begin ging ik in de aanval en dat bleef ik doen tijdens praktisch de gehele koers. Ik had weinig of geen idee van wedstrijdtactiek – ik zette mijn blik gewoon op oneindig en stampte door.' Maar dat is precies het tegengestelde van wat er gebeurde.

Op een sombere en regenachtige zondag in augustus hield Lance zich gedurende de zes ronden tellende wedstrijd op het 40 kilometer tellende circuit in de Zwitserse stad – verre van van meet af aan aanvallen – bijna de hele tijd op in de beschutting van het peloton. Hij volgde het advies op van zijn ploeggenoot Bauer, die de wedstrijd in Zürich drie jaar daarvoor had gewonnen, en wachtte tot de laatste ronde om mee te gaan in een zevenkoppige ontsnapping. Toen, daar waar het toepasselijk Regensberg heette, reed Lance in de mistflarden weg, samen met de Rus Vjatsjeslaw Ekimov en de Belg Jan Nevens. Beide doorgewinterde profs hadden etappes gewonnen in de Tour de France en waren wedstrijden over grote afstanden gewend; maar Lance slaagde erin bij hen te blijven.

Och, die in de ploegauto van Motorola achter de drie renners zat, herinnert zich: 'Na de Regensberg ging het flink naar beneden, over smalle wegen, en we kwamen pas in de laatste 10 kilometer bij hen. Toen kreeg ik een ongeluk. De voorkant van de auto zat in elkaar, en de radio begon ermee op te houden, en ik wist niet of ik de finish wel zou halen.

De verwarming raakte oververhit. En toen hield de radio er helemaal mee op. Ik reed naar voren in het veld en wilde Lance zeggen om bij Ekimov te blijven en Nevens te vergeten, want Eki is de slimste. Maar net toen ik het raampje naar beneden deed en Lance zich naast de auto liet zakken, kwam er geen woord meer uit mijn mond omdat de auto "pfffff" deed en stilviel. Zonder radio stond Lance er helemaal alleen voor, en wat er vervolgens gebeurde is precies wat ik dacht dat er zou gaan gebeuren. De andere twee probeerden hem beurtelings af te schudden, en uiteindelijk, met nog twee kilometer te rijden, sloeg Ekimov een gat en was het gebeurd. Lance finishte als tweede.'

Het was nog altijd een geweldige prestatie van de twintigjarige Amerikaan, en het resulteerde in een jubelend artikel van een halve pagina in *L'Équipe* van 25 augustus 1992, waarin stond: 'Terwijl Greg LeMond niet veel meer klaarmaakt, dient zijn jonge Texaanse landgenoot zich aan als mogelijke opvolger. Hij was de grote verrassing door in Zürich als tweede te finishen. Bliksemstart!'

Een week later won Lance een tweede profkoers bij Marostica, niet ver van Venetië. Het was een wedstrijd met grote belangen, waarin renners – onder wie ook Lance – streden voor een plaats in hun nationale ploegen voor het wereldkampioenschap. De hevige strijd werkte als een toverdrank op Lance. Hij wist met tien anderen te ontsnappen en was er zo zeker van dat hij ze kon kloppen, dat toen de ploegauto naast hem kwam rijden, Lance alleen maar tegen zijn Motorola-baas fluisterde: 'Och, je kunt gerust zijn, kerel.'

'Hij keek me aan,' vertelt Och, 'en meer zei hij niet. Dus zei ik dat hij moest aanvallen – en pats! – hij was weg, en ze konden niets doen. Hij was die dag sterk.'

Men verwachtte dat Lance vijf dagen later voor een grote verrassing zou kunnen zorgen tijdens zijn eerste profwereldkampioenschap in Benidorm in Spanje. Maar hij raakte betrokken bij een valpartij en moest opgeven. Zijn blessure zat hem ook in de weg bij de meteen daarop volgende Tour de l'Avenir, een soort elfdaagse Tour de France voor jongeren. Die vond plaats op de heuvelachtige wegen van Bretagne in het westen van Frankrijk. Toch liet hij zich zien door een paar keer bij de besten te finishen, gedurende zes dagen de groene trui te dragen voor de meest constante renner, en te eindigen met de bolletjestrui voor de beste klimmer.

Lance' hectische jaar, met inbegrip van twee maanden als fullprof, eindigde begin oktober toen hij bij een Wereldbeker-wedstrijd in het Canadese Montreal zeventiende werd.

Een groter verschil dan tussen de steden Plano, waar Lance opgroeide, en Como, waar hij aan het begin van zijn Europese carrière als profrenner zou gaan wonen, is niet denkbaar. In zijn jeugd maakte Plano een stormachtige groei door, door van een plaatsje met 20.000 inwoners uit te groeien tot een moderne stad met 260.000 inwoners die door het us Census Bureau de meest welvarende stad van de Verenigde Staten wordt genoemd. Ter vergelijking: de in aantal stabiel blijvende bevolking van 80.000 zielen van Como werkt in de zijdefabrieken en in de toeristenindustrie, en waar Plano zo lieflijk en vlak is als zijn Spaanse naam suggereert, daar stijgen er steile rotswanden op uit het prachtige Comomeer, aan de oevers waarvan beroemdheden als George Clooney, Madonna en Sting villa's bezitten.

Como, waar tientallen Italiaanse profrenners vandaan komen, is de plek waar Och halverwege de jaren tachtig domicilie koos voor zijn 7-Eleven-ploeg – vanwege het milde klimaat en omdat dokter Massimo Testa, de eerste arts en trainer van de ploeg, ervandaan kwam. Testa was de dokter die Lance in 1991 tijdens de Settimana Bergamasca verzorgde, en begin 1993 zou hij zijn trainer worden.

In Como sloot Lance zich aan bij twee van zijn nieuwe ploeggenoten, de uit Detroit afkomstige Frankie Andreu, die vijf jaar ouder was dan Lance, en een stille Noorse nieuweling, Bjorn Stenersen. 'Die drie jongens namen samen een appartement,' weet Och nog. 'Het was niet echt mooi, maar ze begonnen net en meer konden ze zich niet veroorloven.'

Lance bracht de meeste tijd door met zijn huisgenoten en de andere zes Motorola-renners die daar woonden – trainen, naar wedstrijden gaan of gewoon alleen maar samen zijn.

'In een groep was Lance geweldig. Hij was altijd vrolijk,' zegt Testa. 'Hij miste waarschijnlijk een beetje een sociaal leven, want in Como valt er niet veel uit te gaan; de mensen zijn er nogal ingetogen. En terwijl de eerste groep Amerikaanse renners die er terechtkwam – Andy Hampsten, Davis Phinney en Ron Kiefel – bevriend raakte met Italiaanse families, ging de groep van Lance er alleen op uit. De taal was voor hen een hoge drempel. Deze tweede generatie had het niet zo op het leren van talen als Andy, Davis en Ron. Het was ook de tijd dat internet opkwam, dus zaten ze veel achter hun computer.

Op een bepaalde manier had Lance in vergelijking met een Italiaanse jongen niet veel sociale vaardigheden om met anderen om te gaan. Maar wat betreft zelfvertrouwen en onafhankelijkheid was hij al heel rijp. Hij kende geen vaste regels, en dat waardeerde ik in hem. Hij was heel anders. Het was een aardige kerel en hij straalde veel energie uit.'

Wat betreft Lance' ontwikkeling als sporter, zegt Testa: 'We zaten nog in de beginfase, en ik wilde niet al te hard voor hem zijn wat betreft trainen. Ik wilde hem niet helemaal opbranden. We waren heel, heel behoudend, en ik hoop dat hij dat waardeert. Die jaren waren heel belangrijk... toen we hem inhielden om hem voor later in zijn carrière te sparen.'

De kopman van de Motorola-ploeg, Hampsten, de enige Amerikaan die ooit de Giro d'Italia had gewonnen, woonde op acht kilometer van Como, pal over de Zwitserse grens. 'Het was altijd leuk met Lance,' herinnert Hampsten zich. 'Hij kwam eten, of we hielden een barbecue voor alle jongens die in de buurt woonden, en trainden samen. Hij en ik werkten beiden met Massimo Testa.

Ik weet nog dat Lance dat eerste voorjaar tegen Massimo zei: "Ik ben zojuist in de sprint verslagen, Max. Ik wil leren sprinten! Hoe moet ik trainen?" Vervolgens ging hij die training doen – en hij won vanaf dat moment alle sprints waar hij aan meedeed. Hij was echt in staat om zijn lichaam precies te laten doen wat hij wilde en dat ook te bereiken.'

Jim Ochowicz had een zwak voor de Laigueglia Trophy, een wedstrijd langs de Italiaanse kust die half februari wordt verreden en waarmee het Italiaanse wielerseizoen wordt geopend. 'Daar wonnen we voor de eerste keer een wedstrijd in Europa, met Ron Kiefel,' zegt Och, terwijl we op het terras achter zijn huis in Palo Alto, in Californië, zitten, met verwijzing naar het debuut bij het profwielrennen van zijn 7-Eleven-ploeg in 1985.

'Ieder jaar gingen we voorafgaand aan die wedstrijd naar hetzelfde café. We reden erheen en de jongens namen koffie en smeerden massageolie op hun benen. Het gaf dat echte Europese gevoel. De ploegen doen dat soort dingen niet meer, want ze hebben nu allemaal een bus. Ik denk dat we in die tijd veel meer energie en enthousiasme hadden. Lance vond die sfeer geweldig.'

Aan het begin van het seizoen 1993 wilde Lance de wielerwereld laten zien dat hij niet zomaar een brallerige Amerikaanse renner was. Hij was van plan om de kopman te worden die de hoogst aangeschreven eendagswedstrijden wint, de zogenaamde klassiekers. Laigueglia is geen klassieker, maar de winnaar is in de regel een favoriet voor de eerste wedstrijd van het seizoen die dat wel is, Milaan–San Remo. Door de Laigueglia te rijden, liet Lance zien dat hij als een serieuze kandidaat beschouwd wilde worden voor de komende klassieker. Hij reed met overtuiging en overgave en zat bij de belangrijkste ontsnapping van de dag in de tweede van twee rondes over een heuvelachtig parcours van in totaal 160 kilometer. Hij was in gezelschap van zijn Motorola-ploeggenoten Andy Bishop, twee Belgen, een Venezolaan en drie Italianen, onder wie de grootste klassiekerspecialist van het land, Moreno Argentin.

In die typisch agressieve stijl van hem reed Argentin op de laatste belangrijke klim weg bij de groep ontsnappers en nam samen met twee andere rijders een halve minuut voorsprong. Och zag samen met Testa in de Motorola-ploegauto die actie. 'Jim zei tegen Lance dat hij niet achter Argentin aan moest gaan,' weet Testa nog. 'Hij zei: "Alleen maar gaan als er iemand anders met je meekomt." En Lance zei: "Ik wil gaan." Twee keer riep hij de auto bij zich en zei: "Alsjeblieft, Och, ik wil gaan." En Jim zei nee. En toen Lance toch wegreed, reageerde Jim: "Aaagh! Die jongen is nog onervaren, hij rijdt zich de vernieling in." En toen was er over de ronderadio te horen: "Een Motorola-renner nadert Argentin... Argentin wacht... de Motorola-renner valt Argentin aan."'

Pier Bergonzi, een journalist van de belangrijkste Italiaanse sportkrant *La Gazzetta dello Sport*, herinnert zich nog heel goed de laatste etappes van die Laigueglia. 'Argentin provoceerde Lance met opzet,' zegt hij. 'Omdat Andy Bishop een van de weinige Amerikanen was die wij Italianen van die ploeg kenden, zei Argentin tegen Lance: "Rijen, Bishop! Rijen, Bishop!" En toen Argentin dat zei, antwoordde Lance: "Rijen, Chiappucci! Rijen, Chiappucci!" Claudio Chiappucci was zoals bekend een grote concurrent. Argentin was woedend.'

De twee renners, opgefokt door hun woordenwisseling, kwamen in gezelschap van hun twee vluchtmetgezellen bij de kust aan en gingen op weg naar de finish. 'Argentin zette de sprint aan,' vertelt Bergonzi me, 'maar toen hij inzag dat Lance te sterk voor hem zou zijn, hield hij op met trappen, zodat hij als vierde zou finishen. Hij wilde Lance niet bij de dopingcontrole ontmoeten – alleen de eerste drie werden gecontroleerd.'

Door Argentin, een van de allerbeste klassiekercoureurs aller tijden, te verslaan, liet Lance de Italiaanse renners zien dat hij klaar was voor Milaan-San Remo. Met z'n bijna driehonderd kilometer is dit de langste klassieker, maar doordat het grootste deel van het parcours vlak is, is het ook een van de snelste. Twee gemiddelde klimmetjes – de Cipressa, op 32 kilometer van San Remo, en de Poggio, 5 kilometer voor de finish – bieden de aanvallend ingestelde renners een kans om weg te rijden. Maar meestal komt er een bijeengebleven groep in San Remo aan, waarna de snelste sprinter de overwinning pakt.

Lance hoopte die traditie te doorbreken en misschien wel de renner met de meeste overwinningen op zijn naam te evenaren, de Belg Eddy Merckx, een van de weinigen die de eerste keer dat hij meedeed Milaan–San Remo won. Merckx deed dat in 1966, toen hij 20 was, en vervolgens behaalde hij in elf jaar tijd een recordaantal van zeven overwinningen in deze koers. De meeste van zijn zeges behaalde hij door een aanval te plaatsen in de haarspeldbochten tijdens de afdaling van de Poggio, waar hij net genoeg voorsprong wist te pakken om zich de sprinters van het lijf te kunnen houden.

Nadat hij gestopt was met wielrennen, begon Merckx een fietsfabriek, die begin jaren negentig diverse profploegen, waaronder Motorola, van fietsen voorzag. Als teamsponsor kwam Merckx naar trainingskampen en wedstrijden, en via ploegleider Och raakte hij al snel bevriend met Lance. Merckx was blij dat hij zijn kennis met de jonge Texaan kon delen, en een van de vaardigheden die hij hem aanraadde om zich eigen te maken was snel dalen.

Lance had in 1992 in het trainingskamp in Californië al een paar lessen in dalen van Yates gekregen. En hij kreeg nog meer advies van zijn ploeggenoot Phil Anderson toen ze voorafgaand aan Parijs–Nice, een etappekoers van een week die dient als opwarmertje voor Milaan–San Remo, aan de Franse Rivièra trainden. Motorola-kopman Hampsten herinnert zich nog één bepaalde afdaling in Parijs–Nice, die zich vanaf Tanneron, een bergplaatsje in de Provence, naar de Middellandse Zee naar beneden stort.

'Ik weet nog dat Phil Lance vertelde welke versnellingen hij in de afdaling moest kiezen,' zegt Hampsten. 'En in de training gingen ze al veel en veel harder dan ik tijdens de wedstrijd zelf wilde gaan riskeren. Ik was diep onder de indruk hoe snel Lance zich die vaardigheid eigen maakte, slechts een paar dagen nadat hij had gezegd: "Goed, nu is het moment gekomen dat ik me wil gaan richten op afdalen." Hij was geen meester in het de fiets onder controle houden, maar Phil leerde het hem echt, en Lance sloeg het op. Die jongen die bij ons reed en aanvankelijk niet zo heel goed met de fiets overweg kon, had binnen een jaar het afdalen en het sprinten in de vingers.'

Lance toonde zijn toegenomen dalerskwaliteiten tijdens de zesde etappe van Parijs–Nice op precies die afdaling vanaf Tanneron. 'Net na de top ging hij weg en reed iedereen eraf,' vervolgt Hampsten. 'Hij gierde over die verschrikkelijke afdaling naar beneden. Het regende niet, maar de echt scherpe bochten waren glad door rubber en olie. Tijdens de training pakten Phil en Lance ongeveer 15 seconden op mij, maar tijdens de wedstrijd pakte Lance 30 seconden op iedereén. Dat is heel veel in een afdaling van maar 5 kilometer.'

Lance werd tweede in die etappe, en het zelfvertrouwen dat hij daar kreeg zou hem de week daarop tijdens Milaan-San Remo goed van pas komen. Hij wist dat hij geen kans maakte om de Italiaanse klassieker in een massasprint te winnen; er waren maar een paar echte sprinters die daartoe in staat waren. Lance zou het moeten aanpakken op de wat gewaagdere manier van zijn nieuwe adviseur, Merckx.

De Motorola-ploeg besloot tot een dubbele strategie voor San Remo: Lance zou tijdens een van de twee laatste beklimmingen – of afdalingen – in zijn eentje proberen te ontsnappen, terwijl zijn Italiaanse ploeggenoot Max Sciandri zou proberen om bij de andere leiders te blijven om op het laatste stuk zijn sprintkwaliteiten aan te wenden.

Vier van hun ploeggenoten hielpen Lance en Sciandri door de eerste zes uur van de wedstrijd, door ze uit de wind te houden zodat ze fris genoeg waren om op de beklimming van de Cipressa op ontsnappingen te kunnen reageren. En toen vloog, tot verbijstering van de miljoenen tv-kijkers, Lance naar voren en sloeg tijdens de afdaling een gat. Dankzij de vaardigheden die hij had geleerd van Yates en Anderson, pakte hij een seconde of twee in iedere scherpe, steile haarspeldbocht en kwam hij met een flinke voorsprong op de vlakke kustweg aan.

Maar de moed van Lance zou die dag in maart niet beloond worden. Net toen hij aan de laatste beklimming van de Poggio wilde beginnen, werd hij bijgehaald door een sterke groep van dertig achtervolgers. De neoprof slaagde er wel nog in om tot aan de finish van de zeveneneenhalf uur durende wedstrijd in het leidende groepje te blijven, en werd uiteindelijk 22ste, terwijl zijn ploegmaat Sciandri een fantastische derde plaats pakte.

Lance had erg veel vooruitgang geboekt sinds zijn eerste wedstrijd als nieuweling in San Sebastián, en hij had onderweg hulp gekregen van velen. Niet de minste van hen was Hennie Kuiper, die in de Baskische stormregen iets onvergetelijks had geroepen: 'Rijden, Lance! Wat je nu doet, daar heb je later wat aan.'

9 Doorbraak

'Als ik het dit jaar niet ga maken, dan keer ik terug en ga stu-
deren.'

– Lance Armstrong

Lance heeft altijd moeite gehad met verliezen. Van winnen kreeg hij
een kick en het motiveerde hem. 'In mijn jeugd en gedurende de eerste jaren, was het altijd maar: "Het enige wat telt is de eerste plek," '
zegt hij. 'Tweede worden is echt klote.' Dus had hij het moeilijk toen
hij in het voorjaar van 1993 steeds minder begon te presteren. Het
dieptepunt kwam op 4 april, de dag van zijn eerste deelname aan de
Ronde van Vlaanderen.

Er zijn maar een paar klassiekers die gelden als monumenten in
de sport: vier in het voorjaar, het wereldkampioenschap aan het einde van de zomer, en nog eentje in de herfst. En net als bij belangrijke golfwedstrijden draait het bij de wielerklassiekers allemaal om
winnen. De Ronde van Vlaanderen is de zwaarste voorjaarsklassieker. Het parcours slingert zich zo'n 260 kilometer door het Vlaamse
land, waarbij de steilste heuvels en de meest meedogenloze kasseien
worden aangedaan. Lance vond het een fantastische uitdaging, maar
de uitdaging bleek te veel voor hem. Op die zonnige aprildag in het
fietsgekke Vlaanderen werd hij op een klim met kasseien gelost door
het peloton en was hij een van de 78 uitvallers.

'Hij had echt zijn zinnen gezet op de Ronde van Vlaanderen, en
hij kon er maar niet bij dat hij zo was gelost,' zegt ploeggenoot Sean
Yates. 'Ik zei hem dat de meeste jongens jarenlang proberen om die
verdomde koers überhaupt tot een einde te brengen.' Maar Lance
was goed ziek van zijn optreden. 'Als ik het dit jaar niet ga maken,
dan keer ik terug en ga studeren.' Het zou niet de laatste keer zijn
dat Lance twijfelde aan zijn keus voor het wielrennen tijdens wat hij
toen omschreef als 'klotekoersen' in Europa. De gedachte aan het
universiteitsleven van zijn ouwe vriend John Boggan, met wie hij er

in Austin zo vaak op uit was getrokken, was verleidelijk. Misschien hadden alleen maar harde jongens als Yates doorzettingsvermogen genoeg om dit soort zwaar werk vol te houden. De relaxte Engelsman accepteerde de ontberingen van een nomadenbestaan in Europa, genoot er zelfs van, terwijl Lance zijn vaderland miste.

'Hij zat altijd op internet,' zegt Yates over zijn kamergenoot, 'misschien was hij wel aan het investeren. En hij keek altijd naar CNN. Ik was totaal anders. Ik had geen computer – ik wist niet eens hoe je zo'n ding moest aanzetten – en bezat geen aandelen of obligaties of zoiets. Ik was compleet atechnisch.'

Maar ze hadden wel een paar dingen gemeen, behalve hun sport. Beiden waren ze gefascineerd door snelheid: Yates kwam vaak met zijn superopgevoerde motor naar de wedstrijd, en Lance had zijn snelle auto's. En beiden hadden ze een hoge pijngrens, waarbij Lance ervan genoot en Yates het doorstond.

'Als ik ziek was, leed ik,' geeft Yates toe. 'Of als ik last van mijn rug had in de Tour de France – "God, daar gaan we weer", zoiets. Maar het is snel weer voorbij, en de slechte dagen vergeet je. Je denkt niet meer aan de pijn wanneer het eenmaal over is. En als ik terugkijk, dan is een paar uur per dag op de fiets zitten een verdomde luxe in vergelijking met normaal werk, zoals tien uur per dag gaten graven of heggen snoeien, dag in dag uit.'

Yates heeft ervaring met beide. Tussen de wielerseizoenen in snoeide hij inderdaad heggen en groef hij gaten. En nadat hij met wielrennen was gestopt, werkte hij een aantal jaren als tuinier alvorens een baan te krijgen in de leiding van een wielerploeg. Maar Lance was niet iemand voor handwerk, en dat had een reden.

Volgens Andy Pruitt, die in 1992 bij de Amerikaanse wielerbond een medisch programma opzette, 'begon Lance al vroeg te klagen over zijn rug. Hij was bij meerdere chiropractors geweest, maar zijn rug bleef opspelen. We ontdekten dat hij een spondylosisthesis had, in zijn geval een aangeboren breuk onder in de ruggengraat.'

Pruitt is een expert in de behandeling van wielerblessures met behulp van aanpassingen van de fiets, en hij is een van de weinigen die Lance' probleem onderkenden. 'Zijn vijfde lendenwervel bestaat uit twee of drie stukken, alsof het drie grote afzonderlijke delen zijn, waardoor het grootste deel van de wervelkolom naar voren kan schieten en dan in feite niet op zijn plek zit,' legt Pruitt uit. 'Dus wanneer zijn rug opspeelde en de chiropractors dat weer in orde brachten, bracht dat slechts tijdelijk verlichting. Ik bedacht een plan van aanpak om zijn pijn te verminderen.'

Toch, zegt Lance, 'was chronische rugpijn tussen 1990 en 1996 een enorm probleem. We moesten kijken naar mijn schoenen, mijn houding op de fiets, de hoogte van het zadel, de afstelling daarvan en de hoogte van het stuur. Dus reed ik meestal op het hoge gedeelte van het stuur, niet op het lage, om zo min mogelijk pijn te hebben.'

Wanneer de snelheid in de koers op het vlakke stijgt naar 55 tot 65 km/u, pakken de meeste renners de onderkant van het stuur, om zo gestroomlijnd mogelijk te zitten. Maar Lance moest hoger zitten vanwege de pijn, ook al vereist dat meer kracht en dus een hogere pijngrens. Maar doordat hij bij hoge snelheden rechter op kon blijven zitten, was zijn borst vrijer, waardoor hij bij iedere ademhaling meer lucht binnenkreeg, mogelijk een voordeel tijdens wedstrijden die zes of zeven uur duren.

Maar dat voordeel was niet groot genoeg om Lance uit zijn voorjaarsdip te halen. Klassiekers uitrijden, laat staan winnen, zou niet makkelijk worden – iets wat hij aanvankelijk dacht, na zijn tweede plaats het jaar daarvoor bij het Kampioenschap van Zürich, een minder hoog aangeslagen klassieker. Terugkijkend op die koers zegt Lance nu: 'Ik werd bestolen. Ik had echt totaal geen benul. Mensen die tv keken zagen dat die jongen werd genaaid door de twee oudgedienden. Maar ik was zo blij met die tweede plaats, dat ik niet zag wat er eigenlijk gebeurde.'

Lance begon in te zien dat hij 'genaaid' zou blijven worden in de klassiekers, waar tactiek en de lastige stukken in het parcours kennen even belangrijk zijn als vorm en kracht. Zelfs Europese renners in de bloei van hun carrière hebben moeite om een klassieker te winnen. In het besef dat het jaren zou kunnen duren voor hij er een zou winnen – áls dat al zou gebeuren – besloot Lance zich ook te richten op etappekoersen. Zijn overwinning in 1991 tijdens de Settimana Bergamasca, toen hij nog amateur was, toonde aan dat hij de mogelijkheden had om meerdaagse wedstrijden te winnen. Na de teleurstellend verlopen klassiekers van het voorjaar 1993, had hij het bijzonder goed gedaan in zijn eerste belangrijke etappekoers van een week, Parijs-Nice, waar hij bijna een etappe op zijn naam bracht en in het algemeen klassement als negende eindigde. Daarom zag Lance geen reden om niet zijn debuut te maken in de langste en zwaarste etappewedstrijd van allemaal, de legendarische Tour de France. Zijn ploegleider, Och, had zo zijn twijfels. 'We hadden het nog niet eens over de Tour gehad,' vertelt Och me. 'Sterker nog, we hadden het onderwerp juist vermeden. De andere rijders wilden niet dat hij eraan meedeed, omdat hij nog te jong was, pas 21. En begin van het jaar was ik het daarmee eens.'

Een nieuweling die meedoet aan de Tour is zeldzaam. Twee van de grootste renners van na de oorlog, Eddy Merckx en Greg LeMond, die beiden meerdere keren de Tour de France wonnen, waren al bijna vier jaar prof toen ze in de Tour debuteerden. Maar Lance vond zichzelf er al klaar voor toen hij nog maar tien maanden prof was.

Als hij in de Tour van 1993 wilde starten en iets wilde klaarmaken, zou hij de komende twee maanden zo'n 1600 wedstrijdkilometers moeten maken – en langzamerhand ook wat overwinningen op zijn palmares schrijven. Gelukkig was zijn volgende wedstrijd de Tour DuPont, de wedstrijd aan de Amerikaanse oostkust waar hij, om ervaring op te doen, als amateur tweemaal aan had meegedaan. En nu, als prof, voelde Lance zich in staat om voor de eindoverwinning te gaan. Het was dan wel niet de Tour de France, maar wel de belangrijkste wedstrijd in de vs.

Lance liet zich op briljante wijze gelden en vocht de hele koers een duel uit met Raúl Alcalá, de Mexicaan die de klassieker in San Sebastián waar Lance zijn debuut maakte, had gewonnen. De Texaan boekte een spectaculaire overwinning in een etappe door de Blue Ridge Mountains – zijn eerste zege in drie maanden – en hij stond in het algemeen klassement tweede, met maar 19 seconden achterstand op Alcalá, toen de laatste etappe aanbrak, een individuele tijdrit in Greensboro, North Carolina.

Als junior blonk Lance in deze discipline uit, toen hij een nationaal record neerzette over een afstand van 20 kilometer. Maar de tijdrit in de Tour DuPont was drie keer zo lang. Vanwege zijn pijnlijke rug zou het voor Lance moeilijk worden om zo lang in de lage tijdritpositie te fietsen. En hij moest het opnemen tegen Alcalá, een begenadigd tijdrijder die drie jaar eerder een tijdrit in de Tour de France had gewonnen, 90 seconden sneller dan Miguel Induráin, de

Spanjaard die vijf keer de Tour zou winnen.

Alcalá reed in Greenboro twee minuten sneller dan Lance. De uitslag was geen verrassing voor insiders, maar Lance was zwaar teleurgesteld. Hij behield echter zijn tweede plaats in het algemeen klassement, waarmee hij zich tegenover zijn Motorola-ploegmaten bewees als kopman.

'Lance was zeer ambitieus, en hij had duidelijk veel talent,' zegt Yates. 'Voor mij was dat een volmaakte combinatie. Sinds ik in 1982 prof werd, was ik altijd bereid om voor anderen te rijden. Het is mooi wanneer de ploeg ambities heeft en een kopman die goede kansen maakt – en Lance was zo'n jongen. Hij stelde me in staat om te doen wat ik het liefst doe, en dat is voorin rijden.'

Andy Hampsten, de gedoodverfde Motorola-kopman voor de komende Tour, zag ook in dat Lance zich snel de tactische gaven van een toprenner eigen maakte. 'Met hulp van Bauer, Yates en Anderson leerde hij dingen als wie er het werk moet gaan doen tijdens een ontnapping,' zegt Hampsten. 'Hij was erg goed in het doorzien van wat anderen gingen doen, en hij was heel geïnteresseerd in karakters – hoe mensen de strijd aangaan, hoe ze anderen proberen te beïnvloeden – daarnaar kijken en erop anticiperen. En hij is briljant als het gaat om ontsnappingen in echt moeilijke situaties en een wedstrijd aan te voelen om iets voor elkaar te krijgen.'

Lance zou al zijn vaardigheden de daaropvolgende weken nodig hebben, te beginnen met drie wedstrijden die samen een flinke uitdaging vormden.

Die uitdaging heette de Thrift Drug Triple Crown. Als een renner alle drie de wedstrijden won – de Thrift Drug-klassieker in Pittsburgh, de K-Mart Mountain Classic in West Virginia en het CoreStates USPRO Championship in Philadelphia – dan zou hij een cheque van een miljoen dollar toucheren. Het zou de grootste geldprijs aller tijden in de wielersport betekenen: de winnaar van de Tour de France toucheerde maar een vijfde van dat bedrag. Maar de kans dat iemand de Triple Crown op zijn naam bracht werd zo gering geacht dat Lloyds of London best bereid was de organisatoren voor dat miljoentje te verzekeren.

Als Lance al een extra motivatie nodig had, dan was dit het wel. Toen zijn moeder van de prijs hoorde, vroeg ze: 'Wat is de kans dat het je lukt?' 'Behoorlijk groot,' antwoordde hij. 'Ik ga hem echt winnen.' 'Goed!' zei ze, in de wetenschap dat wanneer haar zoon met die instelling aan een wedstrijd begon, hij meestal won.

Maar Lance wist dat het niet makkelijk zou gaan worden om drie van zulke zware, uiteenlopende koersen te winnen. De makkelijkste voor hem zou de Thrift Drug Classic in Pittsburgh zijn. Als amateur won hij deze wedstrijd over meerdere ronden door herhaaldelijk aan te vallen op de gemene klim op Mount Washington. 'Het was een zware heuvel, steil met wat kasseien bovenaan,' zegt Lance. 'Het was de mooiste wedstrijd die Amerika in die tijd had.'

Dit keer reed hij zelfs nog sterker. 'In Pittsburg zagen we dat die jongen echt iets bijzonders was,' zegt Len Pettyjohn, ploegleider van concurrent Coors Light. 'Als hij aanviel, reed hij letterlijk weg, en we konden er niets tegen doen. We konden een achtervolging organiseren, maar hij was en bleef weg.'

De volgende was de K-Mart-wedstrijd in West Virginia, een zesdaagse etappekoers met een reeks zware klimmen in de Appalachen. 'Scott Moninger van onze ploeg had de K-Mart het jaar daarvoor gewonnen,' zegt Pettyjohn, 'en voor deze wedstrijd dachten we een geweldig team te hebben. Het is een zware, maar Mike Engleman, onze andere klimmer, was in topvorm.'

De wedstrijd begon met een korte tijdrit, de proloog van 2,5 kilometer. Lance won hem met overmacht, vóór een voormalige winnaar van olympisch goud op de baan, Steve Hegg, en hij was er klaar voor om de volgende dag weer te winnen. Anderson, die de wegkapitein van Motorola was en de tactische beslissingen nam, weet nog dat Lance flink opgeladen was voor de zwaarste etappe van de koers. 'Hij wilde alleen maar aanvallen,' zegt Anderson. 'Hij kwam naast me rijden en zei: "Mag ik nu gaan?" Ik zei nee. En dan kwam hij weer: "Mag ik nu?" "Nee, nog niet." Toen kwamen we aan de voet van een steile beklimming, en hij kwam opnieuw bij me: "Mag ik nu dan?" Ik zei ja, en zijn ogen begonnen te stralen, zijn hele lijf kwam tot leven, en hij schoot die heuvel op met een snelheid zoals ik nog nooit had gezien.'

Lance sprong naar een groepje ontsnappers, reed dat aan flarden en ging ervandoor. 'Ik had het gevoel alsof ik door een muur kon rijden,' zegt Lance. 'Ik herinner me dat ik in West Virginia bij de anderen wegreed alsof ik op een motor zat.' Er was maar één man die hem bij kon houden: Engleman van Coors Light. Engleman was die dag goed, maar Lance was beter. Hij won de etappe en finishte twee minuten voor de rest. De Texaan was ontketend, en vier dagen en vier etappes later won hij het algemeen klassement van de K-Mart-koers, met Engleman op een flinke afstand. Twee afgevinkt, nog één te gaan in de Triple Crown.

De laatste wedstrijd, in Philadelphia, was pas een week later, en in plaats van een paar doordeweekse koersen te rijden, ging Lance terug naar Austin om te herstellen en aan zijn vorm te werken. Hij trainde achter J. T. Neal op de scooter en maakte ritten van vijf uur in de Texaanse heuvels. Het was een verstandige beslissing: hij kon op zijn gemak een week trainen en hield zich verre van de media-aandacht aan de East Coast naar aanleiding van de hoofdprijs die binnen zijn bereik lag.

De dag voor de wedstrijd vloog Lance terug om een persconferentie te geven waar hij iets zei wat hem binnen de kortste keren overal zou achtervolgen. Toen een journalist hem vroeg of hij 'de nieuwe Greg LeMond' was, antwoordde Lance: 'Ik voel me vereerd door die omschrijving, maar Lance Armstrong is Lance Armstrong.'

Als er íemand kon inschatten of Lance in de voetsporen van LeMond zou treden en meermalen het WK en de Tour de France zou winnen, dan was het wel Pettyjohn. De man uit Colorado had LeMond geholpen bij zijn comebackoverwinning in de Tour van 1989, en hij volgde beide renners van dichtbij tijdens de eerste jaren van hun carrière. 'Mijn idee van Lance in die tijd was dat hij minstens even goed was als Greg wat betreft kracht, doorzettingsvermogen en gedrevenheid om de beste te zijn,' zegt Pettyjohn. 'Hij had het karakter van een echt arrogante gozer die liever zou sterven op de fiets dan zich te laten verslaan.

Wat Lance op dat moment had was een turbo, het vermogen om even te vlammen wanneer de koers echt zwaar was, meer dan ik bij Greg ooit heb gezien. En hij draaide het hele jaar en was dus veel gedisciplineerder dan Greg, die buiten het seizoen geen discipline had.'

Voor Lance leek het hele jaar door trainen heel normaal; het was wat hij als tiener en als triatleet altijd al had gedaan. En na het vorige seizoen had hij in Como onder Massimo Testa getraind. 'Ik liet hem kennismaken met roeien,' zegt Testa. 'Ik liet mijn jongens van oktober tot en met december op het Comomeer roeien. Het was een fantastische conditietraining voordat ze op de fiets stapten.'

Lance moest misschien wel aan die trainingen denken toen hij de dag voor de laatste van de drie koersen het parcours in Philadelphia verkende en al die roeiboten op het woelige water van de Schuylkill zag. De wedstrijd, over tien ronden van 23 kilometer, omvat Kelly Drive, Fairmont Park en de arbeiderswijk Manayunk, met een enorme heuvel die bekendstaat als de Wall. Dit was het decor waar hij kans maakte op het winnen van de Triple Crown – en een cheque van een miljoen dollar.

Op 6 juni 1993 hadden zich om negen uur 's ochtends bij de start van het CoreStates USPRO Championship al tienduizenden toeschouwers opgesteld langs de Benjamin Franklin Parkway in Philadelphia, waar de wedstrijd zou beginnen en eindigen. Een frisse noordenwind liet de landenvlaggen langs de vierbaansboulevard wapperen. Een leerling van de lagere school zong het volkslied, en de Amerikaanse renners onder de 125 deelnemers legden hun rechterhand op hun hart. Dit was niet alleen een internationaal bekende wedstrijd, de koers gold ook als het Amerikaanse nationale profkampioenschap op de weg, en de winnaar van de 245 kilometer lange wedstrijd zou beloond worden met de felbegeerde stars-and-stripestrui.

Lance stond die dag vroeg op en at een ontbijt van pasta en eieren, waarna hij zich naar de start begaf. Bij de startplaats glimlachte hij zelfverzekerd en zei dat hij helemaal niet zenuwachtig was over de zes uur koersen die ze voor de boeg hadden. Vervolgens sprak hij over de tactiek die hij wilde gaan volgen, in de wetenschap dat deze relatief vlakke koers makkelijk op een massasprint kon uitdraaien. Maar, voegde hij eraan toe, nadat hij het parcours de vorige dag had verkend, hij dacht dat het toch mogelijk was om te ontsnappen. Gesticulerend legde de nieuweling uit dat de wind uit het noorden kwam. 'Die wind maakt het langs de rivier moëilijk voor een soloontsnapping,' zei hij. 'Maar als je in de laatste ronde wegspringt op de Wall, heb je tot de finish de wind in de rug.'

Zijn theorie sneed hout, maar voor 99 procent van de deelnemers was een dergelijke boude tactiek te veel van het goede. Bij iedere editie van de koers was er om de eindwinst gestreden door een kleine groep of zelfs het hele peloton. Maar nogmaals, de eerste renner worden die een zege boekte na een solo-ontsnapping, was precies het soort uitdaging dat Lance inspireerde.

Het startschot klonk, de wedstrijd begon en de verwachte vroege aanvallen die tot een lange ontsnapping zouden leiden vonden plaats. Op 80 kilometer van de finish was het hele veld echter weer bij elkaar. Lance had ruim vier uur lang soepeltjes in het wiel van zijn ploeggenoten gereden, toen zijn Australische mentor Anderson op de klinkerstraten van Manayunk een aanval plaatste die het peloton uiteen deed vallen – met nog ruim 60 kilometer te rijden. Na Andersons krachtsinspanning joeg Lance de 800 meter lange Wall op, opgezweept door duizenden uitzinnige fans.

'Niemand kon Lance die dag stoppen,' zegt Yates. 'Ik kon in de beklimming niet bij hem blijven, en het was een beklimming die me nog lag ook. Hij reed op een ander niveau. Hij was turbo.' Slechts vijf man slaagden erin om Lance na de top bij te halen, onder wie Roberto Gaggioli, een Italiaanse sprinter uit de Coors Light-ploeg. Alle zes renners – drie Amerikanen en drie Italianen – zaten nog bij elkaar toen ze voor de tiende en laatste keer Manayunk binnenkwamen, inmiddels met twee minuten voorsprong op het door Motorola gecontroleerde peloton.

Pettyjohn vertelt het verhaal verder: 'Het was de laatste ronde, we reden langs de rivier, en Gaggioli liet zich naast de auto zakken. Hij kijkt me aan en zegt: "Ik hoop niet dat Lance nog een keer aanvalt." Ik zei: "Wat bedoel je? Hij gaat zeker aanvallen." En hij: "Ik kan hem niet meer volgen." En toen Lance wegreed, keken alle anderen naar elkaar, allemaal scheel van vermoeidheid, en Lance reed in zijn eentje weg.'

Bij zijn beslissende klimaanval in West Virginia was Lance ontketend, en op die 800 meter omhoog tegen die gevreesde Wall, won hij bijna een halve minuut. En hij wist dat hij de resterende 27 kilometer in zijn eentje zou moeten rijden, zonder hulp. Zoals hij al voorzien had, reed Lance met de wind in de rug naar de finish. Al snel passeerde hij het Philadelphia Museum of Art, waar Rocky Balboa ooit op het triomfantelijke ritme van de filmmuziek 'Gonna Fly Now' de trappen was opgerend: 'Trying hard now... won't be long now... flying high now... gonna fly, fly, fly.'

Op een plek waar de wegen elkaar ongelijkvloers passeerden kon Lance zijn achtervolgers zien. Zijn oude vriend Bob Mionske, die hem tegemoetkwam, stak zijn duim op. 'Hij zei later tegen me dat hij dat behoorlijk cool vond,' zegt Mionske.

De moeder van Lance was met het vliegtuig overgekomen. Ze stond aan de finish toen haar zoon over de Parkway aankwam met zijn armen triomfantelijk in de lucht gestoken. En ze voegde zich bij Lance op het podium toen hij de nationale kampioenstrui ontving, plus een enorme facsimilecheque van één miljoen dollar.

In die tijd deden er geruchten de ronde dat rijders van een paar ploegen hadden samengewerkt om Lance die één miljoen te laten winnen, maar die werden nooit bevestigd. Toch vertelt Grewal me vijftien jaar later dat hij na de wedstrijd 'een gesloten envelop met daarin tweeduizend dollar aan knisperige honderddollarbiljetten' ontving. Hij legt uit dat de deal – waarbij hij en zijn ploeggenoten van Coors Light een deel van het enorme prijzengeld ontvingen – voor het eerst werd besproken tijdens de K-Mart Classic in West Virginia, kort nadat Lance overtuigend de eerste twee etappes van die wedstrijd op zijn naam had gebracht.

Toen Lance na die twee etappezeges leider was in het algemeen klassement, stond zijn Motorola-ploeggenoten een zware taak te wachten: de resterende vier dagen hard voorin rijden om ontsnappingen te verijdelen en om Lance fris genoeg te houden om op aanvallen te reageren.

De hele dag tempo rijden is een zware opgave voor een negen man sterke ploeg in de Tour de France; het was nog zwaarder in deze Amerikaanse wedstrijd waar een ploeg maar uit zes man bestond. Het was te begrijpen dat de Motorola-jongens aan het einde van de eerste van die vier dagen uitgeput waren, nadat ze het peloton meer dan zes uur lang over 220 stijgende en dalende kilometers op sleeptouw hadden genomen.

Het is niet ongebruikelijk, hoewel zelden uitgesproken, dat een paar ploegen samenwerken tijdens een etappewedstrijd wanneer alle partijen daar profijt van kunnen hebben. Het team dat helpt kan op zijn beurt bij een volgende wedstrijd geholpen worden of een deel van het prijzengeld incasseren. Zo'n deal werd na die derde dag in

West Virginia geopperd. Een van de Motorola-mannen ging naar een Coors Light-renner en stelde voor dat hun ploegen in de resterende etappes van de K-Mart-koers het werk zouden verdelen. Als ze dat zouden doen, dan garandeerde dat in theorie dat Lance en Engleman van Coors Light eerste en tweede zouden blijven. De renners van Coors Light wisten dat hun kopman de achterstand op de formidabele Lance nooit zou kunnen goedmaken. Dus werd er een deal gesloten, en won Lance de tweede van de drie Triple Crown-koersen.

Op de ochtend van de laatste wedstrijd in Philadelphia kwamen de renners van Coors Light bij elkaar om de tactiek voor die dag te bespreken en te beslissen of ze het pact van West Virginia zouden voortzetten om Lance de Triple Crown te laten winnen. 'Ik was niet tegen tijdens die bijeenkomst voor de start,' vertelt Grewal me, 'want ik wist dat Lance sowieso zou gaan winnen.'

Maar een van de aanwezigen was tegen de deal. Het ging om Davis Phinney, die de USPRO-titel twee jaar daarvoor had gewonnen. 'Ik had het helemaal gehad met die deals, ik wilde er niets meer over horen. En ik ken er nog steeds de details niet van,' vertelt Phinney me. 'Dus daar in die kamer deed ik mijn beroemde uitspraak: "Ik ben hier om de wedstrijd te winnen, en ik zal alles doen om de wedstrijd te winnen, en ik hoop dat jullie me zullen steunen in mijn poging om de wedstrijd te winnen." En toen ben ik de deur uitgegaan.'

Werd de wedstrijd verkocht? Niet echt. Bij honkbal, basketbal of voetbal is omkoping relatief gemakkelijk omdat er maar twee ploegen in het spel zijn, en een daarvan kan de uitslag beïnvloeden. Maar aan een wielerwedstrijd kunnen wel twintig ploegen met elk acht renners deelnemen, dus is het moeilijk om dat voor elkaar te krijgen. En het zou ook niet heel lucratief zijn wanneer je het prijzengeld door honderdzestig zou moeten delen.

Tijdens die wedstrijd in Philadelphia konden de Coors Light-renners op geen enkele manier garant staan voor een overwinning van Lance, maar ze konden wel zijn kansen met een paar procent vergroten. Daarom zou iedere deelnemer aan de deal slechts 2000 dollar krijgen ingeval Lance won. En met tien ploegen die zich inzetten om te winnen, waaronder vijf Europese ploegen die speciaal voor deze wedstrijd waren overgekomen, was dat een grote 'als'.

'Ik was nog zó'n groentje,' zegt Lance, 'dat ik niet wist of Och een deal had gesloten of wat dan ook. In het wielrennen worden dag in dag uit allianties gesmeed. Maar waar het om draait: het zou moeilijk zijn geweest om zo'n wedstrijd als in Philadelphia te kopen.'

Phinney benadrukt dat Lance de Triple Crown zou hebben gewonnen, deal of niet. 'Ik denk niet dat het de wedstrijd heeft beïnvloed,' zegt hij. 'Misschien hebben een paar jongens ervan geprofiteerd door niets te doen... Ik reed voorafgaand aan de Manayunk Wall pal naast Lance. Malcolm Elliott, ik en nog één of twee anderen; we zaten allemaal voorin. Hij schoot gewoon weg, draaide zich om en wierp ons "The Look" toe, zoals het zou gaan heten.

Ik weet nog dat ik dacht: dat was het dan! Daar gaat de toekomst, en ik maak er geen deel meer van uit! Hij vloog gewoon als een raket weg. Het was niet zo dat iemand zich inhield. We hadden gewoon geen schijn van kans. Hij won die wedstrijd met zoveel overmacht. Lance had altijd die extra versnelling. Hij kon iets waartoe 99,9 procent van de mensen niet in staat was.'

Lance' ploeggenoot zegt dat het uiteindelijke bedrag per man van het Triple Crown-prijzengeld, verdeeld over alle achttien Motorolarenners en begeleiding van twaalf man, 15.000 dollar was. Omdat de prijs cash werd uitbetaald en niet verspreid over twintig jaar, slonk het miljoen tot 600.000 dollar, waarna er nog een bijdrage afging voor de Amerikaanse profwielerbond en de International Revenue Service.

Maar Lance hield er nog iets anders aan over: als Triple Crown-winnaar had hij nu een aura van onaantastbaar vertrouwen én de stars-and-stripes-trui over de schouders – en die prestigieuze kleuren zou hij de maand daarop in zijn eerste Tour de France dragen. 'Lance begon tijdens de Tour DuPont druk op me uit te oefenen om in de Tour te mogen starten,' zegt Och, 'en ten tijde van Philadelphia won hij alles, dus ik kon hem niet niét zijn kans geven. Maar er was een voorwaarde aan verbonden. Ik zou hem kort nadat we de eerste bergen bereikt hadden uit de wedstrijd halen.'

Andy Hampsten werd twee keerde vierde in de Tour de France en maakte die koers na 1988 tot zijn hoofddoel, toen hij de eerste Amerikaanse winnaar werd van de Giro d'Italia, op de Tour na de belangrijkste wielerwedstrijd. In 1993 was de blonde, onverstoorbare man uit Colorado de onbetwiste kopman van de Motorola-ploeg voor de Tour, terwijl een recente nieuwkomer in de ploeg, de Colombiaan Alvaro Mejia, zijn eerste luitenant was. Lance was er om ervaring op te doen, om Hampsten zo veel mogelijk steun te geven en misschien een etappe te winnen. Na zijn overwinning in Philadelphia had Lance weer de Ronde van Zweden gereden, de wedstrijd waar hij drie jaar eerder als amateur aan had meegedaan. De eerste keer overleefde hij het amper; dit keer won hij een etappe en werd derde in het algemeen klassement, op een minuut van de winnaar, zijn Australische ploegmakker Anderson. Hun collega's Max Sciandri, Frankie Andreu en Yates eindigden ook in de toptien, waarmee ze het moreel van de ploeg in het zicht van de Tour de France opkrikten.

Na een kort trainingskamp in Normandië, waar de negen Motorola-renners voor de Tour hun aerodynamische fietsen testten en het parcours voor de komende Tourploegentijdrit verkenden, vertrokken ze naar de startplaats Puy de Fou in Midden-Frankrijk. Lance kreeg zijn zin en mocht aan het belangrijkste wielerevenement meedoen, en hij kwam erachter dat de Tour alles was waar hij op gehoopt had. Als jongste deelnemer was hij in de zevende hemel dat hij mocht deelnemen aan de avondpresentatie van de twintig ploegen, bij een meer met daaraan een middeleeuws kasteel. Hij was gemotiveerd door het parcours van de proloog, waarin een beklimming was opgenomen die leek op de Wall in Philadelphia. En hij was verbaasd over de 150.000 toeschouwers die naar de proloog kwamen kijken, een individuele tijdrit waarbij de 180 renners met een interval van een minuut startten.

In de wetenschap dat hij in een bloedvorm was, verwachtte Lance dat hij hoog zou gaan eindigen in de proloog. Maar als een te gretige beginner ging hij te hard van start. En toen hij op de klim van 800 meter wind tegen kreeg, viel hij stil. In plaats van een glorieuze start, kreeg Lance tot zijn ontsteltenis te horen dat er tachtig renners sneller waren geweest dan hij. En de winnaar, Miguel Induráin, de Tourwinnaar van het jaar daarvoor, was op de 6,5 kilometer maar liefst 47 seconden sneller geweest.

Lance kreeg weer moed tijdens de 80 kilometer lange ploegentijdrit vier dagen later, toen hij er mede voor zorgde dat Motorola derde werd, de beste klassering die een Amerikaanse ploeg ooit in de Tour had gehaald. Nadat hij zijn ploeggenoten op een lange beklimming naar de finish in Avranches op sleeptouw had genomen, zei Lance: 'Ik voelde me goed, maar ik had het halverwege even moeilijk. Ik kan gewoon nog geen 60 km/u rijden op het vlakke.' Dat was niet verrassend; zelfs Hampsten had moeite met het tempo dat de dynamo van het team – Anderson, Bauer en Yates – aanhield. 'Aan het eind zat ik er helemaal doorheen,' zei Hampsten.

Betere herinneringen bewaart Hampsten aan het tweede weekend van de Tour, in Noord-Frankrijk, toen iedereen het over de Motorola-ploeg had. Tijdens de heuvelachtige etappe van die zaterdag zaten er drie ploeggenoten bij de zeven man tellende ontsnapping die de winnaar opleverde: Anderson, Sciandri en Mejia. 'Met drie man van de zeven hadden we de etappe moeten winnen,' zegt ploegleider Och. 'Maar het was zwaar omdat we voor Mejia tijd probeerden te pakken in het algemeen klassement. Dat betekende dat Anderson en Sciandri heel wat harder moesten rijden dan ze normaal gesproken in de ontsnapping zouden hebben gedaan, om nog iets over te hebben voor de sprint.'

Uiteindelijk verloor Sciandri de sprint onverwacht van de Deen Bjarne Riis. 'Sciandri vond het heel pijnlijk dat hij niet had gewonnen,' zegt Hampsten, 'en Anderson was er ziedend over.'

Net als Lance. 'Ik kon niet geloven dat een hobbelpaard als Riis een volbloed als Sciandri versloeg,' zei hij.

'Bij het uitrijden na de finish schudde Lance met zijn hoofd naar de jongens,' weet Och nog.

'En Lance is geen grote vriend van Riis, nooit geweest,' zegt Yates. 'En dat hij uitgerekend Max versloeg terwijl we drie man in de kopgroep hadden... daar had hij behoorlijk de pest over in. Hij dacht: ik zal ze goddomme wel eens laten zien hoe ik dat in mijn eentje doe! Zo zou hij het de volgende dag doen, zei hij, en hij had de benen om het waar te maken.'

De volgende dag zat Charles Boyd, generaal bij de NAVO, bij Och in de Motorola-ploegauto. 'Ik kreeg bericht van het ministerie van Buitenlandse Zaken dat hij een Touretappe wilde bijwonen,' zegt Och. 'De viersterrengeneraal kwam vlak voor de teambijeenkomst met zijn gevolg aan in twee gepantserde auto's. Hij wilde alles over de strategie weten. Hij koos die etappe omdat de finish in Verdun was.'

De Slag bij Verdun, in 1916, was de zwaarste militaire veldslag ooit. Bijna een kwart miljoen Franse en Duitse soldaten kwamen om, en zo'n 400.000 man raakten gewond. Uit respect voor de gevallenen lieten de Tourorganisatoren de luidruchtige publiciteitskaravaan niet door de slagvelden rijden. Voor de renners echter vormde die achtergrond met duizenden witte kruisen tegen een groene heuvel het decor voor een zwaar gevecht om de heerschappij.

De grote Tourkanshebbers – de Spanjaard Induráin, de Zwitsers Tony Rominger en Alex Zülle en de Italiaan Claudio Chiappucci – reageerden direct op elkaars versnellingen tijdens de steile klim naar het hoogste punt van het slagveld. En in hun gezelschap bevond zich Lance Armstrong, die de hele dag was bijgestaan door zijn ploeggenoten om hem voor te bereiden op dit moment.

Op de 365 meter hoge top kwam Zülle ten val, waardoor het peloton uiteenviel. Lance slaagde erin in de voorste groep van dertig man, met Induráin, Rominger en Chiappucci, terecht te komen. En toen, terwijl hij zich naar voren werkte in de hard rijdende groep, zag hij dat er drie man wegsprongen. 'Shit, daar moet ik bij zitten,' zei hij tegen zichzelf. Het lukte hem, maar hij nam twee man met zich mee: zijn rivaal uit de Tour DuPont Alcalá en de Fransman Ronan Pensec. De zes koplopers begonnen al snel samen te werken en kwamen Verdun binnen met een voorsprong van 15 seconden.

Lance volgde terwijl de een na de ander probeerde weg te springen. Maar toen ze de straten van Verdun binnenreden, zaten ze nog bij elkaar. 'Ik zat achter in de groep, aan de rechterkant,' weet Lance nog. 'Pensec reed voor me en ging naar rechts, naar de dranghekken. De enige kans die Lance had, terwijl ze met een snelheid van ruim 60 km/u door de stad joegen, was om in het nauwe gat tussen Pensec en de dranghekken te duiken. Als Pensec Lance de doorgang zou verhinderen, zou de Fransman gediskwalificeerd kunnen worden omdat ze op minder dan 200 meter van de finish waren. 'Dus ik begon naar hem te schreeuwen,' zegt Lance. 'Ik dacht: hij moet niet nóg verder naar rechts gaan. En dat deed hij ook niet.'

Lance ging op de pedalen staan, haalde alle energie die in zijn benen zat naar boven en heen weer zwaaiend met zijn fiets joeg hij tussen Pensec en de metalen dranghekken door. Hij wist dat hij ging winnen, en nog voordat hij 60 centimeter vóór Alcalá, die aan de andere kant van de weg een late sprint had ingezet, over de streep ging, nam Lance zijn handen van het stuur, rechtte zijn rug en stak zijn armen zegevierend in de lucht.

Op dat moment sprong een Amerikaanse sportman, die in een woonkamer in Duitsland naar de livereportage van de wedstrijd zat te kijken, van de bank omhoog, stak zíjn armen in de lucht en begon keihard te schreeuwen – tot grote verbazing van het Duitse gezin. Die sporter was Mark Allen, de toptriatleet en Ironman-wereldkampioen, die zes jaar geleden strijd had geleverd met Lance toen die nog een veelbelovende tiener was.

'Ik had de hele etappe gezien, dus ik wist hoe zwaar het was geweest,' weet Allen nog, die in Duitsland was vanwege een Ironmanwedstrijd. 'Echt helemaal op het laatst sprintte hij iedereen eruit; het was echt de ene aanval na de andere, de hele tijd door. Dit was nog in de tijd dat de Tour niet live werd uitgezonden in de VS, en ik was in Europa, dus ik zat één stapje dichter op de werkelijkheid.

Lance leek bij elke ontsnapping te zitten. De finish nadert en de groep ontsnappers dunt uit, steeds minder renners. Opeens is Lance een van de laatsten, en hij haalt die Franse gozer in en wint de etappe. Ik sprong omhoog van de bank en schreeuwde "Lance!" Het was erg indrukwekkend. En dat hij op die leeftijd een etappe won in de Tour, dat was het echte begin.'

Er wordt wel beweerd dat Lance met zijn 21 jaar de jongste etappewinnaar ooit in de Tour was. In werkelijkheid echter was dat de Fransman Henri Cornet, die nog naar 16 was toen hij in 1904 in Toulouse een etappe won. Maar belangrijker dan Lance' leeftijd, was het feit dat hij voor een wereldwijd publiek een doorbraak had beleefd.

'Dat was een grote dag voor Lance,' zegt Och. 'Dat was echt het begin van wie hij was en waar hij naar op weg was. Zijn overwinningen in Philadelphia, Laigueglia en andere plaatsen, die telden... maar een onvervalste overwinning in de Tour was zóveel belangrijker.'

Dat Lance in de stars-and-stripes-trui van de Amerikaanse kampioen een etappe in de Tour won, veroorzaakte een enorme hoeveelheid publiciteit over de hele wereld; en het veroorzaakte ook een fantastische reactie van de invloedrijke generaal Boyd. Beide factoren droegen ertoe bij dat Motorola doorging met de sponsoring van 3 miljoen dollar per jaar, en Och verhoogde het salaris van Lance voor het jaar daarop tot 500.000 dollar. Het was echt te gek voor een jongen van die leeftijd, maar het weerhield hem er niet van om zijn Tour te verlengen tot in de bergen, waar hij zou ontdekken hoe deze koers je kan slopen. De trainer van zijn ploeg, Testa, weet nog precies hoe het Lance verging. 'Toen we aan de Alpen begonnen, zei Lance: "Ik wil in elk geval één dag in de bergen rijden, ik ben helemaal niet moe." En we zeiden tegen hem: "We willen jou niet in de kopgroep of in de achtervolgende groep zien, maar in de derde groep, waar de meesten zitten. Blijf maar gewoon in de buurt van Yates.'

Tijdens de eerste van die bergetappes bleef Lance gedurende de gehele zes uur en over drie bergpassen bij Yates – met inbegrip van de legendarische Galibier, die over een afstand van 35 kilometer een hoogte van ruim 2000 meter bereikt – en de twee kwamen uiterst overtuigend in de tweede groep binnen, 12 minuten voor het grote peloton en 21 minuten achter de winnaar.

'Lance reed een geweldige etappe, hij zat echt in de tweede groep,' zegt Testa, 'en hij zei: "Ik wil nog één etappe doen om te zien hoe ik 's nachts herstel."'

De volgende etappe was nog zwaarder, over 203 kilometer met vier loodzware beklimmingen, en op de laatste beklimming van 16 kilometer naar het skioord Isola 2000 had Lance het moeilijk. De laatste haarspeldbochten reed hij in het kielzog van zijn ploegmaat Anderson, en hij eindigde bijna 29 minuten achter de etappewinnaar. Nadat hij over de finishlijn was gekomen, ging Lance linea recta naar het hotel.

'Ik ging na afloop van de etappe naar hem op zoek, want hij was op het eind echt hard gegaan, en hij was uitgeput,' zegt Testa. 'Ik wilde weten hoe hij eraan toe was. Hij zat in iets als kamer nummer 11.000, maar uiteindelijk vond ik het. Ik doe de deur open, en er is niemand, niets is aangeraakt en de rolluiken zijn nog omlaag. Ik dacht: er is hier niemand. Dus ik ga naar binnen en kijk rond. Het was een soort studentenappartement, met drie kleine vertrekken, met in elk daarvan een stapelbed.

In een van de vertrekken zie ik iets bewegen onder een deken. Het was donker. Ik ga naar binnen en raak het aan, en het was Lance.

Buiten was het bloedheet, maar hij lag in bed met twee of drie sweaters aan en een wollen muts op. Hij lag onder de deken en rilde. Dat gebeurt er met je als je gedehydrateerd raakt. Dus ik zeg: "Hé Lance, hoe gaat het?" Hij antwoordde: "Prima. Morgen wil ik het weer proberen." '

Ondanks het feit dat hij een halfuur na de winnaar was binnengekomen, had Lance de etappe uitgereden en 54 renners achter zich gelaten, terwijl er die twee zware dagen in de Alpen 20 renners hadden opgegeven. De jonge Texaan had zichzelf laten zien dat hij, zoals ze zeggen, een echte Tourrenner was. 'Hij is precies het tegengestelde van de klagers,' zegt Testa. 'Voor hem zijn kleine problemen helemaal geen problemen, en de grote problemen zetten hem ertoe aan om nog harder te gaan. Dat is een unieke combinatie van fysieke aanleg en instelling.'

Lance reed uiteindelijk twaalf van de eenentwintig etappes uit en waarschijnlijk had hij door kunnen gaan. Maar zijn vriend uit Austin, J. T. Neal, was naar de wedstrijd gekomen en de volgende morgen zouden ze samen terugkeren naar Como, zoals eerder was afgesproken. In Como zou Lance beginnen met de voorbereiding op een andere grote uitdaging: het wereldkampioenschap. Hij lag weer op koers richting winst, en dat was precies waar hij naartoe wilde.

_10_ De regenboogtrui en het goud

'Het was een heel sober huis; een lege kamer met zijn fiets en een plek om te slapen.'

– Pier Bergonzi

Na Lance' voortijdige maar geplande vertrek uit zijn eerste Tour de France waren Jim Ochowicz, de teammanager van Motorola, en trainer Massimo Testa bezorgd over wat het volgende doel van hun jonge ster moest worden. 'Max en ik werden allebei nerveus van het idee dat Lance daadwerkelijk wereldkampioen kon worden,' zegt Ochowicz. 'Het is zwaar om op je 21ste wereldkampioen te zijn en te moeten omgaan met alle roem die daarbij hoort. Wat zijn daarna de verwachtingen? Zou dit het einde van zijn carrière kunnen betekenen?'

De twee mannen trokken de voordelen van een wereldkampioenschap voor Lance, waar in Europa veel prestige en publiciteit mee gepaard gaat, in twijfel. Het kampioenschap is normaal gesproken weggelegd voor een gearriveerde ster, iemand die en passant ook nog even met die eer gaat strijken. Och en Testa maakten zich zorgen over het scenario dat door het vroegtijdig winnen van het hoogst haalbare in deze sport de ontwikkeling van Lance zou stagneren, en zelfs zijn ambities zou wegnemen.

Ze wisten beiden dat renners die in korte tijd te veel wedstrijden wonnen, hun motivatie verloren voor de zware, lange trainingen die nodig zijn om succesvol te blijven.

Niettemin besloten Och en Testa in de zomer van 1993, voorafgaand aan het WK in Oslo, om '100 procent achter Lance te gaan staan'.

Geen wedstrijd in het wielrennen is met meer drama omgeven dan het WK op de weg voor profs. Het is een eendaagse wedstrijd die één winnaar oplevert. De uitslag is zelden bekend tot een paar seconden voor de finish, als het groepje dat over is gebleven de sprint aantrekt, en de sterkste wint. Af en toe wint een renner de wedstrijd met wat geluk – misschien omdat het parcours niet selectief genoeg is, of omdat de koers eindigt in een massasprint, die door de renner met het meeste lef gewonnen wordt.

Maar vaker wordt de sterkste, meest ondernemende coureur beloond, een sporter die andere grote wedstrijden gewonnen heeft of gaat winnen, de terecht beste renner van de wereld: een type als Eddy Merckx, Greg LeMond, of misschien dit jaar Miguel Induráin, die net zijn derde Tour op rij had gewonnen.

De winnaar van het WK krijgt een gouden medaille en een simpele witte koerstrui met vijf gekleurde banen over de borst, die elk een werelddeel vertegenwoordigen: blauw, rood, zwart, geel en groen. De regenboogtrui wordt door de kampioen in het volgende seizoen in alle wedstrijden gedragen, waardoor hij ineens veel zichtbaarder is – én de last voelt van zijn nieuwe reputatie, die hij zal moeten waarmaken.

Bij de voorbereiding op het WK van 1993 overdacht Lance zijn eerdere pogingen om wereld- of olympisch kampioen te worden. Bij het junioren-WK van 1989, en bij de volwassenen een jaar later, maakte hij de fout om zijn energie te vroeg in de koers te verspelen. Op de Spelen van 1992 had hij gewoon een slechte dag, en zijn eerste gooi naar de WK-titel voor profs eindigde dat jaar met een val. Nu, een jaar later, wist hij twee dingen: hij moest door te trainen ervoor zorgen dat hij bij wedstrijden die zes of meer uur duurden tot het einde kon meedoen voor de winst, en dat hij hoe dan ook de laatste voorbereidingen voor een wedstrijd moest doen op het wedstrijdparcours.

Terwijl zijn ploeggenoten de Tour reden, trainde Lance alleen in Como, waar hij een min of meer vast patroon had ontwikkeld, samen met Testa. 'Bijna elke ochtend kwam hij naar mijn praktijk op het Pizza Volta in het oude centrum van Como,' vertelt Testa. 'Hij ging naar de koffiebar naast de praktijk, en als het regende stak ik mijn hoofd uit het raam en zei: "Oké Lance, ga vandaag vier uur lang deze beklimming trainen, of rijd volle bak hier en hier omhoog." Ik kende alle wegen.'

Na het einde van de Tour – namens de Motorola-ploeg eindigde Alvaro Mejia als vierde en Andy Hampsten als achtste in de eindklassering – had Lance wat gezelschap op zijn tochten. 'Een aantal keer,' vertelt Testa, 'ging ik op mijn scooter met hem en met Mejia en Andy mee, om de snelheid bergop te trainen. Als ik als een voetbaltrainer op mijn fluitje blies, moesten ze zo hard mogelijk naar boven sprinten. Eerst gaat de een, dan de tweede, en dan de laatste. En bij Lance zag het er eenvoudig uit. Hij stond echt scherp sinds hij de Tour had gefietst, en hij klom veel sneller. Hij had ook een goede acceleratie.'

De training wierp zijn vruchten af in een reeks Wereldbekerwedstrijden in augustus. In deze koersen van zes uur was hij meestal de meest agressieve renner. Hij werd 35ste in de Clásica San Sebastián in Spanje (het jaar daarvoor werd hij nog afgetekend laatste), vijfde in de Britse Wincanton Classic, en veertiende in het Kampioenschap van Zürich, zijn laatste wedstrijd voor het WK. 'Hij had beter moeten presteren in Zürich,' zegt Och. 'Hij wachtte, zoals gewoonlijk, niet lang genoeg voordat hij zijn demarrage plaatste.' Dat was een tactische fout waarover Lance en Och de volgende ochtend discussieerden, tijdens een korte trainingsrit in de stromende regen, een rit die bijna rampzalig eindigde.

'We kwamen terug en reden Zürich binnen, in volle afdaling, en toen we uit een bocht kwamen zag ik de spoorrails,' zegt Och. 'Ik zag pas dat de rails doorliepen in de straat toen het te laat was. Met mijn wiel raakte ik vast in het spoor, ik ging hard tegen de grond. De klap brandde het horloge van mijn pols. Lance zag dat ik viel, hij ging langs de vluchtheuvel naar links, richting het tegemoetkomende verkeer.' Het had het einde voor Lance' hoop op een wereldtitel kunnen zijn, maar hij manoeuvreerde zich uit de gevarenzone voordat hij tot stilstand kwam. Behalve tegenwoordigheid van geest liet Lance met deze *narrow escape* ook zien hoezeer zijn controle over en techniek op de fiets waren toegenomen.

Lance' moeder kwam over uit Texas om haar zoon te zien koersen in Oslo. 'Ik was daar een week,' zegt Linda, 'en ik zag hem elke dag een beetje stiller worden, naar de mentale gesteldheid toewerkend van een winnaar.' Dankzij het goede weer haalde Lance zijn trainingsdoelen die hij zich voorafgaand aan het WK had gesteld. Op de makkelijke dagen fietste hij met Och. Op sommige lange tochten reed hij samen met zijn mentor Anderson, die deel uitmaakte van het vier man sterke team van Australië. In theorie hadden Lance en Anderson rivalen moeten zijn, maar na afloop onthulde Lance: 'Phil hield voortdurend rekening met mij. Hij droeg weliswaar een Australisch tenue, maar hij was nog steeds een Motorola-coureur, en hij was er voor mij – geweldig.'

In die tijd waren er in de Verenigde Staten en Australië heel weinig renners met een proflicentie, en er was geen geld om de mannen die het WK reden te betalen. Och beweert zelfs dat hij de hotelrekening van de Amerikanen van die week heeft betaald. De Europese wielerbonden, die over veel geld beschikten, hadden een grote bonuspot waar de renners van zouden profiteren, mocht een van hen de titel pakken.

Het Italiaanse team gold als topfavoriet. Ze werden aangevoerd door drie voormalige wereldkampioenen: Moreno Argentin, Gianni Bugno en Maurizio Fondriest en hadden bovendien Claudio Chiappucci in de gelederen, die net de Clásica San Sebastián had gewonnen. En je had Miguel Induráin uit Spanje, die erop gebrand was de regenboogtrui toe te voegen aan zijn collectie van drie gele truien uit de Tour.

Lance, de jongste deelnemer, had volgens kenners maximaal vijf procent kans op de zege – alhoewel zijn kansen iets toenamen toen de zonneschijn op de ochtend van de wedstrijd was vervangen door een gestaag neerdalende motregen. 'Lance vond het niet aangenaam om in de regen te fietsen, maar hij had er geen probleem mee,' verklaart Och, 'en hij wist dat de helft van het peloton al gezien was als het regende... De tactiek voor Lance die we overeenkwamen was: onderneem niets tot twee ronden voor de finish. Pas vanaf dat moment mag je mee met een ontsnapping.' De meest ervaren ploeggenoot van Lance was Hampsten. 'We voelden haarfijn aan dat Lance onze beschermde renner was,' zegt Hampsten. 'Hij was heel goed in vorm, we wisten dat het een uitputtingsslag zou worden. Ik bepaalde als wegkapitein wat het team zou doen.'

Bij de start van het kampioenschap, over veertien ronden en bijna 260 kilometer, stonden de gezichten van de 171 renners zichtbaar gespannen. Ze droegen plastic regenjacks over hun kleurrijke nationale outfits in de wetenschap dat de regen de hele dag zou aanhouden. Ze wisten ook dat de wegen verraderlijk zouden zijn, met name op de met witte of gele verf aangebrachte wegmarkeringen. 'Ik moet nog maar zien of dit een makkelijke wedstrijd gaat worden,' zei Lance, wachtend op het startschot, met een mengeling van bravoure en zelfonderschatting.

Toen de wedstrijd begon, begonnen ook de valpartijen. De race was geen uitputtingsslag meer, het werd al snel een gevecht om te overleven. 'De wegen waren zo glad en er waren zoveel valpartijen, het was een hele kunst om bij te houden wat er allemaal gebeurde,' vertelt Och. Hampsten vult aan: 'We wisten niet dat het zo glad zou zijn. Het was echt chaotisch, veel rijders waren bang en gestrest. Ik kan me herinneren hoe ik de Italianen tekeer hoorde gaan – Gianni Bugno die gewoon stopte bij zijn box en riep "Ik stop, ik stop," en zijn mecaniciens die lucht uit zijn banden lieten lopen vanwege de gladde bochten en hem weer terugduwden, de koers in.

"Laten we Lance in de gaten houden met het oog op het weer," zeiden wij. Het was niet zo dat we hem naar voren brachten, hem daarbij voortdurend uit de wind houdend. En hij vertelde ons dat hij er niet van hield om door het peloton geloodst te worden. We hielden gewoon wat afstand tot hem in het peloton, zodat bij een val van hem wij niet allemaal ook zouden vallen. En hij viel wel degelijk een aantal keer. Maar we raakten niet in paniek, we probeerden niet als een gek hem weer bij het peloton te brengen. We hadden inmiddels in de gaten waar we hard konden fietsen, op welke stukken weg we snel vooruitkwamen. Ik kan me herinneren dat ik mensen hoorde roepen: "Lance ligt weer tegen de grond!" We probeerden er dan geen enorme show van te maken, waarbij iedereen hem opwachtte. We deden het met twee of drie man die hem op het vlakke terugbrachten naar de plek waar wij Lance wilden hebben.'

Terwijl meer en meer renners vielen of ermee stopten, bleef Lance rustig zitten in het peloton, indachtig het advies van Och om te blijven wachten. 'Ik probeerde geduldig te zijn en mezelf onder controle te houden,' zei hij. 'Ik wist dat als er een beslissende ontsnapping zou komen, dit pas in de laatste ronde zou gebeuren.' De finale begon in de voorlaatste ronde, toen Induráin reageerde op een ontsnapping van Chiappucci. Lance sloot snel bij ze aan, gevolgd door een dozijn anderen. De lokale held Dag-Otto Lauritzen plaatste een tegenaanval samen met de Nederlander Frans Maassen, en met vier seconden voorsprong begonnen zij aan de laatste ronde, op de hielen gezeten door twaalf achtervolgers. De winnaar zou dus komen uit dit gezelschap van veertien mannen, die tien verschillende landen vertegenwoordigden. Lance was de enige niet-Europeaan.

Geen van de leiders wilde het risico lopen te vroeg te demarreren, dus iedereen wachtte. Maar toen Lauritzen Maassen achterliet op de langste van de twee beklimmingen, en buiten de greep van de groep dreigde te raken, greep Lance zijn kans. 'Het peloton reed afwachtend, en ik wist dat ik op dat moment moest gaan,' zei hij. 'Dus ging ik.'

Met nog zo'n vijftien kilometer te gaan zette Lance aan op de beklimming. Maassen volgde in zijn wiel, en op de top van de beklimming hadden ze Lauritzen weer bijgehaald. Voor hen lag nog een lastige afdaling voor de laatste korte klim, gevolgd door een langere afdaling en dan een lang, recht en plat stuk naar de finish. 'Lance ging die eerste afdaling gewoon als een baksteen naar beneden,' zegt Hampsten. 'Hij dirigeerde zijn fiets op een briljante manier door een linkse bocht waar al ongeveer veertig valpartijen waren geweest. Die afdaling was zo cruciaal, en hij had het momentum en de kracht om zijn snelheid te behouden richting de top van de laatste beklimming. Hij reed fantastisch!'

De groep Induráin had Lauritzen en Maassen vlak voor de laatste top ingehaald, en maakte nu verwoed jacht op Lance – die verdween in de zware regen en over een lange, vlakke weg fietste voordat hij aan de snelle en bochtige afdaling richting de grijze wateren van de fjorden begon.

Aan de finishlijn wachtte de teamarts van de Amerikaanse ploeg, Andy Pruitt, die veel tijd met Lance had doorgebracht die week om zijn rugproblemen te behandelen. Hij herinnert zich nog dat hij dacht: dat joch heeft geen rug meer, en hij valt de gevestigde orde van het wielrennen aan, met zijn handen boven op het stuur. Hij reed gewoon van ze weg. Het was fenomenaal! Onze monden vielen open van verbazing.

Induráin en de andere supersterren bleven achtervolgen, maar Lance vergrootte zijn voorsprong in de afdaling, van tien naar twintig seconden. Toen hij weer terug was op zeeniveau en de laatste verraderlijke bocht had genomen keek hij snel even achterom. 'Ik wilde weten of het peloton daar zat,' zei hij. 'Maar ik kon ze niet zien.'

Nadat hij aan de laatste zevenhonderd rechte meters begonnen was, keek hij opnieuw om, en nog eens – nog steeds niemand. Hij wist dat de buit binnen was. Dat hele laatste stuk naar de finish vierde Lance zijn verbazingwekkende succes. Hij zwaaide, schreeuwde, gaf kushandjes, en boog naar het publiek, dat zich had verscholen onder paraplu's. Alle fans uit Europa en een handjevol Amerikanen, onder wie Lance' moeder, antwoordden met luide aanmoedigingen en donderend applaus toen de nieuwe kampioen zijn armen hoog boven zijn helmloze hoofd hief en met zijn wijsvingers richting de wolken priemde.

'Mensen denken dat ik arrogant ben omdat ik emotioneel reageer op overwinningen,' verklaarde Lance later. 'Ze denken: wie denkt die jongen wel dat hij is? Probeert hij het die andere jongens nog eens in te wrijven? Dat is niet het geval. Het is iets waar ik geen controle over heb. Ik moet alles doen met gevoel, anders kan ik niet winnen.'

Induráin, een van de grootste renners aller tijden, leidde het peloton der geslagenen en werd tweede. 'Ik voelde me richting het einde van de koers steeds beter, ik voelde me goed voor de sprint,' zei de Spaanse coureur. 'Maar dat is ook alles. Winnen is weer een heel ander verhaal.'

Een uitzinnige menigte verslaggevers en cameraploegen belaagden Lance net voorbij de finish, maar zijn trainer Testa was de eerste die bij hem wist te komen. Lance en hij omhelsden elkaar innig, en 'het eerste wat Lance zei was dat hij nogal geschokt was dat hij al die grote jongens had verslagen'. Na afloop, vertelt Testa, wilden de officials dat Lance de Noorse koning zou ontmoeten, maar ze wilden niet dat zijn moeder meekwam. 'Och en ik werkten als tussenpersonen met de officials, en Lance zei: "Max, zo zie ik het: ik wil de koning niet zien, de koning wil mij zien, hij wil kennismaken met de nieuwe wereldkampioen, toch? Als hij me wil ontvangen, gaat mijn moeder mee. Anders krijgt hij geen van ons tweeën te zien."

Dus zijn moeder ging mee. Als ik op mijn 21ste te horen zou krijgen dat mijn moeder volgens de regels nou eenmaal niet mee kan naar de koning, zou ik me daarbij neerleggen. Lance niet.'

Als hij had geweten dat hij Noors bloed heeft, dan zou Lance wellicht wat positiever hebben gestaan tegenover een ontmoeting met de Noorse koning. De grootouders van Lance' vader, Martin en Marie Gunderson, kwamen uit Oslo, en verruilden Noorwegen voor

Texas aan het einde van de 19de eeuw.

Maar de enige familieband die Lance voelde op deze gedenkwaardige dag was die met zijn moeder, die zegt dat de winst van haar zoon op het WK de gelukkigste herinnering is die ze met hem deelt. 'Dat was absoluut een geweldige tijd,' zegt Linda. 'Hij wilde dat *zo* graag.'

Op zijn 21ste was Lance de op twee na jongste wereldkampioen bij de profs uit de geschiedenis. En zoals alle andere kampioenen stond hij op het punt de volle roem en aandacht te oogsten. In de eindeloos neerdalende regen stond Lance op de hoogste tree van het podium, een gouden medaille bungelend om de stevige nek en de regenboogtrui strak gespannen over zijn brede borst. Het Amerikaanse volkslied werd gespeeld, en die klanken brachten bij Lance de herinneringen boven aan de weg die hij tot nu toe had moeten afleggen. 'Ik dacht aan mijn jeugd, toen ik naar de Olympische Spelen keek op tv,' zei hij. 'Dat was mijn droom: op het podium staan en het volkslied horen. En om dat in het bijzijn van duizenden buitenlanders te horen was wel bijzonder. Het maakte het drama van de Spelen meer dan goed.' Barcelona was een grote teleurstelling, voor Lance en voor Linda, Oslo was hun doorbraakmoment. 'Ik heb de regenboogtrui en de gouden medaille ingelijst,' zegt Linda, 'en ik heb foto's aan weerskanten gehangen om zo een klein altaar te maken voor Lance.'

Na een nacht feesten in Oslo met zijn Amerikaanse ploeggenoten vloog Lance, na een nachtje van twee uur slaap, met een chartervlucht naar het westen van Frankrijk om daar mee te doen aan een criterium. Als kersverse wereldkampioen was hij de ster, hij werd begroet door tienduizenden Franse wielerfans in het dorp Châteaulin. Hij ontving ook een gigantisch bedrag aan startgeld; meer geld dan hij twee jaar daarvoor in een heel seizoen had verdiend.

Toen hij terugkeerde in Como werd Lance als een held onthaald. De buren uit zijn appartementencomplex hadden het gebouw versierd en spandoeken opgehangen met daarop de begroeting NOSTRO CAMPIONE ('onze kampioen'). Al gauw arriveerden de Europese media om het jonge Amerikaanse fenomeen te interviewen. En toen Lance een korte trainingsrit wilde maken werd hij achtervolgd door lokale handtekeningenjagers. 'Mijn leven is voorgoed veranderd,' zei Lance. 'Of ik het leuk vind is niet relevant, ik ben nu de wereldkampioen.'

Onder de journalisten die Lance kwamen opzoeken in Como was Pier Bergonzi, een verslaggever van de *Gazzetta dello Sport*, de beste dagelijkse sportkrant van Italië. Hij bracht de hele dag door met Lance, samen met een fotograaf die op verschillende plekken in de stad foto's maakte van Lance, en had een interview met hem in zijn appartement. 'Het was een heel sober huis, een lege kamer met zijn fiets en een plek om te slapen,' weet Bergonzi nog. De dag eindigde met een diner bij de exquise Villa Flori op de met palmen bezaaide oever van het Comomeer. Lance en de journalist waren de gasten van Och en de leiding van Motorola, die in het viersterrenhotel logeerden.

Iedereen bij het diner was ongelooflijk blij voor Lance. Hij was al het middelpunt van zijn sport, nog maar een jaar nadat hij prof was geworden. Maar de nervositeit die Och vlak voor het WK had aangekleefd was nog duidelijk voelbaar. 'Lance was al bezig met het volgende jaar,' zegt hij. 'Koersend in de regenboogtrui, denkend aan de continue aandacht en druk waaraan de wereldkampioen blootstaat.' Bergonzi vroeg aan Testa hoe hij de toekomst zag voor Lance. 'Ik zei dat hij een voormalig triatleet en zwemmer was,' zegt Testa, 'dus hij had een groot bovenlijf – allemaal spieren, nul vet. Je kunt zo'n lichaam alleen maar lichter maken door de spieren opnieuw vorm te geven. En daarom, zei ik, zie ik hem niet de Tour winnen.'

Testa, die tegenwoordig een medische praktijk runt samen met orthopedisch chirurg en olympische legende Eric Heiden, weet dat een echte kanshebber een licht bovenlijf moet hebben om samen met de besten de grote Franse cols over te komen. In 1993 woog Lance 79 kilo. Dat was een fractie meer dan Eddy Merckx toen die zijn vijf Tours won, maar Lance is ruim vijf centimeter kleiner dan de Belgische superster. Voor een gelijke verhouding van lengte en gewicht moest Lance zo'n vier kilo afvallen; en Testa zei dat Lance dat gewicht alleen maar kon verliezen door massa rond zijn bovenlijf kwijt te raken. Geen eenvoudige opgave.

Ook aan Lance werd de vraag gesteld of hij zichzelf de Tour zag winnen. Hij antwoordde: 'Later in mijn carrière, als ik het gevoel heb dat ik kan focussen op tijdritten en klimwerk, dan zou ik niet weten waarom ik niet zou kunnen winnen in een grote ronde. Maar nu ben ik gelukkig met mijn wereldtitel.'

Ondanks het aanzien dat hij in Europa genoot, was Lance opgelucht om medio september weer terug te kunnen keren naar Austin. Hier wisten alleen de echte wielerfreaks dat er een wereldkampioen in hun omgeving woonde. Lance kon dus terugkeren naar het anonieme leven waar hij van hield. Hij had een paar maanden om te ontspannen, om af en toe wat Tex-Mex te eten, een paar Shine Bocks te drinken met zijn maten, te kijken naar de footballwedstrijden van de University of Texas en de Dallas Cowboys, en het zelfs weer aan te leggen met Sonni Evans, een van zijn vriendinnetjes van de middelbare school. In Plano bezocht hij een andere oude vriend, Adam Wilk. Lance stond te popelen om geld uit te geven, vertelt Wilk. 'Hij vertelde ons: "Ik krijg de laatste tijd ongeveer vijf en twintig…" Lance aarzelt, vertelt dan verder, "ik zit je niet in de zeik te nemen, ik krijg nu startgelden van 25.000 dollar, ik krijg het in papieren zakken." Toen zei hij: "Kom, we gaan een auto kopen." Dus daar gaan we, twee jochies in een T-shirt met hun honkbalpet achterstevoren op. Hij wilde twee sportauto's bekijken, de Acura NSX en een BMW 8-serie. Eerst gingen we naar de BMW-dealer, daar zagen ze ons niet staan… Dus lopen we door naar de Acura-dealer, en gelukkig wist de man van de verkoopster iets van wielrennen, dus zij had wel over Lance gehoord. We maken een proefrit, en hij schrijft een cheque uit van 68.000 dollar! Hij betaalt cash voor een auto! Wauw, dacht ik bij mezelf.'

De NSX, die een topsnelheid heeft van 225 kilometer per uur, is een straatuitvoering van de formule 1-auto die destijds door wereldkampioen Ayrton Senna werd bestuurd. Wilk zegt dat Lance hem een paar weken later belde om te vertellen dat hij al na ruim 1000 kilometer door zijn eerste set banden heen was, en dat de speciale banden 1200 dollar per stuk kostten. 'Hij deed het daarna wat rustiger aan met die auto,' zegt Wilk. 'Hij was een 21-jarige met een hoop geld. Het leven was goed. Het leven was érg goed.'

Terug in Austin legde Lance weer contact met zijn fysiotherapeut J. T. Neal en z'n oude trainingsmaat, Bart Knaggs. Maar hij had in Austin geen vaste trainer of coach zoals in Italië. Dus belde hij met de coach van het nationale team, Chris Carmichael, in Colorado Springs.

'Lance was net wereldkampioen geworden en wilde heel graag dat ik naar Austin zou verhuizen,' zegt Carmichael. 'Hij zei: "Je kunt bij Motorola komen werken, als assistent-directeur onder Och. Als je naar Austin verhuist kunnen we nauw samenwerken." En hij zei dingen als: "Verdomme, dan kun je m'n gangmaker zijn op de brommer, je kunt dan zus en zo." Maar het was niet het gangmaken waar ik me zorgen over maakte, maar meer de situatie van: "Hé, kun je even voor me langs de stomerij?" Ik heb dat zien gebeuren met andere mensen. Dus ik zei tegen hem: "Ik ben je coach, ik ben er niet om je was op te halen. Ik verhuis niet naar Austin." '

Lance was teleurgesteld in het besluit van zijn coach, maar Carmichael won hierdoor wel het respect van de renner, en dat zorgde er uiteindelijk voor dat ze nauwer konden samenwerken. Voorlopig echter werd Lance op afstand gecoacht en rekende hij op de feedback van J. T. en Knaggs, de twee mensen die hij in Austin het meest vertrouwde en respecteerde. 'Lance was niet makkelijk voor mensen,' zegt Knaggs. 'Hij had altijd direct een mening klaar over anderen – hij had respect voor je of niet. En er was heel wat voor nodig om zijn respect te winnen. Als je hem vroeg wat hij van iemand vond zei hij: "Hij is een eikel," of: "Dat is een goeie gozer." Er zat niks anders tussen. En misschien zat hij er soms naast met zijn oordeel. Maar hij is streng voor zichzelf, en hij hanteert geen aparte methode om anderen te beoordelen.'

Knaggs, die bij Lance in de smaak viel vanwege zijn mix van bedachtzaam gedrag en straattaal, zegt dat ze in elk geval één duidelijke overeenkomst hadden: ze kwamen allebei uit gebroken gezinnen. 'Lance is typisch een stadsatleet met een armoedige achtergrond, hij doet niet mee op school, en is snel beledigd,' vertelt Knaggs. 'Misschien dat dat hele machogedoe gespeelde bravoure was. Hij was er nu eenmaal aan gewend zich door slechte omstandigheden heen te knokken.' Knaggs is niet verbaasd dat Lance in zijn eerste volledige seizoen als prof direct wereldkampioen wist te worden. 'Iedereen die wel eens aan wielrennen heeft gedaan weet dat het moeilijkste tussen de oren zit,' zegt hij. 'Er zijn zoveel fysiek getalenteerde mensen, maar slechts een paar redden het echt in deze sport. Het is de mentale kant die ertoe doet. En de eerste vraag die je je moet stellen is: kun je afzien als een hond? Je kunt dat aan de ene kant benaderen als een bijna elegante, meditatieve staat waarin je doet of pijn niet bestaat, zo doet Andy Hampsten het. Of je doet het als Lance. Volgens mij fantaseert Lance over de ergste pijn die mogelijk is en gaat dan nog dieper. Er zijn andere gasten geweest met evenveel talent, maar in de beginjaren zei hij altijd dat hij wacht tot de laatste dertig kilometer, de laatste twintig, de laatste tien... en dan verslaat hij je op wilskracht!'

In Europa raakte men niet uitgepraat over die jonge blaag die op een of andere manier een Touretappe en daarna het WK wist te winnen. Niet iedereen was daar gelukkig mee. Het Europese peloton is een hechte gemeenschap waarin de verschillende teams bijna dagelijks vele uren met elkaar fietsen. Ze hebben respect voor elkaar, voor de tradities van de sport, en voor de oudere rijders en hun ervaring. Toen kwam Lance, de onstuimige cowboy uit Texas, die het allemaal beter wist en zijn eigen plan trok.

Een van de renners die de 21-jarige Lance beledigde was de doorgaans vriendelijke Allan Peiper, een Australiër die in België woonde en inmiddels een gerespecteerd ploegleider is. In de Tour van dat jaar was Peiper net gestopt met koersen en hij worstelde met zijn eerste opdracht als televisieverslaggever. Hij liep Lance in het laatste weekeinde van de Tour in Parijs tegen het lijf. 'Lance was na zijn etappewinst uit de ronde gestapt, maar was terug in Parijs om het succes te vieren met zijn ploeggenoten van Motorola,' zegt Peiper. 'Het was halftwaalf op de zaterdagavond voor de slotrit. Ik was met mijn cameraploeg uit eten geweest, zij zaten nog aan tafel te drinken toen ik vertrok om een taxi te zoeken. Toen ik het restaurant uitliep trof ik Lance. Hij stond op de hoek van de straat, met aan elke arm een vrouw en in elke hand een fles bier, en hij zei "Kom, pak een biertje mee." "Nee, ik ga terug naar het hotel." Er stonden veel mensen om ons heen, maar hij schreeuwde toen gewoon: "Peiper, je bent verdomme een mietje." Misschien dat Lance op zijn eigen manier vriendelijk probeerde te doen en contact probeerde te leggen. Ik zei niets terug. Ik draaide me om en liep weg.' Peiper vervolgt: 'Lance was een *angry young man* toen hij prof werd. Hij had niet veel vrienden in het peloton omdat ze geen respect voor hem hadden. Hij was het arrogante Amerikaanse mannetje dat van zichzelf wist dat hij het ging maken.'

Lance maakte het waar, en nu hij het WK had gewonnen was er geen sprake meer van voorgekookte uitslagen of een toevallige overwinning. Eén vraag bleef iedereen bezighouden: wie was deze Amerikaanse knaap en hoe ver kon hij komen? Eén wielergrootheid kwam met een antwoord. De Italiaan Claudio Chiappucci beweerde doodleuk: 'Eén ding staat vast: hij zal nooit een grote ronde winnen.'

11 Een schaduw en een vloek

'De sport veranderde ingrijpend dat jaar. Ik ga niet zeggen waarom het anders werd, of hoe ik denk dat het anders werd, ik zeg wel dát het anders werd – en een hoop jongens waren een stuk sterker en een stuk sneller.'
– Lance Armstrong

Profwielrenners spreken over de vloek van de regenboogtrui. De legende heeft zijn oorsprong in 1965 toen de Britse ster Tom Simpson een aantal maanden na zijn winst op het WK zijn been brak met skiën. De legende werd hardnekkiger toen wereldkampioen Jean-Pierre Monseré in 1971 omkwam tijdens een wedstrijd. Andere wereldkampioenen kregen te maken met ernstige ongelukken of buitensporig veel pech. En de vloek hield ook in dat de drager van de regenboogtrui geen wedstrijden meer wint. Dat was het geval bij Lance. Maar meer nog leek er een schaduw te hangen over wat zíjn jaar had moeten worden, een soort onzekerheid en verwarring die vat kreeg op zijn carrière, zijn relaties, zijn sport en zijn instelling.

Al waren er ook nog steeds hoogtepunten, te beginnen met sprankelende optredens in de voorjaarklassiekers.

Koersend door de middeleeuwse straten van het Belgische Luik, op 17 april 1994, zag het ernaar uit dat Lance zijn eerste klassieker ging winnen. Er was nog maar een paar kilometer te rijden in de honderdste editie van Luik-Bastenaken-Luik, de oudste klassieker van Europa. De wedstrijd voert over zo'n 250 kilometer, met steile beklimmingen en dito afdalingen, dwars door de Belgische Ardennen, waar het leger van Patton in de Tweede Wereldoorlog *The battle of the Bulge* won. Nu was er een andere Amerikaan, met de regenboogtrui om de schouders, op zoek naar winst. Lance reed in een kopgroep van vijf die het peloton uiteengeranseld had en op weg was naar een sprint voor de zege. 'Ik wist dat ik het hardst kon aankomen,' zei Lance, 'en er was nog maar één beklimming te gaan.' Een aantal wereldkampioenen had deze wedstrijd eerder gewonnen, en

Lance wilde graag deel uitmaken van dit elitaire gezelschap. Twee renners vormden echter een gevaar. Allebei maakten ze deel uit van de Italiaanse Gewiss-ploeg: Giorgio Furlan, een Italiaan die dat seizoen al goed was voor winst in Milaan-San Remo, en zijn Russische helper Evgeni Berzin. Lance ging ervan uit dat beide renners om beurten zouden demarreren, om de drie anderen het gat te laten dichtrijden en af te matten. Een vaak beproefde tactiek, waardoor uiteindelijk een van de twee ploeggenoten de definitieve demarrage kon plaatsen.

De Rus viel als eerste aan – en dat was meteen dat. Hij vertrok zo snel dat niemand zijn wiel kon houden. Aan de finish bleek Lance rapper dan de overige drie en eindigde op een zwaar verdiende tweede plaats, maar hij begreep niet waar Berzin die versnelling vandaan haalde, na zeven uur in het zadel te hebben gezeten. 'Berzin die anderhalve kilometer voor het einde gaat en vier mannen op 1.30 rijdt, da's niet normaal. Ik maak me daar zorgen over.'

Zijn verbazing nam alleen maar toe toen drie dagen later Berzin, Furlan en een derde Gewiss-man, Moreno Argentin, het peloton achter zich lieten in de Waalse Pijl, een andere heuvelrijke klassieker op Ardeense bodem.

Lance, Andy Hampsten en hun ploegmakkers van Motorola stonden, samen met het hele peloton, machteloos toen de drie Gewiss-renners ervandoor gingen op zo'n 65 kilometer voor de aankomst. Een achtervolgende groep van 22 maakte verwoed jacht op het trio, maar kon geen vuist maken, terwijl het peloton verder en verder achterop raakte.

'Ik zat in het peloton van *zestig* man,' vertelt Hampsten, 'en we finishten met bijna een halfuur achterstand op die drie Gewiss-mannen – en wij fietsten echt niet traag. Voor mij was dat het keerpunt wat doping betreft. Ik had talloze verhalen gehoord, uit de tweede hand – renners vertellen elkaar nooit direct waar ze mee bezig zijn – maar dit zag ik echt gebeuren.'

Nadat Argentin, Furlan en Berzin de prijzen hadden verdeeld beweerden de wielervolgers dat ze dope gepakt moesten hebben. Alle geruchten draaiden om een verboden, niet te traceren drug: erytropoëtine oftewel epo, waardoor het aantal rode bloedcellen van een renner toeneemt en naar verluidt een prestatieverbetering van 25 procent mogelijk is. Dat verklaarde wellicht, volgens sommigen, het grote aantal overwinningen van Gewiss dat jaar.

Hiermee geconfronteerd hield de Italiaanse sportarts en trainer Michele Ferrari een persconferentie. 'De journalisten vroegen hoe ik dit succes van de ploeg kon verklaren,' zei Ferrari in 2001 in een interview met een Deense krant. 'Ik zei dat het te danken was aan training en voeding. Daarna vroegen ze mij waar de grens lag voor mij tussen doping en niet-doping. Ik zei toen dat alles wat niet verboden is, is toegestaan. Maar de volgende dag schreven de kranten – ten onrechte – dat ik had gezegd dat alles wat niet *opspoorbaar* is, is toegestaan. Ze vroegen hoe ik dacht over epo, dat verboden was, en ik zei dat het gebruik ervan niet gevaarlijk was, maar misbruik wel. Er zijn veel fysiologische redenen waarom ik dat zei, maar het zou uren vergen om dat uit te leggen. Tijdens het interview dronk ik een glas jus d'orange, en ik noemde dat als voorbeeld. Op zichzelf is het drinken van jus d'orange ongevaarlijk, maar als je er tien liter van drinkt kan het gevaarlijk zijn – je kunt er diarree van krijgen. De Italiaanse media maakten daarvan dat ik epo niet gevaarlijker vond dan jus d'orange. Alleen *L'Équipe* uit Frankrijk citeerde me correct.'

Nadat de uitspraken van Ferrari in de kranten waren terechtgekomen werd hij door de Gewiss-ploeg ontslagen, zonder dat hij feitelijk iets fout had gedaan. Op dat moment was Ferrari een decennium actief als sportarts en trainer. Hij had nauw samengewerkt met zijn mentor van de universiteit, professor Francesco Conconi, hoofd van het biomedische onderzoekscentrum van de universiteit van Ferrara. Conconi deed onderzoek naar en tests met zogeheten bloeddoping, voordat deze praktijken eind jaren tachtig werden verboden.

De aanhoudende verhalen over niet op te sporen doping die zou zijn gebruikt in het profpeloton in 1994, plaatsten het hoogste bestuursorgaan van de sport, de internationale wielerbond UCI, voor een dilemma. De voorzitter van de UCI, de Nederlander Hein Verbruggen, ontkende publiekelijk het gebruik van doping, maar omdat de UCI op geen enkele manier kon bewijzen dat ook maar één renner verboden middelen als epo of groeihormonen gebruikte, was de bond onmachtig om op te treden tegen de zogenaamde zondaars. De media hadden scherpe kritiek op Verbruggen toen hij weigerde de Italiaanse teams te veroordelen. Hij wilde, net als miljoenen wielerfans over de wereld, graag geloven dat de verbeterde prestaties werden aange-jaagd door betere, meer wetenschappelijke trainingsmethoden – wat maar voor een deel het geval was.

De traditionele training, puur gebaseerd op kwantiteit, dus veel fietsen, werd in de loop van de jaren zeventig en tachtig aangevuld met meer wetenschappelijke methoden. Om op de hoogte te blijven van de laatste innovaties en om deze toe te kunnen passen, begon-nen wielerteams met regelmaat sportartsen in te huren die gerichte trainingsschema's ontwikkelden gebaseerd op verzuring, zuurstof-opname, vermogen, lichaamsgewicht, vetpercentage, pedaalslagen en meer van dit soort variabelen. Sommige van deze artsen, zo werd gefluisterd, drongen ook aan op het gebruik van doping.

Doping in de sport was niets nieuws. Het gebruik ervan voert terug tot het oude Griekenland, waar sommige deelnemers aan de antieke Olympische Spelen werden betrapt op vals spelen. In de negentiende eeuw werden strychnine, cocaïne, opium en alcohol openlijk gebruikt om sporters te helpen bij het wandelen, rennen of fietsen over grote afstanden. Na de Tweede Wereldoorlog waren amfetamines en steroïden populair. Het misbruik werd echter in die dagen nooit bestraft, omdat dopingcontroles pas legaal werden in de jaren zestig. En geen van de middelen kwam wat prestatiebevorde-rende werking betreft in de buurt van epo. Geen middel was dan ook zo schadelijk voor de sport.

Epo, een genetisch aangemaakte drug, deed eind jaren tachtig zijn intrede in de medische wereld. Het werd toegepast om bloedarmoe-de tegen te gaan bij dialyse- en kankerpatiënten die vanwege chemo-therapie of nierfalen zelf geen erytropoëtine meer aanmaken. Sport-wetenschappers als professor Conconi hadden echter al snel door dat epo-injecties de zuurstofopname van sporters vergrootte en dat hun prestaties daardoor significant verbeterden. En hoewel epo snel op de lijst met verboden middelen terechtkwam werd er pas in 2000 een waterdichte test ontwikkeld die sporen van de drug in bloed- of urinemonsters kon aantonen.

Omdat het niet traceerbaar was, en bovendien in Europa vrij ver-krijgbaar, raakte het gebruik van epo in de sport al snel wijdverbreid, met name bij het hardlopen, wielrennen en langlaufen. Jaren la-ter onthulde een aantal voormalige beroepsrenners – onder wie de Deense Tourwinnaar Bjarne Riis – dat zij vanaf 1993 epo gebruikten. Maar in de jaren negentig waren er slechts geruchten over het gebruik, en die geruchten werden sterker in april 1994, na die twee koersen in België waar Lance verslagen werd.

Begin 1994 begonnen de ploegen die *geen* epo gebruikten de effecten van het bedrog te merken. 'De sport veranderde ingrijpend dat jaar,' zei Lance destijds. 'Ik ga niet zeggen waarom het anders werd, of hoe ik denk dat het anders werd, ik zeg wel dát het anders werd – en een hoop jongens waren een stuk sterker en een stuk sneller.'

'We waren allemaal bezorgd,' zegt Hampsten over de sfeer in het Motorola-team van Lance. 'We geloofden allemaal dat een hoop renners in andere ploegen – niet iedereen – epo pakten, of testosteron, groeihormonen en andere dingen, omdat we daarover geruchten hoorden, uit behoorlijk betrouwbare bronnen in het peloton. En de verschillen waren fenomenaal. Toen ik hoorde hoe de hematocrietwaarde van een renner kon toenemen door epogebruik – van een normaal niveau van 45 naar 50 of 60 – kon ik makkelijk nagaan hoe ingrijpend daarmee het vermogen toeneemt.'

De normale hematocrietwaarde – het percentage rode bloedcellen, nodig voor het transport van zuurstof – van een mannelijke sporter schommelt tussen de 40 en 45 (bij Lance schommelt dit tussen de 39 en 46). Een verhoging naar 50 of meer zorgt ervoor dat een sporter meer zuurstof kan opnemen, waardoor hij minder hard hoeft te werken om een bepaalde snelheid te halen, of harder kan fietsen bij normale inspanning, al is dit niet zonder risico. Een van de gevaren van het opvoeren van de hematocrietwaarde tot 55 of hoger is verdikking van het bloed, wat tot een hartaanval of een beroerte kan leiden. Er zijn tientallen gevallen bekend van jonge sporters die begin jaren negentig in hun slaap overleden, al werd in geen van deze gevallen een verband met epo aangetoond. Het duurde tot 1997 voordat de UCI een maximale hematocrietwaarde oplegde van 50. Renners die bij controle hoger scoorden, mochten ten minste twee weken niet koersen, of net zo lang tot hun gehalte rode bloedlichaampjes weer een normale waarde had bereikt (een kleine groep profrenners, onder wie degenen die op grotere hoogte wonen, heeft van nature een waarde boven de 50; voor hen geldt een uitzonderingsregeling).

'Vóór de komst van epo,' vertelt Hampsten, 'wisten we dat we altijd koersten tegen kerels die iets gepakt hadden, maar ik geloof niet dat hun dopinggebruik opwoog tegen de wetenschap dat ze uiteindelijk een keer tegen de lamp zouden lopen. We verspeelden geen energie met het kijken naar hoe anderen het deden. We waren op onszelf gericht, en we hoefden niet elke wedstrijd te winnen.'

In de 'verheven' Amerikaanse opvatting kwam in de loop van 1994 verandering. 'In het team werd stevig gemopperd,' vertelt Hampsten, 'en we hoorden via Massimo Testa, die contact had met zijn collega's van andere ploegen, technische details van andere teams. Hij was altijd eerlijk tegen mij. "Natuurlijk," zei hij, "als een renner tegen wie je nu al acht jaar fietst en die je bergop altijd hebt verslagen, nu ineens van je gaat winnen, dan weet je dat z'n hematocrietwaarde 15 punten hoger ligt. Zo iemand fietst je eraf in de bergen."'

Hampsten zou dit uit de eerste hand meemaken in de Giro van dat jaar, een wedstrijd die hij zes jaar daarvoor nog had gewonnen. 'Ik had dezelfde conditie die ik normaal gesproken voor de Giro had, maar ik stond zo slecht in het klassement dat ik al blij was met een etappe-overwinning. Later bereikte ik het stadium dat ik al blij was als ik in een etappe bij de eerste tien eindigde. En ook dat lukte niet, zelfs niet in een ontsnapping met vijf man, met twee minuten voorsprong aan de voet van een klim. Gelukkig hadden we een zeer begripvolle sponsor. We zouden nog genoeg grote wedstrijden winnen, en we mikten op winst in de Tour de France. Ik hield me verder niet bezig met wat anderen deden, positief of negatief, omdat dat geen goede invloed had op mijn prestaties.' Lance was net zo gefrustreerd door de situatie als Hampsten. 'Ik ga niemand aanwijzen, dat is de verantwoordelijkheid van de UCI,' zei hij. 'Zij zouden op z'n minst moeten willen controleren, en als er problemen zijn, dan moet er hiervoor een controlesysteem worden ontwikkeld. Mensen vragen zich af waarom ik geen geweldig seizoen achter de rug heb, en alles wat ik kan antwoorden is dat ik mijn best doe.'

Behalve een nieuwe rivaal – epo – lagen er ook andere factoren ten grondslag aan Lance' matige jaar. Zijn natuurlijke talent was nog intact, en zijn resultaten zouden voor elke andere 22-jarige uitstekend zijn geweest, maar hij had moeite om zijn fenomenale successen uit het jaar 1993 te evenaren. Hij wist van tevoren dat het rijden van wedstrijden in de regenboogtrui extra zwaar zou zijn, deels door de hoge verwachtingen maar ook omdat de trui hem zichtbaarder maakte, als een doelwit. En er was natuurlijk sprake van de legendarische vloek, die ook bij Lance leek te bestaan. Het jaar dat Lance de regenboogtrui om de schouders had was het enige jaar uit zijn loopbaan waarin hij geen wedstrijd won op Europese bodem. En ten slotte was daar Lance' onvolwassenheid, waardoor hij niet beschikte over de benodigde balans en focus.

Zijn grootste fout beging hij misschien wel door het seizoen te beginnen in Mexico. De Motorola-ploeg had net Raúl Alcalá gecontracteerd, de Mexicaan die in 1993 Lance had verslagen in de Tour DuPont, en die nu in dienst van Lance zou rijden, die in de meeste meerdaagse wedstrijden de kopman was van de ploeg. Om Alcalá te steunen vertrokken Lance en een aantal ploeggenoten in januari naar Monterrey, de woonplaats van Alcalá, om mee te doen aan de Ruta Mexico. Ze hielpen Alcalá aan de overwinning in de tweeweekse wedstrijd, maar Lance verklaarde: 'Het rijden van de Ronde van Mexico heeft mij mijn hele jaar gekost.'

Naast problemen met zijn wedstrijdprogramma had Lance het privé ook zwaar. In de winter had hij zijn relatie weer hersteld met Sonni Evans, zijn voormalige liefje van de middelbare school die nu was afgestudeerd aan de Southwest Texas State University. 'Ze is zeer loyaal, zeer zorgzaam en zeer sportief,' zei Lance voordat hij met haar naar Italië vertrok om samen een nieuw appartement in Como te betrekken. 'Ze kent me nog uit de tijd dat ik moest knokken, voordat ik "Lance Armstrong, de wereldkampioen" was. Dat betekent veel voor mij.' Maar het bleek niet voldoende. Om niet te veel tijd alleen in een vreemde stad door te hoeven brengen reed Evans vaak achter Lance als hij ging trainen met zijn ploeggenoot Frankie Andreu en hun kersverse collega's George Hincapie en Kevin Livingston. Hincapie, die het langste met Lance in één ploeg zou rijden, herinnert zich een specifieke, moeilijke tocht. 'Het was die dag koud,' zo vertelt Hincapie mij. 'We deden een ronde van zes uur door Bergamo, en er waren wat ijzige stukken op de bergweggetjes. Sonni wist niet hoe ze over ijs moest rijden, en een aantal keer werd Lance zo boos dat hij zelf in de auto stapte om hem over de ijzige stukken te sturen. Toen begonnen een aantal Italianen in een auto achter ons te toeteren. Lance kon het niet hebben wanneer de mensen ons begonnen uit te foeteren, dus daardoor kregen we eens per week ruzie met automobilisten die stopten en een enorme mat-partij wilden beginnen. Hoe dan ook, Lance was die dag niet goed op dreef in de bergen, en de Italianen stapten uit hun auto en over en weer werd er wat geduwd. Een van die gasten kwam achter Lance aan, en hij bleef maar vallen vanwege het ijs. Uiteindelijk hebben we de zaak gesust. We zijn toen dus ontsnapt, maar Lance was zo boos dat hij de rest van de dag als een razende gefietst heeft. Het was nog tweeënhalf uur naar huis, maar hij maakte er een martelgang van.'

Voorvallen als deze waren niet bevorderlijk voor zijn relatie met Sonni, die dan ook snel haar biezen pakte en terugkeerde naar Texas.

'Lance' resultaten waren niet al te best dat voorjaar,' zegt Hincapie. 'hij trainde erg hard maar hij had gewoon de pest in dat hij niemand meer de vernieling in kon rijden zoals vroeger. We kregen wekelijks testresultaten over verzuring en vermogen van Max Testa, die al-tijd positief was over onze vooruitzichten. Maar Lance wilde we-ten: "Waarom zijn zíj zoveel beter? Waarom krijgen wij de klappen?" Max antwoordde dan: "*Tranquillo, tranquillo.*" Dat was zijn stop-woord. "Jullie zijn nog jong, jullie worden weer goed... en jij, Lance, bent wereldkampioen, dus maak je geen zorgen." We wisten toen nog niet zoveel over training of over ons lichaam als nu. We train-den gewoon het hele jaar hard door, en ondertussen gingen we van wedstrijd naar wedstrijd, in de hoop dat je je aan de start een beetje goed voelde.'

Lance won de eerste vier maanden van 1994 geen enkele wed-strijd, maar zijn bijna-winst in Luik bewees dat hij koerste als een echte wegkapitein, een man die respect afdwong bij zijn ploeggeno-ten. 'Lance geloofde altijd in de overwinning,' zegt Hincapie. 'Tel-kens als hij een wedstrijd verloor, zei hij: "De volgende keer versla ik die gozer." '

Na de voorjaarsklassiekers ging Lance terug naar huis om daar een maand lokale wedstrijden te rijden. 'Zijn belangrijkste doel was het winnen van de Tour DuPont,' zegt Hincapie, verwijzend naar de meerdaagse wedstrijd die Lance in 1993 verloor van Alcalá. 'Lance was supergemotiveerd voor die wedstrijd, en hij was een voorbeel-dige kopman in de koers. Hij kon ons altijd motiveren om extra ons best voor hem te doen, met name bergop.'

'Als ik dit jaar niet win zal ik er kapot van zijn,' zei Lance vlak voor de start van de wedstrijd in Wilmington, Delaware. 'Ik ben hier niet naartoe gekomen om nog eens tweede te worden.' Hij was echter vol vertrouwen omdat hij, naast Alcalá die nu voor hem reed, kon beschikken over zijn sterke ploeggenoten Phil Anderson, Steve Bauer en Sean Yates, die het jaar ervoor niet aanwezig waren.

De ploeg werkte goed en hielp Lance aan de overwinning in de zwaarste bergetappe in de Appalachen, maar uiteindelijk eindigde hij weer tweede in de eindklassering nadat hij in de tijdrit te veel tijd had verloren. Dit keer was Viatcheslav Ekimov de winnaar, de Rus die Lance twee jaar eerder had geklopt in het Kampioenschap van Zürich. Deze nederlaag was inderdaad een klap voor Lance, die zich realiseerde dat hoe sterk hij ook was in de reguliere etappes, hij altijd naast de eindwinst zou grijpen als hij in tijdritten onder het gemiddelde zou blijven presteren.

Fransen noemen de tijdrit *la course de la vérité*, de koers van de waarheid, omdat het de echt grote renners scheidt van de mindere goden. Als Lance tot de groten wilde behoren, zoals hij tegen Och had gezegd vlak voor hij tekende bij Motorola, zou hij zijn tijdrit moeten verbeteren. Om dat voor elkaar te krijgen moest hij niet alleen specifiek trainen op dit onderdeel, maar ook de windtunnel opzoeken om daar de meest aerodynamische houding op de fiets te vinden. Deze gedetailleerde voorbereidingen vergden geduld van Lance, die nog altijd een wat gehaaste stijl had, en die sinds zijn triatlondagen nauwelijks iets aan zijn positie op de fiets veranderd had.

Een andere optie voor Lance was om winst in rittenkoersen als de Tour DuPont helemaal te vergeten, en om zich volledig te richten op eendaagse wedstrijden – de klassiekers, het WK, de Spelen – en daar zijn geld mee te verdienen. In die tijd leek zijn voorkeur hiernaar uit te gaan. In een één-op-één-interview dat ik met hem had tijdens de Tour DuPont in 1994 vertelde Lance me: 'Ik ben hier over twee jaar klaar mee.' Hij zei dat hij serieus overwoog om te stoppen met fietsen na de Spelen van Atlanta in 1996, waar voor het eerst ook profs mochten meedoen aan de wieleronderdelen en waardoor Lance een tweede kans kreeg om zijn langgekoesterde droom, een olympische gouden medaille, waar te maken. En omdat de eendaagse klassiekers het meeste leken op de olympische wedstrijd, zag hij die wedstrijden als de weg naar goud.

Steve Bauer was in eendaagse wedstrijden de perfecte mentor voor Lance. De Canadees was slim en sterk, en op het mentale vlak verbaasde hij al zijn tegenstanders. Wat Bauer ontbeerde was geluk. In de gruwelijke editie van Parijs-Roubaix van 1990 wees de finishfoto uit dat hij de meest begeerde klassieker had verloren met minder dan een centimeter verschil. Hij behaalde ook bijna-overwinningen bij de WK en op de Spelen. Maar geen van deze nederlagen bracht de positieve houding van Bauer aan het wankelen, een houding die ook Lance opbeurde als het tegenzat. 'Ik raakte behoorlijk goed bevriend met Steve,' vertelt Lance in 1994. 'In Austin bracht ik veel tijd met hem door. Als ik twee gasten moet kiezen met wie ik op wil trekken, dan zijn Yates en Bauer mijn eerste en tweede keus.

Lance' vriend uit Austin, Bart Knaggs, herinnert zich de leuke tijd die hij met Lance had toen de Canadees naar Austin kwam. 'We gingen elke avond uit eten, we dronken een paar biertjes, we luisterden naar muziek, we bleven op tot twaalf, soms twee uur,' vertelt Knaggs. 'Lance voelde zich nooit te beroerd om te trainen, maar ook nooit te beroerd om een beetje te leven. Hij geloofde niet in het leven als een monnik. Hij leek op een bokser: "Ik ben een eigenwijze jongen. Als je mij op m'n bek slaat, sla ik jou op je bek. En als het erop aankomt versla ik je, of ik de avond ervoor nu zes of nul bier heb gedronken." '

Knaggs beschrijft een typerende trainingstocht die de drie ondernamen na zo'n nachtje stappen. 'We waren met z'n zessen op een druilerige dag. We kozen voor een omloop van zes uur en vertrokken richting het oosten. We waren twee, drie uur onderweg zonder te stoppen toen de weg veranderde in een modderpad. Ik denk dat de modder ongeveer vijf kilometer doorging. Als je ineens op een heel andere ondergrond terechtkomt verlies je veel snelheid. Bauer reed aan kop, en ik geloof dat hij niet eens schakelde. Hij stampte maar door in die compacte, eivormige stijl van hem. Hij leek op het oog onaangedaan en reed ons allemaal uit het wiel. Wij stoempten en harkten achter die gozer aan, en hij zag eruit alsof het geen moeite kostte. Lance kwam van ons allemaal nog het dichtst bij Bauer, en toen we weer samen reden zei Lance: "Gefeliciteerd, Steve." Niet te openlijk, niet te overdreven, gewoon om te zeggen: "Kijk aan, wat een kerel." En Bauer zei: "Tja, als ik modder zie ga ik nou eenmaal hard rijden." Deze man is een legende. Hij was dé prof. Toen Yates naar de stad kwam, verliepen trainingen net zo. Dit waren duidelijk de harde types waar Lance op gesteld was. Je kon merken dat hij alleen maar aan het kijken was, hij wilde vooral opletten. Hij was als een jonge pup in de buurt van die mannen.'

Yates en Bauer reisden direct na de Tour DuPont van 1994 mee met Lance naar Austin. 'We fietsten, deden aan waterskiën, we reden een beetje op Lance z'n Harley-Davidson en we speelden pool,' weet Yates nog. 'We vermaakten ons gewoon met jongensdingen.'

Deze vijf dagen samen waren een aangename onderbreking in een jaar dat weinig hoogtepunten had gekend. Lance wist nog twee wedstrijden te winnen tijdens zijn verblijf in Amerika – voor de derde keer een wedstrijd in Pittsburgh en een etappe in de Tour van West Virginia – voordat hij en zijn ploeg weer terugkeerden naar de grimmige realiteit van een met doping doordrenkte sport in Europa.

De Tour de France, de tweede voor Lance, was het belangrijkste op de agenda van de Motorola-ploeg. Ter voorbereiding reed Lance de Ronde van Zwitserland waar hij als zevende eindigde, zijn beste resultaat in een belangrijke Europese meerdaagse profronde. In de Tour zorgde hij niet, zoals het jaar ervoor, voor etappewinst. Al reed hij wel sterk, met name in de ploegentijdrit, waarin hij, Yates, Bauer, Andreu en Anderson de Motorola-ploeg opstuwden naar een tweede plek, slechts zes seconden achter een van de Italiaanse ploegen, GB-MG. Dat resultaat hielp Yates later, toen hij met Andreu meezat in een ontsnapping en daarna een dag het geel droeg. Dat was echter het enige hoogtepunt uit de ronde voor het team. Zonder de gedoodverfde kopman Hampsten, die niet kon starten vanwege een knieblessure, en zonder Lance, die na veertien van de tweeëntwintig etappes was afgestapt, stelden de Motorola's hun sponsor teleur.

Halverwege de Tour bezocht Hampsten zijn ploegmaten, in de hoop hun moraal wat op te vijzelen. 'Toen ik aankwam leek het wel of ik bij een begrafenis was, de moraal was erg laag,' zegt hij. 'De Tour van '94 was een hele zware, en de snelheid lag een stuk hoger in vergelijking met eerdere jaren – waarschijnlijk door de doping die een grotere rol ging spelen. De ploeg kwam in de wedstrijden veel tekort, daar was men echt bezorgd over.'

De grootste schok in die Tour kreeg Lance in de negende etappe, een tijdrit op een broeierige dag door de Dordogne. Op een parcours van ongeveer 55 kilometer – de langste individuele tijdrit uit zijn

carrière – startte hij twee minuten voor Miguel Induráin, de regerend Spaans kampioen. Terwijl hij, nog niet eens halverwege, tegen
een van de vele kleine heuvels omhoog beukte, zag hij vol verbazing
hoe Induráin hem inhaalde, als een tornado. 'Ik wist dat Induráin me
zou inhalen,' verklaarde Lance nadat hij meer dan zes minuten na de
Spanjaard over de finish was gekomen, 'maar ik had niet gedacht dat
hij het zo snel zou doen. Ik probeerde gelijke tred te houden, maar
hij leek wel een motor. Dat was dus een slecht idee, ik blies mezelf
op tegen het einde. Ik heb ternauwernood de finish gehaald.' Lance
eindigde de etappe toch op een respectabele dertiende plaats, zelfs
de nummer twee Tony Rominger moest twee minuten toegeven op
de ongenaakbare Induráin.

Lance' grillige jaar vervolgde met een nieuw hoogtepunt: hij werd
tweede in een klassieker. Dit keer in de vertrouwde Clásica San Sebastián, de wedstrijd waarin hij debuteerde als beroepsrenner. Het
was een groots optreden, maar net als in Luik in het voorjaar werd
hij verslagen door iemand die normaal gesproken niet aan zijn niveau kon tippen. De winnaar op twee minuten was Armand De Las
Cuevas, een Fransman die knechtenwerk deed voor Induráin in de
Tour. Opnieuw waren de media sceptisch over de prestatie van de
winnaar toen ze ontdekten dat hij een cliënt was van de door Gewiss
ontslagen sportarts Michele Ferrari. Opnieuw gingen er geruchten
over doping. Lance verdedigde daarna zijn wereldtitel in Agrigen-
to, een Italiaanse stad op Sicilië. Hij had zich samen met Testa goed
voorbereid om zijn niveau van '93 te kunnen evenaren, maar dit keer
had hij andere zorgen aan zijn hoofd: hoeveel van zijn tegenstanders
zouden aan de epo zitten? Lance reed een sterke, verstandige koers
waarin hij tot de laatste ronde met de besten mee kon. Op de lange
slotklim naar de finish kon hij echter niet alle aanvallen pareren, en
het best haalbare bleek een zevende plaats. De winnaar en dus nieuwe wereldkampioen was Luc Leblanc, die net als bronzenmedaill-
lewinnaar Richard Virenque uitkwam voor de Festina-Lotus-ploeg.
Geen van beiden had ooit zo goed gepresteerd in een eendagskoers.
    Er waren verdenkingen dat deze twee medaillewinnaars niet
'schoon' fietsten, maar zonder waterdichte tests voor de opsporing
van epo kon niets bewezen worden. Het zou nog zes jaar duren voordat de verdenkingen konden worden hardgemaakt door een Franse

rechtbank, die aan het licht bracht dat Festina al sinds 1993 bezig was met georganiseerde dopingverstrekking. Tijdens die zaak gaf Leblanc toe epo te hebben gebruikt in de Ronde van Spanje en de Tour van 1994, maar hij ontkende het gebruikt te hebben in andere wedstrijden. Een andere getuige, die gedurende de jaren negentig voor de ploeg werkzaam was, verklaarde echter dat 'alle Festina-renners die deelnamen aan het WK 1994 dezelfde behandeling kregen: epo en supplementen. Luc deed hier net als iedereen aan mee.'

Meer details over hoe sommige ploegen het gebruik van epo in hun 'medische programma' inpasten werden onthuld in december 2000, door een Frans tribunaal dat onderzoek deed naar de gang van zaken bij de Franse wielerploeg Festina-Lotus. Voorafgaand aan de Tour van '93, zo staat er in het rapport van het tribunaal te lezen, willen 'de renners van de ploegen die nog geen epo hebben gebruikt, dit een aantal dagen voor de wedstrijd alsnog doen. [...] De belangrijkste reden moet wel zijn dat andere ploegen het spul al toepasten. De epo arriveerde de dag voor de start [...] elke renner had recht op één dosis van 2000 eenheden per dag, en daarna een dosis om de dag, tot een week voor de start.'

Lance was na het WK teleurgesteld dat hij geen medaille had gewonnen, maar ook opgetogen omdat hij een nieuwe vriendin had gevonden. Daniëlle Overgaag was een vlasblonde renster van het Nederlandse vrouwenteam, die met Armstrong die herfst meeging naar Austin. Zij was zowel atlete als een aankomend model – ze zou later een populaire tv-persoonlijkheid worden in Nederland – en leek dus perfect te passen bij de blitse Texaanse lifestyle. Zoals veel van Lance' relaties duurde ook deze korter dan een jaar.

Het mogelijke einde van die relatie was slechts een van de zorgen van Lance die winter, aangezien hij worstelde met de nieuwe eisen die aan hem, de rijzende ster, werden gesteld. Hij was erg bezorgd over de richting die het profwielrennen in Europa opging, hij verloor een aantal van zijn gewaardeerde ploeggenoten bij Motorola omdat ze naar een andere ploeg vertrokken of stopten, en hij maakte zich zorgen over een aantal zaken in zijn privéleven. 'Er gebeurde veel met mij en met de sport, en ik heb veel dingen losgelaten, een hoop relaties met mensen incluis,' verklaarde hij in november 1994. 'Ik communiceerde niet zo goed omdat ik het een stuk drukker had, en vaak raakte ik in de war door al die drukte. Ik communiceerde niet voldoende met mijn moeder, of met J. T., en zeker niet genoeg met Carmichael. Ik heb dat laten versloffen, en ik heb ervoor moeten boeten.

Deze mensen hebben mij gemaakt tot wat ik ben. Ik realiseer me dat relaties veranderen naarmate mensen ouder worden, maar ik heb J. T. op het persoonlijke vlak nodig, en Carmichael op het sportieve vlak. En met al deze veranderingen in de sport moet ik gefocust blijven, ik moet weten wat ik aan het doen ben.'

Een van de veranderingen die hem het meeste dwarszaten was Phil Andersons rommelige vertrek bij de ploeg, de Australiër-met-paardenstaart die een soort goeroe voor Lance was in zijn eerste twee seizoenen als beroepsrenner. De relatie raakte enigszins bekoeld toen Lance de Tour een paar dagen eerder dan gepland verliet. Lance en ploegleider Och vingen later op dat Anderson er niet blij mee was dat Lance eerder uit de Tour stapte dan zijn ploegmakkers verwachtten. Anderson zou aan het einde van dat seizoen stoppen, en hij hoopte dat de klassieker Parijs–Tours zijn afscheidswedstrijd zou zijn, een wedstrijd die hij op het hoogtepunt van zijn carrière al eens won. Maar Och selecteerde hem niet voor de Franse wedstrijd, met als argument dat het team zich nu wilde richten op de jongere renners. Anderson werd zelfs gevraagd zijn fiets in te leveren voordat hij zijn laatste wedstrijd zou rijden, op de Gemenebestspelen in Canada, waar hij goud won. 'Ik begreep niet waarom ik Parijs–Tours niet mocht rijden,' zegt Anderson. 'Ik heb meer dan vijftien jaar in het Europese peloton gekoerst, ik wilde gewoon mijn vrienden gedag zeggen.'

Hampsten, die het daaropvolgende jaar naar een andere ploeg verhuisde, was onthutst over hoe Motorola de Australiër behandelde. 'Het was in mijn ogen beschamend hoe ze Anderson aan de dijk hebben gezet,' zegt Hampsten. 'Hij heeft ons een paar jaar extra gegeven met zijn overwinningen, en op instigatie van de ploegleiding stelde hij zich volledig in dienst van Armstrong. Het is nog steeds moeilijk om je ook maar voor te stellen hoe ze Anderson behandeld hebben. Het was zo onnodig.'

Het kwijtraken van zijn ploegmakker bracht bij Lance sterke maar gemengde gevoelens naar boven. Anderson had hem zo veel gegeven, maar hij voelde zich ook verraden en op zijn ziel getrapt door diens recente kritiek – en later ook door die van de ploeg. En voor Lance is elke zweem van verraad al moeilijk te vergeven. Toen zijn adoptievader, Terry, zijn moeder had bedrogen, bande Lance hem uit zijn leven en uit zijn gedachten. Het zou lang duren voordat Lance weer met Anderson zou praten.

'Phil was geweldig. Ik hield van die vent,' zei Lance kort nadat Anderson was vertrokken. 'Ik luisterde altijd naar hem, en wat hij ook denkt: ook dat jaar luisterde ik naar hem. Ik heb zo'n relatie echt nodig, en ik zal het missen om geen mentor zoals Phil meer te hebben. Maar na alles wat hij gezegd heeft, en de manier waarop hij wegging, weet ik niet of ik hem persoonlijk ga missen.'

Tegenwoordig zegt Anderson dat hij een warme maar niet heel hechte band heeft met Lance. Ze ontmoetten elkaar weer bij de Tour Down Under in 2009, toen Sean Yates de Australiër meenam naar het hotel van Lance. Maar hun afscheid in 1994 was zwaar, voor beiden. Achter de woede van de jonge ster ging een gevoel van verlies schuil: de man die hij opzocht voor antwoorden en kracht ging weg, in een onzekere tijd. De grootste onzekerheid die Lance had was of zijn relatief slechte seizoen, het uitblijven van goede ploegresultaten, en met name het groeiende epoprobleem in Europa Motorola zou dwingen het sponsorcontract op te zeggen. Maar een vastberaden Och wist de sponsors ervan te overtuigen dat het talent van Lance zo uitzonderlijk was dat het team niet de risico's hoefde te nemen die de Italiaanse ploegen naar verluidt wel namen met verboden doping, en dat het een foute beslissing zou zijn om uit de wielrennerij te stappen. Motorola verlengde het contract met twee jaar, wat Lance dus in elk geval tot aan de Spelen van Atlanta zekerheid bood. Dat was een enorme opluchting voor Och en voor Lance omdat ze samen de toekomst konden uitstippelen. Het hielp dat ze een Italiaanse dokter en trainer hadden, Massimo Testa, die de sport van binnenuit kende en bekendstond als een van de fanatiekste tegenstanders van doping in het peloton. Testa onderkende de mogelijkheden en het potentieel van Lance. 'Vanaf de eerste dag was Lance Armstrong anders, verschillend van alle andere renners die ik heb gekend. Ik zag resultaten die ik nog nooit bij iemand anders had gezien,' zegt hij. 'Wat hij in die jonge jaren deed was al redelijk bijzonder – en ik weet dat hij destijds niet vals speelde.'

Terwijl Lance zich opmaakte voor zijn volgende seizoen als profrenner voelde hij zich bijna opgelucht zonder regenboogtrui – en de vloek daarvan. Maar hij wist dat de donkere wolken die boven zijn sport hingen voorlopig niet zouden optrekken. Epo zou niet verdwijnen, evenmin als onzekerheid, verandering en verlies.

Boven. Vastgehouden door zijn moeder, Linda, ziet Lance er als baby van zevenenhalve maand al groot en sterk uit. [Archief Linda Kelly Armstrong]
Onder. Linda's zus, Debbie, had altijd een zwak voor haar oudste neefje, hier drie jaar oud. [Archief Linda Kelly Armstrong]

Boven. Als vierjarige. Lance hield van zijn katten Tootsie en Tommy. [Archief Linda Kelly Armstrong]
Onder. Op zijn achtste verjaardag toont Lance, samen met zijn oom Alan, trots zijn eerste BMX-fiets. [Archief Linda Kelly Armstrong.]

Hij was vernoemd naar een footballster van de Dallas Cowboys, maar op zijn achtste speelde Lance voor The Oilers, de bijnaam van het Garland YMCA footballteam, dat gecoacht werd door zijn stiefvader Terry Armstrong (*links boven*). Lance verkaste naar de Armstrong Middle School-ploeg. [Foto's Archief Terry Armstrong]

Boven. Nadat Lance interesse had getoond voor BMX-crossen, gaven zijn ouders hem een nieuwe BMX-fiets voor
Kerstmis 1981. [Archief Terry Arm-
strong]
Links. Op zijn dertiende zwom Lance met
zijn maatje John Boggan voor de City of
Plano Swimmers.

Op zijn zestiende lag hij al los
van de meute toen hij het cross-
countryteam van zijn high-
school aan het disctrictskam-
pioenschap van Dallas hielp.
[Foto's Archief Hal Boggan]

Linkerpagina boven. Op een lastige leeftijd met zijn moeder en stiefvader Terry Armstrong in 1986. [Archief Terry Armstrong]
Linkerpagina onder. Een wat ontwikkelder Lance met zijn eerste vriendinnetje Gina Di Luca. [Archief Hal Boggan]
Boven. Omdat zijn moeder, Linda, haar examenfeest aan haar neus voorbij zag gaan, nam Lance haar mee naar het zijne, samen met zijn date, Tracy Parrent. [Archief Linda Kelly Armstrong]

Bij zijn eerste triathlons werd Lance bijgestaan door zijn moeder. [Archief Hal Boggan]

Boven. Zijn voormalige mentor Scott Eder was dolblij toen Lance de Tulsa Triathlon 1988 op zijn naam schreef. [Tulsa World Photo]
Onder. Jim Hoyt, eigenaar van Richardson Bike Mart, leverde Lance de witte Kestrel triathlonfiets waarmee hij zijn eerste wielerwedstrijd won. [Archief Jim Hoyt.]

Lance wordt kort voor de Olympische wegrace in Barcelona van goede raad voorzien door Chris Carmichael, coach van het Amerikaanse team, maar hij en ploeggenoot Bob Mionske kwamen uitgewoond over de streep. [Foto's Graham Watson]

De Brit Sean Yates was als een grote broer voor Lance, toen de Texaan prof werd. [Foto Graham Watson]

Linkerpagina. In zijn eerste volledige seizoen als prof, op zijn eenentwintigste, won Lance de etappe naar Verdun in de Tour de France en vierde hij met zijn moeder het feit dat hij in Oslo de regenboogtrui voor zich had opgeëist. [Foto's Graham Watson]

Boven. Na het uiterst succesvol verlopen seizoen 1993 had Lance genoeg geld verdiend om in Plano (Texas) 68.000 dollar neer te leggen voor de aanschaf van een Acura NSX-sportwagen die 230 km/u kan rijden. [Archief Hal Boggan]

Boven. Het Tourpeloton herdenkt in 1995 de dodelijk verongelukte collega Fabio Casartelli door diens ploeggenoten van Motorola in de gelegenheid te stellen in Pau afgescheiden van de rest over de streep te gaan. Van links naar rechts Steve Bauer, Alvaro Mejia, Frankie Andreu, Andrea Peron, Steve Swart en Lance. [Foto Graham Watson]

Links. Lance eerde Fabio voorts door drie dagen na de dood van de Italiaan in Limoges de etappe te winnen. [Foto Graham Watson]

Boven. Jim Ochowicz, teammanager van Motorola (*links*), en teamdokter Massimo Testa loodsten Lance door zijn eerste vier jaar als profwielrenner. [Foto Graham Watson]

Boven. J. T. Neal was een vaderfiguur voor Lance; kort nadat hij en Lance genoten van een boottochtje op Lake Austin, werd bij beiden kanker geconstateerd. [Foto Graham Watson]

Linksonder. Uroloog Dr. Jim Reeves uit Austin zei dat Lance een van de ergste vormen van kanker had die oncologen ooit gezien hadden. [Archief Dr. Jim Reeves]

Rechtsonder. Aan het operatief verwijderen van twee tumoren uit zijn hersens hield Lance een u-vormig litteken over. [Foto James Startt]

Minder dan twee jaar na rigoureuze chemotherapie keerde Lance terug als wielrenner, 13 pond lichter en vastberadener dan ooit om de wereld te veroveren. [Foto Graham Watson]

Boven. De Europese pers stelde onophoudelijk de methodes van Lance' Italiaanse trainer, dr. Michele Ferrari, aan de kaak. [Foto Graham Watson]

Rechts. Ploegbaas Johan Bruyneel nam Lance mee op innovatieve trainingskampen in de Pyreneeën en de Alpen ter voorbereiding op de Tour de France. [Foto Graham Watson]

Rechtsonder. Vanaf 1999 hanteerde chiropractor Jeff Spencer wetenschappelijk uitgekiende hersteltechnieken om Lance gedurende elke Tour zijn topvorm te doen behouden. [Foto Graham Watson]

Boven. Lance vierde zijn eerste Tourzege met zijn vrouw, Kristin, en zijn moeder, Linda, in Parijs. [Foto Graham Watson]

Onder. Drie voormalige winnaars, Lance, Jan Ullrich en Marco Pantani, worden met elkaar geconfronteerd aan de start van de Tour 2000. [Foto Graham Watson]

Een formidabel duel tussen Lance en Jan Ullrich in de Tour van 2003, waarin Lance een reeks bijna-rampen te boven kwam om Ullrich op Luz-Ardiden
te weerstaan (*links*) terwijl de wanhopige Duitser alles gaf in de laatste tijdrit
maar net tekortkwam. [Foto's Graham Watson]

Linkerpagina. In 2005 vierde Lance zijn zevende opeenvolgende Tour de France-overwinning met zijn vriend en ploegbaas Johan Bruyneel (*boven*); zijn drie kinderen, Luke, Grace en Bella, stonden met hun vader op het podium op de Champs-Élysées (*linksonder*). [Foto's Graham Watson]

Zijn Amerikaanse ploegmaat George Hincapie (*rechtsonder*) hielp Lance bij al zijn zeven Tourzeges. [Foto Graham Watson]

Boven. Tijdens een USO-[United Service Organizations]-trip in december 2007 om de troepen in Afghanistan, Irak en Koeweit te vermaken, poseerde Lance met een gewonde soldaat, korporaal Chad J. McNeeley van het Amerikaanse leger, samen met andere beroemdheden: Robin Williams (*vooraan rechts*), zanger Kid Rock (*boven rechts*), komiek Lewis Black en de voormalige Miss USA Rachel Smith. [Archief Amerikaans Ministerie van Defensie]

Linksboven. De uit Austin afkomstige advocaat Bill Stapleton, de enige agent die Lance gehad heeft. [Foto Graham Watson]

Rechtsboven. Trainingsmaat en vriend uit Austin John 'College' Korioth was de eerste manager van de Lance Armstrong Foundation. [Foto Elizabeth Kreutz]

Onder. Vaste adviseur en vriend Bart Knaggs is tegenwoordig een van de naaste zakenpartners van Lance. [Foto Elizabeth Kreutz]

Boven. Ze hadden een 'uitdagende' relatie, maar niemand twijfelde aan de liefde die Lance en Sheryl [Stone] voor elkaar voelden. Deze foto werd slechts twee maanden voor ze hun verhouding in januari 2006 beëindigden, genomen. [Foto Getty Images]

Onder. Het vaderschap is een van de vreugden in het leven van Lance. Zijn kinderen Luke en de tweeling Isabelle ('Bella') en Grace zijn respectievelijk zeven en vijf op deze in april 2006 genomen foto. [Foto Getty Images]

Bij zijn comeback in het profwielrennen in januari 2009 reed Lance alweer
voor het peloton uit. [Foto Graham Watson]

12 Einde en nieuw begin

'Dat was zonder twijfel de zwaarste dag uit mijn carrière.
Hoewel we op ons gemak reden, was het heet en fysiek was het
verdomd zwaar. Mentaal was ik echt ver weg.'
– Lance Armstrong

Tijdens zijn queeste om een van de sterren van het peloton te worden ontpopte Lance zich als een leider en verdiende hij het respect van de Europese renners. En gezien de riskante en veeleisende aard van de sport – waar levensgevaarlijke valpartijen, slopende ziekten en gebroken botten gemeengoed zijn – had hij tot dan toe een relatief makkelijk bestaan gekend. Maar in 1995 werd Lance geconfronteerd met een aantal stevige dilemma's: hoe moest hij de gewaardeerde ploeggenoten die waren vertrokken, vervangen? Hoe kon hij op topniveau mee blijven draaien in een sport die te kampen had met een groeiend dopingprobleem? En kon hij de persoonlijke relaties die hij zo had laten versloffen weer vlottrekken?

Op deze vragen waren niet direct antwoorden beschikbaar, maar in elk geval werd er op teamniveau enige vooruitgang geboekt. Het was een klap voor Lance toen de ervaren coureurs Andy Hampsten en Max Sciandri naar concurrerende ploegen verhuisden en andere geroutineerde renners als Phil Anderson en Raúl Alcalá afscheid namen van de sport. En met het beperkte budget kon Motorola-ploegleider Jim Ochowicz geen gearriveerde sterren aantrekken. In plaats daarvan voegde hij veelbelovende maar nog onervaren renners toe aan het team. Lance' vriend George Hincapie was al overgekomen, samen met twee andere renners die Lance kende uit het Amerikaanse team, Bobby Julich en Kevin Livingston. Ook de Italianen Fabio Casartelli en Andrea Peron sloten zich aan, beiden afkomstig uit de buurt van Como, de Europese uitvalsbasis van de ploeg. Lance had het meeste met Peron: een man met een goede kledingsmaak en modieuze, lange bakkebaarden, die net zo oud was als Lance en vloeiend Engels sprak. 'Lance probeerde Italiaans te praten,' vertelt Och,

169

'maar hij bracht het er niet zo goed af.' Lance had de kracht van Peron gezien in diverse wedstrijden, en er bij Och op aangedrongen om hem in dienst te nemen. 'Ik wilde hem altijd al in de ploeg,' zegt Lance, die ervan overtuigd was dat Peron individueel heel sterk was, maar Lance ook kon bijstaan als dat nodig was. Ploegarts Testa had Casartelli aanbevolen bij Och. De olympische wegkampioen van 1992 was al net zo traditioneel als Peron flamboyant. 'Fabio groeide op in een echte wielerfamilie,' zegt Testa. 'Hij was net getrouwd, en zijn vrouw verwachtte hun eerste kind. Ze woonden nog bij zijn ouders.' De 24-jarige Italiaan maakte indruk op zijn ploeggenoten door zijn voortvarende pogingen om Engels te leren, en hij was met zijn brede glimlach altijd goed voor de moraal van de jongens. Geen van de nieuwkomers kon tippen aan de ervaring en kennis van de veteranen die waren vertrokken, maar Lance was opgetogen over de nieuwe talenten. Toen hij de lijst met twintig renners overzag zei hij tegen mij: 'Volgens mij gaan we een heel goed jaar draaien, maar we hebben overwinningen nodig.'

Lance gaf het goede voorbeeld door solo een etappe te winnen in Parijs–Nice, in maart – zijn eerste succes op Europese bodem sinds zijn winst op het WK in 1993. Een maand later zette hij weer alles op alles in Luik-Bastenaken-Luik, waar hij sterk reed maar uiteindelijk moest lossen uit de beslissende kopgroep en zesde werd. Terug in de Verenigde Staten greep hij eindelijk wel de eindwinst in de Tour DuPont. Hij won met overmacht twee bergritten, en hij pakte zelfs de winst in een van de drie tijdritten, waarbij Lance zijn oude rivaal Ekimov, die tweede werd, op twee minuten reed.

Bijna net zo belangrijk als Lance' baanbrekende overwinning was het optreden van Peron. De Italiaan bleek niet alleen een voortreffelijke ploeggenoot, hij wist ook een etappe te winnen en finishte uiteindelijk als derde. Casartelli kende een tragere start van het seizoen, voornamelijk omdat hij herstelde van een knieoperatie die hij moest ondergaan nadat hij in de vorige Tour de France een blessure had opgelopen. Maar Och en Testa waren ervan overtuigd dat hij zou profiteren van de steun die hij vanuit de ploeg kreeg. 'Zijn ster was rijzende,' zegt Och.

Zowel Casartelli als Peron werd geselecteerd voor de negen man sterke formatie die de Ronde van Frankrijk zou rijden, waarbij het hun voornaamste taak zou zijn om Lance de Tour te laten uitrijden, en hem misschien aan een etappeoverwinning te helpen. Met die twee doelen in zijn hoofd reed Lance de eerste week behoedzaam. Hij had zijn zinnen gezet op de zevende etappe naar Luik. Bart Knaggs, zijn vriend uit Austin, stond bij de finish te wachten in de hoop Lance als eerste te zien aankomen. 'Het zag er goed uit,' vertelt Knaggs. 'Lance was weg met een aantal renners, en van alle renners moest juist Miguel Induráin de achtervolging inzetten en een demarrage plaatsen. Slechts één man probeerde zijn wiel te houden: Johan Bruyneel. Lance probeerde uit alle macht bij ze aan te sluiten, maar hij haalde het net niet. Dus de grote Induráin ging erop en erover, met de kleine Johan, bijna verstopt in zijn wiel, achter hem aan. Uiteindelijk haalde Johan Induráin nog net in en won de etappe. Dat moment bracht het besef bij Lance: "Johan was slimmer. Hij ging er met mijn overwinning vandoor." En aan de finish was Lance boos. Hij had willen winnen.'

De volgende dag kreeg Lance in de tijdrit, waarin hij negentiende werd op vijf minuten achter Induráin, de volgende teleurstelling te verwerken. Daarna trok de Tourkaravaan door de Alpen, waar Lance het iets beter deed dan in zijn voorgaande twee Tours. Hij deed zelfs een ontsnappingspoging in een afdaling. Hij werd weer ingelopen zodra de weg opnieuw begon te stijgen, en hij realiseerde zich andermaal dat zijn zware bovenlijf een handicap was bij het bedwingen van de hoger gelegen passages in de Alpen. Dit frustreerde Lance, na zijn meer dan goede optreden in bergetappes in de Tour DuPont, waar sommige bergen even steil waren als die in de Alpen, maar wel de helft korter. Zijn eerste confrontatie met de legendarische Alpe d'Huez sloot Lance af als 56ste van de 143 renners, op bijna 19 minuten achterstand op ritwinnaar Marco Pantani, die Lance voor het eerst bij de amateurs was tegengekomen.

Peron finishte enkele minuten voor Lance op de Alpe, Casartelli volgde op een paar minuten, en de twee Italianen bleven goed rijden in de overgangsetappes tussen de Alpen en de Pyreneeën. Lance aasde weer op een ritzege, en dat lukte ook bijna. Hij was de motor van een lange ontsnapping in de etappe naar Revel, maar hij werd wat overmoedig in de eindsprint, waardoor hij de overwinning nipt moest laten aan Sergei Uchakov. Lance, zijn woede niet verhullend, reed straal langs de verzamelde pers, stormde in en uit de dopingcontrole en vluchtte daarna, zonder iets te zeggen, de teambus in die in een achterafstraatje stond geparkeerd. 'Het is vreselijk, vreselijk,' jammerde hij. 'Ik wist zeker dat ik ging winnen.' Als hij inderdaad had gewonnen dan had hij het team een flinke oppepper gegeven. In plaats daarvan had de ploeg nu drie zware dagen in de Pyreneeën voor de boeg, met maar één doel: overleven.

De tweede van die drie dagen begon op een mistige ochtend in Saint Girons, een dorp waar de snelstromende rivier door oude boogbruggen wordt overspannen. Op het programma stond die dag een monsterlijk zware etappe over zes cols, dwars door het hart van de Pyreneeën. De mist was nog aan het optrekken toen het peloton rustig peddelde over de nu nog vlakke wegen, die voerden langs uitgestrekte graanvelden. De renners werden bij het binnenrijden van elk dorp onthaald met klokgelui. Bij het passeren van het laatste dorp, Portet d'Aspet, terwijl de leiders in de koers aan de eerste beklimming van die dag begonnen, brak de zon door. De compacte groep hergroepeerde zich tot een lang lint van renners dat over de top van de Col du Portet d'Aspet slingerde, voordat ze aan de steilste afdaling van de Tour begonnen. Slechts vijf kilometer lang, maar met hellingspercentages oplopend tot een duizelingwekkende 15 procent. Hoewel de echte actie van die dag nog moest beginnen, zoefden de renners met hulp van de zwaartekracht met zo'n 65 kilometer per uur door de bochten.

Casartelli reed die dag voor het eerst op zijn nieuwe titanium fiets. Die was lichter dan de aluminium fiets waar hij de eerste twee weken op had gekoerst. Een lichtere fiets maakt het rijden bergop iets makkelijker, maar het bemoeilijkt ook de controle in de afdalingen, en toen Casartelli een lange, naar links draaiende bocht nam, ging er iets vreselijk mis. Overal om hem heen vielen renners. Een van hen werd naar rechts gedwongen, raakte een reeks betonnen blokken, een halve meter hoog, die daar stonden als vangrail in de bocht, en belandde beneden in de bomen. Een ander, François Simon, reed achter Casartelli en beschreef wat hij zag: 'Het voorwiel van Fabio blokkeerde en hij sloeg over het stuur.' Casartelli kwam zwaar ten val en bleef bewusteloos liggen, een meter voor de betonnen afscheiding. Het is niet geheel duidelijk wat er precies gebeurde in die fractie van een seconde nadat zijn voorwiel blokkeerde. Algemeen bekend is dat geen van de renners die bij de val betrokken waren, een helm droeg; die werden pas in 2004 in het peloton verplicht gesteld. Ook bekend is dat de voorkant van Casartelli's fiets in elkaar lag. Maar het is onduidelijk waarom het voorwiel zo ineens stopte met draaien. Velen geloofden dat hij een van de betonnen blokken raakte. Het is waarschijnlijker dat een van de renners voor hem uitgleed of zwabberde tijdens het remmen, waardoor Casartelli zelf hard in de remmen moest knijpen. En omdat hij op een nieuwe fiets zat, met nieuwe remblokken en met andere eigenschappen dan zijn oude fiets, kan hij wellicht te hard hebben geremd. Toen Casartelli over zijn stuur vloog, klapte zijn hoofd tegen iets scherps, waarschijnlijk de rand van een betonblok. 'Toen we erlangs fietsten zagen we één grote bende. Overal fietsen,' zegt Lance, die achter Casartelli in het peloton reed en van plan was hem op te wachten. 'Ik reed achter aan het peloton en wachtte hem op, toen de Nederlandse renner Erik Breukink naar me toekwam, en ik zal het moment nooit vergeten dat hij tegen me zei: "Je hoeft hier niet meer op hem te wachten." Hij refereerde aan de zware val en aan Fabio, die niet meer op de fiets was gestapt.' Als eerste was Tourarts Gérard Porte ter plaatse, die vaststelde dat Lance' ploeggenoot een 'enorme hoeveelheid bloed' verloor, via zware verwondingen aan de rechterhelft van zijn hoofd. Het eerste medische verslag spreekt over een gebroken nek, diepe coma, en een meervoudige schedelbreuk. En de Belgische veteraan Johan Museeuw, die ook gewond op het asfalt lag, zei later: 'Ik heb hem in de vijf minuten dat ik daar lag zien sterven.'

Casartelli's overlijden werd een paar uur later bekendgemaakt, nadat de jonge Italiaan tot drie keer toe tevergeefs was gereanimeerd in de helikopter op weg naar het ziekenhuis in Tarbes. Een aantal renners hoorde het nieuws terwijl ze met de vierde van de zes beklimmingen bezig waren. Anderen, onder wie Lance' ploeggenoot Alvaro Mejia, vernamen het pas na de finish. Mejia zat te snotteren en te trillen op de achterbank van een ploegleiderswagen, en begroef zijn gezicht in een handdoek. 'We zaten die avond in een klein hotel en iedereen was er kapot van,' zegt Testa. 'Sommige renners stortten in. Die waren rijp om naar huis te gaan. Ik vond dat we uit de Tour moesten stappen, als teken van respect. Ik zei tegen Jim: "Waarom gaan we niet met z'n allen naar huis, naar Como, om de familie de laatste eer te bewijzen? Ze hebben een baby van drie maanden oud." Lance was degene die begon met zeggen dat we in de ronde moesten blijven. Hij zei: "We maken de zaak er niet beter op door nu de Tour te verlaten. We moeten blijven, en zorgen dat we een etappe winnen of zo."' Lance vond dat doorfietsen de meest gepaste manier was om Casartelli te gedenken. En als hij in diens naam een etappe kon winnen, zou dat echt een mooi eerbetoon zijn. 'Dat was het grootste verlies dat ik ooit heb gevoeld,' zegt Lance.

'Fabio's dood kwam hard aan bij hem,' bevestigt Chris Carmichael. 'Lance belde me vanuit de Tour. Het zware aan de Tour is dat je samenleeft met al die jongens. Je deelt een kamer met een van hen, elke maaltijd nuttig je samen met je ploeggenoten, en dan ineens zit je aan tafel tegenover een lege stoel, omdat iemand dood is. Dat is behoorlijk zwaar.'

Het was voor iedereen zwaar om te blijven koersen. Maar Lance had gelijk in zijn vastberadenheid om de ploeg in de ronde te houden. Hij leek instinctief het historisch belang te kunnen inschatten van het eren van een gevallen collega. De laatste keer dat een renner in de Tour overleed – de Engelsman Tom Simpson bezweek tijdens de beklimming van de Mont Ventoux in 1967 aan een hartaanval, veroorzaakt door een zonnesteek en doping – reed het peloton de dag erop stapvoets om Simpsons ploeggenoot Barry Hoban in staat te stellen vooruit te blijven en de etappe te winnen. Casartelli kreeg een vergelijkbaar eerbetoon in 1995. De zes renners van Motorola die nog in de Tour reden kregen rouwbanden om voordat ze naar de start van de zestiende etappe fietsten. En de fiets waarop Casartelli de eerste twee weken van de Tour had gereden was op de ploegleiderswagen gemonteerd die het peloton zou volgen tot aan Parijs.

De rouwbanden en de gemonteerde fiets waren Peron, de kamergenoot van Casartelli, enigszins tot troost in het verwerken van zijn onmetelijke verdriet. 'Vandaag zit Fabio op zijn fiets, naast en met mij,' zei hij. 'Hij zal er zijn tot aan Parijs. Hij zal ook de komende maand bij mij zijn. Hij zal mijn hele leven bij mij zijn.'

Een andere Motorola-renner die troost zocht was Stephen Swart, een grote, blonde Nieuw-Zeelander. Net als Casartelli was hij al vader, en dit was zijn tweede Tour in dienst van de ploeg. Nadat hij het startformulier die dag had getekend, zocht Swart naar schaduw op de overdekte marktplaats in Tarbes. Hij wilde alleen zijn, maar nam de tijd om een paar woorden te zeggen. 'Toen ik net tekende, zag ik dat ze Fabio's naam hadden weggehaald,' zei hij, met een van emotie trillende stem. 'Op dat moment drong het echt tot me door. Niet gisteren, toen we het hoorden tijdens de wedstrijd, niet gisteravond in het hotel. Het drong niet echt door – tot nu. We zullen er op een dag mee moeten leren leven, dus daar kun je maar beter direct mee beginnen.'

Swart en Peron namen hun posities in, aan kop van het zwijgende peloton, naast Lance, Mejia, Steve Bauer en Frankie Andreu. Ze bogen hun hoofd toen iedereen een minuut stilte in acht nam om Casatelli te gedenken. Daarna vertrokken ze, samen met de rest van de meute, voor een etappe waarvan de oudere renners al snel beslisten dat er niet gestreden zou worden voor de overwinning. In plaats daarvan werkte iedereen in een slakkengang de 200 kilometer lange Pyreneeën-etappe af, waarvan de dagpremies zouden worden geschonken aan Annalisa Casartelli, Fabio's weduwe.

Het was een pijnlijke tocht voor Lance en zijn mannen, niet alleen vanwege de marathonetappe die moest worden afgelegd in extreme hitte, maar ook vanwege het verdriet dat de herinnering aan Fabio bij hen naar boven bracht. 'Er fietsten die dag zo'n 120 man, van wie er 115 gedurende acht uur geen woord spraken,' zei Lance, die twee dagen later pas openlijk over het dodelijk ongeval sprak. 'Dat was zonder twijfel de zwaarste dag uit mijn carrière. Hoewel we op ons gemak reden was het heet, en fysiek was het verdomd zwaar. Mentaal was ik echt ver weg. Ik wil nooit meer zo'n dag meemaken.'

Net als in 1967, toen het peloton Hoban vooruit liet rijden om zo zijn landgenoot en medestrijder Simpson te gedenken, remde het peloton van 1995 af naarmate ze dichter bij de eindstreep in Pau kwamen, om de ploeggenoten van Casartelli naast elkaar te kunnen laten finishen. Als een laatste groet stopten de vijf collega's van Peron in de laatste meters met fietsen, zodat de vriend en kamergenoot van Casartelli hun kon voorgaan over de streep, onder respectvol applaus van de toeschouwers. 'Het is niet makkelijk om een etappe in de Tour op te geven. Dat was een etappe die iemand had kunnen winnen,' zegt Lance, 'een etappe die iemands carrière had kunnen maken. En als iedereen zijn rug recht en zegt, dit is geen dag om te koersen maar een dag om te rouwen... Dat zegt veel. Mijn houding jegens het peloton veranderde in elk geval volledig die dag. Ik was onder de indruk van hun klasse.'

Toen Lance had geijverd om de ploeg in de Tour te houden als eerbetoon aan Casartelli, zei hij ook dat hij een etappe voor hem wilde winnen. Lance wist dat hij de vlakke etappes naar Bordeaux en Parijs, waar de sprinters wel raad mee wisten, niet kon winnen; de afsluitende tijdrit evenmin. Hij had dus maar één optie: de 150 kilometer lange rit langs de voet van het Centraal Massief naar Limoges. Lance was niet de enige die zijn zinnen had gezet op deze etappe. Ondanks de verschroeiende hitte regende het al snel demarrages en tegenaanvallen vanuit het peloton. Na zo'n twee uur harde strijd ontsnapte Lance' oude rivaal Ekimov, met vijf anderen, die nog geen twee kilometer later gezelschap kregen van een zestal renners, onder wie Lance, zijn voormalige ploeggenoot Max Sciandri, en Bruyneel, de Belg die Induráin had verslagen in de etappe naar Luik. Met tien ploegen vertegenwoordigd in de kopgroep waren er dus tien ploegen in het peloton die niet meewerkten om de kopgroep terug te pakken. En dus kreeg het dozijn een minuut voorsprong, toen twee, vier... het gat bleef groeien. De mannen in de kopgroep wisten dat een van hen de etappe zou gaan winnen.

Met zijn 23 jaar was Lance de jongste en minst ervaren renner uit de kopgroep, maar hij zei tegen Och via de 'oortjes' dat hij zich beresterk voelde. 'Fabio was de hele rit bij me,' verklaarde Lance later, en hij dacht aan zijn belofte, drie dagen terug, om Fabio te eren. Maar Lance wist dat als hij wilde winnen, hij een massasprint vóór moest zijn, om niet het risico te lopen alsnog de overwinning te verspelen zoals in Revel, de week ervoor. Hij zou solo moeten ontsnappen. Maar op welk moment? Als Lance te vroeg zou gaan, vanaf 15 kilometer of verder, zou het heel moeilijk worden om de rest voor te blijven, die ongetwijfeld samen zou spannen om hem terug te halen. Hij rekende er min of meer op dat Ekimov tot de slotkilometers zou wachten om zijn demarrage te plaatsen, dat Sciandri en Bruyneel zouden gokken op de sprint, en dat geen van de anderen erop bedacht was dat iemand al van ver zou aanvallen. Jammer genoeg waren er geen bergen meer waarop Lance een van zijn typische demarrages kon plaatsen. Dus, met nog zo'n 30 kilometer te gaan deed hij iets wat hij nog niet eerder had gedaan. Met een lange, rechte weg voor hem sprintte hij van kop af weg van de groep, alsof de finish op 500 meter lag. Hij verraste de anderen volledig. Ze reageerden te traag, en Lance had al snel een gat van achttien seconden. Niet echt een riante voorsprong tegenover elf man die samenwerkten om hem terug te pakken. Maar Lance bleef dat halfuur zijn grootste verzet ronddraaien, en hij bleef maar tijd winnen. Hij kreeg te horen dat hij een minuut voorsprong had op de groep toen hij Limoges binnenreed, nog steeds met zo'n vijftig kilometer per uur – een formidabele snelheid voor op een gewone wegfiets in plaats van een speciaal geprepareerde tijdritmachine. Hij had nog een kleine tien kilometer te rijden, waaronder een lang stuk bergop richting de finish boven in het dorp. 'Het einde was heel, heel zwaar,' zei hij. 'Maar ik bleef aan hem denken. De mensen langs de kant lieten mij hem niet vergeten. Er ging geen minuut voorbij zonder dat ik ergens "arme Fabio" hoorde. Ik was bezeten.'

Lance kon Fabio en zijn rouwende familie, die thuis in Como live naar de wedstrijd keek, niet teleurstellen. Met hen in zijn gedachten bleef hij doorgaan. In de slotkilometer keek hij voor het eerst achterom en zag... niemand. Hij wist dat hij ging winnen, en hij wist dat hij het net zo had kunnen vieren als toen hij de wereldtitel veroverde in Oslo, twee jaar daarvoor. Maar Lance reed met een ander gevoel over de finish. Hij juichte niet, maar priemde met zijn rechterwijsvinger in de lucht, terwijl hij zijn zwartgeschoeide vuist balde en omhoogkeek. Daarna hief hij beide handen ten hemel, alsof hij wilde dat iedereen zijn blik naar boven zou richten. Toen Lance de laatste licht hellende meters richting finish aflegde herhaalde hij deze hommage aan Casartelli. Op het moment dat hij over de finish reed klapte hij zijn handen samen, boven zijn hoofd. Dat applausje was voor hemzelf, de rest van de dag was voor Fabio. Vijftien jaar later vertelde Lance mij: 'Dat was mijn mooiste overwinning.'

Bruyneel, die vier jaar later de ploegleider en vertrouweling van Lance zou worden, was verbaasd over diens prestatie. Hij had een lang gesprek met hem tijdens de slotetappe van de Tour, richting Parijs. De Belg weet het nog goed: 'Ik zei tegen Lance, toen je ging, dacht ik, je bent gek, je gaat veel te vroeg. En hij zei: "Ik wist voor wie ik dat deed, en op het moment dat ik twintig meter voorsprong had wist ik dat jullie me niet meer terug zouden zien." Toen vertelde ik hem dat ik een vergelijkbare ervaring heb gehad in 1993, toen ik de Touretappe won naar Amiens. Drie of vier weken voor aanvang van de Tour was mijn vader overleden. Hij stierf tijdens een fietstocht aan een hartaanval, op twee kilometer van ons huis. Hij was 53.

En ik vertelde Lance dat ik toen ook vroeg ging, en toen ik tien meter had zei ik tegen mezelf: dit is het, mij zien ze niet meer terug. En ik reed gewoon naar de meet... Noem het een uitverkoren moment. Dit waren echt vergelijkbare ervaringen, en dat was een moment dat ons dichter bij elkaar bracht – zeer persoonlijk, zeer emotioneel, een zeer intense ervaring die je voor altijd bijblijft. Die twintig kilometer naar Amiens zijn voor mij de meest pure ervaring uit mijn carrière, en Lance beweert hetzelfde over zijn overwinning in Limoges. Dat schept een band. Het is grappig dat we er daarna nooit meer over gesproken hebben. Maar over sommige zaken hoef je het gewoon niet te hebben...'

Casartelli was niet de eerste en ook niet de laatste renner wiens leven dan wel carrière eindigt na een val. Het is een risico waar alle renners van op de hoogte zijn als ze aan de start verschijnen. Het slothoofdstuk van Fabio's heengaan kwam in november, toen Lance assisteerde bij het onthullen van een groot, wit marmeren gedenkteken voor Casartelli, vlak bij de plek waar hij overleed. Fabio's vrouw Annalisa en zoon Marco waren er, net als zijn ouders Rosa en Sergio. 'Lance stond altijd klaar voor de familie,' zegt Och, die hielp bij het inzamelen van geld voor het monument. De organisator van de Tour, Jean Marie Leblanc zei in zijn korte rouwspeech: 'Dankzij dit gedenkteken zal niemand Fabio en zijn prachtige lach ooit vergeten.'

Door de Tour uit te rijden – op een 36ste plaats, bijna negentig minuten achter Induráin, die voor de vijfde keer won – had Lance niet alleen bewezen dat hij drie weken koersen aankon, maar ook dat hij in de laatste dagen nog mee kon doen voor dagsucces. Natuurlijk was het winnen van een etappe niet te vergelijken met het behouden van de gele trui. Maar door een Tour uit te rijden na de twee geplande 'halve rondes' verzamelde hij zorgvuldig de kennis die nodig was om in de belangrijkste wielerwedstrijd een grotere rol te spelen. Lance boekte al meer progressie dan Induráin op die leeftijd. Net als Lance deed de Spanjaard al mee aan de Tour in zijn eerste profseizoen, waar hij niet verder kwam dan de vierde etappe (Lance haalde elf etappes); het volgende jaar gaf hij er de brui aan na acht etappes (Lance reed er veertien). Beide mannen reden hun derde Tour uit, Induráin eindigde op een matige 97ste plaats, Lance werd 36ste. Hierna bleef Induráin zich verbeteren. Hij finishte als 47ste in zijn vierde Tour, werd 17de in de volgende, en eindigde als tiende in de zesde keer dat hij meedeed. Gezien de vergelijking had Lance meer dan voldoende tijd om Induráin te kopiëren, die uiteindelijk in zijn zevende Tour zijn eerste eindoverwinning haalde.

En als het ging om eendaagse wedstrijden streefde Lance Induráin voorbij, die op 26-jarige leeftijd zijn enige klassieke overwinning boekte, in de Clásica San Sebastián, de wedstrijd waarin Lance laatste werd bij zijn profdebuut. Maar nu, drie weken na de Tour, deed Lance op 23-jarige leeftijd een nieuwe poging om deze wedstrijd te winnen, en dit jaar zat hij nog in de kopgroep voorbij de Jaizkibel – de berg waar hij zich solo overheen worstelde in de regen en storm in 1993. Hij nam de leiding van de wedstrijd in handen in de steile en bochtige afdaling, en slechts twee renners konden volgen. Nadat een van die twee lek was gereden bleef Lance met maar één concurrent over, de Franse ster Laurent Jalabert, een van 's werelds beste sprinters. 'Als hij een heel slechte dag zou hebben en ik een heel goede,' zei Lance, 'dan had ik hem misschien in de sprint kunnen kloppen.' Maar het kwam niet tot een sprint. Lance had het geluk dat een klein achtervolgend groepje zich bij hem en Jalabert aansloot, op zo'n vijf kilometer voor de finish. En toen de Italiaan Stefano Della Santa direct doordemarreerde was Lance de enige die wist te reageren. Het was een instinctieve reactie waaruit bleek hoeveel progressie Lance op het tactische vlak had geboekt. Hij werkte vanaf dat moment goed samen met Della Santa om de ontsnapping te laten slagen en zo te kunnen focussen op de eindsprint, die Lance eenvoudig won. Lance, van allerlaatste tot glorieuze winnaar in slechts twee jaar, was de eerste Amerikaan die een klassieker won op Europese bodem. De Spaanse wedstrijd had niet dezelfde uitstraling als de echt belangrijke klassiekers als Milaan-San Remo, de Ronde van Vlaanderen of Luik-Bastenaken-Luik. Maar winst in San Sebastián was geen slecht begin. Eddy Merckx won alle grote klassiekers meerdere keren voordat hij vijf keer de Tour won. Merckx, de grootste winnaar uit de wielergeschiedenis, wordt waar hij ook komt in Europa vereerd, maar hij is allesbehalve een beroemdheid. De Belgische superster, nu in de zestig, woont met zijn bijna 40-jarige vrouw in een rustige buitenwijk van Brussel. Merckx is een grote man – over de 1 meter 80 – en heeft een imponerend voorkomen. Tot 2009 bestierde hij een fabriek voor speciale fietsen, gevestigd in een verbouwde boerderij, en hij geeft nog altijd commentaar voor de Belgische tv bij de belangrijkste wielerwedstrijden. Merckx praat niet graag over zijn eigen prestaties, maar hij is altijd bereid advies te geven of kritiek te leveren. Lance is een van de mensen die baat hebben gehad bij zijn kritiek, met name in 1995. Merckx zocht Lance dat jaar op in de Tour, toen deze door België trok, en hij wilde Lance graag volgen in de tijdrit, samen met Och vanuit de ploegleidersauto van Motorola. De Belg was niet erg onder de indruk van Lance' 19de plaats, vijf minuten trager dan Induráin. Na de etappe vroeg ik Merckx wat hij vond van Lance' optreden. De grote man haalde zijn schouders op, kneep zijn lippen samen en hij bolde zijn wangen even voordat hij zei: 'Zijn lichaamshouding op de fiets is niet optimaal. En hij moet specifieker gaan trainen en veel gewicht verliezen als hij zich in de Tour wil verbeteren.' Merckx, die vanwege zijn intensieve profcarrière al op zijn 32ste was opgebrand, had harder en langer getraind dan al zijn rivalen. Nu wilde hij Lance helpen. Dus belde hij de coach die volgens hem het beste kon omgaan met de fysieke en mentale talenten van 'het beest uit Texas', zoals Lance wel eens was genoemd. En die coach was Michele Ferrari, de controversiële Italiaanse sportarts. 'Eddy Merckx drong lange tijd erg aan op een ontmoeting tussen mij en Lance om zijn trainingsschema's en leefgewoonten door te nemen, hoewel ik niet erg overtuigd was van het nut ervan,' vertelt dokter Ferrari mij. 'Lance leek mij geen renner die geschikt was voor mijn trainingsmethoden. Uiteindelijk heb ik hem ontmoet en hebben we wat tests gedaan.'

De ontmoeting vond plaats in november in de praktijk van de sportarts in Ferrara, Italië, toen Lance in Europa was om de herdenkingsdienst voor Casartelli bij te wonen. 'Ik zag direct dat hij talent had, en een hoge anaerobe kracht – 420 watt als ik me goed herinner,' zegt Ferrari, duidend op een score waarmee Lance zich van de meeste andere sporters onderscheidt. 'Maar hij had in elk geval te veel vet, en hij was ook flink gespierd. We hebben toen een trainingsprogramma voor de wintermaanden opgesteld, ook voor de voeding.' Er waren maar een paar mensen op de hoogte van deze ontmoeting tussen de tovenaar en zijn nieuwe pupil, en los van een klein bericht in een wielertijdschrift in 1997 kwam de connectie tussen Lance en Ferrari pas zo'n vijf jaar na dato in de openbaarheid, toen David Walsh, een sportjournalist van de Londense *Sunday Times*, er een paginagroot stuk over schreef waarin Lance in verband werd gebracht met doping.

De ploegarts en trainer van Motorola, Massimo Testa, was een van de eersten die te weten kwamen dat Lance in 1995 een ontmoeting had met Ferrari. 'Ik hoorde het niet van Lance,' zegt hij. 'Ik kwam het te weten via een Italiaanse renner met wie ik al werkte sinds zijn begin als junior. Hij zei dat hij met zijn ploeg naar dokter Ferrari was geweest, en dat hij Lance daar had gezien. Ik was niet geschokt, maar om eerlijk te zijn was ik er ook niet blij mee. Ik had in het verleden met Ferrari te maken gehad omdat we ongeveer gelijktijdig bij het profwielrennen betrokken raakten via het team van Château d'Ax, eind jaren tachtig. We liepen soms samen hard na wedstrijden, maar we zijn nooit echt vrienden geworden. In die jaren was zijn rol binnen diverse ploegen enigszins controversieel omdat hij met verschillende renners uit diverse ploegen begon te werken. Ik heb nooit echt geloofd wat ze over hem beweerd hebben. Hij werd gezien als een magische dokter bij wie je op bezoek ging en daarna... boem! Ik was daar dus redelijk sceptisch over, en ik was niet blij dat een renner van ons team connecties met hem had omdat ik geen zicht had op wat er allemaal speelde.' Wat Testa wel wist was dat Lance een toegewijde coach nodig had. Carmichael werkte aan de overkant van de oceaan met de amateurs van het Amerikaanse nationale team, en Testa zelf had een ploeg van twintig man onder zijn hoede. 'Ik realiseerde me dat ik zo'n beetje de huisarts was van de ploeg,' zegt Testa. 'In mijn vrije tijd maakte ik de trainingsschema's voor Lance en de anderen, maar mijn hoofdtaak was toch huisarts. Dus de tijd die ik voor ze had was niet dezelfde hoeveelheid tijd die Ferrari of een andere coach met ze kon doorbrengen. Ik realiseerde me dat Lance meer aandacht nodig had.'

Toen Lance eenmaal cliënt was bij dokter Ferrari werd hij elke drie tot vier weken getest, en aan de hand van die resultaten paste hij zijn trainingen aan, zowel de intensiteit als de hoeveelheid. 'Lance had veel scrupules en zat vol enthousiasme,' weet Ferrari nog. 'Maar zijn gewicht daalde niet snel genoeg. Hij bleef stabiel rond de 80 kilo, terwijl zijn vermogen constant toenam. Begin 1996 zat hij op 460 watt, oftewel 5,75 watt per kilo.' Ter vergelijking: Induráin produceerde in het begin van zijn carrière ongeveer hetzelfde vermogen, maar hij begon pas met winnen in de Tour toen hij verspreid over een aantal jaar zo'n zes kilo kwijtraakte. Op zijn hoogtepunt was het vermogen van de Spanjaard ongeveer 7 watt per kilo – vandaar de noodzaak voor Lance om gewicht kwijt te raken zonder aan vermogen in te leveren. Dat waren de doelen die Ferrari Lance kon helpen bereiken.

Toen hem gevraagd werd naar zijn mening over Ferrari zei Lance: 'Michele is een slimme, slimme man die erg recht door zee is. Hij is ook een persoon die enorm verkeerd begrepen wordt. Hij heeft een paar grote fouten gemaakt in zijn optreden in de pers en tijdens interviews, in de manier waarop hij reageerde op sommige vragen. Als je hem een vraag stelt krijg je een zeer direct, intelligent antwoord – zoals de uitspraak over jus d'orange.' Lance verwees hiermee naar het eerdergenoemde antwoord dat Ferrari gaf nadat drie van zijn renners op het podium stonden van de Waalse Pijl in 1994. Niettemin wilde Lance, omdat Ferrari werd gezien als een 'dopingdokter', de nieuwe samenwerking niet openbaar maken – hoewel, ironisch genoeg, Lance juist de best mogelijke trainer zocht om de strijd aan te kunnen met de renners die wél doping gebruikten. En de man die hem met zijn nieuwe trainer in contact had gebracht was bovendien de meest gevierde man uit de wielrennerij: Eddy Merckx.

Lance was begonnen met het wegwerken van de vele vraagtekens van het afgelopen jaar, zonder echt resultaat. Hij ging door met zijn poging om samen met Och de ploeg opnieuw op te bouwen met krachtige nieuwe coureurs. Yates deed nog mee, maar Bauer besloot dat hij zijn portie koersen in Europa wel had gehad, en de dood van Casartelli had een groot gat geslagen in het team dat juist zo zocht naar cohesie. Lance was enigszins succesvol in een peloton waar epogebruik gemeengoed was geworden: hij had drie overwinningen op Europese bodem geboekt, waaronder zijn eerste klassieker, en hij had een brutale en misschien wel risicovolle stap gezet door Ferrari in te huren als nieuwe Europese trainer. Wat de relaties thuis betreft, had Lance ook een paar ideeën over hoe die verbeterd konden worden. Zijn meest ingrijpende besluit was om een huis te bouwen in Austin: hij had genoeg van huurwoningen. Het zou zijn eerste eigen huis worden, en hij zou meehelpen met het ontwerpen ervan. Hij wilde het Casa Linda noemen, naar zijn moeder. Dat was een manier om zijn meest dierbare relatie weer hechter te maken. Hij haalde nog een andere vriendschap aan door zijn vriend J. T. Neal de verantwoordelijkeid voor de bouw van de villa te geven. En hoewel Lance zijn relatie met zijn Hollandse vriendin Daniëlle aan het einde van het seizoen had verbroken, rekende hij erop dat een nieuwe relatie niet lang op zich zou laten wachten. Zijn fietsmaat uit Austin, Bart Knaggs, had hem net voorgesteld aan John 'College' Korioth, de eigenaar van de Cactus Room, een van de populairste bars in de stad. 'Dit is de man bij wie je in de buurt moet blijven, omdat hij alle mooie vrouwen kent,' herinnert College zich en hij had gelijk.

13 Een ritje in de achtbaan

'Ik kwam ten val in de laatste etappe en ben niet gefinisht. Het was echt erg... door de regen en de kou... het was ver- schrikkelijk.'

– Lance Armstrong

'Lance en ik deden alles samen,' herinnert John 'College' Korioth zich over de herfst en winter van 1995. 'We fietsten samen, gingen samen met vakantie, we hadden veel dezelfde interesses. Op die leef- tijd zijn dat achter de vrouwen aan zitten, motorrijden, dronken worden en plezier maken.'

College, vier jaar ouder dan Lance, was de beste vriend van Bart Knaggs geweest op de kleuterschool; ze speelden samen basketbal op de middelbare school; en daarna kwam Knaggs in aanraking met wielrennen, ontmoette Lance en introduceerde hem bij College, zo'n tien jaar later. 'Mijn hart lag nog steeds bij basketbal,' zegt Col- lege. 'Maar ik verruïneerde mijn knie op mijn 27ste, en Bart raadde me aan te gaan fietsen om in vorm te blijven. Op een avond nam Bart Lance mee naar de Cactus Room. We raakten aan de praat, en toen hij vroeg wat ik deed, zei ik: "Ik sta op en dan ga ik fietsen..." En hij reageerde: "Jij fietst? Dan gaan we samen rijden." Hij had iemand nodig om mee te trainen omdat Bart op dat moment voorrang gaf aan zijn studie.

De enigen met wie ik had gefietst waren Bart en een lokale ama- teur. Ik had nog nooit meegedaan aan een wedstrijd, en Lance had net de Tour de France uitgereden. Maar sindsdien reden we bijna elke dag samen als Lance in Austin was.'

College, die 1 meter 90 lang is, heeft een langgerekt gezicht, dik grijs haar en een krachtige bariton. We ontmoeten elkaar in Jo's cof- feeshop in het centrum van Austin, een paar straten verwijderd van de Six Lounge, een nachtclub waar College nu mede-eigenaar van is. 'Destijds, in '95, hadden we nauwelijks verantwoordelijkheden, amper geld, het leven was simpel. Het leven was geweldig,' zegt hij, terwijl hij zijn ontbijt van yoghurt met muesli eet. 'Lance was vaak in de bar te vinden. Ik kan me herinneren dat hij op een avond iets te bijdehand deed tegen twee van onze uitsmijters, twee bodybuilders. Ze zetten hem klem tegen de muur, ze worstelden een beetje, en Lance had er niets tegen in te brengen. Maar het was allemaal vriendschappelijk. Lance was als familie voor ons in die bar.'

Knaggs bracht Lance die winter met nog iemand in contact: een plaatselijke advocaat, Bill Stapleton. Knaggs vond dat zijn vriend nu beroemd genoeg was om een agent nodig te hebben. 'Met een kleine advocatenpraktijk in Austin begon ik met het vertegenwoordigen van sporters,' vertelt Stapleton mij. 'We deden het ernaast, in de avonduren en in de weekenden. Op een dag belde mijn oude rechtendocent van de economische hogeschool mij om te vertellen dat hij een man in zijn klas had die Bart Knaggs heette en op zoek was naar een agent voor Lance.' Knaggs had al contact gezocht met een paar grote sportagentschappen, waaronder Leigh Steinberg uit Los Angeles en Advantage International in Washington DC. 'En ik was maar die jonge advocaat uit Austin,' zegt Stapleton. 'Uiteindelijk hebben we een ontmoeting gehad met Lance en Knaggs, bij mijn oude kantoor, Brown McCarrol. Ik had koude Shiner Bock, van alles wat hij mogelijk zou willen. Het toeval wilde dat mijn partner een van onze cliënten uit het football over de vloer had: James Patton, een verdediger van de Buffalo Bills, die net in de Super Bowl hadden gespeeld. We hadden het idee om James langs te laten komen om Lance even gedag te zeggen. Ik dacht dat Lance daarvan onder de indruk zou zijn.'

Knaggs vertelt verder: 'Toen hij de naam Patton hoorde, reageerde Lance alsof 'ie spoken zag. Hij schoot rechtop en zei: "Neem je me verdomme in de zeik? Hij komt zo hierheen? Hou hem bij me vandaan." Bill wordt gek en trekt maar een biertje open. "Ik ben de lul," zegt hij. "Wat is er aan de hand?" "Nou," zegt Lance, "we hadden min of meer iets met dezelfde vrouw, en deze gast probeerde vijf dagen geleden de voordeur van mijn huis eruit te slopen." Patton was een beer van een vent voor wie Lance doodsbang was.' Stapleton vult aan: 'Dus ik zei tegen Lance: "Als je ervandoor wilt dan is dat prima, neem dan de lift aan de achterkant." Hij bleef, en ik bracht mijn partner van het nieuws op de hoogte, maar de afspraak was wel zo'n beetje in het water gevallen.'

Knaggs en Lance verlieten het gebouw. Op weg naar buiten herinnert Knaggs zich: 'Ik dacht dat ik het had verknald omdat Lance de volgende dag naar Europa zou gaan, en ik denk, oké, mijn schuld. Het was het ergste kennismakingsgesprek dat je je kon voorstellen. Dus we lopen door en Lance zegt, op zijn manier: "Weet je? Ik mag die vent wel." "Echt waar?" "Ja, weet je, dat was een vervelende situatie, en hij nam gelijk het initiatief, zoals het hoort. Ja, ik denk dat hij de man is die ik zoek." '

Er was nog steeds geen deal gesloten, maar Stapleton gaf niet op. Hij ging naar een wedstrijd om Lance te zien koersen, hielp Lance bij een klein contract, en zag wat een geweldige cliënt hij zou kunnen zijn. Daarna had hij een gesprek met J. T. Neal, die Stapleton nog kende uit de tijd had hij zwom. 'Voor mij was het onder contract krijgen van deze man het belangrijkste in mijn leven. Ik had er zelfs mijn praktijk voor opgegeven,' zegt Stapleton. 'Maar voor Lance was het: "Ik weet niet of ik wel een agent nodig heb, al vindt Knaggs van wel." Toen ging ik lunchen met J. T., en een paar dagen later belt Lance mij op en zegt: "Als we hiermee verdergaan, tekenen we dan een contract? Heb je iets op papier waar ik naar kan kijken?" Ja, natuurlijk. Dus ik fax een contract naar Europa en een paar dagen later komt het retour, met handtekening. En dat is hetzelfde contract waar we nu nog mee werken: twee pagina's waarop staat dat hij me kan inhuren wanneer hij wil, me kan ontslaan wanneer hij wil, en hoe ik betaald word. Feitelijk is het een soort herenakkoord.'

De eerste taak die Stapleton van Lance kreeg: 'Regel een contract met Nike'. Lance had de sportkledinggigant ooit aangeschreven voor steun toen hij in zijn middelbareschooltijd triatlons deed, en zijn verzoek was afgewezen. Stapleton beweert dat hij vijftien keer moest bellen voordat hij een reactie kreeg, maar hij sleepte er een driejarig contract uit waar Lance 30.000 dollar per jaar mee verdiende. Dat was de eerste deal die voortkwam uit de lange en succesvolle samenwerking tussen de jonge advocaat en zijn fietsende cliënt.

Het leven was goed voor Lance. Hij had een geweldig contract bij Motorola, zijn nieuwe agent begon nevenkomsten aan te boren, en de banden met J. T. en zijn moeder waren weer hersteld. Wat het wielrennen betreft volgde hij de trainingsschema's die hem waren opgelegd door zijn nieuwe trainer, Michele Ferrari, en hield hij contact met Chris Carmichael en Jim Ochowicz om zijn voorbereiding op wat hopelijk zijn beste seizoen zou worden, helemaal te perfectioneren.

Omdat het contract met Motorola aan het einde van 1996 afliep, had Lance zich ten doel gesteld om weer een klassieker te winnen, zijn winst in de Tour DuPont te herhalen, een goede Tour te fietsen en olympisch kampioen te worden in Atlanta.

Om hem met deze ambitieuze doelen te helpen versterkte Och het team. Hij haalde Max Scriandri terug, contracteerde een paar degelijke Europese renners die Andrea Peron konden helpen, en legde meer verantwoordelijkheid bij zijn Amerikaanse renners: Frankie Andreu, George Hincapie, Bobby Julich en Kevin Livingston.

De veranderingen pakten goed uit. Lance begon dat jaar zijn seizoen met Parijs-Nice, waar hij zijn beste resultaat tot dan toe in een Europese etappekoers boekte. Hij leverde een week lang strijd met de aanvoerder van de wereldranglijst, Laurent Jalabert, waarin hij uitblonk in zowel de tijdritten als de bergetappes en uiteindelijk tweede werd, achter de Franse superster. Lance liet daarna een stijgende vorm zien in de voorjaarsklassiekers. Hij overleefde zelfs voor het eerst de kasseienklimmetjes in de Ronde van Vlaanderen, al werd hij 28ste, op vier minuten van de winnaar.

Hierna was het tijd voor de Waalse Pijl, de heuvelachtige Belgische klassieker waar twee jaar eerder de renners van dokter Ferrari het podium hadden beklommen, waardoor geruchten over doping ontstonden. Het was geen grote klassieker, maar de Waalse Pijl kende een rijker verleden en stond in hoger aanzien dan de Clásica San Sebastián die Lance in 1995 had gewonnen. Het parcours van deze zestigste editie voerde over drie aparte omlopen die alle drie eindigden op een zeer steile helling genaamd Le Mur de Huy (de muur van Huy). Een deel van zijn reputatie had deze koers te danken aan deze smalle, bochtige heuvel naar de finish, die wordt geflankeerd door oude bakstenen gebouwtjes met daarop afbeeldingen van de route die Christus aflegde op weg naar zijn kruisiging: de kruiswegstaties.

Op de dag van de wedstrijd, na bijna 200 kilometer felle strijd, was Lance een van de twee mannen die ruim voor de rest aan de voet van deze Belgische Via Dolorosa arriveerden. Zijn rivaal was een Fransman, Denis Rous, die in de vorm van zijn leven verkeerde getuige zijn twee overwinningen en een reeks podiumplaatsen dat voorjaar. Ze klommen zij aan zij, staand op de pedalen, over de twee steilste bochten van de heuvel. Ter hoogte van de zesde kruiswegstatie sprong Lance weg bij Rous en hield stand tot de finish, en boekte een beladen zege. Lance zat boordevol adrenaline. Hij had 's werelds beste coureurs achter zich gelaten.

In tegenstelling tot de meeste belangrijke sportevenementen waren er in het wielrennen weinig officiële persconferenties. Dus waren de verslaggevers in de Waalse Pijl verheugd toen Lance zijn opwachting maakte in de geïmproviseerde perszaal – een klaslokaal – en plaatsnam aan een kleine houten tafel om vragen te beantwoorden. Een gezelschap buikige Belgische, Nederlandse en Franse sportjournalisten, hun pennen en opschrijfboekjes in de aanslag, verzamelde zich direct rond de flamboyante Texaan. Omdat hij de eerste Amerikaan was die een voorjaarsklassieker had gewonnen, kreeg Lance de vraag welke veranderingen hij graag zou zien binnen het profwielrennen. Aarzelend antwoordde hij: 'Wielrennen kent een rijke traditie, en het is nog steeds een eenvoudige sport.' Toen, langzaam richting het onderwerp manoeuvrerend, zei hij: 'Als ik dingen zou kunnen veranderen, zouden er betere hotels zijn, en misschien wel vliegtuigen voor elk team. Ik wil de sport naar een hoger niveau tillen, net als voetbal, tennis en formule 1-racen. Als dit de formule 1 zou zijn, zouden we niet hier aan een houten tafel zitten.'

Bang om de Europeanen voor het hoofd te stoten corrigeerde hij zichzelf, lachte, en zei: 'Dit is een prachtige tafel! Ik wil helemaal niets aan deze sport veranderen!'

De journalisten schoten in de lach, ze waardeerden Lance' humor en eerlijkheid. Waarna de Amerikaan zijn groeiende kennis van de wielerhistorie tentoonspreidde door te verwijzen naar het rugnummer dat hij op weg naar zijn overwinning in de Waalse Pijl had gedragen: nummer 51. Hij vertelde dat hij die ochtend van de vrouw van Eddy Merckx had gehoord dat dat een geluksnummer was – het nummer dat haar man droeg tijdens zijn eerste Tour de France, die hij op briljante wijze won. Over zijn eigen overwinning zei Lance: 'Ik kwam hier uiteraard om te winnen, maar mijn belangrijkste doel vandaag was om slimmer te koersen. Ik heb een aantal goede resultaten geboekt, maar nog lang niet voldoende. Ik vind het moeilijk om geduldig af te wachten.'

Daarna bracht hij de twee beslissende momenten in de koers te berde, misschien met in zijn achterhoofd het advies dat hij jaren daarvoor kreeg van Chris Carmichael: 'Je hebt maar twee kogels in je revolver, geen zes: als je zelf demarreert of een gat probeert dicht te rijden, en als je een late demarrage wilt plaatsen of de sprint moet aangaan.'

Lance had zijn eerste kogel afgevuurd tijdens de tweede afdaling van de Muur, toen hij de achtervolging inzette op zes renners die waren ontsnapt. 'Ik had vijf of zes seconden achterstand,' zei Lance. 'Ik had het gevoel dat alles daarom draaide, dus ik moest wel gaan... en het duurde 500 meter voordat ik ze had bijgehaald. Het leek veel langer te duren.' Lance' explosieve kracht hielp hem de kloof te overbruggen terwijl zijn hartslagmeter meer dan 200 slagen per minuut aangaf, net onder zijn maximum van 209 slagen dat hij ooit in 1990 had gemeten. Vervolgens ging hij de samenwerking aan met de zes Europeanen en hielp met het opbouwen van een voorsprong van een minuut op een jagend peloton van zo'n vijftig man.

Lance vuurde een tweede keer vlak onder de top van de heuvel bij Ben-Ahin, de laatste voordat de koers begon aan de afdaling richting Huy voor de finish. Toen het steile gedeelte wat vlakker werd zette hij aan, en alleen Rous kon hem volgen. 'Op dat moment was iedereen er zo aan toe,' zei Lance, terwijl hij een snijdend gebaar langs zijn keel maakte.

Lance plaatste vier dagen later een vergelijkbare aanval in zijn poging om de veel langere wedstrijd Luik-Bastenaken-Luik te winnen. Vlak na de top van de grillige klim op La Redoute, met nog zo'n vijftig kilometer te gaan, kreeg hij bij een aanval uit de kopgroep van vijftien gezelschap van twee Zwitserse renners, Mauro Gianetti en Pascal Richard. Het trio ging voor de overwinning. Lance was sterk genoeg om herhaalde aanvallen van Gianetti en Richard op de lange klim naar de finish in Ans te pareren. Maar hoewel ze voor verschillende ploegen reden, leken ze een pact gesloten te hebben tegen de Amerikaan. 'Ik hield niet van hun spelletjes,' zei Lance over zijn rivalen, die hem dwongen de laatste sprint van kop af te beginnen, vol in de wind. De gehaaide Richard kwam langszij en pakte de overwinning, Lance moest genoegen nemen met een tweede plek. Een uur later, in de kleedkamer, zei Lance: 'Ik dacht vijftig meter voor de streep dat ik had gewonnen, maar ik had niet die extra versnelling. Ik was niet super vandaag.'

Het volgende doel van het seizoen was winst in de Tour DuPont. En net als het jaar ervoor domineerde hij de wedstrijd, met vijf etappe-overwinningen, inclusief de twee tijdritten. Hij won met ruim verschil, met ongeveer drie minuten voorsprong op de Fransman Pascal Hervé. De Zwitserse ster Tony Rominger, de tweede van de Tour en winnaar van de Giro, werd derde op vijf minuten achterstand. Lance' voormalige ploeggenoot Andy Hampsten, die nu uitkwam voor de jonge US Postal-ploeg, werd zesde. Hij was onder de indruk van de vorderingen die hij zag bij Lance. 'Zijn tijdrit oogde intussen erg degelijk,' zei Hampsten. 'En in plaats van maar te demarreren in de hoop dat je wint, instrueerde hij zijn team nu heel goed om andere renners te vermoeien zodat hij op de juiste momenten kon aanvallen. En toen Lance aanzette op de beklimmingen konden we alleen maar toekijken hoe hij wegreed; hij reed Hervé uit het wiel, en hij en Rominger verdwenen, en vervolgens rekende hij af met Rominger toen ze uit het zicht waren.'

In de tijdrit op de slotdag in Marietta, Georgia – iets ten noorden van Atlanta, waar hij over drie maanden voor olympisch goud zou gaan – versloeg Lance Rominger met een halve minuut. Dit was een buitengewoon verschil voor nog geen vijftien kilometer solofietsen.

Misschien ging hij wel té hard: in een elfdaagse wedstrijd had hij al orde op zaken gesteld na de zevende etappe. Nadat Lance de finish overkwam zag een doorgewinterde Amerikaanse sportjournalist, John Rezell, iets onverwachts. 'Ik was de eerste verslaggever die naast hem kwam rennen,' vertelt Rezell, 'en voor de eerste keer in de vier jaar dat ik Lance volgde klopte er iets niet. Ik schreef toen: "In plaats van de energieke overwinningsgebaren met gebalde vuisten die zijn handelsmerk zijn geworden na zijn baanbrekende overwinningen waren zijn ogen bloeddoorlopen, zijn gezicht zo rood als een biet... hij zag er gemangeld uit."

Ik schreef die woorden op, las ze nog eens over en pauzeerde. De enige wielerfans die ik zag die dag schreeuwden uitbundig, niet gevoelig voor enige verandering in Armstrongs gelaatsuitdrukking, houding of instelling. Maar ik zag het, meer dan waar ook in zijn ogen.

Ik heb meer met dat stuk tekst geworsteld dan met al het andere dat ik heb geschreven. Misschien was ik te zeer gericht op het finale moment, in plaats van op het brede spectrum van de totale koers. Maar elke keer als ik iets anders schreef voelde het oppervlakkig, alsof ik had besloten iets te verbergen. Uiteindelijk sloot ik mijn ogen en herleefde dat moment opnieuw: naast Lance rennend op straat, met zijn afhangende schouders, zijn hoofd gebogen, zijn ogen vochtig. Ik had hem nog niet eerder zo gezien. Ik liet de tekst staan zoals hij was.'

Lance deed de volgende vier weken niet mee aan wedstrijden. Hij hervatte de competitie met de Ronde van Zwitserland, een tiendaagse etappekoers die over de langste en hoogste bergwegen van de Alpen voert. 'Het was zwaar om weer terug te keren, en dan ook nog in zo'n zware wedstrijd,' zegt Lance. 'Ik werd beter, en beter... en ik fietste twee goede etappes... Ik kwam ten val in de laatste etappe en ben niet gefinisht. Het was echt erg... door de regen en de kou... het was verschrikkelijk.'

Behalve de twee keer dat Lance volgens de planning uit de Tour was gestapt, was dit de eerste keer dat hij voortijdig een professionele etappekoers moest beëindigen. Hij had nog een week in Como om de laatste voorbereidingen te doen voor de Tour, maar het weer werd er niet beter op, en Lance' vorm ook niet. 'Ik voelde me niet goed tijdens de training,' zei hij. 'De hele week was slecht.'

Het slechte weer hield aan gedurende de eerste Tour-week, die werd afgelegd over de grotendeels vlakke wegen door Nederland, België en Noord-Frankrijk. Geen van de etappes had zijn voorkeur, dus Lance eindigde elke dag achter in het peloton. 'Het was een zware, zware Tour,' weet George Hincapie, de jonge ploeggenoot van Lance die voor het eerst de Tour fietste. 'Ik wilde niet opgeven, dus ik hoopte dat ik zou vallen. Ik had het zo zwaar, ik dacht dat het beter zou zijn om te vallen en gewond te raken dan zomaar op te geven. Ik herinner me dat Lance nogal stil was, en ik vroeg me af: zou die ziek zijn?'

Het weer werd erger in de zesde etappe, die zuidwaarts voerde naar Aix-les-Bains, aan de oostkant van de Franse Alpen. Laaghangende wolken krulden rond de bergpieken, zware regen geselde de renners in hun plastic regenjasjes, en door de straffe windvlagen viel het nog niet mee het snel koersende peloton bij te blijven. Lance was een van degenen die in de problemen raakten, en na zo'n zestig kilometer harken achter in het peloton raakte hij met vijf anderen achterop.

Een paar kilometer later, op een lange oplopende weg en met het peloton meer dan twee minuten voor hen uit, kneep Lance, rillend van de kou, in de remmen en stapte uit de wedstrijd, net als in Zwitserland twee weken daarvoor. 'Och kwam door via de radio en zei dat Lance had opgegeven,' herinnert Hincapie zich. 'Lance zei helemaal niets. Hij draaide zich gewoon om, en daarmee was hij weg.'

Na de finish van de etappe ben ik naar het hotel van Lance gegaan om te achterhalen wat er fout was gegaan. In de lobby wachtte een cameraploeg op een interview met de winnaar van de dag. Niemand was geïnteresseerd in Lance nu hij had opgegeven. Ik ging naar zijn kamer. De tv stond op CNN, Lance zelf lag er uitgeteld bij. Zijn ogen waren dof en hij was erg somber. Hij wachtte op de ploegarts, en nog voor ik kon gaan zitten flapte hij eruit: 'Ik baal als een stekker! Mijn team wist dat ik slecht was, maar ik heb ze nooit openlijk gezegd dat ik ziek ben,' vertelde hij mij. 'Ik zeg dat niet gauw omdat ik nooit ziek ben, nou ja, bijna nooit. Ik kan me niet eens herinneren wanneer ik voor het laatst keelpijn had of problemen met ademhalen. Ik werd 's nachts een paar keer wakker omdat ik me niet lekker voelde. Volgens mij heb ik gisteren een infectie opgelopen. Ik werd wakker en kon niet slikken. In dit weer is het moeilijk om te knokken. Ik had geen kracht... Kon niet ademen. Ik dacht dat het kwam door allergie, of het weer. Ik ben teleurgesteld. Ik ben hier niet naartoe gekomen om ziek te worden. Maar ik ben het, dus wat kan ik verder zeggen? Ik kan alleen maar stoppen en het probleem verhelpen.'

Lance leek terneergeslagen en verward, en toen ik hem meer vragen stelde werd hij ongeduldig. 'De reden dat ik zo baal is dat ik nog steeds hier ben, hier rondhang en vragen zit te beantwoorden. Ik moet eruit, beter worden, aan het werk. Hier zitten en interviews geven over mijn opgave helpt me niet verder. Ik moet naar huis om me te richten op de Olympische Spelen.'

Volgens de planning moesten de Spelen van Atlanta '96 het hoogtepunt worden van Lance' seizoen. De kans om in eigen land mee te doen aan de Olympische Spelen kwam maar eens in je leven. Zijn agent Bill Stapleton was in de stad, in de hoop dat er goede contracten zouden klaarliggen, mocht zijn cliënt goud winnen. Maar omdat Lance vroeg uit de Tour was gestapt had hij niet zoveel wedstrijdkilometers in de benen als zijn tegenstanders. 'Ik trainde harder dan ik ooit in mijn leven getraind heb,' zei Lance. Toch is het niet makkelijk om drie weken intensieve koers te vervangen door alleen maar training. En Lance had moeten weten dat het rijden van onbelangrijke Amerikaanse wedstrijden, thuis trainen, en een week in Birmingham, Alabama om aan de verwachte hitte te wennen niet de beste voorbereiding is om mee af te reizen naar de Spelen.

'We verbleven op een afgesloten terrein ergens in Georgia, wat niet ideaal was,' weet Andy Pruitt, de Amerikaanse teamfysioloog. 'Lance had moeite met zijn tijdritfiets, en hij zei: Andy, m'n rug doet het niet meer. Ik probeerde alle trucjes die ik van mijn vader, een chiropractor, had geleerd, maar ik kon zijn probleem niet verhelpen. Ik wist dat hij een speciale behandeling nodig had om het vrije fragment onder in zijn wervelkolom op de normale plaats te krijgen. We hadden nog een dag voor de tijdrit, en de chiropractor in het Olympisch Dorp had geen tijd meer, dus ik heb de gouden gids gepakt en ben alle chiropractors gaan bellen totdat ik er een vond die wel betrouwbaar klonk. Ik vertelde hem dat ik met een olympische sporter bij hem zou komen. Dus reden we een uur zuidwaarts naar een striptent met neonverlichting buiten, en het bleek dat die man zijn hele familie had opgetrommeld. We zetten handtekeningen en maakten foto's, zelfs al hadden ze geen idee wie Lance Armstrong was. De man maakte een röntgenfoto, deed wat aan zijn rug en alles was weer in orde.'

Pruitt bewonderde Lance' vasthoudendheid en zijn vermogen om zijn pijngrens te verleggen. Maar, zo maakt hij duidelijk: 'Ik wil geen ideaalbeeld schetsen omdat het af en toe moeilijk is geweest om met Lance te werken. Hij kon wat geheimzinnig zijn, en wilde zijn eigen mensen om hem heen. En er waren voldoende gelegenheden dat hij jou ook testte.'

Op de Spelen in Atlanta werd Lance slechts zesde in de bijna 52 kilometer lange tijdrit, meer dan twee minuten achter de winnaar Miguel Induráin. En in de wegwedstrijd van 225 kilometer waren alle ogen op hem gericht. Lance ging er in z'n eentje vandoor op ongeveer 40 kilometer van de streep, maar hij werd weer bijgehaald. Lance miste vervolgens de beslissende ontsnapping. Zijn ploeggenoot Frankie Andreu zei dat hij aan Lance had voorgesteld het gat naar de koplopers dicht te rijden. 'Maar hij antwoordde: "Ik zit er redelijk doorheen, ik denk niet dat ik dat ga redden." En elke keer als hij iets ondernam kwam er direct reactie van de anderen. Hij was de man op wie gelet werd.'

'Ik hoopte dat ik me wat sterker voelde toen ik eenmaal was gegaan,' zei Lance nadat hij twaalfde was geworden. 'Ik voelde me zeker niet super. Ik voelde me wel sterk toen ik mijn vluchtpoging begon, maar het liep niet zoals ik hoopte. Toen ik werd ingelopen besefte ik dat ik in de problemen zat. Natuurlijk had ik heel graag gewonnen, maar ik moet realistisch zijn. Het is een lang jaar geweest.'

Het was niet gebruikelijk voor Lance om excuses te maken, hij was duidelijk wat zelfvertrouwen kwijtgeraakt na zijn reeks matige prestaties van die zomer. Het uitblijven van aansprekende resultaten betekende dat Motorola het sponsorcontract niet zou verlengen, en het team dat Och had samengesteld verdween daarmee na twaalf jaar uit het profpeloton.

'Motorola had meerdere redenen om uit het peloton te stappen,' onthult Och. 'Interne politiek, veranderingen in het management, en een ander beleid. Ze wilden zich toeleggen op voetbal in plaats van wielrennen. In mijn ogen hebben ze een grote fout gemaakt. Het was erg jammer omdat de volgende generatie op het punt stond om door te breken. Ik was zeer teleurgesteld.'

Het verlies van Och – hij vond nooit meer een nieuwe sponsor en koos uiteindelijk voor een andere carrière – betekende meer werk voor Stapleton. En Lance begreep waarom hij wel degelijk een agent nodig had toen hij een tweejarig contract afsloot bij het Franse Cofidis voor 2,5 miljoen dollar. De door Stapleton gevoerde onderhandelingen zorgden ervoor dat Lance Andreu, Julich en Livingston kon meenemen naar zijn nieuwe ploeg, terwijl Hincapie zich aansloot bij het team van US Postal Service, dat minder budget had. 'Ik was wel een beetje boos dat hij me niet meenam naar Cofidis,' zegt Hincapie.

Lance werkte die herfst nog wat wedstrijden af in Europa, waaronder een koppeltijdrit midden in september, zijn laatste wedstrijd met zijn vriend en mentor Sean Yates, die een aantal dagen daarna afscheid nam van het peloton. Lance vertrok naar Austin. Hij had wat te vieren: zijn 25ste verjaardag, zijn nieuwe contract en een nieuwe liefde die College in de Cactus Room aan Lance had voorgesteld: Lisa Shiels, een blonde studente techniek aan de universiteit van Texas. Hij was ook erg opgetogen over zijn nieuwe huis, een villa in Spaanse stijl met grote ramen die zicht boden op het zwembad, en waar aan de steiger al een motorboot en een jetski afgemeerd lagen. J. T. zorgde dat het werd afgebouwd, Linda richtte het in, en Lance wilde er maar wat graag zijn thuis van maken.

Een paar dagen nadat Lance zijn intrek in het huis had genomen kwam J. T. langs met slecht nieuws. 'J. T. had kanker,' zegt Linda. 'Leukemie. Hij wilde het niemand vertellen, maar kennelijk heeft hij er met Lance over gepraat toen die Casa Linda betrok. Het was ook J. T.'s huis: hij had een sleutel omdat Lance altijd maar onderweg was.' J. T. wilde dat Lance op de hoogte was van zijn ziekte, maar hij maakte er verder geen drama van en behield zijn goede humeur. Hij was zelfs op Lance' verjaardag. Een paar dagen na dat feest belde Lance zijn moeder in Plano. 'Hij wilde weten waar zijn zaklamp was, en ik had alles uitgepakt in huis,' zegt Linda. 'Ik nam een week vrij en werkte dag en nacht om dat huis op orde te krijgen. Dus ik vertelde hem waar hij de zaklamp kon vinden, en toen vertelde hij mij over zijn hoofdpijn, zijn vertroebeld gezichtsvermogen. Hij voelde zich niet goed, en dacht dat hij misschien te heftig had doorgehaald op zijn verjaardag. Hij had Nike beloofd dat hij naar Oregon zou komen om te gaan fietsen met een groepje wetenschappers die onderzoek deden naar een nieuw type wielerschoen, maar hij zei: "Mam, ik voel me te ziek, ik wil niet gaan." En ik zei: "Je kunt deze mensen niet teleurstellen, ze rekenen op je. Je moet echt gaan." En hij zei: "Ik ga wel naar de dokter om een spuit te halen." Een of andere spuit met steroïden waar hij zich beter door zou voelen.'

Hoewel steroïdengebruik tijdens de competitie verboden is, mogen sporters ze wel gebruiken voor therapeutische doeleinden, wat ze vaak doen. Lance was geen uitzondering. 'Als zijn rug weer opspeelde terwijl dokter Testa er niet was, vroeg hij mij om hem te bellen en te vragen wat hij zou voorschrijven,' vertelt Pruitt, de fysioloog van de Amerikaanse ploeg. 'Mij werd nooit gevraagd iets illegaals te doen, en ik moest rapport opmaken van een aantal steroïdeninjecties die we Lance toedienden voor zijn rug. Dus in de vier jaar die ik in zijn buurt heb doorgebracht heb ik nooit iets gezien wat ik verdacht vond... Maar ik kreeg de telefoontjes van Max, niet van Lance.'

Vlak voordat Lance met zijn nieuwe vriendin Lisa naar Bend,

Oregon vertrok voor het Nike-weekend, kwamen zijn oude school-vriend Adam Wilk en diens vrouw naar de stad. 'We waren bij hem thuis voor het diner,' zegt Wilk. 'Hij wilde me zijn Harley laten zien die hij net had gekocht, en zijn Porsche 911-turbo. Die auto was hem aangeraden door een maat van hem, wereldkampioen motorracen Kevin Schwantz. Lance nam mijn vrouw mee op de motor, ik volgde in de Porsche. Hij heeft me nooit verteld dat hij zich slecht voelde.'

Hoewel hij Och en zijn Amerikaanse team vaarwel had gezegd, en ondanks het slechte nieuws over J. T. en zijn gezondheid waar Lance mee moest leven, voelde hij zich relaxed en opgeruimd in Bend. Hij praatte met de mensen van Nike over de nieuwe schoen die ze voor hem aan het ontwikkelen waren, en hij fietste twee uur met hen, en met journalisten die waren uitgenodigd voor de productlancering. Na de tocht nam Lance even rust met een biertje op de veranda van zijn tijdelijke weekendonderkomen. Terwijl Lisa verkoeling zocht in het zwembad praatte hij met mij over zijn seizoen en het komende jaar. Hij vertelde dat zijn nieuwe ploeg liever wilde dat hij zou pie-ken in de Tour de France in juli in plaats van in de Tour DuPont, in mei. Ik vroeg hem wat hij vond van de sportdirecteur van het Fran-se team, Cyrille Guimard, die de Franse renners Bernard Hinault en Laurent Fignon naar Tourzeges had geleid in de jaren tachtig. 'Guimard denkt dat ik de Tour ooit kan winnen,' zei Lance. 'Ik weet niet eens of ik dat zelf wel denk. Als ik mijn vorm uit de Tour Du-Pont kan laten zien in de Tour de France dan zou ik waarschijnlijk behoorlijk goed zijn. Ik moet die vorm van mei verschuiven naar ju-li. En in juli is het weer ook geschikter voor mij...'

Lance keek ernaar uit om weer in Austin te zijn, zei hij, genieten van zijn huis, met zijn vrienden uitgaan, en weer fietsen met College. 'Ik herinner me dat ik een keer afscheid van hem nam, in de herfst,' herinnert College zich. 'We hadden gefietst, en hij stond recht voor zijn nieuwe huis in zijn Superman-Hercules-pose, en ik lachte hem uit. Hij was echt de koning te rijk.'

14 Een steile klim

'Het ging van kwaad tot erger. Ik ken niemand die in drie maanden tijd zoveel slecht nieuws heeft moeten incasseren.'
— Linda Armstrong

Op woensdagochtend 2 oktober 1996 waren Lance en College halverwege een van hun gebruikelijke trainingsritten toen er, volgens College, 'iets heel raars gebeurde'. Ze beklommen de lange steile Crumley Ranch Road in het Texaanse heuvelland. 'Opeens,' vertelt College, 'begin ik van hem weg te rijden. Dat was daarvoor nog nooit gebeurd, de lokale amateur die de sterkste profrenner ter wereld eraf rijdt. Ik had hem nog nooit zo zien lijden. Ik keek achterom naar hem en dacht: wat is er met je aan de hand? Wauw, je hebt het echt heel zwaar, hè? Ik moest boven op die heuvel op hem wachten.'

De dag ervoor nog, toen Lance was teruggekeerd van zijn weekend in Oregon, was de rit heel anders verlopen, gewoon zoals altijd. 'Ik voelde me fit, echt wielrenfit, en we gingen op weg voor een rit van drie uur, en hij liet me afzien op de fiets.' College vervolgt: 'We gingen bergop en ik had hem nog nooit zo sterk gezien.'

Maar nadat College die woensdag Lance op de Crumley Ranch Road uit het wiel had gereden, had Lance iets aan zijn vriend op te biechten. "Hij vertelde mij dat hij na de race van de dag ervoor wat bloed had opgegeven. Daarna vertelde hij me dat zijn testikel ontzettend veel pijn deed. Ik zei – en wat weet een broekie als ik er nou van?: "Heb je de laatste tijd te veel seks gehad?" En hij zei: "Nee, een beetje, maar niets geks." Hierover praten met een andere man is een heikel punt, en hij was te verlegen om erover door te gaan. Ik dacht: o, je ballen doen pijn, zit het maar uit, pech voor je.'

Lance vertelt dat hij aan de telefoon zat met zijn agent Bill Stapleton toen hij die hoestaanval kreeg. Hij legde de telefoon neer en rende naar de badkamer. In zijn boek *Door de pijngrens* schrijft Lance: 'Ik hoestte boven de wastafel, overal bloedspatten. Ik hoestte nog een keer, en spuugde nog een rode stroom uit. Ik kon niet geloven dat de massa's bloed en de klonten uit mijn eigen lijf afkomstig waren.'

Lance wist niet wat er aan de hand was. Hij verbrak de verbinding met Stapleton en belde een buurman met wie hij recent bevriend was geraakt, dr. Rick Parker, een plastisch chirurg. Tegen de tijd dat Parker bij het huis was gearriveerd had Lance het grootste deel van het bloed al weggespoeld. Toen Parker de kleine hoeveelheid zag, dacht hij dat waarschijnlijk een geknapte sinus de oorzaak was; hij wist dat Lance vaak last had van allergische reacties.

Lance belde met zijn oude arts in Italië, Massimo Testa, voor een second opinion. 'Hij belde en zei dat hij zo'n pijn had,' zegt Testa. 'Hij beschreef me waar hij last van had. Ik maakte me zorgen over de gezwollen testikel. Was het iets nieuws? "Nee," zei hij. "Het is al een paar maanden zo." Dus ik zei: "Je moet naar de uroloog." '

Op woensdagochtend had Lance nog steeds pijn in zijn testikel. 'Ik heb lang met die pijn rondgelopen,' vertelt hij me. Maar dat weerhield hem er niet van om met College om negen uur af te spreken bij het Hula Hut-restaurant om hun gebruikelijke ronde te fietsen. Op de weg naar huis, na zijn gênante gesprek met College, heeft hij naar eigen zeggen Parker weer gebeld. 'Ik zei hem dat er iets niet klopte. En dat een van de dingen waar ik last van had een beetje vreemd was, waar ik niet met hem over wilde praten. Hij kwam niet eens langs, maar verwees me naar een uroloog, dokter Reeves.'

Er werd een afspraak gemaakt voor later die middag. Daarvoor ging Lance bij J. T. langs, die te vinden was in The Tavern, een populair sportcafé in de buurt van Whole Foods waar ze vaak kwamen. J. T. vertelde later aan een journalist dat Lance tijdens de lunch zei dat hij 'pijn voelde in zijn buik en dat hij pijn had bij het lopen'. Nadat ze naar het plaatselijke winkelcentrum waren gereden klaagde Lance opnieuw, zei J. T. 'We dachten dat het een hernia was,' zegt hij. Lance kroop weer in zijn Porsche en reed naar de universiteit van Texas, naar de kliniek van de uroloog.

Dokter Jim Reeves, een vooraanstaande uroloog uit Texas, is inmiddels gepensioneerd en woont met zijn vrouw in de heuvels van Texas. Hun huis biedt uitzicht over ruim zes vierkante kilometer land, een lap grond die nu ruim vier decennia in familiebezit is. Zijn volle baard geeft Reeves het voorkomen van een soldaat, een imago dat wordt versterkt door de zelfgemaakte strikken die hij gebruikt om egels te vangen. Hij is geboren in Wisconsin en beschikt over die midwesterse voorkeur voor understatements, maar in zijn zware maar zachte stem klinkt geen twijfel door over wie de leiding had, als zijn patiënt van die oktoberdag, tien jaar geleden, ter sprake komt.

'Dokter Rick Parker zei dat hij een vriend had die mij wilde spreken... Een beroemde wielrenner. Maar ik had nog nooit van hem gehoord,' zegt Reeves. Lance hield er niet van om bij vreemde artsen langs te gaan; hij had een nare herinnering van toen hij vier was, toen hij van een Tonka-truck was gevallen en op de eerste hulp terechtkwam. Nu, 21 jaar later, moest hij zich uitkleden, operatiekleding aandoen en op een met een strook papier bedekte onderzoekstafel gaan liggen. Dr. Reeves was niet blij met wat hij zag: een rechtertestikel ter grootte van een softbal.

'Kennelijk had hij de Tour gefietst met die opgezwollen testikel, dus hij moet daar op z'n minst drie maanden last van hebben gehad,' zegt Reeves. 'Het wonderlijke is dat hij voldoende uithoudingsvermogen had om het vol te houden met zo'n grote testikel. Hoe kon hij in 's hemelsnaam überhaupt zitten op dat kleine zadel in die strakke wielerbroek?' De ervaren uroloog wilde eerst nog wat onderzoek doen alvorens een definitieve diagnose te stellen, maar, zegt hij me: 'Ik zag direct dat het kanker was, geen twijfel over mogelijk.'

Nog niet wetend wat er met hem aan de hand was, trok Lance zijn kleren weer aan en reed in zijn auto de hoek om naar het lab op het Medical Arts-plein om een echo te laten maken. 'De radioloog belde om te vertellen dat de uitslag positief was. Dat wil zeggen dat de longen vol zaten. Dus ik zei tegen hem: laat ook een röntgenfoto van je borst maken. Op dat moment werd duidelijk dat er sprake was van veel uitzaaiingen. Ik wist dat hij chemotherapie nodig zou hebben. Dudley Youman was een oncoloog met wie ik veel samenwerkte, en ik wist dat hij een fanatieke fietser was; een goede match dus. Ik belde Dudley en regelde voor Lance een afspraak voor de volgende ochtend, nog voordat Lance weer was teruggekomen uit het lab. Dit was zo'n beetje aan het einde van de dag. Ik belde Rick en zei: "Lance heeft teelbalkanker, en ik wil dat je bij hem bent op het moment dat ik het hem ga vertellen, dat is belangrijk. Dit is geen kattenpis."'

Nadat hij de testresultaten en de röntgenfoto's had bekeken, bevestigde Reeves de diagnose tegenover Lance en Parker: een agressief groeiende variant van teelbalkanker, die vanuit het kwaadaardige gezwel in de testikel was uitgezaaid naar de buikstreek en de longen, waarin zich, afgaand op de röntgenfoto's, gezwellen ter grootte van een golfbal hadden gevormd. 'Ik zei tegen Lance: ik laat je maar even alleen met Rick, dan kunnen jullie even praten. Dus ik sloot de deur en liet ze een tijdje,' zegt Reeves. Lance was kennelijk in staat onder woorden te brengen hoe hij zich voelde, maar toen ik terugkeerde was hij weer de zakelijkheid zelve. Hij zei: "Ik ben er klaar voor, laten we dit oplossen, hoe gaan we dit aanpakken?" Ik zei: "Nou, om te beginnen word je morgenochtend om zeven uur geopereerd." '

Lance vertelde dat hij geschokt en verward was toen hij die avond de praktijk van Reeves verliet en naar huis reed. De zon verdween achter de gouden koepel van het Texas State Capitol. Bill Stapleton had net het licht aangedaan in zijn kantoor. College begroette de eerste klanten van de Cactus Room op Sixth Street. Bart Knaggs werkte tot laat door in zijn net opgerichte ingenieursbedrijfje. En Lance' moeder zat thuis in Plano, uitrustend na een zware werkdag.

Lance weet nog dat hij langzaam naar huis reed en continu dacht: ik kan nooit meer op de fiets zitten. Toen pakte hij zijn autotelefoon en begon te bellen. Veel van zijn vrienden hadden alleen maar een pieper, weinigen hadden een mobiele telefoon. Een van de eerste mensen die hij te pakken kreeg was Stapleton, die zich Lance' woorden nog kan herinneren. 'Hij zei: "Ik heb erg slecht nieuws, Bill."

Ik begon direct te piekeren: nu komt het, hij wil geen agent meer. Hij gaat me ontslaan. En hij zei: "Ik heb kanker, ik heb geen agent meer nodig." Hij was duidelijk in shock, hij kon me dus niet veel meer vertellen. Hij zei: "Ik ben op weg naar huis," dus ik ben daar direct naartoe gegaan.'

College vroeg zich af waarom hij niets van Lance had gehoord. 'Normaal gesproken piepte hij me twee keer per middag op om te vragen wat ik die avond voor plannen had. Ik keek naar mijn riem en zag mijn pieper niet. Ik was rond zeven uur in de koelcel geweest, en daar lag mijn pieper boven op een krat bier. Lance had ongeveer acht pagina's tekst gestuurd, dus ik bel hem terug. Hij vraagt: "Waar in godsnaam heb jij uitgehangen?" Dus ik vertel hem over de pieper, en hij zegt: "Ik moet je iets vertellen. Ik ga het zonder omhaal tegen je zeggen." Ik antwoord: "Oké." En hij zegt: "Teelbalkanker." Ik zeg weer: "Is dat wat J. T. heeft?" En hij zegt: "Nee, dat is wat ik heb." Ik stond in het kantoor, en ik zakte gewoon door mijn knieën. Ik liet me vallen in zijn stoel. Ik had geen idee wat dit betekende, ik had geen idee wat hij had. "Dus, wat betekent dit?" vroeg ik. Het was een ongelooflijk moeilijk gesprek voor twee beste vrienden. "Ik word morgen om zeven uur 's ochtends geopereerd." We zeiden dat we van elkaar hielden... Ik was erbij de volgende ochtend in het St. Davis-ziekenhuis. Ik was doodsbang... bang voor Lance, bang voor mezelf.'

Toen Knaggs het nieuws hoorde, ging hij onmiddellijk op onderzoek uit op het internet, en hij printte alle informatie uit die hem nuttig leek en bracht die dezelfde avond nog naar Lance.

Toen Lance thuiskwam wachtte Parker hem op in de deuropening en bood aan om Linda te bellen, omdat Lance te geëmotioneerd was om haar te vertellen dat hij kanker had. 'Ik had die dag aan een belangrijk project gewerkt,' vertelt Linda, 'ik was net thuis. Ik zat buiten en probeerde te ontspannen met een wielertijdschrift toen de telefoon ging. Ik kende Rick Parker en al zijn andere buren omdat ik een jaar lang heb geholpen met het bouwen van Lance' huis daar. Natuurlijk kreeg ik zowat een hartverzakking, en het schoot door mijn hoofd hoe snel iemands leven kan veranderen. Ze hadden een vlucht voor me geboekt, en Bill haalde me op van het vliegveld. Het ging allemaal zo snel dat ik geen tijd had om na te denken. Maar ik stond mezelf niet toe te denken dat ik op visite ging bij...'

Linda maakt haar zin niet af, waaruit blijkt dat ze het idee dat haar zoon terminaal ziek was niet kon verdragen. 'Na alles wat we hebben meegemaakt vanaf het moment dat ik op mijn zestiende zwanger raakte, de wetenschap dat het kind dat in mij groeide mijn houvast en mijn redding zou worden... Ik wilde daar gewoon niet aan toegeven,' vervolgt ze. 'Je moet blijven lachen, positief blijven, zoals ik altijd positief was richting Lance. Ik legde me gewoon niet neer bij het gegeven dat hij zou sterven. Je stort je met hart en ziel op je werk, en ineens moet je de zorg voor je enige kind op je nemen. En hoe moeilijk het ook was om te leven met de angst dat ik mijn baan zou verliezen, uiteindelijk was dat niet belangrijk. Ik zou weer werk vinden omdat ik wist dat ik klaarstond voor mijn zoon.'

Dus voegde Linda zich bij Stapleton, Knaggs en de andere dierbare vrienden van Lance in de villa aan het meer, waar het telefoneren maar doorging. Och werd gebeld in Milwaukee, waar hij uit eten was met zijn familie, en Carmichael, onderweg naar Zwitserland voor het WK, belde vanuit New York.

Och was erg zakelijk en zei dat hij de volgende ochtend zou arriveren, terwijl Carmichael niet kon geloven dat het nieuws waar was. 'Ik had zes of zeven berichten van Stapleton met het verzoek hem terug te bellen,' zegt Carmichael. 'Ik kreeg hem niet te pakken, dus ik belde naar Lance, waar Bill de telefoon opnam en zei dat er bij Lance teelbalkanker was geconstateerd. "Je maakt een grap." Volgens mij heb ik dat wel tien keer herhaald. "Kom op, je maakt een grap." Toen zei Bill: "Lance is hier, ik geef hem de telefoon even." En ik hoorde zijn moeder op de achtergrond, dus ik dacht: shit! Ik vroeg Lance: "Wil je dat ik langskom? Wat heb je nodig?" Maar voor alles was al zo'n beetje gezorgd.'

Toch regelde Carmichael dat hij zo snel als hij kon bij Lance langsging. 'Het was een krankzinnige nacht. Schokkend,' zegt Stapleton. 'En we moesten alweer vroeg in het ziekenhuis zijn.'

Tegen de tijd dat de operatie achter de rug was, was Och gearriveerd om bij Linda, Stapleton en de anderen te kunnen zijn. 'Lance kwam met hulp van de oncoloog langzaam bij,' zegt Och, 'en de arts die hem had geopereerd was somber. Hij had geen best nieuws voor ons... Hij zei dat de kanker was uitgezaaid, en dat er andere complicaties waren. Hij was niet bepaald vol vertrouwen. Maar Lance zat rechtop in zijn bed, en een van de eerste dingen die hij zei was: "Ik ga deze ziekte verslaan."'

Tegen de media werd gezegd dat de kans op volledig herstel van Lance lag rond 'de 60 à 65 procent'. Geen geweldig vooruitzicht. Maar toen ik aan Reeves vroeg wat hij en oncoloog Dudley Youman op die oktoberdag hadden ontdekt, sprak deze onheilspellende woorden: 'We troffen voornamelijk embryonale stamcellen aan, en die waren destijds niet te behandelen. Ze ontstaan en verspreiden zich via het bloed, en gaan echt overal naartoe. Opereren heeft geen zin, en bestralen werkt bij dit type cel ook niet. Dus ik overlegde met Dudley: zus en zo is het geval, wat moet ik Lance vertellen?

Hij zei: "Hou het op een kans van twintig procent." En ik vond dat goed. Maar in mijn optiek waren de kansen nul, of althans bijna nul. In die dagen werkte chemotherapie goed, maar met zoveel uitzaaiingen had het geen zin... Dit was ongeneeslijk. Nadat we alle rapporten, testresultaten en röntgenfoto's hadden bekeken zeiden we tegen Lance dat de kans op volledig herstel twintig procent was. Maar hij was helemaal niet blij met twintig procent. Volgens mij accepteerde hij als genezingskans niets onder de 100 procent – in zijn gedachten althans.'

Dokter Reeves zegt dat hij nog nooit een patiënt heeft meegemaakt met zo'n hoge concentratie embryonale stamcellen. 'Ze zaten overal, van top tot teen,' zegt hij. 'De longen zaten helemaal vol. Andere typen zijn relatief makkelijk te genezen, maar niet deze variant. Elke arts die naar die röntgenfoto's keek – als je zelf deze vorm van kanker zou hebben – zou zijn zaakjes op orde gaan brengen. Het zag er echt niet naar uit dat deze strijd te winnen was.'

Hoe de kansen ook lagen, Lance en zijn naasten waren vastbesloten om deze uitdaging net zo toegewijd en professioneel aan te pakken als zijn nu al verbazingwekkende wielercarrière. De doktoren waren somber, maar de vrienden en familie van Lance waren zo opgewekt mogelijk. Linda's instinct zei haar om vooral Lance' motivatie intact te houden. 'Ik probeerde hem moed in te spreken,' zegt ze. 'Ik spoorde hem aan om naar buiten te gaan en te gaan fietsen, of te wandelen, of wat dan ook te doen, niets te veranderen.'

Dat hij College had om mee te fietsen was goed voor zijn moraal, en zelfs op die inktzwarte ochtend in het ziekenhuis bracht College wat verlichting voor allen. 'Er kwamen onafhankelijk van elkaar twee verpleegsters om Lance te controleren. Allebei keken ze naar me, en toen ze me zagen zeiden ze allebei: "O, hoi John!" Ik kende ze beiden uit de bar, omdat ik alle bezoekers moet controleren voordat ze naar binnen mogen. Dit was ook de eerste gelegenheid dat ik Linda echt sprak. Zij en Och moeten zich hebben afgevraagd hoe het kwam dat hij alle vrouwen uit de stad kende. Ik wilde geen verkeerd beeld schetsen. We waren ook bezorgd dat, omdat meer mensen hem in het ziekenhuis zagen, het nieuws over zijn kanker snel bekend zou worden, maar het personeel was geïnstrueerd niets los te laten.'

Stapleton geeft toe dat hij zich ook zorgen begon te maken. 'Ik vroeg me voortdurend af hoe we dit moesten inkleden. Ik wilde niet dat het zou uitlekken,' zegt hij. 'In het weekend hebben we daarom sponsoren gebeld, en we regelden een persconferentie voor dinsdag.'

Dat was de kortste termijn waarop het nieuws wereldkundig gemaakt kon worden omdat de artsen, die de ernst van de situatie inzagen, de eerste chemokuur voor Lance al op maandag hadden ingepland. En in het weekend werd hij naar de dichtstbijzijnde spermabank gebracht, in San Antonio, om wat van zijn zaad veilig te stellen voor het geval hij onvruchtbaar mocht worden.

Journalisten en andere genodigden werden via de persconferentie en een *conference call* op 8 oktober op de hoogte gebracht van het nieuws, dus de details over Lance' ziekte waren direct bij veel mensen bekend. 'De persconferentie was een verstandig idee,' zegt Och, 'omdat het nieuws daarmee in één keer openbaar werd. En omdat het internet nog in de kinderschoenen stond – niet iedereen had er toegang toe – kregen de juiste mensen de boodschap mee.'

Knaggs had onderzoek gedaan naar de best mogelijke behandeling, en de voorlopige resultaten daarvan wezen richting het M. D. Anderson Cancer Center in Houston, Texas, dat werd beschouwd als het beste ziekenhuis voor kankerbehandeling in de vs. Lance ging met zijn vrienden bij het ziekenhuis kijken. Het was geen aangenaam bezoek. 'De opmerkingen van de artsen van het centrum – "Je overleeft het waarschijnlijk niet" – kwamen het hardste aan. We werden er echt doodsbang van.'

Lance was niet blij met die prognose, en hij zag ook weinig in het type chemotherapie dat de artsen van het centrum hem wilden voorschrijven: Bleomycin. Het zou waarschijnlijk de kwaadaardige cellen doden, maar het had voor een sporter de zeer risicovolle bijwerking dat het de longen beschadigde. 'Lance kwam net terug van zijn bezoek aan het Anderson-centrum, toen ik in Austin aankwam,' zegt Carmichael. 'Hij was niet in goeden doen omdat de vooruitzichten en de behandelopties er niet goed uitzagen. Maar de volgende dag kreeg Lance een interessante e-mail. Hij was afkomstig van dr. Stephen Wolff, een oncoloog en amateurwielrenner. Hij schreef: je kent me niet via Adam, maar je moet me geloven als ik zeg dat de meest vooraanstaande oncoloog op het gebied van teelbalkanker dr. Larry Einhorn is, van de universiteit van Indiana. Je moet alles in het werk stellen om je door hem te laten behandelen.

Lance vroeg mij of ik dacht dat deze man serieus was. De e-mail was afkomstig van de Vanderbilt-universiteit in Nashville, dus ik zeg: "Laten we hem bellen." Lance belt met Stephen die toezegt het nummer van Einhorn te zullen achterhalen. Dat was een toevalstreffer. Lance kreeg veel e-mails. Lance maakte een afspraak met Einhorn, en dat leverde geheel nieuwe inzichten op. Hij vertelde Lance dat er nóg een methode was, die mogelijk zijn longen zou sparen, om de kanker te lijf te gaan. Hij zei niet dat hij Lance kon genezen, maar deze chemo zou Lance niet voorgoed naar de klote helpen, en het zou niet doen wat de Bleomycin doet, namelijk zijn longen verwoesten. Einhorn zei: "Ik garandeer je niet dat je geen last gaat krijgen van allerlei neveneffecten, en die kunnen wellicht verhinderen dat je fysiek ooit weer de oude wordt, maar het is een stuk beter dan dat andere spul." Dat gaf Lance weer veel vertrouwen.

Tegelijk speelden er veel andere dingen. Niet alles gebeurde ineens. Lance deed elke keer een test, kwam de week erop voor de uitslag, die nog weer drie dagen later kwam. Je had het gevoel vooruitgang te boeken, totdat je weer slecht nieuws kreeg.'

Ondanks de heftige chemotherapie die Lance kreeg in Indianapolis bleef hij optimistisch over de toekomst, en toen hij terug was in Austin kroop hij weer op de fiets. Frankie Andreu, zijn voormalige ploeggenoot bij Motorola, kwam langs en fietste met hem, en Kevin Livingston, die naar Austin was verhuisd, trainde geregeld met Lance.

'Misschien deed ik wel te veel in die tijd,' zei Lance, die zich een specifieke trainingsrit met Livingston kan herinneren. 'Ik moest afstappen en gaan liggen. Na een halfuur fietsen was ik kapot... compleet uitgeput, bijna dood. Kevin was bang. Hij stond op het punt om een auto te regelen, maar ik ben naar huis gefietst, ik moest gewoon even op adem komen.'

Net als zijn vrienden en ploeggenoten deden ook de sponsors van Lance al het mogelijke om hem te ondersteunen, hoewel geen van hen wist of Lance ooit zijn comeback als renner zou maken. 'Van Oakley kreeg hij een op afstand bestuurbare auto, die op benzine reed,' weet College nog. 'Het was een speelgoedvariant van een strandbuggy die 80 km/u haalde. Hij belde me op en zei: "Dit moet je echt zien. Ik heb zoveel lol met dat ding." Ik kon niet direct komen, dus belde ik hem later om te vragen of hij mee ging eten, en Lisa, Lance' vriendin, nam de telefoon op. Ik vroeg: "Waar is Lance?" en zij zei: "Hij speelt buiten met die verdomde auto. Ik hoop verdomme dat-ie dat ding het meer in rijdt." Lance belde me later en zei: "Ik heb je hulp nodig. Toen ik de afstandsbediening had uitgezet wilde ik ook de auto uitzetten, en toen reed-ie het water in." Lisa moest lachen, en Stephanie McIlvain, die namens Oakley bij Lance was, vond het hilarisch. Maar Lance was wat serieuzer, omdat de auto een cadeau was geweest. Die avond was het te donker om de auto te kunnen terugvinden, maar ik slaagde erin het ding de volgende ochtend uit het water te vissen. Alles wat ik kon doen om Lance te helpen, deed ik.'

Het gedoe met de speelgoedauto gaf enige afleiding, maar in die eerste week na de diagnose zei Lance dat hij bang was om alles kwijt te raken. 'De daaropvolgende week verkocht hij zijn Porsche, omdat hij nerveus werd van die auto,' zegt Adam Wilk, zijn vriend uit Plano. 'Lance dacht: geld weg, alles weg, ik ben er toch geweest. Die auto was het eerste bezit dat hij verkocht.'

Tijdens de lange dagen en nachten na de diagnose had Lance veel steun aan zijn moeder. 'Ik heb elke minuut vakantie en atv opgenomen die ik had,' zegt Linda. 'Ik had nog nooit iemand ontmoet of gesproken die kanker had, en dan lees je ergens dat maar zesduizend mannen per jaar worden getroffen door deze vorm van teelbalkanker. Waarom mijn zoon? Ik was boos, en bang – vooral bang! – en erg verdrietig. Ik regelde dat er mensen langskwamen en bij hem bleven, en we kregen veel telefoon. Deze mallemolen draaide zo'n drie weken door. We spraken over de toekomst, hoe het zou zijn als Lance getrouwd zou zijn en een kind zou hebben.'

Die week kreeg Linda nog meer nieuws te horen, van haar zus Debbie. 'Op hetzelfde moment dat Lance hoorde dat hij kanker had, ontdekte ik dat ik zwanger was,' zegt Debbie. 'Het was op alle fronten echt een emotionele tijd, en ik belde heel veel met Linda. Dus op mijn veertigste heb ik nog een kind gekregen.'

Het nieuws over de zwangerschap van haar zus bracht Linda enige verlichting, maar de diagnose van Lance viel haar zwaar. 'Als ik de deur 's avonds sloot en naar bed ging huilde ik mezelf in slaap,' zegt ze. 'Voor die baan als hulpverlener had ik niet gesolliciteerd, en ik wilde hem ook niet. Maar je leven kan in een oogwenk veranderen, een andere kant uitgaan... Het was een zwarte, inktzwarte periode.'

Toen Linda weer terugging naar Plano voor haar werk, en Carmichael was teruggekeerd naar zijn kantoor van de wielerbond in Colorado Springs, nam Och, die net de laatste Europese wedstrijd met Motorola had afgewerkt, de rol van hulpverlener over. 'Ik had me voorgenomen de hele tijd bij Lance te blijven,' zegt hij. 'Toen we naar Indianapolis vertrokken ging ik naar het hotel en hij naar het ziekenhuis. We hadden een ontmoeting met zijn artsen, Lawrence Einhorn en Craig Nicholls. Toen zij met de eerste reeks chemo begonnen, kwamen ze tot de ontdekking dat Lance een hersentumor had.'

Dit was wat slecht nieuws betrof wel het dieptepunt tot dan toe: twee tumoren waren uitgezaaid naar de bovenste helft van Lance' hersenen, en moesten worden weggehaald. 'Dat was reden voor grote zorg en neerslachtigheid,' zegt Och. 'Lance wist al dat hij een groot gezwel in zijn buik had, en veel tumoren in de longen, maar van de hersentumoren werd hij echt bang. De tweede chemosessie moest worden uitgesteld omdat Lance eerst een operatie moest ondergaan. Scott Shapiro, de arts die de operatie zou uitvoeren, kwam Lance opzoeken voordat hij weer terugging naar Austin. Ze wilden hem een beetje op krachten laten komen na de chemo. Hij fietste weer, hij was er eigenlijk wel redelijk aan toe.'

Lance zegt dat het sporten ervoor zorgde dat zijn hoofd leeg was en dat hij zich kon concentreren op iets positiefs. Hij dacht niet zozeer aan de operatie die eraan kwam, maar hij was bijvoorbeeld opgelucht dat zijn bloedwaarden door de chemo minder hard stegen. 'Hij leefde voor die getallen, voor de resultaten van de onderzoeken,' zegt Carmichael. Toen Lance, Lisa en Och teruggingen naar Indianapolis voor de operatie werden ze vergezeld door Linda, Carmichael, College en Livingston. 'Lance vond het prettig om in het ziekenhuis mensen om zich heen te hebben,' vertelt Carmichael. 'Grappig, ik denk dat ik dat juist helemaal niet prettig had gevonden... maar Lance vond het fijn om mensen in de buurt te hebben.'

'Lance z'n haar begon al uit te vallen,' zegt Och. 'En wat hij nog over had werd weggeschoren zodat hij, met een grote kale plek op zijn hoofd klaar was voor de operatie. De dag voor de operatie hoorde hij dat een 12-jarige dezelfde ingreep moest ondergaan. Hij wilde bij het kind langs, dus we gingen naar diens kamer waar Lance op het bed naast dat van de jongen, ook met kale plek, gaat zitten. Ik geloof dat Lance toen voor het eerst dacht aan iets terugdoen op het gebied van kanker. Omdat de jongen er slechter aan toe was dan Lance, en omdat Lance voor het eerst een kind in zo'n situatie zag. Het raakte hem.'

Die avond leek Lance meer op zijn gemak dan de dierbaren die rond zijn bed stonden. 'Dokter Nicholls was net binnengekomen en hij legde uit dat de hersenoperatie leek op het opensnijden van een pompoen,' zegt College. 'Hij zei: "We maken gewoon een klein gaatje en dan floept het er vanzelf uit, en dan doen we de deksel van de pompoen er weer op." Ik raakte van dit verhaal he-le-maal in paniek. Lance tikte me op de knie en zei: "Het komt allemaal goed, College." '

Op 24 oktober werd Lance geopereerd. 'Toen het begon was hij bezorgd, maar ik werd bang,' zegt Carmichael bijna fluisterend. 'Op dat moment dacht ik dat ik naar zijn begrafenis zou gaan. Ik zei dat natuurlijk niet, maar ik dacht: ga ik nu naar de begrafenis van deze gozer?'

'De operatie was zwaar voor hem,' zegt Och. 'Shapiro verwijderde de tumoren, Lance had nu grote littekens op zijn hoofd. Dat moest genezen. En de behandeling werd alsmaar zwaarder en intensiever. Hij sliep meer en had last van alle symptomen: misselijkheid, een zere mond... Direct na de operatie gingen we buiten wandelen. We probeerden hem van zijn plek te krijgen, maar zelfs dat wilde hij toen niet. Redelijk verbazingwekkend voor een type zoals hij. Dat was de enige keer dat hij me vertelde dat hij deze ervaring misschien niet zou overleven. We zaten buiten en hij zei: "Op dit moment weet ik niet of ik dit de baas kan. En ik wil niet dood." Maar ik heb nooit gedacht dat hij zou sterven. Ik weet eigenlijk niet waarom, hij zag er wel degelijk zo uit.'

Lance herinnert zich een bespreking met zijn artsen, inclusief Shapiro, Nicholls en Einhorn. 'Zij hadden meer ervaring dan wie dan ook, zij hadden letterlijk tienduizenden gevallen van over de hele wereld bekeken,' zegt Lance. 'Dus ik vraag: "Hoe erg is het? Is het erger dan de helft van de gevallen die jullie ooit hebben gezien?" Ja. "Erger dan een kwart?" Erger. "Onderste 10 procent?" Erger. Het bleek dat ik bij de ergste 2 tot 3 procent hoorde. Klote.'

'Het was een zware tijd,' zegt Linda. 'Mijn huwelijk [met John Walling] was slecht, en ik was de enige met werk. Ik had dus een slechte relatie, de man die ik ondersteunde was een alcoholist, en mijn enig kind was zo ziek als een hond, en ik kon er niet voor hem zijn. Het voelde gewoon niet goed. En het ging van kwaad tot erger, het een volgde op het ander, en weer het volgende... Ik ken niemand die zoveel slecht nieuws heeft moeten incasseren in drie maanden.'

'Aan de tweede ronde chemo was goed te zien dat het Lance op de knieën bracht,' zegt Och. 'Hij sliep meer en at steeds minder. We hadden een vast patroon: ik was er elke dag om zeven uur, dan gingen we naar de cafetaria, ontbijten met fruit en koffie, en dan rolde ik hem weer terug naar zijn kamer. Dan was het tijd voor zijn medicijnen, die hij met hulp van zijn verpleegster, LaTrice Haney, innam, en dan ging hij slapen totdat de doktoren kwamen met hun vragen en statistieken. Als ze binnenkwamen was Lance een en al aandacht: hij wilde horen wat ze zeiden, en hij was alleen geïnteresseerd in goed nieuws.

Na de derde ronde chemo begon de lijn een beetje op te lopen... De cijfers begonnen in zijn voordeel te spreken. Dat was enorm motiverend voor hem. Wat ook erg hielp was zijn terugkeer naar Austin – Motorola leende ons een keer het bedrijfsvliegtuig. De eerste dagen ging het niet zo goed, maar tegen het einde van de week had hij weer veel energie. Dat kwam door het bezoek van Eddy Merckx, die uit België was overgekomen om een ploegentijdritje af te werken in Gruene, Texas. Eddy fietste met Lance, ik reed met Kevin Livingston, en Bart Knaggs fietste met College. Dat was iets belangrijks. Lance en Eddy startten voor ons, en Eddy was als de dood dat Lance ineens van zijn fiets zou vallen omdat hij er zó slecht uitzag. Eddy was nog wat zwaar toen, en we haalden ze snel in, en Eddy loste Lance. Wij dachten allebei: wauw. Maar Lance wilde dit echt graag, en het was geweldig dat Eddy was overgevlogen om Lance te bezoeken. Eddy is een soort vader voor Lance, nog meer dan een mentor. Voor Lance was dat erg belangrijk.

Maar de volgende ronde chemo was het zwaarst. Hij hoopte dat het de laatste serie zou zijn, en zijn wens kwam uit. Op de laatste dag in het ziekenhuis moest de katheter uit zijn borst worden verwijderd, en dat ging heel erg moeilijk. Lance zei: "God, dit is nog zwaarder dan de chemo!" Het ding zat in de slagader en was helemaal ingegroeid. Maar ze kregen het eruit, en toen zat het er eindelijk op. De cijfers waren zoals ze na de laatste chemoronde moesten zijn. Een één of een twee is bij wijze van spreken niet voldoende: het cijfer moet echt op nul staan. Lance kreeg het terug tot nul, wat een wonder was. Echt een wonder.'

Dokter Reeves is het hiermee eens. Lance heeft volgens hem een van de meest vergevorderde varianten van kanker overwonnen die iemand ooit heeft gehad, en hij beweert ook dat Lance dit niet alleen voor elkaar gekregen heeft. Hij had zijn familie, zijn dierbare vrienden, honderden kennissen, duizenden wielerfans en miljoenen mensen verspreid over de aarde die hem hebben gesteund.

Toen ik Reeves vroeg welke kwaliteiten hij bij Lance had gezien die hem zouden helpen om deze strijd te winnen zei hij: 'Wilskracht, pure wilskracht. Een gemiddeld mens zou zeggen: "Ik wil niet zo ziek zijn, of de chemo helpt toch niet, waarom zou ik dat doen?" Hij kreeg vier sessies van de zwaarste chemobehandeling die er is. Maar,' zo voegt de dokter toe, 'het is en blijft een wonder, zij het met heel veel hulp. Het universum heeft hulp nodig bij het uitvoeren van wonderen. Het kan het niet alleen. En Lance kreeg gedurende het hele traject steeds meer steun van mensen. Ik geloof dat als er zoveel mensen zijn die bijna dagelijks aan je denken, die zoveel energie steken in jouw welzijn... Ik denk dat dat van grote invloed is geweest op zijn genezing.'

Behalve de duizenden opbeurende berichten die Lance thuis ontving, waren er door het hele land ook talloze groepen die baden voor zijn gezondheid. Een aantal van die groepen was opgericht op initiatief van familieleden met wie Lance geen contact meer had. Lance' grootmoeder van vaderskant, Willene Gunderson, zei: 'Toen Lance ziek was baden we elke zondagochtend speciaal voor hem in de lutherse Four Mile-kerk in Cedar Creek Lake in Texas. De kerk is nog gesticht door een van zijn voorvaderen.' En Lance z'n adoptiefvader, Terry Armstrong, schiet vol als hij vertelt: 'In Paris, Texas verzamelde mijn vader elke dag 500 mensen voor het gebed. En ik bad elke avond... En heb de berichten gelezen over de ernst van de kanker, dus moet er wel kracht schuilen in het gebed.'

Dokter Reeves is een van de vele artsen die onderzoek doen naar de kracht van het gebed. Hij is lid van de *International Society for the*

Study of Subtle Energies and Energy Medicine (ISSSEEM), die in 2007 een symposium organiseerde onder de titel *De wetenschap achter het wonder.*

Als ik dokter Reeves attent maak op het feit dat Lance niet gelovig is, zegt hij: 'Wonderen bestaan, daar hoef je niet gelovig voor te zijn – ik geef de voorkeur aan het woord spiritueel – daar hoef je niet spiritueel voor te zijn; het gebed op zich werkt altijd. Alleen al zijn moeder die voor hem bidt, dat moet een ongelooflijke kracht hebben toegevoegd aan het spirituele. Maar al die mensen die hem in hun hart hebben gesloten en wilden dat hij zou genezen – dat is een immense hoeveelheid energie die richting één persoon vloeit.'

15 Een nieuwe start

'Je hebt nooit ergens tegen opgezien, maar volgens mij zie je
ertegen op dat je het moet proberen.'
– Chris Carmichael

Sommige mensen denken dat Lance een natuurtalent is, begenadigd met een lijf dat uitzonderlijke capaciteiten heeft. Criticasters menen dat hij zijn succes te danken heeft aan doping, al kan chemische ondersteuning nooit de verklaring vormen voor het behoud van zijn atletische klasse. Maar wat velen over het hoofd zien, is zijn vastberadenheid, zijn onwrikbare overtuiging die ervoor zorgde dat hij kanker overwon en direct tot actie overging.

Nog geen twee weken nadat de katheter voor de chemo uit zijn borstkas was verwijderd, bracht Lance de Kerst door bij zijn moeder in Plano. Linda schrok toen hij binnenkwam. 'Ik vond het treurig om hem zo te zien,' zegt ze, 'de donkere wallen onder zijn ogen, de witte huid, geen haar, geen wenkbrauwen... zijn lichaam was volkomen uitgeput.' Ook schrok ze toen hij een hometrainer in zijn slaapkamer neerzette zodat hij kon fietsen. 'Ik ging boven bij hem kijken, en toen zat hij als een bezetene te trappen op die hometrainer, druipend van het zweet.'

Lance zat niet voor zijn lol op zijn fiets of om fit te blijven, hij had een doel. Over twee weken wilde hij naar Frankrijk om aanwezig te zijn bij de mediapresentatie van het Cofidis-team en om aan een driedaags trainingskamp met zijn nieuwe ploeggenoten mee te doen. Om te laten zien dat hij nog steeds wielrenner was en niet dood. Cofidis had het contract van vele miljoenen met Lance afgesloten voordat de diagnose kanker bij hem was vastgesteld, en toen teammanager Alain Bondue hem in het ziekenhuis bezocht, was die onzeker over de toekomst van de Texaan.

'Ik zal nooit die blik van Alain Bondue vergeten toen hij in die kamer in het ziekenhuis binnenkwam en Lance Armstrong zag,' herinnert Och zich. 'Lance lag daar: aan de apparatuur, kaal, littekens op zijn hoofd. Bondue dacht dat hij het niet zou overleven, laat staan dat hij ooit nog zou wielrennen.'

Bondue was samen met Paul Sherwen van Noord-Frankrijk naar Indiana gereisd, een voormalig Tour de Francerenner en op dat moment tv-presentator die zes jaar lang als pr-manager had gewerkt bij Och's Motorola-team. Als Engelsman die vloeiend Frans spreekt was hij één van de mensen geworden die door Lance het meest gewaardeerd werden. Sherwen was eveneens bevriend met Bondue, aangezien hij een aantal jaren samen met de lange Fransman in dezelfde ploeg had gekoerst.

'Ik zou eind november, met Thanksgiving, naar Amerika reizen,' vertelt Sherwen me, 'dus vroeg ik Bondue mee te gaan zodat we Lance konden bezoeken. Alain wist dat Lance van wijn houdt, en dus nam hij een heel speciale fles mee: een Château Mouton Rothschild uit 1994. We bezochten hem en Och ongeveer een uur, en af en toe viel Lance in slaap. Hij deed zijn ogen dicht, opende ze en sloot ze weer.'

Sherwens meest levendige herinnering aan het ziekenhuisbezoek was 'een magere man die door de gang wandelt in zwarte trainingsbroek en een infuus voor zich uit duwt en iets wat in zijn arm was vastgezet. Ik dacht dat dat mijn laatste beeld van hem zou zijn'.

Ook Bill Stapleton, Lance' zaakwaarnemer, bezocht hem die dag. 'Toen Lance kanker kreeg, dacht ik dat Bill ervandoor zou gaan,' zegt Chris Carmichael. 'Want als Lance niet wordt betaald, wordt *hij* niet betaald. Maar Bill gaf geen krimp. Hij was er en dacht er geen seconde over te vertrekken.'

Stapleton zegt: 'Lance was inmiddels een vriend geworden. Hij had iemand nodig om zijn belangen te behartigen tegenover mensen die afspraken met hem hadden, zoals Cofidis, en het stond buiten kijf dat hij iemand nodig had om nog andere afspraken te maken.'

Dus leek het Stapleton verstandig de kans te grijpen Bondue de hand te schudden en wellicht te overleggen over het contract van Lance dat op het punt stond van kracht te worden. 'Ik wist dat hij wilde praten,' zegt Stapleton, 'en ik belandde in een hotelkamer met hem en Paul Sherwen. Ik realiseerde me tijdens het gesprek pas dat van dit contract, net als van elk contract, een medisch onderzoek deel uitmaakt. En ze vertelden dat ze hem die test wilden laten ondergaan, dus werd de stemming grimmig. Ik werd pissig en vertelde hem dat hij moest opsodemieteren. Ik zei: "Als jullie een kerel die in zijn derde chemokuur zit zo nodig een medisch onderzoek willen laten ondergaan, doe vooral je best."'

Sherwen, die tolkte, herinnert het zich anders: 'Het was het voorstel van Stapleton dat we bij elkaar zouden komen om te overleggen. Hij stelde voor opnieuw over het contract te onderhandelen. Ik weet absoluut zeker dat Alain dat niet van plan was, omdat Alain geen jurist is en geen onderhandelaar. De hoogste baas bij Cofidis, François Migraine, is een zakenman met een zwak voor wielrennen. Zijn eerste gedachte zou zeker niet zijn "Verdomme, ik moet opnieuw onderhandelen over dat contract", maar: "Verdomme, ik vraag me af of die man het overleeft." Ik was erin getrapt. Ik was degene die Frans sprak, dus ik was degene die het moest doen. Ik was geshockeerd. Een man ligt in bed te sterven en anderen onderhandelen opnieuw over zijn contract.'

Deze verhitte woordenwisseling mag dan haar sporen hebben nagelaten op latere onderhandelingen tussen Stapleton en Cofidis, de uitkomst was een alleszins redelijke deal voor een renner die mogelijk zijn laatste wedstrijd heeft gereden: het team zou de oorspronkelijke verplichting nakomen van 1,2 miljoen dollar per jaar gedurende de eerste zes maanden en dat dan vervolgens terugbrengen tot 400.000 dollar per jaar gedurende de resterende achttien maanden.

Lance daarentegen geloofde net als Stapleton dat Bondue was gekomen om te checken hoe hij er medisch voor stond en dan het contract aan te passen als de uitkomst hem niet beviel. Dus was het in de geest van 'ik zal die Fransen eens een lesje leren', toen Lance rond Kerst zo hard op de pedalen trapte in Plano. Om weer wat beter in vorm te komen voor het trainingskamp in januari zocht hij zijn trainer op, Carmichael. 'We spraken elkaar ongeveer twee weken voor het trainingskamp,' zegt Carmichael. 'Hij was net klaar met de chemotherapie. Tussen de kuren door fietste hij, maar dan reed hij een kilometer of acht en dan moest hij twee keer stoppen omdat hij buiten adem was. Hij kon met niemand samen fietsen. We hadden het daarover en hij zei: "Je moet me dat trainingsschema geven. Wat willen die etterbakken me laten doen?"'

Alain Bondue faxte het schema en gelukkig werd het trainingskamp ergens in de buurt van het hoofdkantoor van Cofidis in Lille gehouden. Vlak bij België, dus zou het koud zijn en konden ze niet te veel kilometers rijden. Het was ongeveer zestig kilometer op dag één, tachtig de volgende en dan 140 op de derde van een driedaags trainingsblokje. Toch dacht ik: holy shit, deze kerel kan nog geen acht kilometer achtereen rijden zonder twee keer te stoppen. En over twee weken moet hij 140 kilometer halen, en dat met een profteam?!

Ik wist dat voormalig wereldkampioen Maurizio Fondriest en Giro-winnaar Tony Rominger in de ploeg zaten en die zouden niet het tempo van Lance rijden, dus bedachten we een plan. Bij de eerste zestig kilometer zou hij het eerste halfuur een aantal keer op kop gaan rijden, want dan zou hij nog de meeste energie hebben en kon hij zich laten zien. De rest van de dag zou hij niet meer voorin rijden. Voor de rit van tachtig kilometer was het de bedoeling om zich een aantal keer terug te laten zakken tot de volgauto, drinken te halen en weer het laatste wiel te pakken. Voor het langste traject van 140 kilometer zei ik hem: "Je mag geen energie verspillen. Niets. Ga niet op kop. Doe helemaal niets," aangezien hij al een eeuwigheid niet langer dan twintig minuten had gereden. "Blijf gewoon achterin. Die ochtend moet je zo veel mogelijk eten en ervoor zorgen dat je voldoende koolhydraten binnen hebt gekregen. Probeer voortdurend de vaart erin te houden. Probeer op kop te gaan rijden vóór een klim en laat je terugzakken in de heuvels..." En dit zaten we allemaal uit te vogelen, al deze onzin, alleen voor een onbenullig trainingsritje.'

Hun plan verschafte Lance voldoende zelfvertrouwen om te komen opdagen bij het trainingskamp – tot grote verbazing van Bondue – en samen met zijn nieuwe ploeggenoten te trainen. Elke avond zocht hij Carmichael op. 'De rit van zestig kilometer ging goed. Na die van tachtig zei hij zoiets als: "Man, dat laatste stuk was ik aan het sleuren. Ik weet het niet hoor..." "Het is nu of nooit, man, je moet het morgen doen." Waarop hij weer: "Fuck, ik laat me er door die klootzakken niet afrijden in 140 kilometer."

Na afloop belde hij en ik vroeg hem hoe het ging. "Ik was geen laatste," zei hij. "Twee anderen werden gelost. Ik heb helemaal niets gedaan! Ik heb me verstopt, ik heb uit de wind gereden, ik heb elke truc gebruikt die ik kon bedenken." Stel je eens voor: er zijn twee kerels die een man met kanker niet bij kunnen houden! Hij reageerde met: "Prima dan!"'

Het is vrijwel onmogelijk om je voor te stellen hoe iemand drie maanden agressieve chemotherapie en chirurgische ingrepen heeft overleefd, binnen enkele weken weer op de fiets zit en vier uur lang meerijdt met enkele van de beste wielrenners ter wereld. Het is een typisch voorbeeld van hoe uitzonderlijk Lance is met zijn verbluffend vermogen om zich op lichaam en geest te concentreren en tot onmogelijke prestaties te komen.

Carmichael gelooft dat Lance tijdens dit trainingskamp bovenal werd gemotiveerd door zijn perceptie van datgene wat zich tussen Stapleton en Bondue had afgespeeld tijdens hun ontmoeting in Indianapolis. 'Zo gaat het altijd,' zegt Carmichael. 'Als mensen Lance in de steek laten, wordt hij daar alleen maar sterker van... Ik heb hem in dat voorjaar twee of drie keer in Austin bezocht en hij was al behoorlijk veel sterker geworden. Maar hij had helemaal niet zoveel zin om weer te gaan wielrennen. Van zijn ploeg kreeg hij geen ondersteuning en hij probeerde te ontdekken wat er met zijn lichaam gebeurde. De doktoren wilden niet dat hij zich bovenmatig inspande terwijl hij nog aan het herstellen was van de kanker.'

Tijdens zijn verblijf in januari in Europa, reisde Lance naar Como en ontmoette daar zijn voormalige trainer Massimo Testa. 'Ik dineerde met hem, zijn vriendin Lisa en Jim Ochowicz. Jim was zijn steun en toeverlaat,' zegt Testa. 'Lance liet me alle foto's zien, alle stadia vanaf het moment dat de chemo startte, van dag tot dag. Lisa had de foto's gemaakt, zij is een enorme steun geweest tijdens de behandeling van zijn kanker.'

Er waren andere, minder zichtbare, veranderingen bij Lance die werden opgemerkt, veranderingen in zijn karakter. Hij leek bescheidener, minder brutaal. Zijn oude zwemcoach Chris MacCurdy viel dit op tijdens het verblijf met Kerst in Plano. 'Op een ochtend kwam hij langs,' zegt MacCurdy. 'Mijn vrouw maakte ontbijt voor hem, zij kon het goed met hem vinden. Ze liet hem viooltjes planten in de voortuin. Ik wist niet hoe ik het had. "Hij was vióóltjes aan het planten?" Dat is een andere kant van zijn karakter: een aardige kerel, geweldige vent – hij stond met beide voeten op de grond.'

Thuis in Austin stortte Lance zich op klusjes waarvoor hij vroeger nooit tijd had kunnen vinden. In plaats van hoveniers in te huren, ging hij zelf tuinieren en jonge bomen planten. Het leek alsof hij aan het zaaien was voor nieuw leven. Hij wist domweg niet zeker wat hij van het oude wilde behouden.

Zijn moeder zag beter dan wie ook wat er op dat moment door Lance heen ging: 'Als je net als hij door een verschrikkelijke ziekte wordt getroffen, als je bij de besten ter wereld hebt behoord en daarna kanker krijgt en bijna bent overleden, dan kijk je anders tegen het leven aan,' zegt Linda. 'Ik weet nog dat Lance zei: "Ik wil terug naar de essentie." Hij nam alles waarvoor hij zo hard had gewerkt in ogenschouw en besloot: "Dit heb ik niet nodig." Zoals de Porsche. Hij was zo trots op die auto.

Maar als je iets moet verwerken wat zo zwaar is als wat hij heeft moeten doorstaan, dan kun je geen belangrijke beslissingen meer nemen in je leven. Als ik terugkijk en erover nadenk, besef ik dat je weer moet genezen, niet alleen lichamelijk maar ook geestelijk. Grote beslissingen nemen tijdens je herstel... het kan goed uitpakken, het kan slecht uitpakken. Maar ik denk dat je vaak niet helder van geest bent.'

Het grootste dilemma van Lance was de vraag of hij wilde terugkeren naar het rondtrekkende bestaan van een professioneel wielrenner. Op zijn maandelijkse MRI-scans was niets te zien, maar terugval was nog steeds mogelijk. Hij was bang dat door het wielrennen – of zelfs alleen maar door te trainen – de kanker terug zou komen.

'Je moet genezen,' zegt Linda, 'en een deel van die genezing was: "Waarom moet ik dit opnieuw doen?" Dan antwoordde ik: "Er was een tijd dat je niet beter wist. Er was een tijd dat je hier elke dag voor opstond." En, hield ik hem voor: "Als je hier niet elke dag voor op wil staan, als je je hier niet goed bij voelt en dit niet het werk is waarvan je houdt, dan moet je iets anders gaan doen." '

Juist in die onzekere tijd vond Lance iets anders om te doen, een project dat Linda ook aansprak. 'Het positieve gevolg van die drie maanden behandeling nu hij zonder kanker was, was zijn wens een kankerstichting in het leven te roepen,' zegt Linda. 'We zaten gewoon op de grond en lazen elke avond brieven, dozen vol. Soms grappige verhalen, soms vragen over zijn medicatie... We zijn geen van beiden lezers, maar als je ooit in zo'n situatie belandt, ben je een spons en wil je alles om je heen in je opnemen. En hij zei: "Weet je, ik wil een stichting oprichten en ik wil iets terugdoen." Ik had me nooit met liefdadigheid of vrijwilligerswerk beziggehouden omdat het al een hele opgave was om de dingen te doen die ik deed. Maar toen we een besluit over die stichting namen en hij me het belang van iets terugdoen liet inzien, was dat de belangrijkste les die Lance me leerde.'

Lance wist nog niet zeker waar de stichting zich op zou richten, maar aangezien hij zelf slachtoffer was van het gebrek aan publieke belangstelling voor en kennis van teelbalkanker leek dat een goed uitgangspunt.

De kankerstichting was nog slechts een sluimerend idee toen Lance in januari bijeenzat met zijn vrienden Stapleton, Knaggs en College. Ook Bill Cass was erbij, een productmanager van Nike en een getalenteerd kunstenaar. Hij had ooit een wenskaart gemaakt die door College wordt beschreven als: 'Een cartoon van Lance die in zijn operatieschort door de gang rijdt en door doktoren wordt tegengehouden.' College verwoordde hun behoefte meer aandacht te vragen voor teelbalkanker zo: 'Weet je wat, dit zouden we moeten gebruiken als poster voor een wielerwedstrijd.' Toen de anderen vertelden dat ze al in gesprek waren met Nike en Oakley over de organisatie van een koers, werd een datum geprikt om te dineren bij Z'Tejas, een Mexicaans restaurant waar de Lance Armstrong Foundation feitelijk tot stand kwam. (De tafel waaraan ze zaten werd naderhand gedoneerd aan de stichting en staat nu in de hal van het hoofdkantoor in Austin.)

Het gezelschap besloot dat een liefdadigheidsrit een uitstekende manier zou zijn om het project te lanceren. College zei dat hij erover dacht te stoppen als barkeeper en bood zich als vrijwilliger aan voor de organisatie van de rit die *The Ride for the Roses* zou gaan heten. 'Ik sprak met Stapleton en die vertelde dat we op zoek moesten gaan naar een sponsor,' zegt College. 'Ik had geen idee hoeveel we nodig hadden, maar Bill zei: "Wat denk je van 25.000 dollar?" Volledig onverwacht word ik gebeld door een dame van een pr-bedrijf. Ze vertelt: "Een klant van me is op zoek naar sponsoring van een goed doel en ik heb gehoord dat jullie iets van plan zijn." Die klant is Ikon Office Solutions. Dus maakte ik een afspraak met de directeur van hun vestiging in Austin, een zekere Milo Bump. Mijn presentatie was erbarmelijk, maar hij zei: "Klinkt geweldig, man, gaan we doen!" Ik dacht: "Wauw!" Toen schoot door mijn hoofd: "O shit, nu moeten we die rit ook echt gaan organiseren." Uiteindelijk heb ik nauw samengewerkt met die pr-dame en haar collega, Kristin Richard, en zo ontmoette Lance zijn toekomstige vrouw.'

Met een persconferentie in de Shoreline Grill aan het meer van Austin ging de stichting van start. 'Daar ontmoette ik twee bewonderenswaardige vrouwen,' zegt Lance. 'De ene was Ann Richards, de voormalige gouverneur van Texas die in 2006 zou overlijden aan slokdarmkanker, en de andere was Kristin.'

De stichting gaf Lance een doel in zijn leven nadat hij zijn kanker had overwonnen, maar het was nog te vroeg om te zien of hij ook een toekomst als wielrenner had. Misschien waren er andere dingen die hij kon oppakken. Hij hield van het muziekwereldje en had even daarvoor Michael Ward ontmoet, de gitarist van een van zijn favoriete groepen, The Wallflowers. Ward was amateurwielrenner en stemde er onmiddellijk mee in Lance een week op concerttournee mee te nemen. Overdag fietste Lance met Ward, 's avonds bezocht hij het concert en speelde soms op gitaar met de band mee.

'We speelden en gingen als we waren uitgefeest om een uur of één, twee 's nachts met de bus op pad naar het volgende optreden,' vertelt Ward, 'dus moet je of slapen in de bus of je komt om een uur of vijf aan in een hotel. Zo ging het de hele week al dag in dag uit en Lance sliep overdag af en toe bij, nog altijd vermoeid en afgepeigerd als hij was van de chemo. Op een avond zitten we te kletsen en hij vertelt me het volgende: "Weet je wat ik vind, man? Een tijdje terug las ik een tijdschrift over een enquête onder succesvolle mensen als doktoren, advocaten en zo en die moesten antwoorden op de vraag voor welk ander bestaan ze hun huidige beroep zouden willen verruilen."

En hij vertelde: "Niemand zei filmster, niemand zei astronaut, iedereen zei popmuzikant." En vervolgens begint hij: "Weet je wat ik vind, man? Ik zal het je zeggen. Jouw leven is shit. Dit is verschrikkelijk. Waarom zou iemand dit willen doen?" Ik antwoord: "Ach, het valt wel mee." Waarop hij weer: "Nee, het is shit! Luister naar wat ik zeg! Het is gekkenwerk, de hele nacht in een bus rondrijden, inchecken in een hotel om vijf uur 's morgens en dan weer in slaap proberen te vallen. Dit is vreselijk. Iedereen denkt dat het geweldig is, maar het is allemaal opgefokt!" '

Daarmee vergeleken was wielrennen een stuk aantrekkelijker.

In de tien jaar sinds Lance zijn Camaro na een klopjacht door de politie ergens had achtergelaten en het vervolgens aan fietswinkeleigenaar Jim Hoyt had overgelaten om de problemen op te lossen, was hij zijn oude weldoener maar één keer tegen het lijf gelopen. 'Dat was vroeg in het seizoen in Lajitas in Texas bij een wedstrijd voor mountainbikes,' herinnert Hoyt zich. 'Ik was die ochtend erg vroeg opgestaan voor een kop koffie in dat kleine stadje in het Westen. Ik loop met mijn kop koffie van de ene kant de straat in en vanaf de andere kant komt Lance op zijn fiets aanrijden. Alleen hij en ik. Ik denk: o shit, hier heb ik nu even geen zin in. Hij rijdt naar me toe en zegt: "Hé man." We kletsten wat, maar het ging nergens over. Lance vindt het moeilijk om sorry te zeggen.'

Hun volgende ontmoeting vond plaats in de lente van 1997 bij de eerste Ride for the Roses. 'De dag vóór de rit zet Lance handtekeningen met twee andere stercoureurs, Sean Kelly en Davis Phinney. Ik ga net als iedereen in de rij staan voor hun handtekeningen,' zegt Hoyt. 'Lance zag me, stond op en gebaarde me naar voren te komen, maar ik schudde nee en wachtte in de rij op mijn beurt. Hij stond opnieuw op, stak zijn hand uit en zei: "Het spijt me." Waarop ik antwoordde: "Excuses aanvaard." Vervolgens schreef ik een cheque uit ter waarde van vijfduizend dollar voor de Lance Armstrong Foundation, zo ongeveer de hoogte van het bedrag dat Lance aan de auto kwijt was.'

Die cheque was een belangrijke bijdrage aan het totaal van 25.000 dollar dat de stichting bij de eerste rit ophaalde. 'We hadden bedacht dat we een deel van de giften zouden afstaan aan de American Cancer Society,' zegt College. 'We kwamen bij elkaar en zij begonnen Lance te vragen her en der te verschijnen. Ik was verbijsterd. Ik dacht, wacht eens even, jullie hebben nog helemaal niets gedaan. Ik wist niet eens van het bestaan van teelbalkanker en dat is jullie schuld. Dat inspireerde ons. Na de bijeenkomst zei ik: "Dit kunnen wij doen en beter ook." Er zijn dagen geweest dat ik spijt had van die uitspraak, want er stond ons van alles te wachten. Maar dat zette de ontwikkeling van de stichting in gang.'

Die ontwikkeling had bovendien baat bij het charisma dat Lance was gaan uitstralen. Adam Wilk, zijn vriend uit Plano, was aanwezig bij die eerste Ride for the Roses en herinnert zich: 'Na afloop was er een feestje bij Lance thuis. We zaten voor zijn huis te praten toen een aantal kinderen aan kwam lopen. Kale hoofden, kinderen met kanker, Lance was heel anders geworden. Mijn vrouw zei tegen me: "Mijn God, wat is díé veranderd!" De mensen willen hem aanraken, als Jezus... hij is een baken van licht voor hen. Beetje bizar als iemand er gewoon bij zit. Ik bleef gewoon op de achtergrond. Ze zijn gebiologeerd door hem.'

Het gebeurt vaak dat een stel uit elkaar gaat nadat het een traumatische periode als een levensbedreigende ziekte heeft beleefd. Het overkwam Lance en zijn jarenlange vriendin Lisa Shiels. De emotionele tol werd alleen maar groter toen die periode werd afgesloten en ze langzaam uit elkaar groeiden. Lance had op dat moment weinig energie om aan iets of iemand te besteden, al was hij druk in de weer met zijn stichting. Dat werk bracht hem in eerste instantie dichter bij Kristin, die de sponsor van de liefdadigheidsrit vertegenwoordigde. Toen ze elkaar beter leerden kennen, zag Lance een vrouw die net zo sterk en onafhankelijk was als hij. Hij viel voor haar humor, haar intelligentie en haar schoonheid. Kristin viel ook voor het uiterlijk van Lance. 'Ik vond hem leuk,' zegt ze, hun eerste ontmoeting in herinnering roepend, en al snel werd ze door zijn andere eigenschappen aangetrokken. 'Hij vormde een zeldzame combinatie van tegelijkertijd sterk en kwetsbaar zijn... hij was charmant... charismatisch. Hij had enorme aantrekkingskracht op mensen. Ik denk dat ik op allerlei vlakken nieuwsgierig naar hem was.

Door alles wat hij achter de rug had, was hij niet eigenwijs of zelfingenomen. Het was makkelijk hem beter te leren kennen. We waren allebei in een fase van ons leven waarin we openstonden voor anderen, het was een hoopvolle tijd op die leeftijd. Voor hem, met alles wat hij had meegemaakt, was het een heel bijzondere tijd.'

Tegen de zomer waren Lance en Kristin verliefd en reisden ze samen door Europa waar ze de pracht van Italië, Spanje en Zuid-Frankrijk op zich lieten inwerken. Het was tijdens deze reis dat ze een tussenstop maakten bij de Tour. 'Toen we in de startplaats uit de auto stapten,' herinnert Kristin zich, 'werd Lance overspoeld door fotografen en microfoons en wat al niet meer en ik dacht alleen maar: "Waarom hebben ze zoveel belangstelling voor hem?" Het was erg amusant aangezien ik geen idee van zijn prestaties had en niets van wielrennen wist.'

Lance greep de gelegenheid aan om bij te kletsen met journalisten en een bezoekje te brengen aan zijn ploegmaten van Cofidis: Frankie Andreu, Bobby Julich en Kevin Livingston. Maar hij toonde geen greintje enthousiasme om zelf te wielrennen, ondanks aandringen van Stapleton, Knaggs en zelfs coach Carmichael, die het gevoel had dat Lance aan het lanterfanten was en nodig zijn leven weer op de rails moest zien te krijgen. Alleen Kristin scheen bij hem door te kunnen dringen, meent Carmichael. 'Zij dacht: "Wat gaat die kerel dóén? Hij is nu 25 jaar oud en hij moet iets met zijn leven gaan doen. Op zijn minst moet hij erover nadenken." Ik denk dat ze hem op weg wilde helpen.'

Stapleton wilde dat Lance zich zou richten op zijn rentree in de wielersport zodat hij weer bij Cofidis aan de slag kon. Hij en Lance waren in april al naar Frankrijk gekomen en hadden geluncht met teambazen Migraine en Bondue. 'Ze hadden Lance enorm onder druk gezet om in juli de Tour te rijden,' herinnert Stapleton zich, 'en dat was volkomen misplaatst. Lance kreeg pas net zijn haar terug.'

Lance wist maar al te goed hoe de kanker zijn lichaam aangetast en zijn leven bedreigd had. Daar werd hij regelmatig aan herinnerd door de bloedonderzoeken en de rapporten en hij maakte zich ernstig zorgen dat de kanker zou kunnen terugkeren door bovenmatige inspanning. Van zijn doktoren had hij het advies gekregen het de rest van het jaar rustig aan te doen, te herstellen en niet te wielrennen. Toch schreef hij: 'Chris meende dat ik het wielrennen miste. Hij dacht dat ik een zetje nodig had en onze relatie was gebaseerd op zijn vermogen me die zet te geven als ik 'm nodig had.'

Om die zet te geven vloog Carmichael begin augustus naar Austin, tien dagen na afloop van de Tour de France van 1997, die was gewonnen door de jonge Duitser Jan Ullrich. 'Tegen Stapleton had ik gezegd dat ik naar Lance zou gaan om hem te vertellen dat hij weer moest gaan wielrennen,' zegt Carmichael. 'En Bill zei: "Succes, man, hij wil er niets van weten." Ik zei tegen Lance: "We moeten praten. Laten we samen dineren. Alleen jij en ik, zonder Kristin." Want ze waren, vond ik, zo verschrikkelijk verliefd. We gingen naar Chus, een Tex-Mex-restaurant en zaten buiten.

Ik zei tegen hem: "Bobby Julich is net vierde geworden in een tijdrit in de Tour de France. En jij bent een tien keer zo goede renner als Bobby Julich. Je moet weer gaan wielrennen, Lance. Of het 'n succes wordt of niet kan me niet schelen, maar je moet ontdekken of je terug kan komen." Dat van Julich zat 'm niet lekker. Hij zei: "Ik hoef niet weer te gaan wielrennen. Ik heb gedaan wat ik moest doen. Ik ben niemand iets verplicht." Waarop ik zei: "Natuurlijk, je bent niemand iets verplicht, je bent dit aan jezelf verplicht, om te ontdekken wat er nog is. Jij hebt het allemaal in je en het zit er nog steeds. Weet je nog dat ik je zes jaar geleden in Bergamasca vertelde dat je ooit de Tour de France zou winnen? Weet je, dat zit er nog steeds. En jij bent de enige die kan vaststellen of het door de kanker is weggenomen. De enige manier om dat vast te stellen is het proberen. Je hebt nooit ergens tegen opgezien, maar volgens mij zie je ertegen op dat je het moet proberen. Dat kan ik je niet kwalijk nemen. Ik zeg het alleen tegen je: je ziet ertegen op om te proberen terug te keren."

Het was geen goed gesprek en hij was er niet klaar voor om het aan te horen. Maar het hele weekend hield ik Stapleton voor dat "Bobby Julich een verdomd goede tijdrit had gereden". Volgens mij begon het bij Lance te kriebelen.'

Lance ging uitdagingen nooit uit de weg en al snel na dat gesprek met Carmichael gaf hij Stapleton het groene licht om Cofidis te vertellen dat hij weer wilde gaan wielrennen. 'Ik zei tegen hen dat ik over wilde komen om te overleggen over volgend jaar, afspraken te maken over zijn trainingsschema, over wat zijn doktoren adviseerden,' zegt Stapleton. 'Ik vloog naar Parijs, reed door naar Lille waar we een belachelijk lange lunch genoten voor we ook maar een woord hadden gewisseld. En toen wezen ze op een clausule waarmee ze het contract konden verbreken als Lance niet in minimaal vier internationale wedstrijden van start zou gaan. Ook vertelden ze dat ze een andere koers zouden gaan varen en zich meer zouden focussen op Bobby Julich en afscheid zouden gaan nemen van Lance. Ik dacht meteen bij mezelf: moet ik daarvoor overvliegen vanuit Texas zodat jullie me dit kunnen meedelen? Ons gesprek eindigde abrupt en ik belde Lance vanuit een telefooncel in Parijs om hem te melden dat we op zoek moesten naar een nieuwe ploeg.'

Dat bleek een moeilijker opgave dan Lance of Stapleton had vermoed. Lance was gekrenkt dat als Stapleton informeerde vrijwel elke Europese ploeg nul op rekest gaf. Dus werd Ochs hulp ingeroepen om contact te leggen met voormalige collega's in het peloton. 'Cees Priem van TVM was de enige die Lance een contract aanbood,' zegt Och, 'maar het was te weinig.'

Stapleton verging het evenmin goed. 'Ik faxte elke ploeg en Mercatone Uno was een van de weinige die terugfaxten, de ploeg van Marco Pantani. Lance sprak zelfs met Marco, maar ze haakten af toen het op geld aankwam. De een na de ander wees ons af. We waren nog in gesprek met Saeco-Cannondale – Scott Montgomery van Cannondale Bikes had ons het jaar daarvoor benaderd – en we maakten een afspraak op de Interbike-show in Anaheim, maar hij kwam niet opdagen.'

Op Interbike liep Lance ook Mark Gorski en Dan Osipow van de US Postal-ploeg tegen het lijf. 'Maar dat leek ons geen echte optie,' zegt Stapleton. Dat had te maken met het bittere vertrek van Lance zes jaar eerder na een ruzie met coach Eddie B en teameigenaar Thom Weisel van Subaru-Montgomery, de voorloper van US Postal. Desondanks bedacht Stapleton zich en regelde een afspraak met Weisel, CEO van Montgomery Securities, en Gorski, Eddie B's vervanger als ploegleider. 'Tijdens het gesprek bleek dat Thom Lance er graag bij wilde hebben,' zegt Stapleton. 'Ik vertelde hem dat we met Cofidis voor 1998 hadden gesproken over een contract van 200.000 dollar en liet doorschemeren dat we daar serieus over nadachten. Daarom zei ik dat we 200.000 dollar wilden, maar dan met een bonus: duizend dollar voor elke UCI-punt, ongelimiteerd.' De UCI kende punten toe op een glijdende schaal: tien punten voor een overwinning in kleinere wedstrijden tot vijfhonderd voor de eindzege in de Tour de France.

In 1996, het jaar voor de kanker, had Lance in totaal 1.315 UCI-punten behaald, dus als toen die clausule in zijn contract had gestaan zou hij 1,3 miljoen dollar extra hebben verdiend. 'Gorski zei dat hun budget daar tekort voor schoot,' gaat Stapleton verder. 'Hij zei: "We willen hem, maar..." Toen keek Thom naar mij en zei: "dat neem ik voor mijn rekening als we nu een overeenkomst hebben." Ik zei dat ik vijf minuten nodig had om Lance te bellen en de deal was rond. We hadden geen keus, dus sloten we de deal.'

Op dat moment was Postal niet eens geklasseerd bij de toptwintig van beste ploegen ter wereld en had dat jaar voor het eerst deelgenomen aan de Tour de France. Daarin was kopman Jean-Cyril Robin als vijftiende geëindigd met bijna een uur achterstand op winnaar Ullrich. Het postbedrijf is een onafhankelijke instelling van de Amerikaanse regering die een wielerploeg sponsorde om wereldwijd naamsbekendheid te verwerven. Succes in Europese wedstrijden was een van de belangrijkste prioriteiten. Door Lance aan te trekken, investeerden de sponsoren (en Thom Weisel) in een jonge renner die had laten zien dat hij tot verbazingwekkende prestaties in staat was en van wie zij nog grotere wapenfeiten verwachtten in de toekomst. Als herintroductie van Lance in de Amerikaanse media werd in september een persconferentie gepland in New York.

Eén van de genodigden was Jeff Garvey, een gepensioneerde investeerder en amateurwielrenner uit Austin. Die had Lance ontmoet via zijn fysiotherapeut aan wie hij had verteld dat hij betrokken wilde worden bij liefdadigheid. 'Lance kwam naar mijn huis voor 'n lunch,' vertelt Garvey me. 'Hij kwam aanrijden in een pick-up en toen hij zijn petje afzette bleek dat hij net zo kaal was als ik, maar door heel andere oorzaak. Ik had verhalen over hem gehoord en die waren over het algemeen niet positief: een eigenwijs mannetje uit Texas met negatieve bijklanken aan zijn directheid. Maar hij bleek juist uitgesproken kalm en bedaard. We hebben uitgebreid geluncht en tot mijn verbazing bleek hij meer te weten over mijn bedrijf, Austin Ventures, dan de bedrijven wisten waarin we hadden belegd. Ik wilde actief worden in liefdadigheid omdat mijn ouders en de ouders van mijn vrouw allen aan kanker waren gestorven. Lance vroeg me of ik wilde helpen met zijn stichting die op dat moment alleen nog maar in gedachten bestond.

Zes maanden later was de stichting nog steeds niet veel meer dan een idee. 'Het kantoor zat in mijn appartement,' zegt College. 'Ik stapte vanuit mijn bed over in de bureaustoel. Op een dag kwam Lance langs en het lag nog helemaal vol met rommel van de Ride for the Roses. Het was een klerezooi, dus zei hij: "We moeten je hier weghalen."'

Lance en Stapleton nodigden Garvey de avond voor de persconferentie in New York uit voor een diner in hun hotel. 'Lance was zenuwachtig,' herinnert Garvey zich, 'en daarom ontmoette ik eerst Bill en hij vroeg me of ik voorzitter van de stichting wilde worden. Natuurlijk, zei ik, ik voel me gevleid. Toen Lance later aan tafel kwam, vroeg hij: "Ga je het doen?" Ik kende Lance niet erg goed en wist nauwelijks wat de stichting van plan was. Ze hadden tienduizend dollar op de bank, geen personeel, geen missie, geen doelstellingen. En toch zei ik dat ik voorzitter zou worden.'

De persconferentie van de volgende dag was zeer belangrijk voor de hoge omes van us Postal, maar Stapleton waarschuwde voor gebrek aan belangstelling van de landelijke media aangezien Lance geen grote naam meer had. Hij kreeg gelijk. 'Er waren maar een paar verslaggevers en enkele camera's op afgekomen,' zegt Stapleton. 'Er is geen mens te zien. Lance hield zijn Trek-fiets omhoog en er volgde een korte persconferentie. Dat was het.'

College, die al het hele jaar aan het proberen was om sponsors voor de stichting te vinden, wist alles van het gebrek aan naamsbekendheid van Lance. 'Zo ging elk verkooppraatje dat jaar,' zegt College: ' "Ik ben John Korioth en ik ben van de Lance Armstrong Foundation. U heeft wellicht gehoord van Lance? Dat heeft u niet? Nou, uhh, hij is de renner die kanker kreeg. Niet van hem gehoord? Nee? Hij... uhh... heeft u ooit van Greg LeMond gehoord? Oké. Lance is net zo iemand als Greg LeMond, alleen heeft hij de Tour de France niet gewonnen. Oké? Ja, hij is degene die kanker kreeg. Ja, die man. Kan ik even langskomen om te vertellen wat we aan het doen zijn?" Mijn dagen waren gevuld met dergelijke vruchteloze gesprekken. Niemand kende hem echt.'

De oude gloriedagen van Lance waren inmiddels vergeten. Maar oktober 1997 was een maand van een nieuwe start. Uit onderzoeken van een jaar na de diagnose bleek dat hij volkomen vrij was van kanker. De stichting hield haar eerste bestuursvergadering, waarbij College vaststelde dat 'als je maar met de juiste mensen in gesprek raakt, je er vervolgens wel uitkomt. Dat was het keerpunt voor de organisatie.' Later die maand zegt de elegante, blonde Kristin ja tegen het huwelijksaanzoek van Lance. 'Het was in een fase van mijn leven dat ik niet wist of ik nog een jaar te gaan had, nog vijf jaar, nog tien jaar,' vertelt Lance me. 'Ik bedoel, je wilt toch de echt Amerikaanse droom nastreven, dus wilde ik een huis met een wit houten hek, twee of drie kinderen en een suv.' Die droom wilde hij delen met Kristin.

Voor de renner Lance gold dat hij een nieuwe ploeg had, een bonusregeling in zijn contract en hernieuwde ambitie voor professioneel wielrennen. Alle ingrediënten voor zijn eerste grote comeback waren aanwezig.

16 Valse start

'Feit is dat niemand had gehoord van de Ruta del Sol, en de aankondiging "Ik ga weer fietsen" is nog geen comeback.'
– Bill Stapleton

Ongerust, verward, geïrriteerd. Zo beschreven zijn vrienden Lance tijdens de voorbereiding op zijn rentree in het Europese peloton. Hij was erg onzeker. Hoe kan het ook anders? Andere sporters waren teruggekeerd na ernstige blessures of ziektes, maar Lance was de eerste duursporter die een bijna fatale kanker had overwonnen na maandenlange, slopende chemotherapie en die daarna probeerde terug te keren op het hoogste niveau.

Een jaar na de diagnose had hij vier maanden de tijd om zich voor te bereiden op zijn eerste wedstrijd. De eerste twee maanden trainde hij in Santa Barbara in Californië. Hij fietste elke dag, sprak met zijn trainers en werd dagelijks gemasseerd door Shelley Verses, een voormalige masseuse bij Motorola (inmiddels was J. T. Neal, zijn vriend uit Austin, te ernstig ziek door leukemie om zijn persoonlijke verzorger te zijn). De avonden bracht hij door met zijn verloofde Kristin in een gehuurd vakantiehuisje aan het strand met uitzicht op de Stille Oceaan. Ze waren zo gek op de stad dat ze besloten er volgend voorjaar te gaan trouwen. Santa Barbara bleek ook een uitstekende plek om te trainen en Lance voelde zijn krachten verrassend snel terugkeren. Na afloop van een lange trainingsrit in de ruige bergen van Santa Rafael vertelde hij Verses: 'Ik ben magerder dan ooit. Ik voel me zo sterk dat ik geen idee heb waartoe mijn lijf in staat is.' Dr. Michele Ferrari, de Italiaanse trainer van Lance, herinnert zich dat hij hem in de herfst zag. 'Hij was absoluut afgevallen, woog ongeveer 74 kilo. Hij had veel spiermassa en kracht verloren. Zonder kanker was hij nooit zoveel kwijtgeraakt.' Lance woog ruwweg zes kilo minder dan in 1996.

Een minder zwaar lichaam kan de prestaties van een wielrenner op lange, steile bergwegen enorm bevorderen, maar om te profiteren van zijn gereduceerde gewicht diende hij de kracht te herwinnen die hij bezat vóór de kanker. Chris Carmichael was bereid hem te helpen. 'Hij trainde die winter een stuk beter dan hij lang geleden had getraind,' zegt zijn trainer. 'Hij was opgewonden... maar iets klopte er niet en dat zag ik al in Santa Barbara. Hij trainde goed en hij was duidelijk verliefd op zijn verloofde, maar iets klopte er niet.' Het ontbrak hem aan gemoedsrust. 'Hij worstelde ernstig,' laat Bill Stapleton weten. 'Een deel van de worsteling lag in de bezorgdheid die hij liet zien. Hij was erg nors en helemaal nog niet klaar om weer wedstrijden te rijden.'

Lance en Kristin daarentegen waren beiden klaar om een nieuw leven te beginnen en toen ze naar Europa vertrokken waren ze uitgelaten. Ze vestigden zich in Frankrijk waar ze een appartement huurden in het mondaine St.-Jean-Cap Ferrat, een kuststadje buiten Nice. Kristin verzorgde de inrichting en ging Frans leren. Lance sloot zich voor trainingsritten aan bij Ken Livingston, zijn ex-ploeggenoot die nog steeds bij Cofidis reed en in Nice woonde. In de Europese media werd druk gespeculeerd over de rentree van Lance. Men vroeg zich af of iemand die kanker heeft overleefd weer op zijn oude niveau terug kan komen in de zwaarste sport ter wereld. Om die vraag te beantwoorden, reisden verslaggevers af naar het Spaanse Sevilla voor de proloog van de Ruta del Sol op 15 februari 1998. 'Ik vond het maar niks,' zei Lance over zijn eerste wedstrijddag. 'Er was veel belangstelling en veel druk waar ik me ongemakkelijk bij voelde en mijn verwachtingen waren waarschijnlijk te hooggespannen. Achteraf gezien had ik mezelf geen enkele druk moeten opleggen.'

Ondanks de interne en externe druk hield Lance zich goed staande in het peloton. Hij klom met de beste renners mee naar de finish op de top op de derde dag en behaalde uiteindelijk een vijftiende plaats in het eindklassement van de vijfdaagse wedstrijd. Het was een goed resultaat voor zijn eerste wedstrijd na een rentree, maar Lance was niet tevreden. Stapleton zegt het zo: 'De comeback ging gepaard met allerlei verwachtingen en Lance rekende erop dat grote sponsors als AT&T in februari in de rij zouden staan. Maar feit is dat niemand had gehoord van de Ruta del Sol, en de aankondiging "Ik ga weer fietsen" is nog geen comeback.'

Lance' volgende kans om te schitteren kwam in Parijs-Nice, de rit die hij twee jaar geleden bijna had gewonnen. 'Hij ging erheen met hoge verwachtingen,' zegt Carmichael, 'vooral omdat de wedstrijd na een week zou eindigen in zijn nieuwe woonplaats waar Kristin hem zou opwachten. Maar de week begon slecht. In de openings-tijdrit in het kille Parijs eindigde Lance als negentiende, zelfs nog achter zijn jonge ploeggenoot George Hincapie. Om die reden be-sloot ploegleider Johnny Weltz van US Postal om Hincapie als kop-man te kiezen. Toen Hincapie de volgende dag tijdens de lange, vlakke etappe naar Sens lek reed, kregen dus alle ploeggenoten – in-clusief Lance – van Weltz te horen dat ze moesten wachten op Hin-capie om hem terug te brengen in het peloton.'

'Moeten wachten was iets wat Lance niet kende, zeker niet wach-ten op mij,' zegt Hincapie. 'Ik had er de pest over in. Het was koud en winderig. Lance sleurde het hardst van allemaal, maar terugko-men was verschrikkelijk moeilijk. De eerste groep hebben we niet meer bijgehaald en de finish was moeilijk.' Het weer was bitter koud en de wedstrijd was meedogenloos; toch had niemand verwacht dat Lance plotseling zijn benen stil zou houden, langs de kant zou gaan staan en de wedstrijd zou verlaten. 'Ik zag hem in het hotel,' zegt Hincapie, "het leek erop alsof hij dacht: "Ik heb het gehad, ik ben niet klaar voor deze sport." Hij was helemaal niet blij terug te zijn in Europa, zo te moeten afzien, niet te winnen en te verblijven in dit ar-metierige hotel. Hij pakte gewoon zijn boeltje en vertrok. We waren allemaal verbijsterd.'

Dit is niet de manier waarop dingen beginnen, of eindigen.

'Ik dacht dat het de laatste keer was geweest dat ik in Europa zou fietsen,' geeft Lance toe. 'Dat wist ik tamelijk zeker. Ik was in de war, maar ik had een gevoel van opluchting toen ik 's avonds naar huis in Nice vloog.'

Kristin was er ook van overtuigd dat Lance er klaar mee was. 'Hij belde me toen ik in de supermarkt stond, maar hij had geen tijd om uit te leggen waarom hij eerder naar huis zou komen,' zegt ze. 'En toen hij eenmaal thuis was, had hij geen idee wat hij met zijn leven wilde. De verwarring was compleet en hij deinsde terug voor een rentree in de wielrennerij. Hij wist tamelijk zeker dat hij wilde stop-pen.'

Midden in de nacht ging in Colorado de telefoon over bij Car-michael. 'Het was Lance die belde vanuit Nice,' zegt de trainer, 'om te vertellen dat hij was gestopt met wielrennen en terug naar huis zou vliegen. "Ik zit hier met Kristin," zei hij, "die heb ik uit Franse les gehaald en we vertrekken. Ik heb het gehad." Toen ik dat hoorde, zei ik: "Luister, ik kom naar Austin toe als jullie terug zijn en dan praten we erover. Ik geef je 'n paar dagen." '

John 'College' Korioth had inmiddels een echt kantoor en twee medewerkers in dienst die druk bezig waren met de voorbereiding van hun grote benefietrit, de tweede Ride for the Roses. Enkele dagen nadat Lance en Kristin waren teruggekeerd in Austin dook een derde medewerker op. 'Het was Lance,' zegt College. 'Ik trof 'm aan in de postkamer waar hij enveloppen zat te vullen met inschrijfformulieren voor deelnemers en ik vroeg: "Kerel, wat zit je hier in godsnaam te doen?" Hij antwoordde: "Ik vul enveloppen. Ik help." Waarop ik zei: "We hebben jouw hulp niet nodig. Ga weer op je fiets zitten." En hij zei: "Dat is wel het allerlaatste wat ik op dit moment wil."

Ik dacht: hij baalt gewoon stevig en gaat over een paar dagen weer op de fiets zitten. Maar toen realiseerde ik me: shit, het is goed mis. Hij kan niet gewoon stil gaan zitten. Dat was voor Kristin het moment om een goed gesprek met hem te hebben. Ze zei: "Als we gaan trouwen, wil ik weten wat je van plan bent. Ik kan niet leven met die onzekerheid." '

'Ik denk dat hij echt een beetje de weg kwijt was,' zegt Kristin. 'Je kunt niet allebei tegelijkertijd de weg kwijt zijn. Ik wist dat ongeacht wat ik zelf voelde, of ik nu gefrustreerd was of teleurgesteld, hij van me verlangde dat ik sterk zou zijn. Dat ik er voor hem moest zijn en achter hem zou staan. Hij had stabiliteit nodig omdat alles in zijn omgeving op losse schroeven was komen te staan.'

Met haar enorme wilskracht en sterke karakter leek Kristin een beetje op de moeder van Lance. Haar geloof – Kristin is streng katholiek, net als Linda – gaf haar extra kracht en vertrouwen. 'Het was niet eens zozeer dat ik vertrouwen had in Lance, al geloofde ik absoluut in hem, maar het was veel groter dan dat,' zegt Kristin. 'Anders zouden we het beiden niet hebben gered om door die moeilijke periode heen te komen.'

Lance had aan College gevraagd zijn getuige te zijn op hun bruiloft die begin mei zou plaatsvinden en College had aan Lance gevraagd of hij weer zou gaan fietsen, en wel in een bijzondere rit. 'Ik was op de proppen gekomen met een krankzinnig sponsorbedrag – honderdduizend dollar – om als onderdeel van de Ride for the Roses aan een criterium in het stadscentrum deel te nemen,' vertelt College. 'Lance antwoordde: "Dat krijg je nooit voor een plaatselijk criterium!" Hij wilde me niet geloven toen ik hem later belde om te vertellen dat de ton me was toegezegd door Sprint. "Ik zit op dit moment naar de cheque te kijken," zei ik. "Bereid je er maar op voor dat je gaat fietsen." Het sponsorgeld was verbonden aan de deelname van Lance aan dat plaatselijke criterium en het zag ernaar uit dat hij niet meedeed. Dat mocht ik gaan uitleggen aan Sprint.'

Het dilemma van College verschafte Lance een doel en een punt om zich op te richten. Voor het eerst overwoog hij te gaan wielrennen voor een goed doel, niet voor zichzelf, en de twee lijnen in zijn leven begonnen samen te komen. 'Ik wist dat de Ride for the Roses en dat criterium eraan zouden komen. Dus wist ik dat ik daarvoor zou moeten trainen,' zei Lance. Maar hij had geen idee wat hem te wachten stond als het op wielrennen aankwam.

'Toen volgde een soort topoverleg tussen mij, Bill en Kristin,' zegt Lance. 'Ze gingen met me om tafel zitten en zeiden: "Zo kun je niet stoppen, je moet weer aan de slag. Je zou je inzetten voor een goed doel en voor je ploeg en je bent alleen maar aan het golfen met je maatjes en bier aan het drinken." Ze was daar onverbiddelijk over. Het was alsof ik een schop onder mijn kont kreeg.'

'Ik had er natuurlijk duidelijk belang bij,' geeft Stapleton toe, 'en in mijn ogen en in die van Kristin was Lance niet iemand die opgeeft. Maar we hadden geen kant-en-klare oplossing, dus zeiden we tegen hem: "Zo kun je niet stoppen. We moeten een oplossing vinden om je carrière fatsoenlijk af te sluiten."

Carmichael had voor het gesprek gesproken met Stapleton en Kristin en zegt dat Lance, die zijn fiets al drie weken lang niet had aangeraakt, onvermurwbaar was: 'Hij zei: "Sodemieter op, ik ga niet terug naar Europa." Dat was het moment dat ik op het idee kwam om Lance als afscheidswedstrijd te laten deelnemen aan het USPRO-kampioenschap in Philadelphia. Hij zei: "Oké, ik rijd het kampioenschap en dan stop ik."'

Niemand wilde Lance dwingen, als dat al zou kunnen. Niemand wist ook zeker of hij – als hij weer zou gaan wielrennen – weer de honger en wilskracht zou hervinden die zo kenmerkend voor hem waren voordat de kanker werd ontdekt. Lance realiseerde zich dat hij na zijn mislukte Europese comeback voorzichtiger moest zijn en zijn verwachtingen diende te temperen.

'Uiteindelijk pakte ik mijn fiets weer,' zegt hij, 'en begon met trainingen van twee uur per dag met vrienden. Toen kwam Chris met het plan voor een trainingskamp.'

Ze besloten naar Boone in North Carolina te gaan, een klein stadje in de Blue Ridge Mountains waar Lance midden jaren negentig etappes had gewonnen in de Tour DuPont. Om de tijd minder eenzaam en effectiever te besteden, nodigde Lance een andere renner uit: Bob Roll, een voormalig ploeggenoot bij Motorola die bekend-staat vanwege zijn uitbundige humor. 'Het weer was verschrikke-lijk,' herinnert Lance zich.

'Het was net boven nul en het regende acht dagen lang, maar de training was fantastisch. Ik wilde vaststellen of ik weer wílde fietsen en daar ontdekte ik dat ik gek ben op mijn fiets en dat ik erbarmelijke omstandigheden kan doorstaan. Het was ook geen straf dat Bob er-bij was met wie ik me de hele tijd prima heb vermaakt. Dat was voor mij het keerpunt. Ik kwam daar als een ander mens vandaan.'

Lance vertelt dat zijn vorm die week zoveel beter werd dat hij bij een onderzoek op de afdeling fysiologie van de universiteit van Boone 'hun testapparatuur heeft vernield'. Zijn score op het onder-deel kracht paste niet op het scoreformulier en Lance lag weer hele-maal op koers. 'Ik heb direct na afloop van dat trainingskamp voor-dat hij naar Charlotte vloog met hem gegeten,' zegt ploegmaat Hin-capie, 'en hij was supergemotiveerd om weer te gaan wielrennen.'

Vol enthousiasme nam Lance een omweg naar huis: hij vloog rechtstreeks naar Atlanta waar hij zich op het allerlaatste moment inschreef voor een wielerwedstrijd van een kleine 200 kilometer. Voor het eerst in bijna twee jaar had hij weer plezier in wielrennen en zijn goede humeur sloeg over op zijn vrienden en familie, nog net op tijd voor zijn huwelijk met Kristin op 8 mei.

De bruiloft in Santa Barbara was ingetogen en traditioneel. In het gepaste decor van een kerk in oud-Spaanse stijl werden Kristin in lange witte jurk en Lance in smoking tijdens een katholieke ere-dienst in de echt verbonden. Na afloop werd gedanst. 'Het was ge-zellig, een geweldig feest,' zegt College, 'en Lance was op de weg terug'. Zodanig zelfs dat hij tijdens de huwelijksreis in Californië door bleef trainen. De wedstrijd van zijn stichting in Austin was over minder dan twee weken.

De wedstrijd werd op een milde avond in Texas verreden op een parcours dat op nog geen drie kilometer lag van de praktijk van dokter Jim Reeves, waar de diagnose van kanker bij Lance was gesteld. Op die avond, negentien maanden daarvoor, was hij langzaam naar huis teruggereden, onzeker of hij zou overleven of zou sterven. Maar op dit moment was hij energiek aan het wielrennen in een veld van Amerikaanse profs om zijn terugkeer te vieren naar het leven waar hij het meest van hield. 'Ik had al jarenlang geen criterium meer gereden en nog nooit 's avonds,' zegt Lance over de ronde van 56 kilometer. 'Ik moest afzien. Ik had het echt zwaar.'

Lance moest telkens op zijn tanden bijten als het peloton een stuk heuvel op ging en onder de straatverlichting door Sixth Street schoot waar livemuziek opklonk uit de bars en bistro's, waaronder de Cactus Room. Duizenden inwoners van Austin zagen vol bewondering hun lokale held voor het eerst in zijn professionele bestaan koersen in zijn eigen stad. Vanaf een tribune bij de start en finish kon Kristin haar enthousiasme niet langer onderdrukken toen Lance zich tegen het eind van de koers van voren in het peloton meldde. Ze schreeuwde het uit van vreugde, zeker toen hij uit het donker in het licht van de camera's sprintte om de wedstrijd met één seconde verschil te winnen. Lance was al net zo opgetogen. 'Dat was voor het eerst dat ik die bijval van het publiek voelde sinds ik ongeveer twee jaar daarvoor de Waalse Pijl had gewonnen,' zegt hij. 'Ik had daar lang op moeten wachten.'

Er was een speciale gast bij de wedstrijd: vijfvoudig Tourwinnaar Miguel Induráin overhandigde Lance de prijs voor de eerste plaats. De populaire Spanjaard was het jaar daarvoor gestopt met wielrennen en zijn komst naar Texas was georganiseerd door Paul Sherwen, pr-man van de oude Motorola-ploeg. Met Sherwens vrouw Catherine als tolk ontmoetten Lance en Miguel elkaar dat weekend en spraken over wielrennen, trainen en de Tour de France. 'Miguel legde aan Lance zijn techniek voor snel klimmen uit,' zegt Sherwen. 'Miguel kon dat meesterlijk en wat mij betreft was het toen, bij de Ride for the Roses, dat Lance voor het eerst doordrongen raakte van het belang daarvan.'

Klimmen op steile hellingen met een hoog pedaaltempo en kleiner verzet in plaats van op pure kracht en met een groot verzet, was een techniek die Lance zichzelf nog moest aanleren. Door de valse start van zijn comeback had hij daar nog maar weinig op getraind. Zijn Italiaanse trainer, dr. Ferrari, was een groot voorstander van deze stijl van klimmen. 'Reeds begin jaren negentig met Tony Rominger was ik begonnen met een hoger beentempo dan gemiddeld,' zegt Ferrari, 'dus was het bij Lance een welbewuste keuze. We begonnen te trainen met variaties in trapfrequentie en inspanning van tussen de zestig en negentig pedaalomwentelingen per minuut, evenals met dergelijke traptempo's tegen de anaerobe drempel.'

De anaerobe drempel (AD) is het punt waarop trainen zwaarder wordt voor een sporter doordat hij vanaf dat moment sneller melkzuur aanmaakt dan hij het kan verbranden, de renner 'verzuurt'. Onder deze drempel functioneert het lichaam efficiënter, daarom is het belangrijk om daar specifiek op te trainen. Fietsers die een hoog beentempo hanteren reduceren de kracht die voor elke pedaalslag nodig is. Hierdoor spaart een renner energie die essentieel kan zijn op lange beklimmingen, in het bijzonder op dagen dat er daar drie of meer van zijn. Langdurig klimmen is een moeilijke techniek om onder de knie te krijgen. Dat lukt beter als je een hoge AD hebt.

Dr. Ferrari, de sportwetenschapper die door Lance een 'briljant wiskundige' wordt genoemd, zegt dat de AD van Lance in die zomer van 1998 'terug op het niveau was dat hij had vóór de kanker, ongeveer 460 watt, maar door zijn lagere gewicht kwam de verhouding watt per kilogram op 6,21 (Induráin zat op zijn top dicht bij 7). Lance klom sneller dan voor zijn ziekte.'

Len Pettyjohn, de alom gewaardeerde Amerikaanse ploegleider en trainer, gelooft dat Lance het meeste profijt heeft gehad van het specifieke trainingsregime van Ferrari. 'In de aanpak van de training zag je duidelijk de hand van Ferrari,' zegt hij. 'Lance begreep het pas na de kanker. Het is opvallend dat toentertijd niemand in het wielrennen zich bezighield met een wetenschappelijke benadering van het trainen; die kwam uit andere sporten als atletiek en langlaufen. Ferrari bezat de kennis en een breder perspectief die hij toepaste op een wielrenner. Lance leerde slimmer te trainen en zijn krachten in wedstrijden beter te verdelen. Hij begon de discipline van trainen én de discipline van wielrennen te begrijpen. Voor die tijd had hij geen discipline, maar de instelling van andere sterke kerels: je goed voelen en hard rijden.'

Ook zijn goede vriend College ziet een belangrijke verandering in de manier waarop Lance het wielrennen benaderde. 'Ik geloof dat hij vóór zijn kanker alleen maar zijn geld telde,' zegt hij. 'Maar op een gegeven moment leerde hij rode en witte bloedlichaampjes tellen, hij leerde calorieën tellen, aantallen watts en alle theorie die hij nodig had om zijn sport te beoefenen.'

Het zou nog even duren voordat Lance de meer wetenschappelijke trainingsarbeid van hem en Ferrari ten volle wist te benutten tijdens de etappes in het hooggebergte. Maar na de overwinning in het criterium in Austin voelde hij zich er klaar voor om in Europese wedstrijden aan de slag te gaan. Kristin ging maar wat graag met hem terug naar Frankrijk en samen met zijn trainers stelde hij een schema op. Na het USPRO-kampioenschap in Philadelphia zou hij meedoen aan een aantal etappekoersen waarvoor US Postal zich had ingeschreven als voorbereiding op de Tour de France. Lance zou vanwege de trainingsachterstand dat jaar niet aan de Tour meedoen, maar later dat jaar aan de Vuelta die een minder sterk deelnemersveld had. De Vuelta zou bovendien een goede voorbereiding vormen op het wereldkampioenschap aan het eind van het seizoen.

In al deze wedstrijden was Lance succesvoller dan verwacht. In Philadelphia was het de bedoeling dat hij ploeggenoot Hincapie zou helpen Amerikaans kampioen te worden, aangezien Lance zelf te weinig trainingskilometers had gemaakt om mee te doen voor de winst in een wedstrijd van 251 kilometer. 'Ik voelde me futloos, alsof ik een putdeksel mee moest zeulen,' zei Lance destijds. Hincapie zegt dat Lance 'een enorme inspanning heeft geleverd in de slotkilometers. We waren met drie man, Lance, Frankie Andreu en Tyler Hamilton, die een treintje voor me vormden. Zij trokken de sprint aan en ik won. Lance was zo blij, zo blij had ik hem nog nooit gezien.'

Die aanstekelijke vitaliteit kenmerkte ook zijn volgende wedstrijd, de meerdaagse Ronde van Luxemburg, de eerste Europese wedstrijd sinds hij drie maanden eerder tijdens Parijs-Nice 'definitief was gestopt'. Maar in Luxemburg 'was hij weer de oude Lance', zegt Hincapie. 'Hij zat in een groepje dat vooruit zat en won de etappe. Iedereen was verbaasd dat hij enkele dagen na aankomst in Europa al zo sterk was.'

De winst in die openingsetappe – waarin hij de sprint won van de Est Lauri Aus en een voorsprong van vier minuten op de rest van het veld had – gaf aanleiding tot vreugde. Maar Lance' reactie was ongebruikelijk vlak. Dat erkende hij enkele weken later toen ik hem en Kristin voor een interview in een Nederlands hotel trof. 'Toen ik Kristin na de wedstrijd aan de telefoon had, zei ze: "Je klinkt niet erg blij," ' zei Lance. 'Ik zat natuurlijk te gillen van vreugde toen hij ophing,' onderbrak Kristin hem.

'Winnen is niet meer zoals het was vóór de kanker,' vervolgde Lance, 'maar dat vind ik juist goed. Alles krijgt de juiste proporties. Vroeger, als ik won, was ik eerst overdreven uitgelaten om vervolgens weer te somber te worden. Ik vond het moeilijk gelijkmatig te reageren. Het was plezierig om te winnen van een professioneel Europees deelnemersveld, maar ik realiseerde me dat ik de voorsprong in nog vier etappes moest verdedigen.'

Zijn geestdriftig geworden ploeggenoten waren bereid de rest van de week hard voor hem te werken om hem aan de leiding te houden. 'We hebben zitten stoempen,' herinnert Hincapie zich. 'Hij wilde die wedstrijd niet verliezen.' Maar Aus gaf het niet zomaar op. Hij verzamelde bij tussensprints een aantal bonusseconden en ging op de laatste dag aan de leiding. Dat was het moment dat US Postal liet zien dat de ploeg meer een eenheid was geworden. Andreu ging mee met de belangrijkste ontsnapping, maar werkte daarin niet mee. Ondertussen werd Lance door Hamilton en ploeggenoot Marty Jemison geholpen bij een beklimming waar Aus uiteindelijk werd gelost. Andreu won de etappe en Lance het algemeen klassement, zijn eerste overwinning als professional in een Europese etappekoers.

Twee weken later won Lance in Duitsland opnieuw een etappekoers. 'Na die overwinning weet ik nog dat ik op Lance heb ingepraat om de Tour te rijden,' zegt Hincapie, 'maar hij had al andere plannen. Hij wilde naar huis om te trainen en zich voor te bereiden op de Ronde van Spanje. Waarschijnlijk zou hij dat jaar goed hebben gepresteerd in de Tour de France, maar hij wilde gewoon niet.'

Het was een gelukkige beslissing van Lance om de Tour van 1998 over te slaan, want die werd geplaagd door dopingschandalen. De problemen begonnen al voor de start, toen de Franse politie verboden middelen aantrof in een ploegauto van Festina. Festina was een van de beste teams ter wereld en de negen renners werden uit koers genomen zodra de ploegleider toegaf dat zijn ploeg een intern dopingsysteem gebruikte. Een heksenjacht was het gevolg. De politie doorzocht hotelkamers en speurde ploegauto's na op doping. De renners staakten een aantal keren, één etappe werd afgelast, zes van de 21 ploegen trokken hun renners uit protest terug en maar net de helft van de 189 gestarte renners bereikte de finish in Parijs.

Tijdens de ergste schandalen van die zwarte Tour verbleef Lance in Amerika waar hij als onderdeel van zijn trainingsprogramma meedeed aan de etappekoers Cascade Classic in Oregon. Hij won het heuvelachtige, vijfdaagse evenement voordat hij terugreisde naar Nice waar de Armstrongs een schitterend huis kochten op een heuvel met uitzicht op de stad en de zee. Om te wennen aan het tempo van Europese wielerwedstrijden nam Lance in augustus aan een aantal eendaagse klassiekers deel en reed de Ronde van Nederland, waarin hij als vierde eindigde nadat hij zijn nieuwe ploegmaat en voormalige rivaal Vjatsjeslav Ekimov had bijgestaan. Daarna reisde hij naar Spanje voor de Vuelta. Daar zou hij zijn verhoogde pedaaltempo uitproberen dat hij nog aan het ontwikkelen was bij het klimmen. En daar zou hij bij stom toeval iemand in een hotel in Barcelona ontmoeten die doorslaggevend zou zijn voor de rest van zijn carrière en zijn leven.

Tijdens de rustdag van de Vuelta in Barcelona, vier dagen voor z'n 27ste verjaardag, werd Lance gebeld door Johan Bruyneel, de Belgische renner met wie hij een emotioneel gesprek had nadat Lance zijn zege in de 18de etappe van de Tour van 1995 had opgedragen aan ploeggenoot Fabio Casartelli. Bruyneel was na twaalf jaar aan de top van het wielrennen toe aan het afsluiten van zijn wielerloopbaan. Hij was toevallig in Barcelona om gesprekken te voeren met vertegenwoordigers van de rennersvakbond voor profwielrenners, die op zoek waren naar een nieuwe voorzitter. Toen hem de baan werd aangeboden, wilde de Belg voor hij een beslissing nam allereerst met enkele renners spreken. 'Lance was degene die ik boven aan mijn lijstje schreef. Ik weet niet of het kwam door de A van Amerika of door iets anders,' zegt Bruyneel. De twee mannen ontmoetten elkaar en spraken in het hotel van Lance.

'De dag daarop,' vervolgt Bruyneel, 'belde hij me thuis in Spanje om te vragen of ik serieuze belangstelling had voor het voorzitterschap van de rennersvakbond. "Weet je," zei hij, "wij zijn ook op zoek naar mensen en we willen onze ploeg anders organiseren." Daarom antwoordde ik: "Oké, misschien kan ik iets met de pers doen of zoiets." Hij vroeg of zijn ploegleider me kon bellen.

Mark Gorski was op dat moment ploegleider bij US Postal en toen hij me belde, begon hij onmiddellijk te praten over de baan van *directeur sportif*. Dus zei ik: "Nou, daar heb ik nog niet over nagedacht." En toen zei hij: "Lance zei tegen mij dat je directeur sportif wilde worden." Ik weer: "Dat heb ik niet tegen hem gezegd." Daarom vroeg ik bedenktijd en ging een week later op het aanbod in. US Postal was op dat moment een modale ploeg, geen top. Het was een interessante uitdaging en ik had niets te verliezen.'

Tegen de tijd dat Bruyneel het aanbod had geaccepteerd, had Lance goed gereden in de eerste bergetappes van de Vuelta en hij werd sterker naarmate de wedstrijd vorderde. Zijn beste rit was met een finish bergop na een beklimming van elf kilometer in de bergen ten noorden van Madrid. In ijzige mist klom Lance als vierde in een groepje van vijf vluchters beter dan ooit. 'Ik heb nog nooit in de eerste groep meegeklommen,' zei Lance. 'Het grootste deel van deze sport draait het om vertrouwen en de overtuiging dat je erbij zult zijn en dat je dat ook verdient. Welnu, als ik zó kan rijden met zoveel vertrouwen en met een zo sterke ploeg, dan denk ik dat alles mogelijk is.' De volgende dag werd Lance derde in een vlakke tijdrit van 39 kilometer en daarmee vierde in het eindklassement. En in de week daarna behaalde hij nog twee vierde plekken: in de tijdrit en de wegwedstrijd van het wereldkampioenschap in Valkenburg. Het waren uitstekende prestaties die ervoor zorgden dat Lance in totaal 1024 UCI-punten verzamelde en zodoende voegde hij een miljoen dollar aan zijn salaris toe. Toch benadrukte zaakwaarnemer Stapleton: 'Vierde op het WK en vierde in de Vuelta is nog geen comeback.' Lance zou met iets beters op de proppen moeten komen om met zijn rentree na de kanker enig effect bij grote sponsors in Amerika teweeg te brengen.

Dat 'iets beters' werd inmiddels bedacht door de man die op het punt stond directeur sportif te worden bij US Postal. Bruyneel kwam naar Valkenburg voor zijn eerste officiële ontmoeting met Lance en

Gorski. 'Ik vertelde Lance dat ik de baan zou aannemen,' zegt Bruyneel. 'En een van de allereerste dingen die ik tegen hem zei, was dat we ons moesten richten op de Tour de France en dat ik in hem een potentiële winnaar zag. Daarover was hij verbaasd. Hij verklaarde me voor gek.'

17 Gele trui

*'We kunnen proberen de Tour de France die al een eeuwigheid
bestaat kapot te maken... of we kunnen proberen hem gezond
te maken. Ik wil meehelpen aan het herstel.'*
— Lance Armstrong

Johan Bruyneel is zowel charmant als hard, heeft een ontwapenende
glimlach met een ijzige blik in zijn ogen. 'Sommige mensen denken
dat hij meedogenloos is of dat het hem niks kan schelen,' zegt Lance. 'Maar dat is zijn manier van doen. Hij is erg direct.' De zelfverzekerde Belg is doorgaans druk in de weer, maar desondanks altijd
op zijn gemak, zeker te midden van zijn collega's in het professionele wielerwereldje met wie hij moeiteloos in het Frans, Spaans, Italiaans, Engels of in zijn moedertaal Nederlands converseert. Hij heeft
de Europese bescheidenheid die het perfecte tegenwicht vormt van
de Amerikaanse bravoure van Lance. Maar hij is, net als Lance, niet
onomstreden. Velen zien in hem de geniale organisator, een veelzij-
dige regelaar die alle voorwaarden weet te scheppen om de overwinning te behalen. Anderen vertrouwen hem helemaal niet. Ze zijn
kopschuw geworden van zijn geslotenheid in het verleden – iets waar
hij inmiddels spijt van heeft – en ze geloven dat hij in het geniep
werkt en deuren weet te openen die voor anderen gesloten blijven.

Toen Bruyneel ploegleider werd bij US Postal introduceerde hij
de discipline die voorheen ontbroken had. Hij coördineerde bovendien de verscheidene betrokkenen bij de wielerloopbaan van Lance:
coach Chris Carmichael, trainer dr. Michele Ferrari en de verschillende adviseurs en materiaalleveranciers. Lance wilde dat Bruyneel
zijn ploeg zou gaan leiden omdat ze beiden een winnaarsmentaliteit
hebben en omdat ze beiden, zoals Lance het formuleert, 'informa-
tiejunks' zijn.

Lance vertelde me over een voorval dat een andere overeenkomst
laat zien. 'Ik was met twee telefoons aan het bellen,' zei hij, 'dus toen
Johan belde, nam mijn ploeggenoot Christian Vandevelde hem op en

zei: "O Johan, hij is op twee telefoons in gesprek. Hij is net als jij, jullie moeten wel broers zijn." '

Zodra de twee 'broers' waren gaan samenwerken, communiceerden ze door middel van een aanhoudende reeks sms'jes, telefoontjes en e-mails om over elk facet van hun plannen en ambities te overleggen. Het moment dat Bruyneel in het leven van Lance kwam leek wel voorbestemd, want alle voortekenen waren gunstig: hij was 100 procent terug als professioneel wielrenner, zijn kankerstichting stond stevig op de kaart, zijn huwelijk beleefde een bloeiperiode (het eerste kind was op komst) en zijn herstel van de kanker vormde geen hoofdzorg meer. 'Ik heb hem nooit gezien als een man die kanker had,' zegt Bruyneel. 'Ik zag hem als sportman. In 1999 moest hij vroeg in het jaar op controle komen. Hij was daar nerveus over, ik was daar nerveus over, maar toen de controle achter de rug was en alles in orde bleek, heb ik er nooit meer aan gedacht.' Waar Bruyneel en Lance wél aan zaten te denken, was de Tour de France.

'Lance zei in die winter tegen me dat hij wilde proberen de Tour te winnen,' zegt dr. Ferrari. 'In eerste instantie had ik mijn twijfels, maar Bruyneel zei dat het kon. De Italiaanse trainer was sceptisch vanwege de ervaringen met zijn oogappel, de Zwitser Tony Rominger die als een van de beste wielrenners wordt beschouwd. Rominger had de Vuelta drie keer en de Giro d'Italia één keer gewonnen, maar in de Tour was hij nooit verder gekomen dan de tweede plek. Daarin had hij het tegen Induráin, wiens uurrecord herhaaldelijk door Rominger werd verpulverd, moeten afleggen. Dus hoewel Lance had bewezen met de besten mee te kunnen klimmen, wist Ferrari dat je een uitstekende renner kunt zijn en toch de Tour niet wint. Hoewel hij – net als Massimo Testa vóór hem deed – de uitzonderlijke fysieke kwaliteiten van Lance onderkende, was hij er niet van overtuigd dat Lance dat potentieel kon omzetten in klinkend resultaat in de Tour. Bruyneel had meer vertrouwen in de kansen van Lance omdat hij hem had zien groeien als mederenner en hij kon teruggrijpen op zijn eigen ervaringen als prominente deelnemer aan de Tour. Het vertrouwen was wederzijds: Lance geloofde dat Bruyneel in staat zou zijn een ploeg op de Tour voor te bereiden, een ploeg die zich verzamelt rond één sterke kopman. 'Johan was een bovengemiddeld talentvolle renner die fantastische resultaten heeft behaald door slim te rijden,' zegt Lance. 'Hij wist alles van wielrennen. Hij sprak bo-

vendien veel talen zodat hij met alle renners in de ploeg kon praten.'
En Bruyneel had een plan. Dat kwam tot stand nadat Lance hem
verteld had: 'Ik heb al die beklimmingen in de Tour de France gedaan, maar ik zat bijna altijd achterin niet op te letten. Dus kén ik
al die beklimmingen niet.' Daarom besloten ze dit gebrek aan kennis op te lossen door in het voorjaar in de bergen te trainen en in de
vroege zomer alle bergetappes van de Tour van tevoren te rijden.
Bruyneel zette minder wedstrijden op het programma van 1999 om
ruimte vrij te maken voor Tourspecifieke trainingskampen.

Hoewel goed kunnen klimmen essentieel is, moet een renner die
voor een goed klassement rijdt ook een prima tijdrit kunnen rijden.
In tijdritten staat een renner er helemaal alleen voor en kan de fiets
een even grote rol spelen als de renner. Vandaar dat Lance sinds zijn
late tienerjaren met twee experts had samengewerkt om een betere tijdritfiets te ontwikkelen: John Cobb, een aerodynamicaspecialist
die onderzoek deed in windtunnels en Steve Hed, die snelle wielen
en sturen fabriceerde. Ook werkte hij jarenlang samen met de Japanse fabrikant Shimano die 'groepen' (crankstellen, kettingbladen, pedalen, derailleurs, remmen en sturen) produceert. Nieuw was de samenwerking met Trek, medesponsor van US Postal, met ontwerpers
waar hij direct van onder de indruk was. Andere fabrikanten in het
luchtweerstandteam waren Nike (schoenen, nauwsluitende fietskle-
ding), Giro (helmen) en Oakley (brillen).

Met de toepassing van geavanceerde technieken wilde Lance een
eerste stap zetten naar successen in tijdritten, de volgende stap was
een streng trainingsregime om het maximale uit zijn lichaam te halen. Tegen de lente van 1999 was volgens dr. Ferrari de anaerobe
drempel (AD) van Lance 'al hoog genoeg om goed te presteren in
tijdritten, maar we schaafden ook nog aan zijn zithouding om een
goed compromis te vinden tussen maximale pedaalkracht en minimale luchtweerstand. Een houding die ideaal is voor de aerodynami-
ca maakt het de renner onmogelijk om maximaal vermogen te gene-
reren, zeker niet op een golvend parcours als in de Tour de France.
Een iets verhoogde zitpositie waarbij Lance evenveel vermogen kon
ontwikkelen als bergop, bleek de beste keuze. Op die manier ont-
stond een typerende trainingssessie met drie of vier keer herhaalde
klimmetjes van een kilometer of zeven met een stijgingspercentage
van zo'n zes procent die hij op zijn tijdritfiets met een beentempo

van tussen 100 en 105 omwentelingen per minuut aflegde.

Die cijfers zijn opzienbarend. Alleen renners van het niveau van Rominger of Induráin kunnen de pedalen in een zo hoog tempo rond krijgen tijdens een lange klim. Lance geeft toe dat deze trainingswijze weliswaar zwaar was, maar dat het hem enorm heeft geholpen meer kracht te ontwikkelen, terwijl hij bovendien ervaring opdeed met het rijden in de meer gestrekte zithouding van een tijdritfiets. 'Voor mij althans is die houding niet natuurlijk. Het zit ongemakkelijk en vaak wil je uit het zadel komen en bewegen,' zegt hij. 'Maar als je kunt klimmen in die lagere houding en dat dag in dag uit herhaalt, dan voelt het iets gemakkelijker aan als je een vlakke tijdrit rijdt.' Lance zegt dat de steeds terugkerende pijn in zijn onderrug na de kanker minder werd, zodat hij minder moeite had zich aan te passen aan die andere zithouding in tijdritten. Ferrari's klimtrainingstechniek voor tijdritten dwong Lance zich de hoge pedaaltred aan te wennen die Carmichael had aanbevolen en Bruyneel hielp hem die te perfectioneren. 'Telkens als we belden zat ik daarover te drammen, zozeer zelfs dat we er bijna ruzie over kregen,' zegt Bruyneel. 'Ik zei dan: "Zorg dat je een klein verzet draait en ga niet staan." Als we tijdens een trainingskamp alleen met zijn tweeën waren, liet ik hem oortjes dragen om hem voortdurend te corrigeren als hij een zwaarder verzet wilde steken, net zo lang tot hij er niet meer bij na hoefde te denken.'

Voor Lance was de focus op trainen in plaats van op wedstrijden als voorbereiding op de Tour de France een essentiële breuk met het verleden. Alle grote kampioenen hadden zich altijd voorbereid door deel te nemen aan lastige, meerdaagse koersen als de Giro d'Italia om in vorm te komen voor de Tour. Lance nam in het voorjaar deel aan een handjevol eendagsklassiekers en etappekoersen en zijn programma werd nog verder beperkt door een aantal kleine valpartijen. In vier maanden tijd won hij slechts één keer en dat was in een vlakke tijdrit van zestien kilometer ergens in Frankrijk.

Aanvankelijk was Lance er niet van overtuigd dat trainen de beste voorbereiding was. 'Op één van die trainingen meldde hij via de radio: "Oké, we doen dit omdat we ermee begonnen zijn, maar volgend jaar richt ik me weer op de klassiekers." '

Toch zag Lance er al snel de voordelen van in. 'In beide trainingskampen, in de Pyreneeën en in de Alpen, verloor ik gewicht omdat ik zoveel kilometers maakte,' zei hij. 'Mijn vorm werd beter en ik werd lichter.' Hij bleef lichter worden toen hij weer thuis was en dr. Ferrari's richtlijnen opvolgde: hij woog zijn cereals, pasta, brood, alles, op een kleine digitale weegschaal.'

Kristin zag hem 'elke calorie die hij at optellen en vervolgens berekenen of hij meer energie verbrandde dan hij tot zich nam. Hij was elke dag als een boekhouder met zijn rekenmachine in de weer. Idioot, maar het werkte.'

Afgezien van het verbranden van calorieën zorgden de trainingen ervoor dat zijn zelfvertrouwen en weerstand toenamen. Zowel Lance als Bruyneel kan zich nog levendig een monsterrit voor de geest halen met Lance op de fiets en Bruyneel in een volgauto, waarin zes steile beklimmingen in de Pyreneeën waren opgenomen. Lance zou diezelfde etappe naar Piau-Engaly twee maanden later rijden in de Tour. 'Het regende en het was koud,' weet Lance nog. 'Johan zei: "Nee, in dit weer kun je niet rijden. We gaan gewoon met de auto." We reden een deel van de route en toen zei ik: "Stop, laat me eruit. Dit is belachelijk." De rest van de rit heb ik gefietst. Hij kon zijn ogen niet geloven.'

'Het was zó koud,' zegt Bruyneel, 'dat de motorrijder van de fotograaf die erbij was gewoon afstapte. Wat ik Lance zag doen, in zijn eentje, zeven uur op de fiets, al die beklimmingen en hoe hij tot het eind toe bleef presteren... Ik dacht bij mezelf, wetend hoe ík mezelf na zeven uur zou hebben gevoeld, dat als iemand hem in juli zou moeten verslaan dat een écht goede renner zou moeten zijn. Toen hij die rit naar Piau-Engaly had voltooid, zei ik voor het eerst: "Deze man gaat de Tour winnen!"'

Zelfs dr. Ferrari begon in hem een potentiële Tourwinnaar te zien. 'Tijdens de hele winter en in het voorjaar hebben we hard gewerkt en ons vooral gericht op die herhaalde, lange beklimmingen die typerend zijn voor de Tour de France,' zegt de Italiaanse trainer. 'Lance woonde in Nice en hij trainde vaak op dezelfde klim die Rominger gebruikte om zichzelf te testen: de Col de la Madone, die met twaalf kilometer lengte en een gemiddeld stijgingspercentage van 7,7 procent een typische Tourklim is. Tony woonde in Monaco, dat is dichter bij de Madone en hij heeft hem wel honderd keer beklommen. Zijn beste tijd was 31:30.'

Ongeveer vijf weken voor de Tour zat Lance bij zijn maandelijkse test op de Madone, een klim naar Menton op bijna duizend meter hoogte, op minder dan een minuut van die tijd. Nadat hij naar Texas was afgereisd voor de Ride for the Roses – ditmaal goed voor een miljoen dollar voor de stichting – keerde Lance in juni terug naar Frankrijk voor de twee laatste etappekoersen.

US Postal deed het uitstekend in de Dauphiné Libéré, een wedstrijd die geldt als een mini-Tour de France in de Alpen. Twee dingen waren nu duidelijk: hoezeer de ploeg onder leiding van Bruyneel tot een geheel was gesmeed en hoe goed Lance in vorm was voor de Tour. Lance won de korte proloog en zijn ploegmaat Jonathan Vaughters, een ranke klimmer, nam na een memorabele zege op de Mont Ventoux de leiding in het algemeen klassement. Lance stond vijfde, een minuut achter Vaughters, terwijl twee andere klimgeiten uit de ploeg, Kevin Livingston en Tyler Hamilton, ook in de toptien zaten. Deze vier zouden in de Tour de kern van de ploeg vormen, aangevuld met drie andere Amerikanen: Frankie Andreu, George Hincapie en Christian Vandevelde.

Het team was teleurgesteld toen Vaughters de overwinning op de laatste dag in een bergrit verspeelde, ondanks dat Lance hard voor hem had gewerkt. Vaughters maakte veel goed door de Route du Sud te winnen, een vierdaags evenement dat werd afgesloten met aankomst bergop op het Plateau de Beille in de Pyreneeën. Het was op deze gure, winderige bergtop dat Lance zijn eerste overwinning bij een aankomst bergop behaalde, dit na een vlucht met Vaughters die twee minuten voorsprong opleverde.

Het was een enorme opsteker voor Lance. Hij ging terug naar Nice om bij Kristin te zijn en een laatste week te trainen voordat hij naar de start van zijn vijfde Tour de France zou gaan, zijn eerste na de kanker.

Hij had nog tijd voor een laatste testrit op de Col de la Madone. Aan het eind van een vijfurige trainingsrit op een drukkend hete dag reden Lance en Livingston de klim zij aan zij. Toen Livinston lek reed, ging Lance op wedstrijdtempo door naar boven waar hij de stopwatch op zijn stuur indrukte en zijn tijd zag: 30:47. Hij had Romingers record met niet minder dan 43 seconden verbeterd en was daarmee bijna vier seconden per kilometer sneller!

'Lance reed die dag op een gewone fiets met een fietspomp en reserveband,' zegt dr. Ferrari. 'Zijn AD was 490 watt, zijn gewicht 74 kilo en dus produceerde hij 6,72 watt per kilo.' Dat was gelijk aan het van AD van vijfvoudig Tourwinnaar Induráin. In alle opzichten leek Lance de te kloppen man in de Tour.

De rentree van Lance in de Tour de France zorgde niet voor veel ophef in de media. Journalisten waren niet op de hoogte van zijn testritten op de Madone en besteedden weinig aandacht aan US Postal, dat als negentiende was geklasseerd van de twintig ploegen die aan start kwamen. 'We waren het kleinste team in de Tour,' herinnert Bruyneel zich. 'We hadden een budget van 3,5 miljoen dollar, en geen bus, alleen twee lullige campers. We hadden niet eens iemand voor de pr.'

Gelet op zijn Tourhistorie – hij had maar één Tour uitgereden van de vier waarin hij was gestart – werd Lance niet als een serieuze kanshebber gezien. Ondanks zijn sterk verbeterde optreden in etappekoersen, zagen publiek en media hem vaak nog steeds als de specialist in eendagsklassiekers. Zijn voormalige ploegmaat Bobby Julich, nog altijd bij Cofidis, werd veel hoger aangeslagen. De man uit Colorado kreeg startnummer 1 aangezien de twee hoogstgeklasseerden van het jaar daarvoor, Marco Pantani en Jan Ullrich, niet van start zouden gaan en Julich als derde was geëindigd. De Duitser Ullrich was geblesseerd en de Italiaan Pantani kon zijn titel niet verdedigen omdat hij in ongenade was gevallen bij de UCI na overschrijding van de 50 procent hematocrietwaarde tijdens een onaangekondigde bloedproef bij de Giro d'Italia. Er was weliswaar nog geen betrouwbare test voor epo, maar iedereen met een hogere waarde werd beschouwd als iemand die waarschijnlijk doping gebruikte.

Ironisch genoeg verschenen verscheidene renners van Festina-Lotus die het gebruik van epo in de Tour van 1998 hadden toegegeven wél aan de start na het uitzitten van hun schorsing. Daartoe behoorde ook de Zwitserse allrounder Alex Zülle, beste jongere in 1995, die opnieuw als een grote kanshebber werd gezien. Ook de Spaanse renners Fernando Escartin en Abraham Olano, de Italiaan Ivan Gotti en de Nederlander Michael Boogerd werden goede kansen toegedicht.

Toevallig startte de Tour in 1999 bij Puy de Fou, het historische themapark in het midden van West-Frankrijk waar Lance in 1993 zijn eerste Tourstart had beleefd. De proloog werd op hetzelfde parcours van 6,8 kilometer verreden, met onder meer een klim van een kleine kilometer, waarop Lance met hangen en vallen uiteindelijk op een troosteloze 83ste plek was beland. Dit jaar waren zijn verwachtingen veel hoger gespannen, een stuk dichter bij de eersten.

Als blijk van zijn nieuwe oog voor detail bracht Lance samen met ploegmaat Hincapie de dag voor de proloog een aantal uren op het circuit door. Ze reden elke bocht op wedstrijdtempo om de ideale lijn te ontdekken en waren het erover eens dat het moeilijkste gedeelte de bocht aan het begin van de klim vormde. Dáár moesten ze kiezen of ze op het grote voorblad bleven rijden met het gevaar dat ze met een te zwaar verzet aan de klim moesten beginnen of vóór de bocht naar het kleine blad moesten terugschakelen, met het gevaar dat ze snelheid zouden verliezen.

Allereerst probeerden ze de optie van het grote blad. 'Ik denk dat we met bijna zestig kilometer per uur heuvelafwaarts in de bocht naar rechts kwamen,' herinnert Hincapie zich. 'Lance zat naar beneden naar zijn versnelling te kijken en plotseling ging een ploegauto van Telekom recht voor zijn neus inhalen. Ik zat vlak achter hem, dus schreeuwde ik: "Lance!" Hij keek op het laatste moment op.' In een flits zag Lance de auto en daarmee het mogelijke einde van zijn Tourdroom. 'Toen ik opkeek was het al te laat,' zei hij. Hij week onmiddellijk uit, net zoals hij als kind had gedaan toen hij in Dallas door een auto werd geschampt. 'Ik smakte tegen de zijkant van de auto en vloog over mijn stuur heen. Met mijn rechterribben raakte ik de zijspiegel... maar omdat ik snelheid had toen ik de grond raakte, gleed ik gewoon door. Ik had een gekneusde rib en de volgende dag was ik helemaal stijf.'

Lance was door het oog van de naald gekropen. De schrik zat er goed in en hij was ongebruikelijk nerveus voor de proloog de dag daarna. Maar geheel naar zijn aard liet hij zich niet van de wijs brengen door de pijn. Hij was gretig en wilde graag profiteren van alle trainingsarbeid die hij in de Zuid-Franse heuvels voor de tijdritten had verzet. Lance fietste rustig door de opwarmzone als een sluipende kat, de blik gericht op voormalige ploegmaat en nu rivaal Bobby Julich die een paar minuten na hem het trapje naar het startpodium op zou lopen. De grote menigte applaudisseerde toen de renner die werd geïntroduceerd als de man die kanker had overwonnen zich van het startpodium haastte. Zijn Tour was begonnen.

Hij lag tweede toen hij op het punt arriveerde waar hij de dag daarvoor was aangereden, drie seconden langzamer dan regerend wereldkampioen tijdrijden Olano. Bij de beklimming vond Lance het juiste tempo. Hij reed een klein verzet op het steilste gedeelte en schakelde over naar een zwaar verzet na de top voor de afdaling naar de laatste krappe bochten. Toen hij over de streep kwam in wat uiteindelijk de snelste tijd zou blijken, was het applaus overgegaan in luid gejuich.

Lance leek verbaasd. Hij kon nauwelijks geloven dat hij echt had gewonnen door nummer twee Zülle met maar liefst zeven seconden en nummer drie Olano met elf seconden te verslaan. De media, verbijsterd dat een man die kanker heeft overleefd alle favorieten heeft verslagen, doopten hem direct 'Miracle Man'. Toen Lance het podium voor de prijsuitreiking beklom en de gele trui mocht aantrekken, was hij niet de enige met tranen in de ogen.

'Het leek wel of hij zojuist de Tour had gewonnen,' zegt Hincapie. 'We omhelsden elkaar, zo blij waren we. Maar vervolgens liep het ons dun door de broek. In de jaren daarvoor waren we alleen maar bezig om Parijs te halen. Nu moesten we de gele trui verdedigen en het peloton in bedwang houden. Hoe zouden we dat in hemelsnaam voor elkaar moeten krijgen? We hadden geen idee wat ons te wachten stond.'

Zelfs Bruyneel, die doorgaans alles op orde had, ging gebukt onder de druk. 'Ik was niet voorbereid op al die aandacht en die druk. Lance was er niet voorbereid, en de ploeg ook niet.'

Ondanks alle onzekerheid van de ploeg over de lange, zware koers die voor hen lag – 'Het leek wel of Parijs nog een eeuwigheid rijden was,' zegt Hincapie – zagen de renners en de staf de gele trui als een enorme stimulans en waren ze bereid alles in het werk te stellen om die te verdedigen. De eerste gelegenheid diende zich aan in de tweede etappe waarin hun de zwaarste beproeving van de eerste Tourweek te wachten stond: de Passage du Gois, een drie kilometer lange, smalle strook betonplaten die het Île de Noirmoutier met het vasteland verbindt. Het traject is eeuwenoud en wordt bij vloed overspoeld en valt bij eb droog, maar daarbij blijven modder en zeewier liggen en blijft het wegdek glad. Bij de voorbespreking hadden

Lance en Bruyneel er bij de anderen op aangedrongen zo veel mogelijk voor in het peloton te rijden voor aankomst bij de passage en erop toe te zien dat Lance voorin zou zitten. Dat zou de kans kleiner maken dat hij betrokken zou raken bij massale valpartijen op gladde gedeeltes. De renners van US Postal voerden op de brug naar het eiland het tempo op en zo'n drie kilometer vóór de passage, zegt Hincapie, 'bracht ik Lance naar voren en ging daarbij zelf behoorlijk in het rood. We gingen snoeihard en er was geen beschutting, dus namen we aan dat er nog maar weinig mannen van voren zouden zitten. Na de Gois waren er nog maar vijftien renners van voren,' onder wie Olano.

Achter de kopgroep waren tientallen renners over elkaar heen gebuiteld en sommigen waren van de weg af in het wad gegleden. Vaughters, de beste klimmer van US Postal, was een van de slachtoffers van de massale valpartij, die met een hevig bloedende wond aan zijn kin de Tour moest verlaten en daarmee boette de ploeg aan kracht in tijdens de bergetappes. Ook een aantal grote kanshebbers zag zijn kansen voor de eindzege in duigen vallen. De slimme Bruyneel adviseerde Lance en Hincapie via de radio om na de passage even te wachten met tempo maken tot er een achtervolgende groep van een man of dertig met drie ploeggenoten zou aansluiten. Vervolgens kon met hen worden samengewerkt om tijd te winnen op de rest van het deelnemersveld. Drie Tourfavorieten – Boogerd, Gotti en Zülle – waren betrokken bij de valpartij en ondanks de hulp van hun ploeggenoten, zagen ze geen kans het gat van 35 seconden met de eerste groep van Lance dicht te rijden. Met enorme inspanningen van de ploegen van Lance en Olano groeide het gat uiteindelijk uit tot zes minuten aan de finish, een mooie meevaller voor Lance, zo vroeg in de Tour. Alle volgende etappes door West- en Noord-Frankrijk eindigden in massasprints, en dankzij de bonificatieseconden gingen in het klassement vier sprinters over Lance heen zodat hij de gele trui af moest staan. Daar zou in de volgende, zeer belangrijke etappe verandering in komen: een tijdrit van 72 kilometer in de buurt van Metz. Opnieuw bleek de voorbereiding van US Postal van grote waarde. In de lente was Lance al naar Metz gekomen om het parcours te rijden. Vele gedeeltes van het traject had hij toen al op wedstrijdtempo gereden, waaronder de drie lange afdalingen, om elke moeilijke bocht te leren kennen. Op de ochtend van de tijdrit reed hij het parcours nog een keer in zijn eentje om alle bijzonderheden goed in zich op te nemen.

Lance ging in zijn rit extreem snel van start, misschien dankzij de aanwezigheid van Kristin die op dat moment net was aangekomen. Zo snel zelfs dat hij na zestien kilometer al een voorsprong van achttien seconden had op zijn grootste rivaal Olano en dacht: 'Ik voel nu al vermoeidheid... ik heb een probleem.' Maar andere concurrenten zaten nog meer in de problemen. De hooggeklasseerde Julich was in een lange bocht naar beneden van de weg geschoten, op zijn schouder gevallen en moest de Tour verlaten. Olano taxeerde een bocht niet goed en belandde in een strobaal. Lance bleef een hoog tempo draaien en haalde de twee minuten voor hem gestarte Olano in en reed harder dan hij ooit had gedaan in een tijdrit om uiteindelijk de allersnelste tijd neer te zetten. Na de finish liet hij zich uitgeput op de grond zakken voordat hij opstond om een stralende Kristin te omhelzen. Verrast door zijn overwinning zei Lance: 'Ik zit zo kapot dat ik het nog niet voel... ik ben dieper gegaan dan ooit.' Met uitzondering van Zülle hadden alle andere favorieten vijf minuten of meer verloren. Lance stond weer eerste. Hij zou de gele trui dragen tot in de Alpen.

Gezien zijn maandenlange, zware trainingsarbeid, zijn nauwgezette voorbereiding, zijn uitstekende vorm bij de start én zijn behoefte om de fietssport weer in een positief daglicht te stellen na de dopingellende van het jaar daarvoor, hoeft het geen verbazing te wekken wat Lance liet zien bij zijn comeback in de Tour. Na zijn winst in de proloog had hij gezegd: 'Er wordt gezegd dat we allemaal doping gebruiken. Dat is onzin. Ik ben hier – en ik hoop ook de 179 anderen hier – om ervoor te zorgen dat het wielrennen weer in zijn oude glorie wordt hersteld en om de toeschouwers ervan te overtuigen dat we kampioenen zijn.' Toch waren lang niet alle vertegenwoordigers van de media onder de indruk, vooral de Franse pers niet. Diverse journalisten reisden met de karavaan mee met een speciale bedoeling: speuren naar en verslag doen van enig spoor van doping. Zij waren daartoe aangezet door de reeks schandalen in de Tour van 1998 die met politie-invallen, rennersstakingen, en zelfs gevangenisstraffen voor stafleden van de ploeg Festina-Lotus desastreus had uitgepakt voor het wielrennen, zij het minder slecht voor de krantenverkoop.

Op de ochtend van de vijfde etappe van de Tour in 1999 stortten deze 'schandaal'-verslaggevers zich op een kort bericht in de Franse sportkrant *L'Équipe*: een anonieme bron meldde dat één van de vier urinemonsters die waren afgenomen na de proloog, positief was bevonden in een net ingevoerde nieuwe test op corticosteroïden, een ontstekingsremmer. Onder de honderden journalisten deed al snel het gerucht de ronde dat het positief bevonden monster van proloogwinnaar Lance afkomstig was. Om het verhaal de wereld uit te helpen, bracht de UCI later die dag een verklaring naar buiten waarin werd gesteld dat alle testen na de proloog negatief waren en dat het veel renners was toegestaan kleine hoeveelheden van verboden middelen te gebruiken als medicijn. Die verklaring smoorde de geruchtenstroom weliswaar, maar toen Lance op de rustdag na de tijdrit in Metz een persconferentie hield, verraste hij iedereen door het debat tussen degenen die vonden dat doping de sport had kapotgemaakt en degenen die doping zagen als een wond die nog kon helen weer aan te zwengelen. 'We zijn er met zijn allen verantwoordelijk voor dat we het imago van de sport verbeteren,' zei hij, 'omdat we allemaal van de sport houden en we om die reden hier zijn. Ofwel omdat het je passie is, of je werk, of beide. We kunnen proberen de Tour de France die al een eeuwigheid bestaat kapot te maken... of we kunnen proberen hem gezond te maken. Ik wil meehelpen aan het herstel.'

Sommige journalisten waren van mening dat Lance hypocriet was, anderen geloofden dat hij volkomen oprecht was. De meerderheid had de indruk dat hij zijn afscheidsspeech hield voordat hij zijn koppositie in de komende etappes zou verliezen. Eigenlijk verwachtten ze dat hij die de volgende dag al zou verspelen in de zwaarste bergetappe van de Tour, waarvan werd verwacht dat velen er op grote achterstand zouden worden gereden of zelfs zouden afstappen.

De zesde etappe ging van Le Grand Bornand over zes bergpassen naar het Italiaanse skidorp Sestrière. De belangrijkste klim van de dag was die van de reusachtige Galibier, waar US Postals Andreu en Hincapie aanvankelijk het tempo bepaalden voordat Hamilton en Livingston het overnamen en tot de top gangmaakten voor Lance. De etappe van zes uur werd nog bemoeilijkt door onstuimige regenbuien. Die zorgden voor angstaanjagende valpartijen bij de laatste afdaling die door Hamilton en Livingston ternauwernood werden overleefd. Er was nog één klim naar de finish te gaan.

De enthousiaste menigte ging dicht aaneengeschurkt onder paraplu's schuil in afwachting van de eerste renners die de voet van de slotklim van elf kilometer zouden bereiken. Plotseling dook de Spaanse klimmer Escartin op, in gezelschap van de Italiaan Gotti, wat tot gejuich onder de extatische Italianen leidde. Beide mannen werden al snel gevolgd door een groepje waar Lance deel van uit maakte. De meute was verrast dat *il americano* nog bij de achtervolgers zat, met stomheid geslagen toen hij naar beiden toesprong en verbijsterd toen hij de twee uit het wiel reed en er alleen vandoor ging. Zülle zette nog de achtervolging in, maar passeerde de duizendkoppige menigte aan weerszijden van de weg naar Sestrière toch een halve minuut later dan Lance, die op weg was naar een verbazingwekkende overwinning.

Naast mij in de plenzende regen bij de finish stond een oude Italiaanse wielerfan hevig met zijn hoofd te schudden en begon te mopperen: 'Doping... doping... doping...!' Dat hoorde ik ook in de perskamer, waar men vooral verbaasd was over de snelheid die Lance nog ontwikkelde aan het slot van een wedstrijd die al zes uur had geduurd. Toen ik daar arriveerde, werd ik over het Amerikaanse fenomeen geïnterviewd door een verslaggever van de Franse nationale radio. Hoe was het mogelijk, vroeg hij, dat een klassiekerrenner als Lance niet alleen kanker had overwonnen maar bovendien zijn rentree maakte in de wielersport en plotseling de beste klimmer in de Tour bleek te zijn? Ik legde hem uit dat Lance altijd al goed in korte beklimmingen was geweest en dat hij nu ook zo sterk was in het hooggebergte omdat hij zes kilo minder zwaar was dan voorheen. Ik noemde ook de prima prestaties in de Vuelta van 1998, waarin hij als vierde was geëindigd. Ik wees op zijn laatste wedstrijd voor deze Tour, de Route du Sud, waarin hij een etappe op een Pyreneeëntop had gewonnen en beschreef hoe hij zijn snelle pedaaltred had geperfectioneerd en Tony Romingers klimrecord op de Col de la Madone had verbeterd. Ik bracht naar voren dat Lance in acht jaar professioneel wielrennen nog nooit positief was bevonden en dat zijn hematocrietwaarde ruim onder het toegestane niveau lag. Ik eindigde met de mededeling dat hij de eerste renner was die bij wijze van training alle klimetappes van de Tour al van tevoren had gereden.

Dat was niet voor iedereen afdoende. Na afloop van een korte persconferentie waarin Lance zijn 'voortreffelijke' ploeg bedankte en zijn 'strijdlustige' opponenten prees, kwam een Engelse verslaggever naar me toe en zei: 'We weten allemaal dat Armstrong de boel oplicht. Zonder epo zou hij nooit zo gewonnen hebben.' Toen ik dat tegensprak, zette hij een stap naar voren en ging met zijn gezicht vlak bij het mijne staan en verklaarde: 'Je bent gewoon naïef of onnozel. Of allebei!'

Maar ik was niet de enige die het succes van Lance toeschreef aan een superieure genetische constellatie en een betere voorbereiding. Sean Yates, de voormalige geletruidrager die algemeen werd beschouwd als een van de renners die clean zijn, zei: 'Waarom kunnen ze niet accepteren dat hij een betere sportman is, zoals Merckx dat was, zoals Induráin dat was of Hinault? Wat mij betreft is Lance een sportman met superieure fysieke kwaliteiten met daarnaast een mentaliteit die vergelijkbaar is met die van Michael Schumacher. Hij is compleet.'

De in hoog aanzien staande sportarts Massimo Testa was het daarmee eens: 'Als iémand de Tour kan winnen zonder vals te spelen, dan is Lance de enige die ik kan bedenken. Dat komt doordat hij alles in huis heeft: het fysieke vermogen, de hersens, de visie, zijn kwaliteiten om een ploeg te organiseren en het maximale rendement te halen uit zijn ploegmaten.'

Door de heftige reacties op de overwinning van Lance in de zwaarste bergetappe van de Tour van 1999 – hij bouwde zijn voorsprong op Olano uit tot zeven minuten – besloot Bruyneel de tactiek voor de volgende etappe, die eindigde met de bekendste klim van de Tour, die naar de top van l'Alpe d'Huez, te herzien. 'Ik nam die beslissing met het oog op de persreacties, de aantijgingen en de verdachtmakingen,' zegt Bruyneel. 'Na zijn winst in Sestrière wilde Lance weer winnen op Alpe d'Huez en ik zei tegen hem: "Je kunt hier vandaag echt niet winnen." Hij was daar niet blij mee, maar het leek mij de beste oplossing. Van de ene op de andere dag bevonden we ons in de positie dat we moesten afremmen om niet te winnen, want wat zouden ze zeggen, want wat moesten ze dan wel niet schrijven of wat zouden ze denken?'

De verdachtmakingen en controverses rond Lance escaleerden in de dagen daarna. L'Équipe wijdde meer pagina's aan een mogelijk dopingschandaal dan aan de wedstrijd zelf. In een van de langere verhalen heette het: 'Er is geen bewijs tegen hem, dus is hij onschuldig. Maar hij is een geval apart... hij is van een andere planeet.' *Le Parisien* publiceerde dagelijks een column van Christophe Bassons, een jonge Franse renner die bekendstond als *Monsieur Propre* ('Mijnheer Schoon'). Bassons had voorheen gereden bij Festina-Lotus en officials van die ploeg zeiden dat hij één van de drie renners was geweest die hadden geweigerd deel te nemen aan het dopingprogramma van de ploeg. Hij keurde doping onomwonden af in de hoop dat anderen hem zouden volgen. Maar Bassons werd door het peloton uitgekotst en, naar hij zegt, door sommigen bijna van de weg gereden. In een van zijn columns maakte Bassons toespelingen op de overwinning van Lance in Sestrière en hij beweerde dat de Texaan de dag daarna naar hem toe was gekomen en hem had verteld dat hij moest stoppen met over doping te schrijven of af zou moeten stappen. Ook was er druk vanuit de Franse ploeg van Bassons om ermee op te houden aangezien de rest van het peloton zou samenwerken om zijn ploeggenoten van de dagoverwinning af te houden.

Uiteindelijk verscheen Bassons niet aan de start van de dertiende etappe in St.-Flour en Lance riep me bij zich in zijn camper om uit te leggen wat er was besproken tussen hem en Bassons. 'Ik ben naar hem toegegaan omdat hij alle renners zwartmaakt als hij beweert dat hij de enige renner in het peloton is die schoon is. Dat is complete onzin,' zei een geïrriteerde Lance. 'Vervolgens zegt hij dat niemand een etappe kan winnen zonder epo te gebruiken. Dat is bullshit! Dus zei ik tegen hem: "Christophe, ik ben het met je eens wat je tegen doping hebt, maar er zijn goede methoden en verkeerde methoden om je daartegen af te zetten. Jij kiest de verkeerde methode. Jij isoleert jezelf alleen maar. Je kunt beter je mond houden." En hij antwoordde: "Ik hoef niet per se wielrenner te zijn. Ik kan dokter worden... advocaat... wat dan ook." Dus zei ik: "Doe dat dan." Dat is alles wat ik heb gezegd, ik heb hem niet gezegd dat hij naar huis moest gaan.'

'Door Bassons werd hij pissig en ging hij nog harder rijden,' zegt Hincapie. 'Als mensen mij vragen of Lance doping gebruikt, vertel ik dat zij niet achter de schermen kunnen kijken. Zij zien niet hoe hard hij traint. Zij zien niet welke offers hij brengt, zoals het laten staan van een donut of een chocoladekoekje, de gewone geneugten van het leven die hij mijdt als hij in training is. Ik heb met Lance getraind en weet hoeveel hij heeft afgezien en hoe hard hij heeft gewerkt.'

De stemming was nog steeds geagiteerd op de tweede rustdag, vlak voordat de Tour aan de Pyreneeën begon. Lance was aanwezig bij een korte herdenkingsdienst voor Fabio Casartelli op de plek van diens fatale ongeluk, sprak op een persconferentie in St.-Gaudens en gaf een lang interview aan *L'Équipe*. De meeste vragen van verslaggever Pierre Ballester betroffen het vermeende dopinggebruik. Op één daarvan antwoordde Lance: 'Als je een zak vol doping op mijn kamer vindt, oké, dan zou je bewijs hebben. Maar dat is niet het geval. Dat zal ook nooit gebeuren. Deze insinuaties zijn beledigend voor mij, voor mijn gezin en voor alle kankerpatiënten. Geloof me, mijn succes is het bewijs.'

Ondanks de ontkenning van het gebruik van prestatiebevorderende middelen bleven de geruchten Lance achtervolgen. Een cruciaal moment vond plaats in Piau-Engaly, hetzelfde afgelegen skioord in de Pyreneeën waar Lance op een koude, natte dag in mei zijn solotraining van zeven uur had volbracht. Dat was de dag geweest dat Bruyneel verklaarde: 'Deze man gaat de Tour winnen!' Nu, twee maanden later, terwijl Lance de laatste helling van de vijftiende etappe beklom, wás hij de Tour aan het winnen, en wel met een grote voorsprong.

Het was heet en droog en Lance moest aan het eind van de etappe tijdens de zware jacht op de uiteindelijke etappewinnaar Escartin enorm afzien. Zijn leiding in het algemeen klassement kwam niet in gevaar, Lance nam een nieuwe gele trui in ontvangst, onderging de gebruikelijke dopingtest en liep over een grasveld in de richting van een helikopter die hem terug naar zijn hotel zou brengen. Precies op dat moment duwde een Franse tv-journalist een stuk papier onder zijn neus. De verslaggever zei dat het een artikel was uit de avondeditie van *Le Monde* waarin werd gemeld dat één van de urinemonsters van Lance uit het begin van de wedstrijd positief was bevonden op sporen van corticosteroïden.

'Ik was zo moe dat ik geen idee had wat hij bedoelde,' vertelde Lance me een paar dagen later. 'En hij noemde mij een leugenaar. Wat kon ik doen? Het is afschuwelijke, sensatiezoekende riooljournalistiek.' Hij klonk moe en uitgeput en voegde eraan toe dat de daaropvolgende vierentwintig uur zijn mentale dieptepunt van de Tour zou blijken te zijn. De druk verminderde enigszins na een persconferentie die hij de volgende dag in Pau hield waar de UCI een communiqué uitgaf waarin Lance werd gerehabiliteerd. Daarin stond dat het spoor van corticosteroïden in zijn monster te gering was om positief te worden bevonden en dat het afkomstig was van een zalf die wordt gebruikt tegen zadelpijn en waarvoor de UCI toestemming had verleend. Toen ik Lance daar later naar vroeg, zei hij: 'Het was geen zadelpijn, maar littekenweefsel. Dat litteken was groot en ik verging van de pijn, dus gebruikte ik de zalf sporadisch... en het litteken werd kleiner.'

Terugkijkend op die moeilijke tijd zegt Paul Sherwen, de televisiecommentator die tolkte bij de persconferentie in Pau: 'Moet je je voorstellen hoe dat is om voortdurend onder vuur te liggen als je kans maakt om de Tour de France te winnen en je steeds lastig wordt gevallen met dit soort dingen. Daarom is hij zo'n sterke persoonlijkheid. Tegen de mensen die zeggen dat hij doping moet hebben gebruikt, zeg ik dat hij de dood in de ogen heeft gekeken en dat hij echt niet gaat experimenteren met de kans dat hij dat opnieuw moet doen.'

Terwijl de criticasters en cynici maar door bleven zeuren over doping, ging er een enorme golf van opwinding door Europa en de oceaan over, waar Amerika oog kreeg voor de favoriete zomersport in Europa en geleidelijk vervuld raakte van trots. Het verschafte hoop aan miljoenen kankerpatiënten over de hele wereld. Lance had met nog maar vier vlakke etappes te gaan een voorsprong van zeven minuten en vrijwel niemand twijfelde eraan dat hij de Tour zou winnen.

Sommigen boekten lastminutetrips naar Parijs voor de verwachte festiviteiten. Jim en Rhonda Hoyt wisten beslag te leggen op de twee laatste stoelen op een vlucht vrijdagnacht ('Onze eerste reis buiten Amerika'). Ook een clubje vrienden uit Texas, onder wie Bart Knaggs en Jeff Garvey, kwam overgevlogen. Och, Carmichael en Stapleton waren er al. Kristin was op weg vanuit Nice en de moeder van Lance kwam voor de twee laatste dagen. 'Linda was er die zomer slechter aan toe dan ooit,' zegt haar zuster Debbie. 'Ze was voor de derde keer gescheiden en woonde in een kleine maisonnette.

Dan gaat Lance de Tour winnen... en zij kan de vlucht niet betalen.'
Maar niets kon 'Barracuda Mom' ervan weerhouden aanwezig te
zijn bij de huldiging van haar zoon. Lance zorgde voor een ticket en
ze vertrok. Hun goede vriend J. T. Neal wilde ook komen, maar zijn
kanker had zich verder over zijn lichaam verspreid en hij was te ziek
om naar Frankrijk te reizen. Hij bekeek de Tour op de televisie vanuit zijn ziekenhuisbed in Austin.

Voordat hij als winnaar van de Tour zou worden gehuldigd won
Lance de laatste van de drie tijdritten – in de volgauto erachter zat
zijn moeder hem luidkeels aan te moedigen –, alsof hij wilde benadrukken dat hij de allerbeste was en geen doping nodig had om
de belangrijkste wielerronde ter wereld te winnen. Op 25 juli 1999
stonden een half miljoen juichende toeschouwers langs de Champs-
Élysées. Amerikaanse fans zwaaiden met de Amerikaanse vlag, fans
uit Texas met de Texaanse vlag en verslaggevers van de belangrijkste media uit de Verenigde Staten stroomden toe om dit historische
wapenfeit van een overwinnaar van kanker op te tekenen. Tijdens de
ereronde over 's werelds indrukwekkendste boulevard werden Lance en zijn ploeggenoten vergezeld door een geëmotioneerde Bruyneel en ploegeigenaar Thom Weisel, beiden op de fiets. Toen Lance
het podium beklom, zwollen de toejuichingen aan tot een climax.

Dertig maanden na de beëindiging van zijn chemokuur stond
Lance op de hoogste trede van het podium van de Tour de France,
met de gele trui om zijn nek en de pet van US Postal tegen zijn hart
gedrukt terwijl een Franse militaire kapel het Amerikaanse volkslied speelde. 'Ik wil herinnerd worden als de eerste ex-kankerpatiënt
die de Tour wint,' had hij gezegd en van zijn getekende gezicht viel
de trots af te lezen dat hij daarin geslaagd was, maar ook de enorme
inspanning die hij zich had moeten getroosten om hier te kunnen
staan. Hij stapte het podium af om Linda en Kristin te omhelzen en
poseerde voor foto's met hen beiden aan zijn zij. 'Ik was opgetogen,
in de wolken, dankbaar,' herinnert Kristin zich. 'Ik was zo trots. Het
was ook zo'n gave tijd. Ik was zwanger van Luke... we beleefden zoveel gelukkige momenten. Het was moeilijk te zeggen wat nog op-
windender was of nog mooier... het een na het ander.'

Ze kon domweg niet geloven dat haar jonge echtgenoot de ultieme overwinning had behaald in zijn loodzware sport. Zelfs Stapleton zou toegeven dat dit een comeback was, misschien wel de grootste aller tijden.

De dag daarna had ik al een tijdje in de trein naast hem gezeten toen ik vroeg hoe dat nou voelde om de Tour te winnen.

'Het is niet te geloven,' zei hij. 'Ik heb eigenlijk niet zoveel hoeven doen. Ik trainde hard, maar... je kunt de Tour niet winnen zonder ploeg en ik kon de Tour niet winnen zonder Kristin die me altijd heeft gesteund en Johan die erin geloofde en de sponsors die me ondersteunden en de doktoren die mijn leven hebben gered. Deze overwinning is voor hen allemaal. Het is bijzonder voor ons... de Champs-Élysées... om Kristin daar te zien, mijn moeder, al mijn vrienden. Waanzinnig.'

'Kun je de Tour nog een keer winnen?' vroeg ik.

'Dat weet ik niet,' zei hij. 'Elk jaar is anders... maar ik ben nog niet te oud. Klopt het dat Induráin zijn eerste Tour won toen hij 27 was, net zo oud als ik?'

'Ja,' antwoordde ik terwijl ik op mijn vingers telde: '27, 28, 29, 30, 31... vijf jaar, vijf overwinningen.'

'Hmmm,' zei Lance. 'We zullen zien...'

18 Knock-out

*'Dat was mijn belangrijkste drijfveer: Ullrich en Pantani
terug in de wedstrijd. Sommigen zeiden dat het in 1999 een
soort Tour de France-light was geweest.'*
– Lance Armstrong

Het feit dat Lance, na kanker te hebben overwonnen, een verbazingwekkende rentree had gemaakt en daarmee ook nog eens het zwaarste sportevenement ter wereld had gewonnen, maakte bij het Amerikaanse publiek nog meer los dan Bill Stapleton had gedacht. De
Texaanse zaakwaarnemer hoefde niet langer vijftien keer naar Nike
te bellen om erdoor te komen. In plaats daarvan leende dat bedrijf
zijn eigen vliegtuig uit aan Lance zodat hij voor het ene na het andere evenement kon overvliegen van en naar Europa. Hij verscheen in
alle belangrijke talkshows ('Letterman was best zenuwslopend'). Hij
bezocht het Witte Huis ('Bill Clinton vond het geweldig. We schon-
ken hem een fiets, een helm en een gele trui') en rinkelde de bel op
Wall Street bij sluiting van de beurs. Zijn afbeelding verscheen op
cereals van Wheaties ('Ontbijt voor kampioenen') en hij werd her-
kend ('Komt er op straat een grote brandweerauto aanrijden en binnen de kortste keren hangen vijf New Yorkse brandweermannen uit
het raam en gillen uitbundig: "Lance, jij bent onze held!" ').

De overwinning die tegen alle verwachtingen indruiste, maakte
Lance tot boegbeeld van alles wat goed en wat slecht was in de wielersport. Het goede werd verbeeld in het verhaal van een arme jongen uit Texas die de Tour won na een bijna verloren strijd tegen kanker: 'Comeback van de eeuw', stelde het invloedrijke *L'Équipe*. Het
slechte was de sceptische reactie van het grote publiek dat zijn metamorfose enkel en alleen kon worden verklaard door één ding: doping. Geen enkele wielrenner had ooit zoveel extreem tegenstrijdige
reacties opgeroepen. De gevoelens van de Europese media werden
het best verwoord door de Italiaanse krant *Corriere dello Sport* die
over de overwinning van Lance meldde: 'Vanuit menselijk oogpunt

is hij een symbool van hoop, een symbool van levensvreugde. Vanuit sportief oogpunt is hij gewoon een sportman die zich aan de regels moet houden. Als hij dat heeft gedaan, dan verdient hij het succes dat hij heeft genoten. Zo niet, dan verdient hij begrip maar zeker geen goedkeuring. De twijfel en verdenkingen zijn groot, al is er geen bewijs van misbruik.'

Weer anderen waren van mening dat Lance de Tour had gewonnen omdat twee voorgaande kampioenen niet hadden meegedaan: Ullrich was aan het herstellen van een val en Pantani was het onderwerp van vermeend dopingmisbruik. 'Wacht maar tot hij het moet opnemen tegen Jan Ullrich en Marco Pantani,' zeiden zij. 'Pas dan kunnen we de nieuwe Armstrong echt beoordelen.'

'Dat was mijn belangrijkste drijfveer: Ullrich en Pantani terug in de wedstrijd. Sommigen zeiden dat het in 1999 een soort Tour de France-light was geweest.'

In zekere zin hadden ze gelijk: Ullrich en Pantani zouden de voornaamste toekomstige opponenten van Lance blijken te zijn. En hoewel ook zij zo hun tekortkomingen en gebreken hadden, waren beide mannen immens populair in Europa. De potige, sproeterige Ullrich, weliswaar twee jaar jonger dan Lance, werd de 'Kaiser' genoemd vanwege zijn dominante blik, de manier waarop hij zijn fiets naar voren leek te duwen in plaats van te trappen en doordat hij op zijn beste momenten onoverwinnelijk leek. De tengere Pantani met kaalgeschoren schedel was *Il Pirata* ('De Piraat') die met zijn oorring, geitensikje en de gewoonte om bandana's te dragen zijn stoere klimstijl benadrukte.

Ullrich werd geboren in het voormalige Oost-Duitsland, waar zijn talent al in zijn tienerjaren werd onderkend. Hij ging naar een staatsschool voor sporttalenten en loste zijn belofte in door op zijn negentiende wereldkampioen bij de amateurs te worden. Nadat hij deel uit was gaan maken van Deutsche Telekom, het grootste profteam van Duitsland, werd hij op het laatste moment voor de Tour ingeschreven om kopman Bjarne Riis bij te staan. Hij reed met natuurlijk gemak, hoewel hij nog maar 22 jaar oud was en zich niet specifiek had voorbereid. Hij was uitstekend op dreef in de bergetappes, als sterkste van alle ploegmaten van Riis en hij won de laatste tijdrit met zoveel overmacht dat hij bijna de eindoverwinning van zijn kopman wegkaapte. In 1997, het jaar waarin Lance herstelde van kanker, schoof Ullrich van de tweede naar de eerste plek om met een voorsprong van bijna tien minuten de Tour te winnen. De marge was zo groot dat velen voorspelden dat dit Duitse wonderkind de Tour meer dan vijf keer zou gaan winnen. Je zag het aan hem af: sterk, trots, hij had rossig haar en een brede grijns. Duitse meisjes hadden posters van hem aan hun muren hangen.

Het tegendeel van de turbo-aangedreven, 1.83 m lange Ullrich met zijn meedogenloze bulldozerstijl, was de kleine, ultralichtgewicht Pantani die vertrouwde op zijn venijnige demarrages bergop. Zijn grote voorbeeld was Fausto Coppi, de beroemdste Italiaanse wielrenner ooit wiens carrière de Tweede Wereldoorlog omspande. Net als Coppi werd Pantani legendarisch door zijn solovluchten in de bergen die hem zowel in de Tour als in de Giro verscheidene etappeoverwinningen brachten. Na zijn derde plek in de Tour van 1997 richtte hij zijn vizier op een hogere rangschikking: een spectaculaire overwinning in de Giro gaf hem de moed om Ullrich uit te dagen voor de eindoverwinning in de Tour. Na twee weken koersen had de Duitser een comfortabele voorsprong van drie minuten en leek hij opnieuw op de zege af te stevenen. Maar in een koude, natte etappe in de Alpen had Ullrich een heel slechte dag en verloor hij het geel aan Pantani die dat jaar uiteindelijk de Tour won. Als reactie op de overwinning zei Pantani: 'Ik wil niet opscheppen, maar als er geen Pantani was geweest, dan had misschien niemand Ullrich in de problemen gebracht en dan was het misschien hetzelfde eindresultaat geworden als vorig jaar. Dan had iedereen gezegd dat Jan Ullrich de sterkste is!'

In de aanloop naar de Tour van 2000 wás Ullrich naar verwachting de te kloppen man. Pantani vocht rechtszaken in Italië uit waarbij hij van 'sportieve fraude' werd beschuldigd vanwege een verdacht hoge hematocrietwaarde tijdens de Giro van 1999 en Lance was in voorbereiding om zijn titel te verdedigen op de overtuigende wijze van het jaar daarvoor. De Texaan was gretig door zijn wens om de mening de kop in te drukken dat hij de Tour van 1999 dankzij doping had gewonnen of door de afwezigheid van de twee grote opponenten.

Lance realiseerde zich nu ook hoeveel zijn overwinning had betekend voor kankerpatiënten en ex-kankerpatiënten overal ter wereld en hoe alles wat hij deed hen raakte en hoop kon bieden. 'Ik beschouw dit jaar niet als een comeback,' zei hij. 'Ik zie het als een bevestiging – en dat is belangrijk in het gevecht tegen kanker –, een bevestiging van datgene wat ik vorig jaar deed als een overlevende van kanker, zeker nu iedereen dit jaar start.'

Aan het thuisfront was er gezinsuitbreiding: Lance en Kristin hadden inmiddels Luke David, hun acht maanden oude zoon. Ze vormden nu een gezin en dat had een belangrijke invloed op Lance, zijn waarden en zijn levensvisie. 'Vóór de kanker was het ikke, ikke, ikke,' zegt Lance. 'Kristin was er nog niet, Luke was er nog niet en ik had geen idee wat samenzijn betekende. Er bleef niets hangen, er was geen intimiteit, maar nu voelde ik een enorme binding. Als ik een goed huisvader zou zijn, eerlijk was tegenover mijn vrienden, als ik iets terug zou geven aan mijn omgeving of enig goed doel, als ik geen leugenaar of oplichter zou zijn, dan zou dat genoeg zijn. Dat is, denk ik, een heel spirituele benadering, want dat is de reden waarom mensen vaak naar een kerk gaan, om daar meer over te weten te komen. Of er een God bestaat of andere hogere machten, je gewaar worden van deze waarden, gemeenschapszin, zelfbewustzijn, samenzijn.' Dat waren de waarden die Lance voortaan zou uitdragen.

Lance en Johan Bruyneel hielden op weg naar hun tweede Tour hun kaarten weer dicht tegen de borst. In het geheim verkenden ze het parcours van de aankomende Tour en hun verkenningsmissie begin mei in de Pyreneeën kwam alleen in het nieuws toen Lance met spoed naar het ziekenhuis werd gebracht na een zware valpartij. 'Het was slecht weer, kou en regen,' zegt Bruyneel. 'Lance stopte op de top van de Soulor om een mechanisch probleem te verhelpen en wij probeerden in de auto weer bij hem te komen toen hij in de afdaling viel en met zijn gezicht tegen de rotsen smakte. Hij lag op de weg. Hij was er beroerd aan toe. We maakten ons ernstig zorgen over zijn Tourdeelname.' Gelukkig bleef het bij een lichte hersenschudding. Lance was binnen een week hersteld, hervatte de training en ging verder met het verkennen van het parcours.

Gevraagd naar de trainingen van Lance achter gesloten deuren, legt Bruyneel uit: 'We probeerden altijd ver, heel ver uit de buurt van iedereen te blijven, omdat we afzondering wilden. In het wielrennen is tactiek behoorlijk complex en je kunt het zo geheimzinnig maken als je wilt. Eén van mijn tactieken was iedereen te laten denken dat Lance een geval apart is, dat we een bijzondere manier van trainen hebben en dat we ons op een speciale manier voorbereiden. We zijn nooit open geweest over onze werkwijze.' Maar, geeft Bruyneel toe, hun geheimzinnigheid keerde zich tegen hen in de media.

'Lance was degene die het meest trainde van allemaal,' zegt zijn ploegleider, 'en ik denk dat we er vanaf 2000 beter aan hadden gedaan om kritische verslaggevers bij onze trainingskampen in mei en juni uit te nodigen om te laten zien hoe Lance zich voorbereidt op de Tour de France. Ik denk dat dan veel problemen waren opgelost. We hebben dat niet gedaan omdat ik niets weg wilde geven aan onze tegenstanders.'

Als er verslaggevers bij waren geweest toen Lance, tien dagen na zijn val in de afdaling, terugkeerde in de Pyreneeën om die etappe uit te rijden, dan zouden ze gezien hebben hoe veeleisend hij was tijdens dergelijke verkenningstochtjes. In kou en regen voltooide hij de lange afdaling die leidde naar een smalle klim van dertien kilometer naar Hautacam. Op dit desolate plateau had Bjarne Riis in 1996 zijn Touroverwinning bezegeld en Lance wilde deze belangrijke klim goed in zich opnemen. Het eerste gedeelte heeft onregelmatige stijgingspercentages met krappe bochten die naar rustieke dorpjes leiden, terwijl het laatste deel een constant steile uitputtingsslag is. Het is moeilijk om deze klim goed in het hoofd te prenten.

De klim naar Hautacam in de Tour zou maar iets meer dan een halfuur duren, toch was Lance ervan overtuigd dat dat halfuur van doorslaggevend belang zou zijn voor het eindklassement. En dus zei hij, toen hij in de striemende regen de winderige top had bereikt, tegen een verbaasde Bruyneel dat hij het nog een keer wilde proberen. Ze keerden terug naar het dal en Lance klom voor een tweede keer naar boven om de beste bochten te ontdekken om een aanval te plaatsen.

In tegenstelling tot de zorgvuldige voorbereiding van Lance verkende Ullrich nooit de beklimmingen van de Tour. Toen men hem vroeg waarom hij dat niet deed, zei hij: 'Soms is het beter dat je niet weet hoe ver het nog is.' Pantani bestudeerde kaarten en grafieken, maar hij stelde het gevoel van de beklimming gezien zijn intuïtieve levenshouding liever uit tot de wedstrijddag.

De volgende stap in de voorbereiding van Lance – waar ook geen ruchtbaarheid aan werd gegeven – was een tiendaags hoogtetrainingskamp in het Zwitserse skioord St. Moritz. Hij was daar samen met ploegmaat Ken Livingston en ze hanteerden een trainingsschema van hun controversiële Italiaanse trainer dr. Ferrari. 'De belangrijkste trainingsritten duurden zes tot zeven uur,' zegt Ferrari, 'met beklimmingen tot wel 5000 meter hoogte.' Dat was even zwaar als de langste, zwaarste etappe in de Tour zelf, wat verklaart waarom Lance niet zenuwachtig werd van wat hij in juli voor zijn kiezen zou krijgen.

Iedereen die de Tour de France heeft gereden kan je vertellen hoe onmenselijk die is en hoe hij lichaam en geest kwelt. In zekere zin verklaart de extreme belasting de grote aantrekkingskracht op zowel sporters als toeschouwers, maar er zijn maar weinigen die er spontaan voor kiezen. 'Geen enkel gezond mens zou de Tour willen rijden,' zegt Tourveteraan Allan Peiper. 'Je doet het niet voor je lol omdat je lekker in je vel zit, je doet het alleen maar omdat je jezelf een doel stelt. Je hebt een enorme aandrang om jezelf te bewijzen door iets wat diep zit weggeborgen in je psyche.'

Lance, Ullrich en Pantani bezaten alle drie een enorme bezetenheid om de Tour te winnen en opnieuw te willen winnen. Zowel Lance als Ullrich had een slechte vader die het huis uitging toen ze jong waren. Pantani was nog steeds het kleine jongetje dat zichzelf moet bewijzen, de gedroomde rol vanaf het moment dat hij groot genoeg was om het op een fiets tegen grotere jongens op te nemen.

In de Tour van 2000 waren de Texaan en de Kaiser de grote jongens en de Piraat zou zijn eerste kans krijgen hen te slopen op de klim naar Hautacam, de eerste aankomst in de Pyreneeën. Het hele jaar al hadden mensen met elkaar over de strijd van de drie kampioenen in de Tour gesproken. De dag des oordeels was eindelijk aangebroken.

Toen Lance op de dag van de tiende etappe wakker werd en de regen tegen zijn hotelraam hoorde slaan, was hij volgens ploegmaat Tyler Hamilton 'door het dolle heen'. 'Lance is de ultieme bikkel. Hij houdt van grote uitdagingen.' Vergelijk dat met Pantani, die in afwachting van de start de deur van zijn camper opende en zenuwachtig naar de donkere wolken keek, terwijl Ullrich tot het laatste moment de beschutting van de teambus had gezocht.

De Duitser had gehoopt dat het weer op zou klaren voordat ze de Hautacam zouden bereiken, maar na vijf uur wedstrijd en met nog een uur te gaan, bleef het koud en nat tijdens de lange afdaling van een twintigkoppige groep achtervolgers met Lance en Pantani. Aan de overkant van het dal lag de Hautacam in de wolken, de pers zat dicht opeengepakt in een grote, ijskoude legertent naar de wedstrijd te kijken op televisiemonitoren. De spanning onder de verslaggevers was te snijden toen de drie laatste Tourkampioenen aan de voet van de beklimming arriveerden voor hun langverwachte krachtmeting. Kleine groepjes renners zaten tien en twee kilometer vooruit, maar de ogen van alle journalisten waren gericht op de grote drie. Pantani dacht dat dit het moment was waarop hij een jaar vol rechtszaken over vermeende doping achter zich kon laten. Ullrich was opgelucht dat het even was opgehouden met regenen, al bleven de wegen nat, en Lance had zijn pokerface opgezet in de hoop dat zijn lichaam opgewassen was tegen de te verwachten aanvallen.

In de perskamer ging iedereen er eens goed voor zitten toen Pantani een van zijn typerende tempoversnellingen plaatste en wegsprong uit de groep. Ullrich bleef zitten. Hij staarde voor zich uit in de hoop dat zijn vaste tempo en op kracht gebaseerde klimstijl hem in de wedstrijd zou houden. Maar Lance zag de grimas op het gezicht van de Duitser, ging op de trappers staan en versnelde om het groter wordende gat met Pantani te dichten. Bij hem aangekomen ging hij weer zitten en draaide met zijn handen boven op het stuur en zijn blauwe ogen gericht op de steile weg voor hem het hoge pedaalritme van zijn trainingen. Pantani, verbouwereerd over de snelheid waarmee Lance klom, kon het tempo niet bijbenen en zakte terug. Hij zou in de laatste tien kilometer uiteindelijk meer dan vijf minuten op de Amerikaan prijsgeven.

Lance toonde geen tekenen van vermoeidheid en toen hij het gat van twee minuten op klimmers als Fernando Escartin snel dichtreed, begonnen velen in de persruimte hun hoofd te schudden. Oudere wielerverslaggevers hadden nog nooit iemand zo snel naar boven zien komen zonder daarbij zichtbaar af te zien. Zelfs Miguel Induráin niet, de Tourkampioen die in mei 1998 bij de Ride for the Roses het hoge pedaaltempo aan Lance had geadviseerd. En toen de pers naar buiten stroomde om de finish te bekijken in de natte kou met temperaturen net boven het vriespunt, zagen ze Lance sprinten voor de tweede plek, slechts 42 seconden achter de Bask Javier Otxoa die aan de voet van de beklimming nog een voorsprong van tien minuten had.

Lance had alle andere renners ingehaald en achter zich gelaten door gebruik te maken van zijn kennis van de beklimming, opgedaan tijdens de twee verkenningen waar hij de juiste punten had gevonden om te versnellen. Op de steilste gedeeltes was hij net als Pantani op de pedalen gaan staan en had zich aan het stuur opgetrokken. De beklimming werd geroemd als het grootste machtsvertoon sinds de dominantie van Eddy Merckx in de Tour van 1969. Lance trok het geel aan met een voorsprong van meer dan vier minuten op nummer 2, Jan Ullrich. Verrassingen daargelaten was de strijd in deze Tour wel gestreden.

Door bijna twintig seconden per kilometer sneller te klimmen dan ieder ander, riep Lance weer de verdenking over zich af dat hij epo gebruikte. Zijn suprematie kon door niets anders worden verklaard, zeiden de sceptici, al wisten alle renners dat hun urinemonsters werden ingevroren voor analyse met een test die later dat jaar zou worden geïntroduceerd. Bij de nu gehanteerde standaardtest vóór de Tour waren drie minder bekende renners betrapt op hematocrietwaarden van boven de 50-procentgrens, maar de sensatiebeluste media wilden grotere vissen vangen.

Met dat doel voor ogen gaf staatsomroep France 3 na de onvoorstelbare klim van Lance naar Hautacam een filmploeg opdracht US Postal discreet te volgen en te letten op verdachte gedragingen of bewijzen van doping. Een week later meende de ploeg iets op het spoor te zijn. Buiten het hotel van het team in Morzine waren twee mannen gezien die grote plastic zakken aan het inladen waren in een ploegauto die ze hadden gevolgd. Nadat ze hadden gefilmd hoe de inhoud bij een stortplaats werd weggegooid, doorzocht de ploeg de inhoud van de zakken, waarvan later werd gemeld dat er medisch afval in zat, zoals gebruikte kompressen en lege verpakkingen. Er werd geen doping gevonden. Drie maanden later zou na een anonieme tip een Parijse officier van justitie een officieel onderzoek instellen naar de praktijken van de wielerploeg. Een artikel in het Franse

weekblad *Le Canard Enchaîné* onthulde vervolgens dat de enige verdachte inhoud van de vuilniszakken een lege verpakking was van een
product dat Actovegin heet, een middel waarover een woordvoerder
van US Postal later zou verklaren dat het werd gebruikt bij schaaf-
wonden en tegen diabetes bij een van de stafleden.

De UCI zette die winter Actovegin op zijn lijst van verboden middelen, met de verklaring dat het middel mogelijk de zuurstofopname
van het bloed zou verhogen, al was daar nooit echt bewijs voor gevonden. Lance zegt dat hij nog nooit van het product heeft gehoord.
En toen de Franse onderzoekers eenmaal de bloedmonsters van de
Tour van 2000 hadden geanalyseerd, bleken die allemaal negatief,
met inbegrip van epo.

'We stemden in met het vrijgeven van alle monsters van de UCI,'
zegt Bruyneel. 'Ik werd drie uur lang ondervraagd door de politie in
Parijs, en ik vroeg hun: "Waarom is dit onderzoek nog steeds niet afgesloten?" Ze vertelden me: "We hebben alle monsters overhandigd
aan een laboratorium in Parijs, een particulier lab, en daar hebben
ze helemaal niets gevonden. Vooral de monsters van Lance waren zo
schoon dat het lab iets moet hebben vergeten te testen." Op dat moment realiseerde ik me dat we dit gevecht nooit zouden winnen.' Na
achttien maanden werd de zaak eindelijk geseponeerd.

Die rechtszaak en het speurwerk van de staatsomroep waren het
enig zichtbare bewijs van de heksenjacht van de Franse overheid.
Maar de gerenommeerde Engelse tv-verslaggever Paul Sherwen,
zelf voormalig Tourrenner en teamofficial, behoort bij degenen die
menen dat er meer pogingen zijn ondernomen om Lance in diskre-
diet te brengen. 'Ik ben ervan overtuigd dat de Franse regering tot
op het hoogste niveau zijn urine en bloed liet onderzoeken en ze
konden helemaal niets bewijzen,' zegt Sherwen. 'Als er ook maar
iets geweest was, dan hadden ze het gevonden. Die mensen zouden het hebben ontdekt omdat ze het wílden ontdekken. De Tour
de France is een grote en machtige organisatie. Ze kunnen het voor
elkaar krijgen dat de Champs-Élysées wordt afgesloten, dus kunnen
ze ook zijn haarwortels testen, zijn DNA, de hele santenkraam. Dus
ben ik ervan overtuigd dat ze hun uiterste best hebben gedaan om
hem aan het kruis te nagelen, en dat is ze niet gelukt.'

Sherwens vermoedens zouden kunnen worden afgedaan als com-
plottheorieën, maar dat geldt niet voor een reeks gebeurtenissen die

zich vijf jaar later voltrok. Het begon met het bewijs dat het overheidslaboratorium (LNND) dat testen uitvoert voor de Tour de France, bewust testresultaten had gelekt naar *L'Équipe*, de krant die eigendom is van hetzelfde bedrijf dat de Tour de France exploiteert. Het project dat was goedgekeurd door de World Anti-Doping Agency (WADA) bestond onder meer uit het testen van urinemonsters, waaronder die van Lance, die waren ingevroren sinds de Tour van 1999 waarin Lance zijn eerste eindzege behaalde. De resulaten zouden WADA moeten helpen de analyse te verfijnen om het gebruik van epo aan te tonen. De samenvatting van de onderzoeksresultaten werd door de LNND doorgespeeld toen bleek dat verscheidene van die oude monsters positief bleken te zijn getest op epo. Bovendien werd op verzoek van de WADA, en tegen het protocol in, een lijst met codenummers van de renners in het rapport opgenomen.

Een onderzoeksjournalist van *L'Équipe* probeerde vervolgens de codenummers die door de UCI in Zwitserland werden beheerd te herleiden naar de renners in kwestie. Een stafmedewerker zou later worden berispt omdat hij informatie waarmee Lance kon worden gelinkt aan de bloedtests had vrijgegeven. Het leidde tot een belastend artikel dat werd gepubliceerd op 23 augustus 2005 in *L'Équipe*. Als er een urinemonster wordt afgenomen in de Tour wordt dat onmiddellijk daarna verdeeld over twee flesjes die kenmerk A en B meekrijgen. Wordt bij flesje A iets positief getest, dan volgt een controle op flesje B om dat resultaat te bevestigen. Beide flesjes zijn dus nodig om overtuigend bewijs te verkrijgen. Van de Tour van 1999 waren alleen de B-flesjes bewaard gebleven van monsters die al negatief waren getest en die zouden dus nooit kunnen dienen als bewijs van doping. Toch weerhield dat *L'Équipe* niet van die bewering.

In het verhaal op de voorpagina stond onder de kop *Le Mensonge Armstrong* ('De leugen Armstrong') te lezen dat zes van de vijftien urinemonsters die in 1999 tijdens de Tour van Lance waren afgenomen positief waren getest op epo. Bovendien werd gesuggereerd dat de vermeende testresultaten verband zouden houden met epoinjecties voor de proloog en de bergetappe naar Sestrière. Wat niet werd gemeld was dat de prestaties van Lance niet de uitschieters vertonen die bij gebruik van epo optreden. In de belangrijkste etappes nam hij te veel hooi op zijn vork: bij de tijdrit in Metz – waar hij positief zou zijn getest op epo – werd hij in de laatste vijf kilometer zwakker, verloor daarin zestien seconden aan Alex Zülle en viel na de finish van uitputting op de grond. Bij zijn indrukwekkende zege op de top bij Sestrière had Lance in de laatste drie kilometer nog twaalf seconden op Zülle prijsgegeven en in de monsteretappe in de Pyreneeën naar Piau-Engaly werd hij door Richard Virenque en Zülle in de slotkilometers nog op negen seconden gereden. Iemand die epo gebruikt zal in tien dagen tijd op drie verschillende momenten niet zo verzwakken.

Wetenschappers verschilden ook van mening over de vraag of urine die zo lang is ingevroren nog wel betrouwbaar is voor dopingonderzoek. Christiane Ayotte, die verantwoordelijk is voor het laboratorium van WADA en die in 2006 in Montreal de Canadian Medical Association Medal of Honor ontving, zei destijds: 'Het heeft ons enorm verbaasd hoe het mogelijk is dat epo is aangetroffen in urinemonsters die in 2004 zijn getest. Of het nu gaat om lichaamseigen epo of toegediende epo, de bloedwaarden zijn nooit stabiel, ook niet als dat wordt ingevroren.'

Wetenschappers zetten ook vraagtekens bij de betrouwbaarheid van de testen omdat er moeilijk onderscheid kan worden gemaakt tussen de hoeveelheid lichaamseigen epo en naderhand toegediend epo. De analyse van epo is niet eenvoudig. Met behulp van een elektrisch veld worden eiwitten uit een urinemonster over vloeipapier verdeeld. Dit leidt tot een patroon van lijnen. Er is een aanzienlijke overeenkomst tussen het patroon dat ontstaat door lichaamseigen epo en kunstmatige epo. Het is louter het subjectieve oordeel van de laborant dat bepaalt of de uitslag positief of negatief is. Het lijnenpatroon kan heel gemakkelijk vervormen als de urine niet zorgvuldig is bewaard. Bovendien zijn er scheikundigen die beweren dat onterecht een positieve epo-uitslag kan ontstaan als een urinemonster te snel na een zware inspanning wordt afgenomen.

Het verhaal van *L'Équipe* werd veroordeeld door de UCI. Later stelde die organisatie een onafhankelijk onderzoek in onder leiding van het voormalige hoofd van de Nederlandse antidopingcommissie, de jurist Emile Vrijman. Het daaruit voortgekomen rapport-Vrijman zuiverde Lance van elke blaam. Het rapport bevat een aantal conclusies, waaronder deze: 'Zou de LNND de testen hebben uitgevoerd volgens de geldende regels en dienovereenkomstig hebben gerapporteerd, dan zou er nooit sprake zijn geweest van vermeend dopinggebruik. Het is volslagen onverantwoord als iemand die bij dopingcontrole is betrokken zelfs maar de suggestie wekt dat enig bewijs is gevonden. Vertegenwoordigers van de LNND kwamen eenzijdig en ongekwalificeerd tot de conclusie dat er in de vermeend positief bevonden monsters geen sprake zou zijn van tegenstrijdige analysebevindingen.'

Deze conclusies werden echter afgewezen, zelfs weggehoond, door de voorzitter van de WADA, Dick Pound. Hij zei: 'Het rapport-Vrijman ontbeert deskundigheid en objectiviteit, zodanig zelfs dat het bijna lachwekkend is.' Het antwoord van de Canadese official sloot aan bij één van zijn eerdere verklaringen waarin hij ondubbelzinnig had gesteld: 'Iedereen weet dat de renners in de Tour de France doping gebruiken.'

Ponds stellige beweringen en het opruiende artikel in *L'Équipe* schoten ploegbaas Bruyneel van US Postal in het verkeerde keelgat. Hij zei: 'Ik geloof dat Lance groter werd dan de Tour, en daar houden Fransen niet van... We waren permanent doordrongen van het besef dat ze alles in het werk zouden stellen om ons onze geloofwaardigheid te laten verliezen. Het was allemaal begonnen met Dick Pounds aantijgingen en we konden ons daar niet tegen verweren.'

De Fransen hadden al vijftien jaar geen Tour meer gewonnen en zagen met afgrijzen toe hoe een jonge, brutale Amerikaan er met de lauwerkrans vandoor ging, de hoogste prijs in een sport die zij ooit hadden gedomineerd. Desalniettemin was er sprake van schoorvoetend respect voor Lance, maar ze hielden niet van het ogenschijnlijke gemak waarmee hij zijn rivalen op de steilste beklimmingen afschudde. Ze wilden dat je kampioenen zag afzien, maar aan Lance zag je dat niet. Als hij dan al een keer verzwakte, juichten de criticasters doorgaans. Dat gebeurde bijvoorbeeld in de zestiende etappe van de Tour in 2000 toen hij werd overvallen door wat renners een 'hongerklop' noemen: een plotselinge daling van het bloedsuikergehalte die je dwingt het rustiger aan te doen of zelfs af te stappen en waarvan je licht in je hoofd kunt worden. Het wordt veroorzaakt door onvoldoende te eten tijdens de wedstrijd, zodat je droog komt te staan en geen calorieën meer hebt om te verbranden. Lance' hongerklop deed zich voor tijdens de laatste Alpenetappe, na een gedurfde aanval van Pantani, die in de loop van deze Tour steeds aanvallender was gaan rijden. Eerst toonde de Italiaan zijn klasse in de twaalfde etappe, twee dagen na Hautacam. Op de kale hellingen van de Mont Ventoux sloeg hij een gat en Lance moest alles uit de kast halen om weer bij hem te komen. De twee reden zij aan zij in een gevecht met sterke zijwind op weg naar de steilste slotkilometers. Lance realiseerde zich dat Pantani een jaar lang in de problemen had gezeten en was niet vergeten dat Pantani hem een plaats in zijn ploeg had aangeboden toen Lance na zijn kanker een rentree wilde maken. Daarom was hij van plan om Pantani de winst te gunnen en zei tegen hem: '*Tu vince*', Italiaans voor 'Jij wint'. Pantani verstond hem verkeerd en dacht dat Lance zei: '*Più veloce*' en hem vroeg harder te rijden, een gebrek aan respect. Toen Lance hem vervolgens de etappe liet winnen, vertelde een boze Pantani de Italiaanse media dat hij beledigd was.

Drie dagen later, bij een aankomst bergop in Courchevel, sprong Pantani weer weg en ditmaal had Lance geen antwoord. Bezorgd nam hij via de radio contact op met Bruyneel om die bij dr. Ferrari – die zat thuis bij de tv om de etappe te volgen – te laten informeren naar de tijdwinst die Pantani zou kunnen behalen. Ferrari's antwoord stelde hem gerust, al won Pantani de etappe en schoof hij in het klassement op naar de zesde plek zodat hij een bedreiging bleef.

Dus nam Lance de demarrage die Pantani op de eerste klim van de volgende etappe plaatste serieus. US Postal zette de jacht door de bergen zo hard in dat behalve de klimmers Hamilton en Livingston alle ploeggenoten moesten lossen. En toen Pantani na twee uur inspanning zoveel tijd had gewonnen dat hij virtueel tweede stond, moesten de twee renners van US Postal nog meer vaart maken met Lance in hun wiel. Bij het passeren van de voedselposten was de snelheid voor Lance te hoog om zijn tasje te grijpen en aangezien zijn andere ploeggenoten twee minuten achterstand hadden, had hij niets te eten.

Hoewel de uitgeputte Pantani uiteindelijk werd bijgehaald door het groepje onder aanvoering van Hamilton en Livingston, waren beide renners zelf inmiddels ook leeggereden en ze vielen terug zodra ze bij de voet van de onbarmhartige Col de Joux-Plane aankwamen. Daar, bij die laatste beklimming van de etappe, kreeg Lance zijn hongerklop. Op zes kilometer voor de finish ging bij hem, hoewel hij net zo sterk oogde als daarvoor, plotseling het licht uit. Lance ging steeds langzamer rijden. Ullrich keek vol ongeloof achterom en reed door. Over de radio meldde Bruyneel dat Lance rustig moest blijven en zijn eigen tempo moest rijden. Maar Lance moest meer afzien dan hij ooit in een wedstrijd had gedaan en kon de pedalen haast niet meer rondkrijgen. Hij reed door de pijngrens heen en dat hij volhield, was allemaal te danken aan zijn wilskracht en de aanmoedigingen van Amerikaanse fans. Eén van die fans was zijn maatje uit Austin, Bart Knaggs. Toen Knaggs zag dat Lance verzwakte, sprong hij uit het publiek naar voren om naast hem te gaan rennen en moed in te spreken. Met zijn verstand op nul bleef Lance in het wiel bij twee Italianen die hem op de klim hadden bijgehaald. Eenmaal op de top aangekomen, haalde hij opgelucht adem: alleen maar dalen naar de finish. Toch verloor hij 1:37 op Ullrich, maar dat had nog veel erger kunnen zijn: op de dag dat Ullrich in de Tour van 1998 zijn hongerklop kreeg verloor die negen minuten op Pantani.

In de dagen daarop herstelde Lance goed en hij won de laatste tijdrit van 58,5 kilometer met de hoogste snelheid ooit op een zo lang traject gemeten: 53,902 km/u. Daarmee greep hij zijn tweede Tourzege met een voorsprong van zes minuten op Ullrich.

Op de laatste dag van die Tour reed de sterke en ervaren us Postal-ploeg als *Le Train Bleu*, de Orient-Express, met het peloton Parijs binnen voor de laatste ronden op weg naar de sprint op de Champs-Élysées en de afsluitende festiviteiten. Dat jaar waren er veel meer Amerikanen onder de toeschouwers om Lance' triomf te vieren. Zij jubelden het uit van vreugde toen hij zijn negen maanden oude zoontje Luke op zijn schouders hees, gekleed in diens eigen versie van de gele trui, en uitkeek naar de twee andere liefdes in zijn leven: Kristin en Linda.

Lance straalde meer ontspanning en zelfvertrouwen uit en leek minder verrast dan hij het jaar daarvoor was geweest. Het was een Tour met veel minder stress geweest dan die in 1999, waarover hij zei: 'Ik heb het hele naseizoen nodig gehad om mentaal te herstellen.' Ook voelde hij zich gerehabiliteerd: hij had de dopingbeschuldigingen weerlegd en twee voormalige Tourwinnaars verslagen. Toen ik hem vroeg naar toekomstige Tourdeelnames en of hij nog steeds overwoog om Induráin te evenaren, zei hij kortweg: 'Ik zal er volgend jaar zijn, dat beloof ik je.'

Ullrich zou naar de Tour terugkeren om Lance uit te dagen, maar Pantani niet. De Italiaan won geen enkele wedstrijd meer, werd depressief en raakte verslaafd aan cocaïne. Hij stierf op Valentijnsdag 2004 aan een overdosis.

Vijentwintigduizend mensen brachten Pantani de laatste eer bij de begrafenis in zijn woonplaats Cesenatico, een klein vissersdorpje aan de Adriatische kust. Ze deden dat vanwege zijn populariteit als sportman en omdat ze hem zagen als het slachtoffer van de aanhoudende strijd tegen doping. Menigeen had het gevoel dat Pantani door de media en justitie aan de schandpaal was genageld en dat het de sport zelf was die gezuiverd moest worden. Lance stuurde een briefje met condoleances naar de nabestaanden van Pantani. Hij leefde mee met een man die zwaar had geleden onder de last van aanhoudende aantijgingen van dopingmisbruik. Dat kon hij goed begrijpen. Lance vertelt me dat het niet makkelijk is als er voortdurend aan je integriteit wordt getwijfeld. 'Ik moet zeggen dat het zwaar is. Er gebeurt zoveel en het gaat maar door,' zegt hij. 'Het is zo jammer, zo ontzettend jammer. De sport is gewoon loodzwaar. Dat was mijn eerste indruk toen ik veertien was en ging fietsen: verdomme, dit is zwaar! Dat gevoel verdwijnt niet als je 25 of 35 bent in de Tour of in de klassiekers. In geen enkele andere sport moet je zo diep gaan als tijdens de Ronde van Vlaanderen of de Tour de France of een etappe van 240 kilometer met drie bergen/passages/doorkomsten erin. Het is de zwaarste sport ter wereld én er is enorme belangstelling voor. Er staat veel op het spel: geld, roem, aandacht in de media... en, in Europa speelt chauvinisme mee, altijd!'

Waar Europeanen inzien wat wielrennen vergt omdat elk land zijn lokale wielerheld heeft, zoals Pantani voor Italië, beseffen Amerikanen nauwelijks hoe zwaar de sport is. De mensen hebben wel gehoord van de Tour de France, maar neigen ertoe te denken dat het een duursport is waarin drie weken door Frankrijk wordt gefietst. Maar in werkelijkheid daagt de Tour sporters op verschillende disciplines uit, en als je bij één daarvan een foutje maakt, kun je uiteindelijk worden verslagen. Wat Lance onderscheidde van andere renners was zijn steeds grotere aandacht voor details en zijn behoefte om altijd op het scherp van de snede te strijden, of het nu gaat om moderne fietstechnologie, wetenschappelijk trainen, logistieke planning, mentale en fysieke gezondheid of gewoon een uitgebalanceerd dieet. Degenen die betoogden dat Lance zijn Toursuccessen nooit zou hebben behaald zonder doping, keken niet verder dan wat ze tijdens de wedstrijd zagen. Als Lance vaststelt dat hij in geen enkele dopingtest positief is bevonden – en hij is talloze malen aangekondigd én onaangekondigd getest –, zeggen sceptici dat zijn doktoren een methode hebben gevonden om dopinggebruik te maskeren. Zij stellen dat gebruik van epo in kleine doseringen bij tests niet kan worden aangetoond, maar renners wel degelijk helpt sneller te herstellen van de dagelijkse Tourinspanningen. Maar Lance had zijn geheel eigen herstelmethoden, bijvoorbeeld de behandelingen van Jeff Spencer, een vooraanstaand chiropractor. Vanaf 1999 verliet Lance zich op Spencer, die ook Tiger Woods behandelde tijdens golftoernooien.

Elke renner in de Tour heeft zijn eigen masseur die hem na elke etappe behandelt. Maar Spencer is van een geheel andere orde. Net als Lance benutte hij elke wetenschappelijke of technologische verbetering en gebruikte nieuwe kennis om zijn beroep tot kunst te verheffen.

De Franse autoriteiten waren zo nieuwsgierig naar Spencer dat hij volgens Bruyneel een van de hoofdverdachten was toen zij us Postal na de Tour van 2000 onderzochten. 'De politie liet me een foto van Jeff Spencer zien en vroeg me waarom hij niet geaccrediteerd was voor de Tour. "Omdat hij niet aanwezig hoeft te zijn bij de wedstrijd," antwoordde ik. "Hij gaat van hotel naar hotel." Ze vertelden me: "We denken dat hij één van de spillen in dopingpraktijken is door middel van genetische manipulatie aangezien dat in Amerika zeer ver is ontwikkeld." Ze hadden een paar idiote theorieën.'

Spencer, een kleine, kale vijftiger met montuurloze bril, werkt graag achter de schermen en geeft zelden interviews. Voordat hij chiropractor werd, was hij actief als olympisch baanrenner en naaste adviseur van Mark Gorski toen die op de sprint bij de olympische spelen van 1984 de gouden medaille won. Toen Gorski teamdirecteur bij us Postal werd, haalde hij Spencer zo snel mogelijk bij de staf.

'Lance en ik konden onmiddellijk goed met elkaar opschieten,' vertelt Spencer me. 'Ik viel direct voor zijn persoonlijkheid, zijn intelligentie en zijn wil om het allerbeste uit zichzelf te halen.' Lance had hetzelfde gevoel. In zijn boek *Elke seconde telt* schrijft hij: 'Jeff is wonderdokter, goeroe en medicijnman in één... zonder hem zouden we Parijs nooit halen.'

Spencers officiële functienaam was teamchiropractor, maar Lance zegt dat hij 'eigenlijk meer een fysiotherapeut was. Het eerste jaar had hij zijn handen vol. Mijn linkerheup werd altijd een beetje pijnlijk en hij kon de pijn steeds verlichten. Hij trok eraan, daarom vroeg ik hem altijd: "Kun je mij beentje lichten?"'

Op een doorsneedag in de Tour bracht Lance met Spencer een deel van de ochtend vooral met stretchen door en 's avonds liet Lance hem nog altijd een halfuurtje of zo naar hem kijken of 'alles in orde was'. Spencer, die snel, exact en doorgaans in volzinnen formuleert, zegt: 'We zochten naar stijve plekken in het lichaam, spieren die stijf waren, spieren die overactief waren, gewrichten die vastzaten, spieren die niet goed doorbloed werden. Die spieren werden aangepakt en we probeerden zo veel mogelijk spanning uit het lichaam te krijgen als mogelijk was, zodat het lichaam zich op natuurlijke wijze herstelde en hij de volgende dag weer over een optimale basisconditie kon beschikken.'

Spencer zegt dat het Lance was die er bij hem op aandrong verder te kijken dan traditionele methoden in de chiropractie: 'We waren voortdurend op zoek naar nieuwe technieken en hanteerden methoden die nog geen gemeengoed waren,' zegt hij. 'Het was mijn taak om dingen te ontdekken die hem ten opzichte van andere renners voordeel zou kunnen opleveren. Wat ik doe is uiteraard niet transparant en dat moet het ook niet zijn.

In 2000 experimenteerden we met geavanceerde technieken als koude laserfrequentie en neutronentechnologie om veel sneller veranderingen in het lichaam teweeg te brengen dan bij traditionele werkwijzen het geval is. Dat maakte het mogelijk om het dagelijks herstel aanzienlijk te versnellen, zodat het lichaam geen stress of spanning opbouwt die zou kunnen leiden tot blessures. Deze nieuwe methoden boden ons de mogelijkheid in het menselijk lichaam te kijken om te zien wat zich daarin afspeelt en dat zo nodig weg te werken voor het zich aandient.'

Een ander essentieel onderdeel van het dagelijks herstel van Lance was de hoogtetent waarmee een zuurstofarme omgeving wordt gesimuleerd die zorgt voor een verhoogd hematocrietgehalte terwijl je erin slaapt. Het is een veilige, toegestane methode die datgene veroorzaakt wat epo op verboden wijze doet. 'Volgens mij schuilt het geheim van een goede Tourrenner,' zegt Spencer, 'in de balans tussen herstel en inspanning. Hoogtetenten zijn belangrijk, en Lance kon daar goed mee omgaan.' Spencer is gewend te werken met uitzonderlijke sporters en daarom begrijpt hij goed wat Lance zo bijzonder maakt. 'Er zijn vele kenmerken die hem maken tot een van de grootste sportmannen aller tijden,' zegt hij, te beginnen met zijn 'unieke fysieke kwaliteiten... Als je zijn lichaam voelt, is het soepel maar ook krachtig. Het voelt niet zo aan als bij andere renners na een etappe. Het heeft niet zoveel te lijden als bij andere renners en het is in staat sneller te herstellen.'

Ten slotte beschrijft Spencer wat Lance tot zo'n groot kopman maakt: 'Hij vraagt alleen aan een ander om iets te doen wat hij zelf ook als vanzelfsprekend beschouwt. Hij doet alles grondig en toont dankbaarheid aan en waardering voor zijn ploegmaten. Hij neemt beslissingen op basis van wat hij kan winnen, niet wat hij mogelijk verliest. Hij is echt een toonbeeld van wat nodig is om goed te worden en goed te blijven.'

Lance bleef de behoefte houden om te bewijzen dat hij een echte kampioen was en dat zijn honger naar overwinningen met twee Tourzeges nog niet was gestild. Maar met een gooi naar een derde Tourzege sloeg hij een voorheen zelden betreden pad in. Slechts vier renners hadden ooit drie of meer Tourzeges op rij behaald: de Fransen Louison Bobet (1953-1955) en Jacques Anquetil (1961-1964), de Belg Eddy Merckx (1969-1972) en de Spanjaard Miguel Induráin (1991-1995). Lance wilde de vijfde worden. Maar al voor de start van de volgende Tour leek alles zich tegen hem te keren.

Bovenal werden de aantijgingen van doping sterker, zelfs in zijn thuisstaat. '*Texas Monthly* bracht vlak voor de Tour van 2001 een groot verhaal over Lance en doping in de wielrennerij,' zegt de uit Austin afkomstige verslaggeefster Suzanne Halliburton. 'Tegelijkertijd had mijn krant een freelancefotograaf ingehuurd om foto's van Lance, Kristin en Luke te maken bij een Tourpreview die ik had gemaakt en die nog moest verschijnen. En toen verscheen *Texas Monthly* met dat verhaal en diezelfde foto's. Kristin ontplofte, dus werd Lance boos op ons en zei dat hij nooit meer met mij zou praten. Dat was twee dagen voor ik naar de Tour zou vertrekken.'

Het lange verhaal was doorspekt met citaten over doping van doorgaans cynische journalisten en wielerinsiders. Er was een citaat bij van een ploegarts bij een Amerikaans team die anoniem wou blijven en die door de schrijver een 'fervent tegenstander van Lance' wordt genoemd. Hij was ervan overtuigd dat Lance 'alle belangrijke verboden middelen gebruikte'. Gevraagd naar bewijs zei de arts: 'Dat heb ik niet. Het is onmogelijk om door te dringen in het systeem, de zwijgplicht houdt zichzelf in stand.'

Een van de journalisten die aan het woord kwamen was David Walsh, de voornaamste sportverslaggever van de Engelse *Sunday Times*. Die krant publiceerde op de eerste dag van de Tour een groot artikel van Walsh waarin hij liet doorschemeren dat Lance prestatiebevorderende middelen gebruikte. Walsh haalde 'bewijsmateriaal' aan van voormalige ploegmaten van Motorola en onthulde Lance' samenwerking met de 'beruchte' dr. Ferrari. Het artikel zou later de basis vormen van zijn beruchte boek LA *Confidentiel*. De internationale pers wilde graag de details en verzamelde zich bij het hotel van US Postal, maar Lance liet zich niet zien en hun vragen bleven onbeantwoord.

Ook op het sportieve vlak zat het Lance tegen. Hij voelde zich bedrogen en was teleurgesteld door het vertrek van zijn vriend uit Austin, Kevin Livingston, die het team had verlaten om voor Deutsche Telekom te gaan rijden, de ploeg van Ullrich. Bruyneel trok twee Spanjaarden aan om hem te vervangen: Roberto Heras en José Luis 'Chechu' Rubiera, die behoorden tot de beste klimmers. Maar het viel niet mee om een betrouwbare ploegmaat te zien vertrekken.

Desondanks was Lance na een indrukwekkende zege in de tiendaagse Ronde van Zwitserland topfavoriet voor de Tour van 2001. En weer was Ullrich zijn grootste rivaal. Deze had zojuist de nationale titel van Duitsland veroverd en was uitstekend in vorm na nog wat gewicht te hebben verloren in de Giro d'Italia.

Nadat de Tour eenmaal van start was gegaan, had Lance naast de beschuldigingen van doping ook nog andere problemen aan zijn hoofd. Zijn topklimmer Heras blesseerde zijn knie toen hij tijdens de ploegentijdrit in botsing kwam met ploeggenoot Christian Vandevelde. Enkele dagen later viel Vandevelde opnieuw en moest hij de Tour verlaten. Lance en Bruyneel schatten het gevaar van een grote vluchtgroep onjuist in waardoor Andrei Kivilev uit Kazachstan een gat van vijftien minuten met Lance sloeg. Een dag voordat de Tour de Alpen inging, kwam bovendien Tyler Hamilton, een andere klimmer van us Postal, ten val.

Met geblesseerde ploeggenoten en vastberaden tegenstanders wist Lance dat hij in de aanval moest om tijd goed te maken op Kivilev, die een bovenmodaal klimmer was, en om tijd te winnen op Ullrich die na tien dagen koers slechts dertig seconden achterlag.

Lance' eerste gelegenheid deed zich voor op Alpe d'Huez, de legendarische klim waar hij zich in 1999 had ingehouden om nieuwe aantijgingen van doping na de etappewinst in Sestrière te vermijden. Ditmaal zat iedereen te wachten op groot machtsvertoon zoals hij het jaar daarvoor op Hautacam had laten zien. In die wetenschap en met het oog op het feit dat Heras en Hamilton beiden geblesseerd waren, bedacht Lance een strategie om zijn ploeggenoten te ontzien én om Ullrich valse hoop te geven.

'Ik liet me naar de auto terugzakken en zei tegen Johan: "We laten ze even meeluisteren. Geloof geen woord van wat ik zeg," zei Lance.' Hij bleef aan de staart van de eerste groep zitten, deed of hij erdoorheen zat en sprak via de radio met Bruyneel. Ullrichs ploegleider Walter Godefroot trapte erin, dacht dat Lance echt kapot zat en gaf zijn ploeg, onder wie Livingston, opdracht het tempo te verhogen. Dat was precies wat Lance had gehoopt: hij putte de ploeggenoten van Ullrich voortijdig uit en de kwetsbare renners van us Postal bewaarden hun energie voor de slotklim naar Alpe d'Huez.

Lance speelde zijn rol met zoveel verve dat tv-presentatoren hun kijkers voorhielden dat Lance verschrikkelijk zat af te zien. Iemand in het publiek wás trouwens acteur: Lance' vriend en Hollywoodster Robin Williams. 'Voor mij was dat moment het hoogtepunt van alle Tours. Zoals hij deed alsof hij bijna moest lossen... Met zijn acteren verdiende hij een Oscar ,' aldus Williams. 'Zelfs Phil Liggett, de Engelse tv-verslaggever, bleef maar zeggen: "Ik weet niet wat er aan de hand is. Hij heeft geloof ik geen goeie dag. Aaagh, en daar is Jan Ullrich..." '

Het leger vlaggenzwaaiende fans van Ullrich schreeuwde het vol van verwachting uit toen hun idool bij het eerste steile gedeelte van de slotklim in het wiel van ploeggenoten Livingston en Andreas Klöden ging zitten. Het zag ernaar uit dat de Kaiser eindelijk het commando overnam, totdat de nieuwe *compadre* van Lance, Chechu Rubiera, zo snel over Ullrich en zijn mannen heen sprong dat alleen Lance zijn wiel kon houden. Een kwart miljoen toeschouwers langs het traject met 21 haarspeldbochten zagen met verbijstering hoe Lance en Rubiera tegen de berg op vlogen, achtervolgd door de moedige Kivilev en Ullrich, die zich langzaam terugvocht naar de twee renners van US Postal. Ze haalden ze bij toen Rubiera zich terug liet zakken. Lance zat nu voorin met Ullrich en Kivilev vlak erachter. Op dat moment draaide Lance zich om en keek Ullrich recht in de ogen, en leek hem te treiteren alvorens weg te springen.

'Toen hij achterom zat te kijken, realiseerde iedereen zich dat die etter toneel had zitten spelen,' vervolgt Williams. 'Ze hadden veel energie verspeeld om hem op afstand te rijden... en plotseling blijkt hij over voldoende kracht te beschikken om ze helemaal naar huis te rijden, en zelfs Liggett riep: "Hij kan het nog steeds, ik zat ernaast. Ik weet niet wat er allemaal gebeurt. O, mijn God."'

De blik die Lance op Ullrich wierp voor hij zijn genadeloze aanval inzette, kreeg naderhand het fameuze stempel 'The Look' mee. Commentaar gevend voor de Duitse tv noemde het Zwitserse wieleridool Tony Rominger het '*eine Provokation*'. Maar dat was helemaal niet de bedoeling van Lance.

'Iedereen dacht dat ik hem belachelijk wilde maken, maar ik zocht Chechu Rubiera,' zegt Lance. 'Ik zat te denken wat je altijd vlak voor een aanval denkt: "Ik zit aan mijn limiet en ik weet niet of het lukt. Misschien sla ik een gaatje, misschien pakken ze me terug. Wat moet ik doen als ik mijn pedalen niet meer goed rond krijg en hij wegrijdt? Dan moet ik in de verdediging en dan zoek ik naar ploegmaten." Ik was dus alleen maar aan het controleren waar ze zaten als ik ze nodig had. Ik keek letterlijk door hem heen om te kijken waar Chechu was. Ik keek niet naar Ullrich.'

Maar de gealarmeerde Ullrich keek wél naar Lance. Op dat ene moment, juist voor Lance van hem wegsprong, leek de grote Duitser op bokser George Foreman die net was geraakt met de *rope-a-dope*-techniek van Mohammed Ali in hun legendarische titelstrijd in het zwaargewicht, oktober 1974, die zo treffend wordt beschreven in Norman Mailers *Het gevecht*: 'Foremans ogen waren voortdurend op Ali gericht en hij keek op zonder woede alsof Ali werkelijk degene was die hij het best ter wereld kende en die hij zou zien op zijn sterfdag. Hij begon te tollen en te wankelen en neer te gaan, zelfs als hij niet tegen de grond wilde gaan.'

Ullrich was door Lance even effectief uitgeschakeld. In de resterende tien kilometer klimmen langs een grote schare fans boekte de Amerikaan twee minuten tijdwinst op de Duitser, won de etappe... en had zo ongeveer zijn derde Tourzege op zak.

'Je hebt het verdomme weer gered, mafkees!' dacht Williams toen hij de metamorfose van Lance van gespeelde vermoeidheid naar het geven van de genadeslag gadesloeg. Hij vergelijkt de tactiek met 'één van die fantastische strategieën in films waarin Spartanen zich verbergen onder geitenstront – "bèè, bèè" – en dan plotseling tevoorschijn komen en je ziet tweehonderdduizend Perzen denken: "Wat krijgen we nou?" Zo'n moment was het. Het was een enorme ervaring, wauw!'

Deze overwinning van Lance op de Alpenhelling was in die Tour doorslaggevend, maar hij rekende pas definitief met Kivilev af toen hij een week later een etappe in de Pyreneeën won en eindelijk voor het eerst een gele trui mocht aantrekken. Twee dagen daarna, op de laatste dag in de bergen, ging ook Ullrich in het klassement over Kivilev heen en werd tweede. Toen hij en Lance in Luz-Ardiden gezamenlijk over de finish reden, reikte Lance hem de hand zoals Ali had gedaan na zijn heroïsche partij tegen Foreman zo vele jaren eerder. Ullrich was de grootste opponent van Lance en wederom was hij verslagen. 'Ik geneer me niet dat ik weer achter hem ben geëindigd, want ik ben tot het uiterste gegaan,' zei Ullrich. 'Ik heb gevochten als een leeuw. En deze tweede plaats motiveert me voor volgend jaar.'

Op het podium in Parijs vierde Lance de overwinning opnieuw met zijn zoon Luke en zijn vrouw Kristin, die zwanger was van een tweeling. Een ontspannen en opgetogen Lance baadde in weelde. 'Ik ben gezond, heb geld, een gezin dat zich uitbreidt, vrienden die me graag mogen, een sponsor die me ondersteunt, fantastische ploegmaten... en ik houd altijd die passie,' zei Lance. 'Ik ben een gelukkig en tevreden mens. Van mij hoeft er niks te veranderen.'

19 De Blauwe Trein

'Hij was zichzelf niet meer. Iedereen maakte zich zorgen.'
– George Hincapie

'Lance is nooit tevreden, dat is zijn instelling,' zegt zijn chiropractor Jeff Spencer. 'Waar andere sporters hun succes afmeten aan wat ze al hebben bereikt, kijkt Lance naar de mogelijkheden nieuwe overwinningen te boeken.' Vanuit die houding werd Lance gedreven Tour na Tour te winnen, waarbij elke zege vanuit een bijzondere uitdaging tot stand kwam. In 2002 lag die uitdaging in het vinden en om zich heen verzamelen van de juiste talenten en persoonlijkheden die sportief en mentaal vereist waren om zijn vierde Tourzege te kunnen opeisen.

De dynamiek binnen de ploeg van US Postal was compleet veranderd. Terwijl Lance een steeds groter wordende groep Amerikaanse journalisten naar de Tour trok, eisten sommige ploegmaten hun deel van de roem en hun ambities reikten nog verder. Kevin Livingston was al voor een hoger salaris naar Deutsche Telekom vertrokken. Levi Leipheimer kwam eveneens in de verleiding en ging in op een aanbod van de Rabobank en Tyler Hamilton vertrok naar het Deense CSC om daar kopman te worden. Om hen te vervangen werden Europese renners aangetrokken, waardoor US Postal weliswaar aan rendement won, maar wel iets van de Amerikaanse teamspirit prijsgaf. Lance' beste vrienden bij de ploeg bleven de Amerikaan George Hincapie en de Rus Viatcheslav Ekimov. Maar de sluwe Hincapie richtte zijn seizoen op de voorjaarsklassiekers en was er tijdens de trainingskampen vóór de Tour niet bij. Ekimov, ooit een rivaal, was met 37 dicht bij het beëindigen van zijn profcarrière. En hoewel de Spaanse nieuwkomers Manuel Beltran, Roberto Heras en Chechu Rubiera uitstekende klimmers waren, waren zij niet de mannen die Lance in vertrouwen nam, met wie hij trainde of bevriend was.

Dan verschijnt Floyd Landis op het toneel, een fysiek sterke, onaangepaste Amerikaan van 26 die enkele goede resultaten in de Amerikaanse wielrennerij heeft behaald en die veel van dezelfde eigenschappen leek te hebben die Lance in Europa zo groot hadden gemaakt. 'Lance was van begin af aan mijn idool omdat hij de Tour al drie keer had gewonnen voor ik hem leerde kennen,' zegt Landis, die op het platteland van Pennsylvania in een doopsgezind gezin opgroeide. 'Dus was het voor mij al de moeite waard om erbij te zijn en met hem te kunnen trainen.'

Lance was op zijn beurt onder de indruk van zijn nieuwe ploegmaat. Hij vond het plezierig dat Floyd ook een gezinsman was, met een dochtertje van vijf, en stelde zijn bescheidenheid en doelgerichtheid op prijs. Landis vertelde hem al snel dat hij zich diep in de schulden had gewerkt met creditcards. 'Ik kreeg een groot deel van het jaar bij mijn vorige ploeg niet betaald,' legt Landis uit, 'maar ik dacht dat ik het zou redden in het wielrennen. Bij het team van Lance werd ik wel betaald en dat was de enige manier om de rest van het jaar te overbruggen.' Om Landis in staat te stellen meer bonussen en op termijn een hoger salaris te verdienen, hielp Lance hem zich te ontwikkelen als renner, iets wat hij voor andere renners zelden deed. De jonge Amerikaan gaf Lance de inspiratie om een mentor te worden zoals Sean Yates, Steve Bauer en Phil Anderson dat voor hemzelf waren geweest.

Om Landis klaar te stomen voor zijn knechtenwerk in de Tour, trainden ze vaak samen als ze in Gerona waren, hun Europese thuisbasis. Landis deelde daar een huurflat met een andere renner en Lance was met zijn gezin uit Nice verhuisd naar een ruim appartement in een monumentaal pand. Lance nam zijn protegé ook mee naar zijn intensieve trainingskampen ter voorbereiding op de Tour. 'Hij nam me mee naar Sankt Moritz,' zegt Landis, 'waar we alleen maar trainden en trainden en sliepen. Dat was het. Iets anders deden we niet, geen andere bezigheden. Aan het eind van de dag waren we zo moe dat we alleen maar aten en naar bed gingen. Dat moet je ervoor overhebben als je de Tour wilt winnen.' Landis zegt dat de Italiaanse trainer dr. Ferrari 'naar Sankt Moritz kwam om te testen, meestal op beklimmingen van één kilometer. Ik kon het goed met hem vinden. Hij is open, een aardige kerel. We trainden met variabele inspanning, te beginnen met een bepaalde hoeveelheid watt. Dan nam hij bloed af van je vinger, testte dat en hield een tabel bij om het lactaatniveau vast te leggen. Dat was de basis van onze training.'

De doordachte en doelgerichte training in combinatie met een zware week in de Dauphiné Libéré – die hij met gemak won en waarin Landis meesterlijk tweede werd – bracht Lance in de beste vorm die hij ooit voor de Tour had gehad. Inspirerende tegenstanders ontbraken echter. Jan Ullrich, de nummer 2 van de twee vorige edities, was al het hele seizoen geblesseerd aan zijn knie en zou niet meedoen. Door zijn afwezigheid werd de nummer 3 van de twee vorige edities, Joseba Beloki, zijn voornaamste concurrent. Beloki was een verlegen, ingetogen Bask die behoorlijk kon tijdrijden en goed kon klimmen, maar een man die niet dominant aanwezig was. Zijn grootste kracht lag in de ploeg van ONCE met als ploegleider de felle Spanjaard Manolo Saiz. 'Het was makkelijker om gemotiveerd te worden door Ullrich dan door Beloki,' zegt Lance. 'Voor ons was Manolo Saiz het enige leuke van Beloki. We wilden hem een lesje leren!'

Bruyneel had voor Saiz gereden voordat hij ploegleider werd bij US Postal en hij en Saiz gedroegen zich als concurrenten van elkaar. De ploegbaas van ONCE had nog nooit een Tourwinnaar naar voren gebracht en was jaloers op het snelle succes van Bruyneel. 'In 1999 was Saiz één van de ploegleiders die per se de Tour wilden winnen,' zegt Bruyneel, 'en daar kwam ik aanzetten, met mijn 34 jaar, een team waar niemand iets in zag, en we wonnen de Tour.'

US Postal tergde Saiz bovendien, net als alle andere ploegleiders, met hun geheimzinnigheid. 'Je kunt natuurlijk stellen dat onze strategie van "we trainen heel anders" een fout was. Het kan ook een fout gebleken zijn voor wat betreft de pr, maar dat was het sportief gezien zeker niet,' zegt Bruyneel, die opmerkt dat het Lance een aura van onoverwinnelijkheid schonk en het zelfvertrouwen van rivalen aantastte.

Die strategie bleek effectief toen Lance als onaantastbare favoriet naar de Tour van 2002 kwam, een man die niet verslagen kon worden. Hij startte op de hem typerende wijze: tijdens een feestelijke avond won hij met een comfortabele voorsprong de moeilijke proloog in de stad Luxemburg. Maar door het ontbreken van een tegenstander als Jan Ullrich die het hem moeilijk kon maken, leek hij in de eerste helft van de wedstrijd minder geconcentreerd. Toch zorgden tweede plaatsen in de ploegentijdrit (achter ONCE van Saiz!) en in een lange, vlakke tijdrit in Bretagne ervoor dat hij met een achterstand van slechts 26 seconden op de leider in de wedstrijd, Igor Gonzales de Galdeano van ONCE, de Pyreneeën bereikte. De gedachte dat iemand van Saiz' ploeg zou winnen was voldoende stimulans voor Lance, wiens gemotiveerde ploegmaten hem aan achtereenvolgende etappezeges in de Pyreneeën hielpen, om de gele trui voor zich op te eisen. Telkens braken Hincapie, Beltran en Heras de tegenstanders om Lance in de slotkilometers te kunnen laten wegspringen naar eenvoudige etappezeges. Die overwinningen brachten hem de gele trui en verschaften hem een marge van twee minuten ten opzichte van nummer 2, Beloki, een comfortabele voorsprong die hij zou gaan uitbouwen. Maar om Lance in het geel te houden, moest de ploeg wel steeds voorin zitten, de hele dag, alle dagen. Dat deden ze met zoveel verve dat de Franse media de in marineblauw gehulde ploeg *Le Train Bleu*, de Blauwe Trein ging noemen. De ploegdynamiek was hervonden, precies zoals Lance het wilde. En de onstuitbare Lance zou zijn vierde Tour winnen.

Nieuwkomer en Tourdebutant Landis bewees al snel zijn waarde. Hij ging elke dag tot het uiterste en eindigde van de 153 renners die de eindstreep haalden op een respectabele 61ste plaats. Hij hield bovendien de stemming erin met zijn scherpe humor en de cd's met stevige rockmuziek die hij in de ploegbus afspeelde. Door in elke etappe van de 3.276 kilometer lange Tour hard te werken, leerde Landis hoe zwaar de Tour voor een knecht kan zijn. 'Ik ging volledig in de Tour op,' zegt hij. 'Ik heb nog nooit ergens zo tegen opgezien, wetende dat ik Lance' knecht zou zijn en dat hij de Tour al drie keer had gewonnen. Ik geloofde dat ik het zou kunnen, maar ik legde veel druk op mezelf en daarom had ik een paar slechte dagen in de bergen, maar ik kwam erdoorheen. In het begin dacht ik alleen maar: "Finish, finish!" Ik kon niet meer nadenken. Maar, man, wat was ik blij toen het voorbij was.'

Lance daarentegen stelde dat dit met afstand de makkelijkste en uitgekooktste van zijn vier Tourzeges was geweest. Zijn professionaliteit werd steeds groter en daarmee ook zijn roem. Hij kreeg al gauw zijn eigen koninkrijk, met een gevolg van hartstochtelijke supporters die vooral afkomstig waren uit de gemeenschap van ex-kankerpatiënten over de hele wereld. Zelfs een groeiend aantal Fransen stond langs de weg 'Allez Lance!' te schreeuwen in plaats van 'dopé, dopé'. Ze realiseerden zich dat hij een echte kampioen aan het worden was en schreeuwden hun kelen schor toen hij wederom het podium op de Champs-Élysées beklom. Vrouwen, die onder de Europese toeschouwers van de Tour in de meerderheid zijn, keken instemmend naar Lance' vrouw, zoon en de baby-tweelingdochters bij de finish. Lance was geen kille robot, maar een man van vlees en bloed. Ze zouden hem nog meer hebben gewaardeerd als ze op de hoogte waren geweest van de eigenschappen die Kristin in haar echtgenoot aantrokken. 'Ik bewonder hem en houd het meest van hem op de momenten dat hij, ondanks alle verdachtmakingen, een zekere beminnelijkheid en zachtheid toont die hij zelden laat zien,' zegt ze, 'en dat aan heel weinig mensen.'

Terwijl de Europeanen steeds meer warmliepen voor Lance, groeide ook het aantal Amerikanen dat de Tour volgde, thuis of langs de route in Frankrijk. Suzanne Halliburton, de verslaggeefster uit Austin, legt uit: 'Er kwam een heel ander publiek naar hem kijken. Toen hij in 2002 het geel om zijn schouders kreeg, had hij op onze website net zoveel hits als een verhaal over topfootball. Hij was net zo populair als de Texas Longhorns, en dat is gigantisch!'

US Postal vierde de overwinning met een groot buffet in Parijs dat door honderden bezoekers werd bijgewoond. Maar voorafgaand aan het grote feestmaal, zegt Landis, 'organiseerde Lance een klein feestje voor de ploeg, een clubje van een man of 25, alleen wij en onze vrouwen', in het luxueuze Hôtel de Crillon. Normaliter verdeelt de Tourwinnaar zijn prijzengeld onder zijn ploeggenoten. Maar op die avond gaf hij iedere ploeggenoot een envelop met geld waarmee onze bonus bijna werd verdubbeld. 'Dat had hij niet hoeven doen,' zegt Landis, die eraan toevoegt dat het bedrag van zes cijfers hem van zijn schulden verloste. 'Dat was het hoogtepunt van mijn carrière tot dan toe. Ik weet niet waar ik gelukkiger mee was: het feit dat het allemaal achter de rug was of het geld. Ik was zo opgelucht, en zo moe. Mijn vrouw was er en we bleven een paar dagen in Parijs. Ik kon mijn bed niet uit komen. Ik belde roomservice en sliep minstens veertig uur. Ik was zo blij dat alles eindelijk voorbij was, en het was het allemaal waard geweest. Ik verroerde geen vin. Bij mijn vrouw was het ook zo, zij had een jetlag vanwege de overtocht. Dus sliepen we twee dagen achter elkaar en gingen daarna naar McDonald's. Dat

was ons uitje in Parijs. Dit zal ik nooit vergeten: de Tour en alles er-
omheen.'

Terwijl Lance voor zijn vierde opeenvolgende zege reed, was Alexi
Grewal bezig aan een met de hand geschreven essay voor een Engels wielertijdschrift dat getuigt van een vooruitziende blik. Grewal,
zoon van een sikh-vader en Amerika's enige winnaar van olympisch
wielergoud op de weg, had de Tour van 1986 gereden en was na zijn
wielerloopbaan gelovig christen, ambachtelijk houtbewerker en weldoener voor daklozen geworden. Over de overwinning van Lance
in 2002 schreef hij: 'In deze Tour hebben we iets gezien wat we in
de geschiedenis van de Tour nooit eerder zagen: een renner die de
grootste wedstrijd ter wereld wint zonder dat dit zijn hoofddoel is.
Wat je eigenlijk zag, was dat Lance de Tour aan het winnen was als
voorbereiding op een vijfde, zesde en zevende zege. Het cijfer "7"
is een getal dat symbool staat voor een perfectie die alles overstijgt
wat met de vijf zintuigen kan worden waargenomen. Voor mij is dat
vooruitzicht inspirerend.'

In de honderdjarige geschiedenis van de Tour was vijf het maximale aantal eindoverwinningen aller tijden, een aantal dat Lance
nog moest zien te bereiken. Jacques Anquetil, Eddy Merckx, Bernard Hinault en Miguel Induráin te willen evenaren was gewaagd,
maar om daar nog een zesde en zevende overwinning aan toe te voegen was net zo ondenkbaar als het vooruitzicht dat Tiger Woods zeven jaar op rij The Masters zou winnen. En toch zorgde het gemak
waarmee Lance zijn vierde Tour won – zij het met ploeggenoten als
Landis die zich in het zweet werkten – ervoor dat de voorspelling
van Grewal aan geloofwaardigheid won. Desalniettemin leek het bizarre idee dat een Amerikaan de Tour zeven keer zou winnen voor
een Engels tijdschrift zo buiten alle proporties dat het besloot om
het essay niet te publiceren.

Sceptische Europeanen hadden nog steeds niet door hoe effectief de trainingsmethoden van Lance waren en evenmin hoe krachtig het collectief van de Blauwe Trein was zoals dat door Bruyneel
en Lance was gesmeed. Maar voordat hij in 2003 zijn titel zou gaan
verdedigen, werd hij door een volkomen onverwachte uitbarsting
van fysiek en psychisch leed zwaar op de proef gesteld. Vertrouwen houden en geconcentreerd blijven waren essentieel tijdens de

grootste uitdaging die hem dat jaar te wachten stond.

Van afstand leek alles aan het leven van Lance magisch. Hij hield van zijn werk, verdiende miljoenen, bezat prachtige huizen in Austin en Gerona, had een kankerstichting waaraan hij zowel inspiratie gaf als ontleende, een schare trouwe fans, een mooie vrouw en drie liefhebbende kinderen. Maar zijn ongekende gedrevenheid de Tour te willen winnen vergde een hoge tol. Zo hadden hij en Kristin huwelijkse beslommeringen, was hij zijn ziekelijke vriend J. T. Neal enigszins uit het oog verloren en het contact met zijn moeder was al een paar jaar, in een periode die in vele opzichten moeilijk was voor Linda, minder intensief geworden. Sommige vrienden, onder wie J. T., hadden het wel geprobeerd. 'Dan zei hij tegen Lance: "Je moet je moeder bellen." Het was een eenzame tijd voor me,' zegt Linda. Ook een andere vriend, zwemcoach Chris MacCurdy, probeerde te hulp te komen. 'Toen Lance en Kristin het moeilijk hadden, had hij weinig oog voor zijn moeder,' zegt MacCurdy. 'Ze was echt overstuur. Ik liet een bericht achter op de voicemail van zijn gsm: "Je moet met je moeder praten. Het is heel belangrijk. Ze mist je." En ik stuurde hem een e-mail die hij beantwoordde met: "Je begrijpt het niet." Ik zei: "Jawel hoor, ik denk van wel, maar toch denk ik dat je met je moeder moet praten." '

De problemen kwamen tot uiting door de verwijdering tussen Kristin en Lance' moeder die al snel na het huwelijk was opgetreden. In de woorden van Linda's zuster Debbie: 'Kristin sloot haar een beetje buiten.' Kristin geeft toe dat het moeizaam was: 'De relatie tussen schoondochter en schoonmoeder is complex, zeker als moeder en zoon een heel hechte band hebben,' zegt ze. 'Ik denk dat ik te jong en te onvolwassen was om daarin de juiste keuzes te maken en ik denk dat zij in een fase van haar leven zat waarin ze niet erg gelukkig was. Die twee dingen samen hebben niet in ons voordeel gewerkt.'

In 2002 begon duidelijk te worden dat het niet goed ging met Linda. Ze trouwde met Ed Kelly, een vriend van MacCurdy, maar haar goede vriend in Austin, J. T., kon niet bij de bruiloft aanwezig zijn vanwege zijn leukemie. 'Hij wilde me niet onder ogen komen,' zegt Linda. 'Hij werd toen snel slechter. Maar J. T. heeft er een echt gevecht van gemaakt. Hij schepte op dat hij het maximale uit zijn ziektekostenverzekering had gehaald... hij onderging bij wijze van spreken een beenmergtransplantatie terwijl hij belde. Hij was mijn beste vriend.'

Op 1 oktober werd Linda gebeld door J. T., zijn gevecht tegen de kanker was zwaarder geworden. 'Hij wilde me gewoon vertellen dat hij van me hield en dat hij zo blij was dat ik het geluk had gevonden,' zegt ze terwijl de tranen in haar ogen komen. 'Hij zei: "Linda, er komt een stervensbegeleider binnen." "J. T., dat heb je me niet verteld. Ik kan nu naar je toe komen." "Nee, maak je geen zorgen. Mijn zoon Scottie is onderweg." Toen ik de volgende dag terugbelde, nam Scott op en zei dat zijn vader sliep.'

Diezelfde dag, zes jaar na de diagnose van kanker bij Lance, belde Linda naar het huis van Lance waar op dat moment zijn jaarlijkse *Carpe diem*-feest plaatsvond. 'Ik weet niet wie de telefoon opnam. Ik zei: "Ik ben de moeder van Lance, ik moet Lance spreken." Maar ik kreeg hem niet te spreken. Ze waren aan het vieren dat het zes jaar geleden was. En ik was er niet eens bij... en ik kreeg hem niet aan de telefoon.

Die nacht kon ik niet slapen, omdat ik zeker wist dat Lance hier moest zijn om afscheid te nemen van J. T., ik kon aan niets anders denken. Plotseling werd alles in huis stil en kwam er een enorme rust over me. En ik weet dat het de geest van J. T. was. Nog steeds ben ik boos op wie het ook was die Lance niet aan de telefoon wilde halen, want als J. T. er niet was geweest, dan weet ik niet of Lance het had gered in Austin... En hij kon er niet bij zijn toen hij overleed.'

Het viel Lance zwaar een goede vriend te verliezen aan kanker, een vriend die zoveel voor hem had betekend in zowel zijn privéleven als in zijn vroege wielerjaren. Hij moest terugdenken aan de periode waarin ze allebei tegen kanker vochten en zich kaal lieten fotograferen. 'J. T. was een goed mens,' zei Lance, 'een beetje excentriek, maar dat maakte hem juist bijzonder. Hij kon urenlang verhalen vertellen...'

Ooit vroeg ik Lance of J. T. misschien een vaderfiguur voor hem was. 'Nou ja, J. T. deed alles voor me, dus ja, dat was hij,' antwoordde Lance. 'Hij was er goed in om me langs de problemen te loodsen waar je op die leeftijd tegenaan loopt en heeft me geholpen mijn leven op de rails te krijgen.' Het leek of J. T. zijn jonge vriend nog steeds gidste, want zijn dood leidde tot een herstel van de band tussen Lance en Linda.

Die winter werd nog zwaarder voor Lance omdat zijn huwelijk begon te stranden, uitmondend in de aankondiging van hun scheiding in februari 2003. 'Dat was moeilijk,' zegt Lance. 'De emoties liepen hoog op, er was veel wrok, getouwtrek om de kinderen, onze ouders werden erbij betrokken. Weet je, ik vond het heerlijk toen ik verliefd was... ik houd nog steeds van haar. Ik zou alles doen voor Kristin Armstrong.'

Terwijl zich in Lance' persoonlijke leven steeds pijnlijker gebeurtenissen voltrokken, was er weinig verlichting in de publieke arena. Kort na het overlijden van J. T. was Lance in Parijs voor de jaarlijkse presentatie van de nieuwe ronde. Ter herdenking van het naderende honderdjarig bestaan van de Tour in 2003 nodigde de organisatie alle 22 nog in leven zijnde winnaars uit voor een reüniediner. Maar Lance zat toen de officiële foto werd gemaakt als een boer met kiespijn naast die andere Amerikaanse winnaar, Greg LeMond. De Texaan had nog steeds de pest in over de opmerkingen van LeMond het jaar daarvoor. 'Toen Lance de proloog won in de Tour van 1999 moest ik mijn tranen bedwingen, maar ik was er helemaal kapot van toen ik hoorde dat hij samenwerkte met Michele Ferrari,' had LeMond tegen *The Sunday Times* gezegd. 'Als Lance clean is, dan is het de grootste comeback in de geschiedenis van de sport. Is hij dat niet, dan zou dat het grootste bedrog zijn.'

Dat was het begin van een aanhoudende vete tussen de twee eerste Amerikaanse Tourwinnaars. LeMond beweerde dat toen Lance hem belde om toelichting op die opmerking te vragen, de Texaan had gezegd: 'Dus jij wilt mij wijsmaken dat je niet aan epo hebt gedaan? Iedereen gebruikt epo.' Lance ontkent dat ten stelligste en zijn relatie werd in de loop der jaren steeds moeizamer. LeMonds verdachtmakingen leidden ook tot een rechtszaak die uiteindelijk zou worden aangespannen door Trek Bicycle Corporation, om een eind te maken aan het langjarige contract met LeMond aangezien Lance promotie maakte voor Trek. Dit leidde tot een civiele procedure van LeMond Cycling tegen Trek die uitmondde in een rechtszaak die maart 2010 zal dienen.

Toen Lance in juli 2003 voor de start van de Tour in Parijs terugkeerde, was zijn vete met LeMond slechts één van de zaken waar hij mee in zijn maag zat. Zijn voornaamste zorg was gezond te worden, fysiek en mentaal, en in de topvorm te komen die nodig was om zich te kunnen scharen bij de recordhouders met vijf Tourzeges.

'Doordat zijn huwelijk stukliep, was hij zichzelf niet,' zegt Hincapie. 'Hij miste zijn kinderen en was eenzaam in zijn appartement dat net klaar was. Hij kwam zelfs naar me toe om boeken en films te lenen en dat deed hij nooit, daar had hij nooit tijd voor. Ik dacht: "Man, dat is helemaal niets voor Lance." Iedereen maakte zich een beetje zorgen.'

Ook op de fiets verging het Lance niet goed en toen hij in juni aan de start kwam van de Dauphiné Libéré had hij nog geen enkele wedstrijd gewonnen. Het was de warmste zomer in Europa sinds mensenheugenis. De hitte was vooral drukkend in de week van de Dauphiné waarin Lance eindelijk een overwinning behaalde in de belangrijkste tijdrit en tot in de Alpen de leiderstrui mocht dragen. Maar toen, in de vijfde etappe, kwam hij op een afdaling met haarspeldbochten ernstiger dan ooit ten val. Bij een poging een weggegooide bidon te ontwijken, schoot zijn rechter remhendel los, waardoor de remkabel vast kwam te zitten en het achterwiel blokkeerde, zodat zijn fiets met een dikke zeventig km/u begon te slingeren. 'Ik deed het in mijn broek,' vertelt Lance, 'en ik ving de klap met mijn linkerarm op.' Ondanks een gapende wond op zijn arm en een beurse heup, vervolgde Lance de etappe en zette zelfs de achtervolging in op een krachtige vlucht van nieuwkomer Iban Mayo, een Spaanse klimmer, om zijn positie in het klassement te verdedigen.

'Nadat Lance gevallen was, had hij Mayo moeten laten gaan in plaats van zichzelf te kwellen om de wedstrijd te winnen,' zegt Chris Carmichael. 'Ik had moeite om weer te herstellen,' geeft Lance toe, 'en ik heb antibiotica moeten gebruiken. Dat is nooit best.' Vervolgens moest hij tijdens zijn trainingskamp met Landis in Sankt Moritz aan zijn pijnlijke rug worden behandeld door een orthopedist. En nog was de rampspoed nog niet voorbij toen hij terugkeerde in zijn huis in Gerona. Kristin was met de kinderen overgekomen in een poging zijn stemming voor de Tour te verbeteren en hun wankele huwelijk nieuw leven in te blazen. Helaas was het enige concrete resultaat dat hij buikgriep opliep via zijn zoon. 'Ik was vreselijk aan de diarree en ik had problemen met mijn darmen die me er bijna van weerhielden op tijd naar Parijs te vertrekken,' zei hij. Ook had hij een peesontsteking in zijn heup opgelopen die ofwel was veroorzaakt door nieuwe schoenen en clips ofwel doordat de kettingbladen op de fiets die hij in wedstrijden gebruikte afweken van die waarop hij trainde. Boven op deze gezondheidsproblemen kwam nog een diner in een chic restaurant waar hij twee dagen voor de proloog met zaakwaarnemer Bill Stapleton een fles wijn deelde. 'Bill verklaarde me voor gek dat ik wijn dronk en ik weet ook niet waar ik mee bezig was,' zegt Lance. 'Ik kreeg er pijn van mijn buik, het ging het hele jaar al niet goed met me. Dus zo startte ik in de Tour: bont en blauw van de val in de Dauphiné, last van mijn heup, darmen die opspeelden... 2003 was een rotjaar.'

De problemen van Lance waren zichtbaar in zijn gespannen blik tijdens de persconferentie voorafgaand aan de Tour. Zijn rivaal Ullrich daarentegen oogde ontspannen, was zongebruind en glimlachte regelmatig naar de pers tijdens het vragenuurtje. In de twee jaar die waren verstreken sinds de laatste deelname van de grote Duitser aan de Tour, had hij twee knieoperaties ondergaan, was hij veroordeeld voor rijden onder invloed en werd hij ontslagen door Deutsche Telekom nadat hij positief was bevonden op amfetaminen (hij had op een feestje xtc gebruikt). Hij was overgestapt naar een nieuwe ploeg (Bianchi), met zijn partner naar Zwitserland verhuisd, en een week voor de Tour vader geworden van een dochter. Een gelukkige en gezonde Ullrich dus, die meer dan ooit klaar was om het gevecht met Lance voor de gele trui aan te gaan.

Na vier Tourzeges leek het een makkie voor Lance om een vijfde te winnen en experts voorspelden zijn gebruikelijke voorsprong van zes of zeven minuten in het eindklassement, of Ullrich nou meedeed of niet. In plaats daarvan volgde een Tour waarin meer gebeurde dan jarenlang het geval was geweest. Lance moest de eerste twee weken diep gaan en had in de belangrijke vijftiende etappe slechts een voorsprong van vijftien seconden op Ullrich. Hij had toen al een reeks tegenslagen moeten verwerken die elke andere renner zou hebben doen opgeven. Twee zaken redden hem: zijn eigen vastbeslotenheid en de aura van Lance, een aura van onoverwinnelijkheid die in de loop der jaren was gegroeid.

De ellende bestond voor de Texaan uit valpartijen, blessures, mechanische defecten, gezondheidsproblemen en een nipte ontsnapping aan een afschuwelijke valpartij. Het begon allemaal tijdens de proloog, waarin zijn slechte heup en opspelende darmen hem parten speelden zodat hij slechts als zevende eindigde. De dag daarna ging het mis toen hij betrokken raakte bij een massale valpartij waardoor voormalig ploeggenoot Leipheimer de Tour met een gebroken stuitbeen moest verlaten. Volgde de ploegentijdrit, waarbij Lance tot verrassing van Hincapie 'niet de sterkste renner was. Ik herinner me dat hij tegen me schreeuwde dat ik niet zo hard moest rijden. Dat was nog nooit gebeurd.' Gered door de kracht van het collectief van de Blauwe Trein won US Postal de etappe toch en Lance pakte een halve minuut op Ullrich in de aanloop naar zijn favoriete beklimming van de Alpe d'Huez. Maar Lance had niet de vorm waarin hij verkeerde tijdens zijn befaamde etappezege in 2001 en zijn rivaal uit de Dauphiné, Mayo, sprong weg en pakte de etappewinst. Gelukkig voor Lance kampte Ullrich met een virus zodat deze 1:32 verloor, een verlies dat aan het eind van de Tour belangrijk zou blijken te zijn.

In de volgende etappe kwam er voor Lance bijna een voortijdig eind aan de Tour. Tijdens de laatste afdaling van de dag lag Lance op volle snelheid in een poging Beloki bij te halen, die op dat moment tweede stond. Plotseling slipte de Bask op het smeltend asfalt, moest hard remmen voor een scherpe bocht naar rechts en toen, in de lezing van Lance, 'ontplofte de band van Beloki. Het was mijn angstigste moment op een fiets.' Instinctief stuurde Lance zijn fiets rechts door langs de gevallen Beloki, reed rakelings langs een diepe greppel en hobbelde door een akker, stapte af en sprong met fiets en al over een twee meter brede greppel om weer op het asfalt te belanden. Hij schreef de ontsnapping toe aan dom geluk. Beloki had minder geluk. Toen hij met tachtig kilometer per uur tegen het asfalt was gesmakt, brak hij een been, een elleboog en een pols en heeft hij daarna nooit meer zijn oude niveau gehaald. Lance' miraculeuze ontsnapping stelde hem in staat de volgende dag weer aan de start te verschijnen, maar zijn ploeggenoten maakten zich grote zorgen. 'Dit was een heel andere Lance dan we in andere Tours hadden gezien,' zegt Hincapie. 'Hij was er met zijn gedachten niet bij. Hij had niet zoiets van "Ik kan ze allemaal hebben" en hij had minder zelfvertrouwen. We maakten ons zorgen en dachten: misschien gaat hij dit jaar wel niet winnen.'

Dat leek zeker tot de mogelijkheden te behoren op het moment dat Lance tijdens de twaalfde etappe, een tijdrit van 48 kilometer op een bloedhete dag in Zuid-Frankrijk, 'zijn slechtste dag ooit op een fiets' had. Ullrich beleefde een van zijn beste dagen. De Duitser boenderde met het grootste gemak over de heuvelachtige weggetjes en zette de snelste tijd neer. Lance probeerde die tijd te evenaren en dat lukte gedurende de eerste zestien kilometer, maar toen werd hij geveld door zijn foute inschatting van de hitte. Halverwege zat hij al zonder drinken en de krachten vloeiden weg. 'Ik heb nog nooit zo'n dorst gehad en ik zat er ongelofelijk doorheen,' zei Lance. 'Ik had het gevoel dat ik achteruitreed.'

Hij beklom de laatste helling naar de finish met zoutomrande lippen en wild slingerende benen, en werd vreemd genoeg toch nog tweede, waardoor hij het geel behield. 'Hij was volkomen uitgedroogd en ik denk dat hij in een uur tijd wel vijf kilo vocht heeft verloren,' zegt Hincapie. 'Ieder ander die zo'n tijdrit rijdt, zou zes of zeven minuten hebben verloren op Ullrich en dan zou het gedaan zijn. En hij verloor maar 1:36 op Ullrich.'

'Ik maakte me zorgen,' geeft ploegleider Bruyneel toe. 'We hebben lang nagepraat, geanalyseerd, nagedacht. Ik kon moeilijk tegen hem zeggen: "Je bent niet zo goed." Dus probeerde ik iets te bedenken om hem op te monteren. Op een derde van de tijdrit was hij nog exact zo snel als Ullrich. Hij keek daarnaar en zei: "Ja, dat is waar." Van daaruit kwam hij tot de slotsom dat "ik zo slecht nog niet ben".'

Onderweg in de ploegbus naar de start van de volgende etappe was Hincapie vastbesloten om het moreel van Lance verder op te krikken. 'Ik zag wat hij in die tijdrit had gedaan, slechts anderhalve minuut verloren, en ik zei tegen hem: "Dat was waarschijnlijk het meest indrukwekkende wat ik je ooit in je hele carrière heb zien doen." Hij keek me aan alsof ik gek was. Dus vertelde ik hem: "Ik was verbaasd dat je niet meer hebt verloren terwijl je er zo beroerd aan toe was".'

Ullrich was van plan tijdens de dertiende etappe afstand van Lance te nemen. Hij wist dat Lance door uitdroging was verzwakt en kwetsbaar zou zijn op weer een dag met temperaturen van boven de dertig graden. De etappe eindigde met twee zware beklimmingen en Tourfans hadden zich daar verzameld om te zien of Lance zou buigen. Van Ullrich werd verwacht dat hij op één van beide beklimmingen aan zou vallen om de halve minuut te winnen die nodig was om het geel te veroveren. Maar Bruyneel kwam met zijn eigen plan: hij liet twee renners van us Postal meegaan in een vroege vlucht, zodat in het peloton de ploeg van Ullrich het werk moest doen in plaats van die van Lance.

Toen na honderdvijftig kilometer de bergen zich aandienden, vielen de vermoeide renners van Bianchi terug en halverwege de eerste klim, de loodzware Port de Pailhères, zat Ullrich zonder ploegmaten. Lance daarentegen zat stevig in het wiel van Beltran en koesterde de geruststellende gedachte dat alleen nog Rubiera voor hem reed, als enige overblijver van de kopgroep.

De klim van zestien kilometer vergde het uiterste van iedereen. Alleen enkele Italianen konden aanpikken op de smalle en steile beklimming achteraan en Ullrich viel niet aan.

Zelfs op de slotklim verroerde de Duister geen vin totdat zijn voormalige ploeggenoot Alexander Vinokoerov op twee kilometer van de finish wegsprong. Pas toen kwam Ullrich in actie. Hij reed naar Vinokoerov, ging erop en erover en spurtte naar de eindstreep. Lance kon zijn demarrage niet volgen, maar hij bleef kalm en wist op basis van zijn verkenning van de etappe zijn gele trui nog net te behouden door op een vlakker gedeelte te versnellen. Zijn voorsprong was geslonken tot een kleine vijftien seconden. Maar de vechter in hem was tevreden. Hij was nog steeds de leider, had nog steeds het geel. Die dag in herinnering roepend, zegt Bruyneel: 'Ik weet zeker dat er in die Tour drie of vier renners sterker waren dan Lance. Maar geen van hen geloofde erin dat ze hem konden verslaan, vooral Ullrich niet. Ik ben er bovendien van overtuigd dat hij Lance verslagen zou hebben als ík ploegleider van Ullrich was geweest.'

Misschien, maar misschien ook niet. Zelfs op 70 procent van zijn kunnen straalde Lance vertrouwen uit, precies zoals de grote kampioenen uit het verleden. Pas als het moeilijker gaat, onderscheiden ware kampioenen zich en deze Tour bleek Lance uit dat hout gesneden toen hij zich in de laatste zeven etappes tegen Ullrich moest verweren. De zwaarste horde die hij daarbij moest nemen was de cruciale vijftiende etappe in de Pyreneeën: de zogenoemde Cirkel des Doods, die van de verschrikkelijke Tourmalet via een lange afdaling naar de laatste, zware beklimming naar Luz-Ardiden voert. Lance begon aan de etappe met de voorsprong van vijftien seconden die hij had weten te behouden.

'Die ochtend zat ik tegenover Lance in de bus naar de start,' zegt Hincapie. 'Ik praatte veel met hem in die Tour. Ik probeerde hem duidelijk te maken dat we nog vertrouwen in hem hadden en wisten dat hij het kon. Onderweg gaf ik hem mijn iPod. Ik zat te luisteren naar "Alive" van POD, en hij luisterde mee. De tekst daarvan is zonder meer inspirerend.' De eerste regels van deze christelijke rocksong zijn: *'Elke dag is een nieuwe dag... Ik ben dankbaar voor de lucht die ik inadem.'* Dat was Lance' mantra, vanaf het moment dat zijn moeder dat tegen hem had gezegd toen hij een kind was. Door de kanker had dit levensmotto nog aan kracht gewonnen.

Toen de twee mannen voor de start de bus uit stapten, keek Hincapie Lance aan en zei: 'Ik heb een goed gevoel bij deze dag.'

Halverwege op de beklimming van de Tourmalet zag het er niet zo best uit. Beltran en Rubiera hadden Lance tot daar gebracht, maar zakten terug toen Ullrich deed wat hij twee dagen eerder had moeten doen: hij viel aan met nog ruim veertig kilometer te gaan. Lance reed het gat met de Baskische klimmer Mayo dicht, maar Ullrich sprong opnieuw weg met een demarrage die Lance niet kon pareren. 'Oké,' dacht hij, 'als je dat tempo de rest van de dag vol kunt houden, dan kun je de Tour winnen, want ik kan dat niet.'

Toch bleef hij kalm en gaf de hoop niet op. Ullrich sloeg een gat van 25 meter en hield die voorsprong enkele minuten vast. Maar toen Ullrich zag dat hij zijn voorsprong niet kon uitbouwen en Lance kon afschudden, realiseerde hij zich dat Lance sterker was dan hij had gedacht en liet zich terugzakken. Hij zou het nogmaals proberen op de slotklim naar Luz-Ardiden.

Vijftien andere renners sloten bij de lange afdaling van de Tourmalet aan bij de twee rivalen, maar toen Mayo aan de voet van de klim demarreerde, gingen alleen Lance en iets later Ullrich met hem mee. Lance had zich bijna wonderbaarlijk hersteld. Hij demarreerde en zag er zo sterk uit als in Sestrière in 1999, Hautacam in 2000 en op Alpe d'Huez in 2001. Het opzwepende refrein van POD zat nog in zijn hoofd: *'Ik voel zoveel leven... Voor het allereerst... Ik voel zoveel leven... En ik denk dat ik kan vliegen.'*

Thuis in Austin zaten Lance' vrienden Bart Knaggs en John 'College' Korioth de etappe op de tv te volgen en zich af te vragen of – en vreselijk te hopen dat – Lance Luz-Ardiden op kon vliegen. 'We maakten ons elke dag zorgen en vroegen ons af hoe het met Lance zou gaan,' zegt College. 'Die ochtend liep ik het kantoor van Bart binnen en de renners naderden Luz-Ardiden. Ik had bedacht dat Lance er op een of andere manier doorheen zou komen en zei tegen Bart: "Hij maakt er altijd met opzet een spektakel van. Je hebt zijn wereldtitel, zijn comeback na de kanker, dat crit... ." Bart onderbreekt me: "Goeie theorie. Spreekt me aan, spreekt me aan."

Precies op dat moment komt Lance in actie, hij valt aan en Bart en ik staan hem voor de tv toe te juichen. Dan haakt hij met zijn stuur in een tasje van een kind en valt. Bart en ik laten ons op onze knieën vallen en gillen ontzet: "Aaaagh!" En Bart roept: "Sta op, sta op!"

Lance gaat weer op zijn fiets zitten en maakt tempo. Dan schiet hij met zijn rechtervoet van het pedaal en slaat met zijn borst op het stuur: "Aaaagh!" Vervolgens gaat hij weer verder en wij komen overeind en gaan weer voor de tv staan juichen. Hij komt bij Ullrich en gaat erop en erover, hij wint de etappe en Bart kijkt me aan en zegt: "Hij maakt er altijd een spektakel van." '

College en Bart waren niet de enigen die hun hoofd hadden geschud tijdens de verbazingwekkende etappezege met veertig seconden voorsprong op Mayo en Ullrich. Bruyneel, die er met zijn ploegleidersauto bovenop zat: 'Ik ben er nog steeds van overtuigd dat het fysiek onmogelijk was wat hij deed. Hij had besloten dat hij wilde winnen en niets kon hem daarvan weerhouden, zelfs die val niet. Na de etappe ontdekten we zelfs dat hij had gereden op een fiets met een kapot frame.' De buis van koolstofvezel naast het kettingwiel was bij de val ingescheurd. 'Toen we het achterwiel eruit wilden halen, viel de fiets uit elkaar.' Dat laatste bizarre voorval op een dag vol sensatie maakte de blijdschap bij de in de bus op weg naar het hotel klauterende ploeggenoten van Lance nog groter. Lance zou in de ploegleidersauto volgen zodra de huldiging achter de rug was. 'Toen we de berg afreden, stopte de bus plotseling langs de kant,' herinnert chiropractor Spencer zich. 'De deur vloog open, Lance springt naar binnen en schreeuwt: "Wat vinden jullie nu van me, jongens?" De hele ploeg barst los in applaus en gejuich. Iedereen rolt over elkaar heen in het gangpad. Lance waardeert zijn ploegmaten echt... en ik zou niet weten hoe iemand hem kan verslaan. Hij vindt altijd wel een oplossing. Hij heeft het doorzettingsvermogen, de intelligentie, het tactisch vermogen én de moed zijn plannen ten uitvoer te brengen. Hij geeft zich nooit gewonnen. Nooit. Je kunt hem niet ontleden en zo zijn succes verklaren. Hij spot met de statistieken. Hij is gewoon een fenomeen.'

Toch was het nog niet gedaan met deze Tour. De 49 kilometer lange tijdrit op de voorlaatste dag was net zo lang als die waarin Lance uitgedroogd was en 1:36 op Ullrich had moeten prijsgeven. Dus was de voorsprong van 1:05 allesbehalve veilig, zeker omdat de etappe werd verreden in nat en winderig weer dat de toeschouwers dwong te schuilen onder paraplu's. Op het gladde wegdek gingen diverse renners onderuit voordat de twee laatste, de leider en zijn uitdager, de strijd zouden aanbinden. Lance startte drie minuten na Ullrich. De Duitser ging als een tornado van start en pakte in de eerste kilometer al een voorsprong van zes seconden op de Amerikaan. Lance vocht op pure snelheid en fietstechniek terug in deze strijd van man tegen man. Ze vlogen door de regen, werden weggeblazen door de stormachtige wind met van pijn vertrokken gezichten die hun enorme inspanningen toonden. 'Op sommige momenten gleden beide wielen weg,' zei Lance.

Halverwege de rit die met een gemiddelde van boven de vijftig kilometer per uur werd afgelegd waren hun tijden exact gelijk. Ullrich bleef, in de hoop dat Lance zou buigen of misschien zou vallen, het hoogste tempo rijden dat hij ooit reed. Maar het verschil tussen droom en daad kan minimaal zijn: Ullrich reed door een olievlek toen hij een rotonde nam. Hij ging onderuit en smakte tegen strobalen die met plastic waren afgedekt. Hij stapte weer op, maar zijn uitdaging was ten einde. Lance koerste soepel naar de finish in Nantes om zijn vijfde Tourzege veilig te stellen. De laatste etappe, een vooral ceremoniële optocht naar Parijs, zou geen strijd meer opleveren tussen beide tegenspelers.

Toen Lance in Nantes op het podium klom, stond vijfvoudig Tourwinnaar Bernard Hinault hem lachend op te wachten. Hij schudde Lance hartelijk de hand en zei: 'Welkom bij de club!' Hij doelde op het exclusieve gezelschap van vijfvoudige Tourwinnaars. Lance had al bewezen dat hij één van de allergrootste sportlieden was. Nu, na deze overwinning waarbij alles tegen had gezeten wat maar tegen kón zitten, had hij bewezen dat hij een van de allergrootste kampioenen was.

20 Dromen van het onmogelijke

'Alles draaide erom dat Lance de Tour opnieuw zou winnen en hij was de CEO.'
– Chris Carmichael

Nog geen maand na zijn grootste triomf beleefde Lance wat hij zelf zijn grootste fiasco noemt. 'In augustus vertelde hij me dat hij wilde scheiden,' zegt Kristin. De poging van het stel om weer bij elkaar te komen – vier maanden na hun scheiding – was mislukt. Met hun kinderen hadden ze Lance' vijfde Tourzege op de Champs-Élysées gevierd. Ze hadden allemaal vijf vingers omhooggestoken terwijl ze poseerden voor de fotografen en na afloop waren ze meteen met het gezin op vakantie gegaan. Maar bij terugkeer in Austin begonnen Kristin en Lance met de scheidingsprocedure.

Van beide zijden waren fouten gemaakt, zegt Lance en met drie jonge kinderen wordt het besluit nog moeilijker. 'Een scheiding is tot daar aan toe als er geen kinderen in het spel zijn, maar als er kinderen zijn, dan heeft het enorme gevolgen. Toch vind ik niet dat mensen bij elkaar moeten blijven als ze niet gelukkig zijn samen, zelfs als ze kinderen hebben, want die krijgen dat echt wel mee.'

In haar enige interview over de breuk vertelde Kristin in de show van Oprah Winfrey in 2006: 'Als je niet jezelf kunt zijn, dan gaat dat ten koste van de relatie. Het was niet zo dat Lance... alles voor het zeggen had en dat ik me daar ondergeschikt aan maakte. Ik probeerde aan het beeld te voldoen van de ideale moeder of de ideale vrouw... En misschien vond hij dat dat niet de vrouw was waar hij verliefd op was geworden.' Lance heeft zijn eigen perceptie: 'We maakten snel afspraakjes, verloofden ons, trouwden snel en kregen snel kinderen. Ik bedoel, we ontmoetten elkaar in oktober 1997 en binnen anderhalf jaar was er een verloving, een huwelijk, kinderen, de Tour. Het was gewoon...'

Hij maakt de gedachte niet af, maar zijn langdurige vertrouweling en trainer Chris Carmichael, die gedurende de zes jaar dat ze samen waren een goede vriend van het stel was, zegt meer: 'Ik denk dat het te snel kwam na de genezing van kanker. Ze hadden een gezonde relatie, net zo gezond als elk ander huwelijk, maar toen ze elkaar ontmoetten, was hij nog aan het worstelen met posttraumatische stress van de kanker. Als ze elkaar wat later hadden ontmoet, dan was het misschien anders gelopen. Maar wat er denk ik ook speelde, is dat het bij Lance alles of niets is. Je begint een relatie en alles gaat supersnel, het is opwindend en alles loopt op rolletjes, zozeer zelfs dat je maar beter je veiligheidsgordel om kunt doen. Maar na verloop van tijd – dat zie je bij al zijn relaties – komt de sleur om de hoek kijken en daar heeft hij misschien moeite mee.'

Maar, voegt Carmichael toe: 'Je kunt wel makkelijk met je beschuldigende vinger wijzen en dit of dat beweren, ik ben nog nooit iemand tegengekomen die zei dat een huwelijk probleemloos is. Ik denk dat al die veranderingen in zijn leven niet makkelijk zijn geweest voor Kristin: van dat hij de Tour won en een beroemdheid werd tot alle aandacht van de gemeenschap van ex-kankerpatiënten.'

Kristin wijst op sportgerelateerde problemen als ze zegt: 'Ik wou dat Lance in zijn privéleven dezelfde toewijding en vastberadenheid had kunnen tonen als hij op sportief gebied deed...'

Floyd Landis zag van een andere kant hoe de ambities van zijn ploegmaat diens huwelijk beïnvloedden. 'Je moet wel van heel goeden huize komen om te doen wat hij heeft gedaan,' zegt hij. 'Je moet obsessief met dingen bezig zijn, je moet een perfectionist zijn, je moet op meer dingen letten dan andere renners, je moet harder werken dan andere renners, en je moet... Ik wil maar zeggen, zijn hele leven draaide om het winnen van de Tour.'

Er zijn enkele wijdverspreide misvattingen over de scheiding van Lance en Kristin, en aan één daarvan stoort zijn moeder zich: 'Sommige mensen zeggen: hoe durft hij van zijn vrouw te scheiden als zij hem heeft bijgestaan tijdens zijn ziekte. Kristin heeft hem niet bijgestaan tijdens zijn ziekte,' zegt Linda. 'Hij kende haar toen nog niet eens, dus moeten de mensen wel de feiten kennen.'

Feit is dat Lance en Kristin nog steeds de spijt en het verdriet voelen. Lance zegt: 'Als ze mij zouden vragen waar ik het meeste spijt van heb in mijn leven, dan antwoord ik: "Gescheiden zijn." Met afstand... Het is een monumentale mislukking en ik wil dat nooit meer meemaken.' Kristin is het daarmee eens: 'Ik zou antwoorden dat het een enorm verdriet is.'

Beiden waren van plan om de scheiding zo veel mogelijk in der minne te schikken en draaglijk te laten verlopen. Lance bleef in dezelfde buurt in Austin wonen als Kristin, zodat de kinderen met hun kinderjuffrouw eenvoudig heen en weer konden en zich in beide huizen thuis konden voelen. Lance deed zijn best een goede vader te zijn en zijn kinderen niet in de steek te laten zoals zijn vaders dat naar zijn gevoel bij hem hadden gedaan. 'Ik denk dat hij in zijn jeugd heeft geprobeerd die ervaring te verwerken,' zegt Kristin, 'om een ander soort man te worden. Het is misschien ook moeilijk voor hem omdat hij nooit echt het rolmodel heeft gehad dat nu goed van pas zou komen. Maar de kinderen en ik hebben bij hem altijd vooropgestaan en dat is fijn.'

In deze moeilijke overgangsfase werd Lance gesteund door zijn vrienden, ploeggenoten en zakelijke partners. En als hij tussen het reizen door in Austin was, kwam zijn moeder hem meestal helpen met de kinderen en het koken. 'Maar hij is een man die niet graag alleen is,' zegt Carmichael. 'Je ziet hem niet vaak zonder vriendin.' De nieuwe vriendin zou ditmaal, net als hij, zélf een ster zijn. Lance ontmoette altijd mensen tijdens zijn werkzaamheden voor de kankerstichting, meestal tijdens geldinzamelingsacties, en zo kwam hij een paar maanden nadat de scheiding met Kristin was aangevraagd in Las Vegas in contact met singer-songwriter en muzikante Sheryl Crow. Het was niet de eerste keer dat de twee elkaar tegenkwamen. Ze hadden elkaar al in 1997 ontmoet, toen Lance nog kaal was van de chemotherapie. Hij was bij een concert uitgenodigd door Michael Ward, gitarist van The Wallflowers. 'Wij deden het voorprogramma van Sheryl,' zegt Ward. 'Ik kende Lance toen nog niet, wist alleen dat hij van kanker herstellende was en dat hij van muziek hield, dus nodigden we hem uit. Hij en College kwamen samen. Ze beleefden een geweldige avond en ik stelde Lance voor aan Sheryl.' Zeven jaar later gingen Lance en Sheryl samen uit.

Ze bewonderden elkaars talent, prestaties en hun inzet voor het goede doel. Ze hadden dezelfde inzichten, achtergrond en gevoel voor humor en al snel woonden ze samen, als hun reisschema dat toe-

301

stond. Omdat ze beiden een drukke agenda hadden en enorm toegewijd waren aan hun carrière, was het makkelijker begrip op te brengen voor de levenswijze van hun partner.

Ze hielden niet alleen van elkaar, ze hielden er ook van kennis te
maken met ieders wereld. Lance hield van Sheryls muziek en bezocht optredens en concerten in Parijs, Brussel en Londen. Hij ging
trainen als zij repeteerde.

Sheryl was net zo enthousiast over Lance' passie. 'Ze stortte zich
op wielrennen,' zegt Lance. 'Ze verdiepte zich in de tactiek, de namen, de ploeg... Ik vond haar steun geweldig omdat ze zelf een grote
ster was en toch met me meereisde en me altijd steunde.' Die steun
en hun liefde boden Lance datgene wat hij bovenal nodig had in zijn
destijds zo turbulente leven. Het vormde de basis van waaruit hij
zijn volgende grote doel kon bereiken: een zesde zege in de Tour.

Na zijn vijfde opeenvolgende overwinning in de Tour had Lance
enorme faam verworven in Europa, waar hij nu – ondanks de aanhoudende verdachtmakingen over doping – werd beschouwd als een
van de grootste wielerkampioenen. In Amerika had zijn status een
heel andere, prominentere uitstraling. Zijn overwinning op kanker
om Tourwinnaar te worden bleef de kern van zijn beroemd-zijn,
waarbij zijn tomeloze inzet voor kankerpatiënten en zijn relatie met
een rockster hem een hogere sterrenstatus verleenden. Het winnen
van een zesde Tour zou die status niet verhogen. Maar Lance had
een andere motivatie om door te zetten.

Als sporter was hij nog steeds het jongetje dat altijd als eerste boven op de heuvel wil aankomen. Nu wilde hij de eerste man ter wereld zijn die de Tour zes keer heeft gewonnen. Hij voelde zich ook
verplicht tegenover de kankerpatiënten en ex-kankerpatiënten om
te blijven wielrennen en hen te ondersteunen.

'Lance is een soort intermediair,' zegt vriend Bart Knaggs, 'tussen het aanbod van Linda's wilskracht en doorzettingsvermogen
en de vraag van iedereen die lijdt aan kanker of daarmee te maken
kreeg. Lance is het mechanisme die dat met zijn charisma en zijn talent met elkaar verbindt.'

Die eigenschappen waren ook interessant voor een groeiend aantal bedrijven dat hem miljoenen betaalde om hun boegbeeld te zijn,
zoals Subaru, Nike en Bristol Meyers Squibb dat een groot aantal

medicijnen produceert die hij gebruikte om de kanker te bestrijden. En diezelfde eigenschappen zorgden voor het behoud van US Postal als sponsor. Maar in de wereld van de sportmarketing switchen veel bedrijven naar andere terreinen zodra hun naam gevestigd is. Dat gold ook voor US Postal. In 2004 vertelde het bedrijf aan de ploegeigenaren, Thom Weisels Tailwind Sports en Bill Stapletons Capital Sports & Entertainment, dat US Postal zich aan het eind van het jaar als sponsor zou terugtrekken. Dat was een extra reden waarom Lance zich genoodzaakt zag om te blijven wielrennen. Zonder Lance als kopman zou het voor het team moeilijk worden om een even goede sponsor te vinden als US Postal. Met Lance die een gooi zou doen naar een unieke, zesde Tourzege zou het team de garantie voor publiciteit hebben die elke sponsor zich wenst. Hij wilde alle betrokkenen – renners, staf, management – die voor hun levensonderhoud afhankelijk waren van het team niet teleurstellen.

De Europese media stonden die winter bol van de verhalen over Lance die voor de zesde keer de Tour ging winnen, de onmogelijke droom in het wielrennen. De meeste verhalen benadrukten fijntjes dat alle vier de vorige vijfvoudig winnaars er niet in waren geslaagd een zesde keer te winnen. In de Tour van 1966 was Jacques Anquetil onvoldoende geweest om de Tour weer te winnen en had hij, voordat hij met bronchitis moest afstappen, een ploeggenoot geholpen om zijn rol van kopman over te nemen. In 1975 had Eddy Merckx de leiding in de Tour toen hij bij een steile beklimming een klap tegen zijn nieren kreeg van een dwaze toeschouwer. Merckx stapte niet af en ging twee dagen later in de Alpen vol in de aanval, maar op de slotklim werd hij gelost. Hij moest de gele trui afstaan en kon de sport niet langer domineren. In 1986 ging Bernard Hinault aan de leiding totdat ploeggenoot Greg LeMond in de Alpen sterker bleek en hem naar de tweede plek verwees. De Fransman stopte dat jaar met wielrennen. En in 1996 kreeg Miguel Induráin hongerklop bij een aankomst bergop en liep veel achterstand op. Hij werd uiteindelijk elfde in het eindklassement en stopte die winter met wielrennen.

Nu zou het de beurt aan Lance zijn om zijn verlies te nemen. Tenminste, dat was wat de meeste Europeanen dachten. Zijn fans daarentegen waren razend enthousiast over zijn poging iets te presteren wat nog niemand in honderd jaar tijd was gelukt. Duizenden mensen van over de hele wereld, waaronder Amerikanen, Australiërs,

Britten en Canadezen, kwamen in 2004 naar de Tour de France om Lance het onmogelijke te zien doen – althans, dat hoopten ze. De opwinding over dit onwaarschijnlijke doel nam toe, ook bij Lance zelf. Hij wilde de geschiedenis tarten, het ongelijk van de sceptici aantonen en zichzelf bewijzen als de allergrootste kampioen. Hij wist dat hij het moeilijk zou gaan krijgen, met name door de emotionele stress van zijn echtscheiding en de scheiding van zijn kinderen als hij in Europa was om te trainen of wedstrijden te rijden. En na de talloze problemen die hij had ondervonden bij zijn poging een vijfde Tour te winnen, bleef er twijfel bestaan over zijn vorm. Sommigen vroegen zich af of hij het in zich had om nog eens te winnen. Kijk maar hoeveel moeite het hem in 2003 heeft gekost, luidde hun redenering.

'De Tour van 2003 was een waarschuwing voor Lance,' zegt Carmichael. 'Toen de Tour van 2002 een fluitje van een cent was gebleken, nam hij hem in 2003 niet serieus genoeg en dat brak hem bijna op. Daarom brachten we in het voorjaar van 2004 veel tijd samen door, meestal in Los Angeles waar hij bij Sheryl wilde zijn. Tijdens trainingskampen van twee, drie weken trok ik ook bij Sheryl in en Lance ging trainen. Daarbij doken steeds dezelfde vragen op: "Hoe trainen we? Wat kunnen we afleiden uit de krachttabellen?" Van Michele Ferrari kreeg ik e-mails terug met commentaar op de tabellen. Dat bespraken we en daarna gingen we weer verder. Maar Lance was degene die de beslissingen nam.'

Dat jaar was anders dan alle andere jaren, zegt Carmichael. 'Alles draaide erom dat Lance de Tour opnieuw zou winnen en hij was de CEO. Johan, Michele, ik en alle andere mensen die waren betrokken bij zijn voorbereiding op de wedstrijd rapporteerden aan Lance en Lance nam de beslissingen. Dat was geen miskenning van iemands ervaring of positie of kwaliteiten, maar hij was een heel ander iemand dan de meer ondergeschikte Lance zoals die zich in 1994 en 1995 had opgesteld voordat hij kanker kreeg. Nu ging het als volgt: "We moeten dit veranderen, we moeten dat veranderen." Het stond buiten kijf dat iedereen naar Lance luisterde. En we genoten van zijn leiderschap.'

Eén renner van de ploeg van US Postal die onmiddellijk de leiderskwaliteiten van Lance inzag, was de Canadees Michael Barry.

'De eerste keer dat ik Lance ontmoette, kwam hij binnen terwijl we zaten te eten. Iedereen hield meteen op met datgene waarmee hij bezig was. Eén van de belangrijkste verklaringen voor zijn Tourzeges en alle andere overwinningen was volgens mij de combinatie van ontzag, respect en vertrouwen die hij altijd opriep. De jongens waren altijd iets meer op hun hoede en alert als hij in de buurt was. Het was net of je baas de hele tijd naast je zit. Als hij deelnam aan een wedstrijd, deed iedereen zijn werk verbazingwekkend goed. Lance kon dat respect afdwingen omdat je negentig procent van de tijd wist dat híj goed zou presteren.'

Barry heeft ook de strenge kant van Lance gezien, vooral wanneer ploeggenoten zich niet schikten. 'Als renners hun taak niet goed uitvoerden, als ze niet in goede conditie waren in de wedstrijd of zelfzuchtig waren, dan kon je verwachten dat ze niet lang bij de ploeg zouden blijven,' zegt Barry. 'Het was niet zo dat we allemaal bang waren, maar hij heeft een zo dwingend karakter dat hij de angst oproept dat jij aan de beurt bent als je er een zooitje van maakt...'

De beste ploeggenoten selecteren voor de Tour was slechts één onderdeel van Lance' totale plan voor zijn recordpoging in 2004. Hij wist heel goed dat hij ook moest kijken naar zijn eigen fouten die hem het jaar daarvoor bijna de zege hadden gekost en bedenken hoe hij die kon vermijden. Ook wilde hij zijn prestaties verbeteren door de meest geavanceerde technologieën toe te passen. Daarom startte hij het F-One-project, een samenwerking van zijn materiaalleveranciers om zijn 'ouderwetse' tijdritfiets te vervangen door een veel sneller exemplaar. Het was voor het eerst dat verschillende fabrikanten bijeenkwamen om een nieuwe fiets te ontwerpen vanuit een totaalconcept van renner en fiets. Het project onder aanvoering van Bart Knaggs omvatte componenten als wielen, aerodynamisch stuur, helm, skinsuit en rennersschoenen die volledig op elkaar waren afgestemd. 'Bart maakte er zijn persoonlijke missie van om de meest minimale luchtweerstand te verkrijgen,' zei Lance. 'We haalden iedereen erbij, alle mensen die met de fiets en met mij bezig waren.'

Een belangrijke wijziging die uit het project naar voren kwam, was een andere beenhouding van Lance: door de afstand tussen de pedalen kleiner te maken, kwamen zijn benen dichter bij elkaar. Uit testen in de windtunnel bleek dat Lance zo nóg gestroomlijnder op de fiets zat dan daarvoor, al moest dat zich nog bewijzen in een echte wedstrijd. Die test volgde in de Spaanse Ronde van Murcia. Er zouden zich problemen voor kunnen doen die deels veroorzaakt werden doordat de benen van Lance minder bewegingsruimte hadden, waardoor hij minder constante kracht kon ontwikkelen. Minder kracht zorgt voor minder snelheid, hoe gestroomlijnd de fiets ook is. 'Ik herinner me die Ronde van Murcia,' zegt ploeggenoot Barry. 'Wij waren de twee laatste ploeggenoten die zouden starten in de tijdrit. Lance probeerde de nieuwe fiets met smallere trapas uit en werd slechts vijfde. Hij had er de pest over in. Na afloop zaten we in de teambus en hij vroeg míj hoe het zat met het verloop van zijn krachten. Opeens ging hij overal aan twijfelen, ook aan zijn trainingsmethode omdat hij niet in staat was gebleken verval te vermijden. Dat vond ik vreemd, want normaliter kwam hij altijd over als iemand die zelfverzekerd is. Ineens zag ik een totaal andere kant van hem, iemand die helemaal niet overtuigd is van zichzelf en zich tot anderen wendt om te proberen zijn zelfvertrouwen weer op te krikken.'

De problemen werden nog opgelost voordat Lance aan zijn eerstvolgende tijdrit deelnam en die ook won. Een ander probleem waar hij in 2003 tegenaan was gelopen werd weggenomen door zijn programma dusdanig aan te passen dat hij meer wedstrijden reed en trainde in Amerika, zodat hij vaker bij zijn kinderen kon zijn. Zodoende nam hij ook deel aan de Ronde van Georgia, die hij eenvoudig wist te winnen. Tijdens die Amerikaanse wedstrijd werd de gele polsband van LiveStrong geïntroduceerd. Het reclamebureau van Nike had deze bedacht om geld in te zamelen voor de kankerstichting van Lance. Lance ziet de polsband als symbool van zijn levensmissie en droeg hem zelf vanaf begin 2004. Het werd wereldwijd al snel een veelgevraagd item en leverde reeds binnen zes maanden de doelstelling van zeventig miljoen dollar op. Het zorgde voor de grootste geldinjectie van de stichting in haar zevenjarig bestaan.

Dat voorjaar maakte US Postal meer indruk dan ooit: Floyd Landis was sterker geworden en was meer gewend geraakt aan het Europees wielrennen. George Hincapie had zijn programma aangepast en was specifiek gaan trainen om beter mee te kunnen bergop en de

Portugees José Azevedo was als vervanger van Roberto Heras aangetrokken als topklimmer. Dankzij het sterke collectief verzekerde het team zich van de steun van de nieuwe hoofdsponsor Discovery Channel.

Maar terwijl US Postal sterker werd, was zich ook een grotere groep Tourrivalen aan het klaarstomen die stond te popelen om Lance van de troon te stoten. Van Ullrich werd verwacht dat hij weer zijn voornaamste concurrent zou zijn, al was de Duitser, die een groot zwak had voor lekkernijen en het goede leven, zwaarder dan ooit aan het seizoen begonnen en leek hij nog te zoeken naar zijn vorm. Deel van zijn probleem was het Lance-complex, dat treffend wordt omschreven door Lance' voormalige ploegmaat Andy Hampsten: 'Lance was erg goed in zijn favorietenrol en kon andere renners uitstekend intimideren. Hij zorgde er altijd voor dat iemand die de Tour wilde winnen eerst aan Lance dacht en daarna pas aan zichzelf. Hij reed tegen Ullrich die fysiek ijzersterk is, maar mentaal een watje. Lance bezorgde Ullrich waarschijnlijk de rest van het jaar een eetstoornis.'

Lance moest ook opletten voor Ullrichs Duitse ploeggenoot Andreas Klöden, een getalenteerde allroundrenner wiens loopbaan nu in opgaande lijn was. Ook de snel beter wordende Ivan Basso behoorde tot de kanshebbers, een jonge, knappe Italiaan die bij CSC als kopman de vervanger was van Tyler Hamilton. En ten slotte was er Hamilton zelf, die zijn eigen team Phonak had helpen samenstellen. Toch was het in de weken voor de Tour de Baskische klimmer Iban Mayo die zich aandiende als belangrijkste kanshebber. Mayo had geheerst in de Dauphiné, de wedstrijd in juni waarin Lance het jaar daarvoor heel diep had moeten gaan om Mayo te verslaan. Dit jaar kon Lance het klimtempo van Mayo absoluut niet volgen: in de lange klimtijdrit op de Mont Ventoux verloor hij twee minuten op de Bask, een prestatie waar – afhankelijk van hun gevoelens voor Lance – sommigen zich zorgen over maakten en anderen vrolijk van werden.

Enkele uren na de tijdrit gaf US Postal een persconferentie in het ommuurde middeleeuwse stadje St.-Paul-Trois-Châteaux. Er kwamen talloze journalisten op af die Lance belaagden met vragen over zijn matige vertoning in de tijdrit. Over zijn vorm werden veel vragen gesteld en men was benieuwd of hij wel klaar was om over een maand zijn Touraspiraties waar te maken. De verslaggevers betwijfelden of hij het tij op tijd kon keren, al was Lance net zo zelfverzekerd als anders. In antwoord op de vraag over zijn grote verlies op Mayo, zei Lance: 'Twee minuten is veel, maar de Tour de France is nog ver weg.' Maar maakte hij zich dan geen zorgen? 'Ik maak me elk jaar zorgen voor de Tour,' zei hij. 'Het is voor mij een voortdurend gevecht om in optimale conditie te komen, maar je leert meer van je zwakke prestaties dan van je goede.'

Lance bleef de air van een winnaar uitstralen en er ondertussen alles aan doen om met kleine stapjes zijn prestaties te verbeteren: het F-One-project, trainen met hoogtetenten en andere geoorloofde methoden. Toch bleven journalisten hem verdacht maken met aantijgingen en vermoedens. De meest volhardende van zijn aanklagers waren de Fransman Pierre Ballester, voorheen van *L'Équipe*, en de Ier David Walsh, de belangrijkste sportverslaggever van *The Sunday Times*. Ze schreven samen een boek dat net voor de Tour van 2004 verscheen. Met de titel LA *Confidentiel: Les Secrets de Lance Armstrong* was dat boek een voortzetting van Walsh' artikel uit 2001 waarin hij Lance van doping beschuldigde en zijn samenwerking met dr. Ferrari uitploos. Hoewel het boek, het resultaat van een jarenlange speurtocht om Lance zwart te maken, een eindeloze reeks details opsomt, was de 'bewijsvoering' nog steeds gebaseerd op geruchten, anonieme bronnen, medeplichtigheid oftewel een geval van 'die zei dit, en die zei dat'. Desondanks veroorzaakte het grote beroering in Frankrijk en het werd daar een bestseller. Maar toen de verdachtmakingen werden samengevat en gepubliceerd in *The Sunday Times* besloot Lance een aanklacht wegens smaad in te dienen.

Bij de start van de Tour de France in Luik werd Lance bij de voorafgaande persconferentie geconfronteerd met nieuwe verdachtmakingen over dopinggebruik. Walsh zat midden op de voorste rij, recht tegenover Lance. 'Uitzonderlijke aantijgingen moeten hard worden gemaakt met onomstotelijk bewijs,' luidde het beroemd geworden antwoord van Lance. 'De heer Walsh en de heer Ballester hebben er vier of vijf jaar aan gewerkt en zijn niet op de proppen gekomen met onomstotelijk bewijs. Ik zal alles in het werk stellen en er alles aan doen om gerechtigheid te krijgen.'

Lance ging verder met het beantwoorden van vragen van journalisten die vooral wilden weten hoe het twee dagen voor de Tour met zijn vorm was gesteld, ondertussen stond Sheryl Crow onopgemerkt achter in de halfdonkere hal. Ze was gekleed in jeans, droeg een zonnebril en geen make-up en wilde mijn vragen over haar relatie met Lance best beantwoorden. Ze was blij dat ze Lance voor het eerst in de Tour aan het werk zou zien en zei dat ze, afgezien van een veeleisende carrière, ook veel karaktertrekjes gemeenschappelijk hadden: 'We hebben allebei een idioot gevoel voor humor, pakken de dingen die we doen serieus aan en we zijn allebei extreem competitief en ambitieus.' Wat haar had verbaasd was 'de gelijkenis met haar familie. Ook hij groeide op in een heel klein plaatsje, een soort dorp op het platteland. We zijn echte zuiderlingen en we hebben allebei hechte familiebanden. Daarom zijn we allemaal gelukkig.'

In tegenstelling tot de velen die maar weinig geld zetten op de kansen van de Amerikaan om zijn zesde Tour te winnen, gokte Lance er letterlijk op dat hij zou winnen. Afgezien van zijn wens om Tourgeschiedenis te schrijven, had Lance nog een ander, weinig bekend, motief. Hij zegt het kort en bondig: 'Tien miljoen dollar.' Dat was de uit te betalen premie die hij van drie verzekeraars zou ontvangen als hij zesvoudig Tourwinnaar zou worden. De helft van dat bedrag zou voor rekening komen van SCA Promotions. Voorafgaand aan de Tour van 2001 hadden Lance en teameigenaar Tailwind Sports 420.000 dollar ingezet op de weddenschap dat Lance de komende vier jaar telkens de Tour zou winnen... en er daarmee uiteindelijk zes op rij van zou maken! SCA gokte erop dat Lance zelfs geen derde Tour op rij zou winnen. En nu, aan de vooravond van het uur u, maakte men zich bij SCA zorgen, en terecht.

Als de Tour zou worden uitgevochten door louter individuen – zoals gebeurt bij de 'hole-in-one'-gebeurtenissen die SCA normaliter verzekert –, dan zou een weddenschap dat iemand nog eens vier keer een wedstrijd wint misschien veilig zijn geweest. Maar wielrennen is een teamsport en US Postal was de sterkste, meest hechte ploeg in de Tourhistorie, en was door Bruyneel en Lance zorgvuldig samengesteld en klaargestoomd voor succes. Lance leidde zijn team – zoals Carmichael opmerkte – als een CEO, een hoogste baas die de touwtjes strak in handen had. Het was in 2004 een van de grootste kwaliteiten van Lance en hij was van plan om daarmee de Tour te gaan winnen. Hij bezat het vermogen om leiding te geven aan een ploeg en die tot een hecht geheel te smeden. Hij wist vertrouwen van zijn ploegmaten te wekken – in hem maar ook in henzelf – en hun steun en toewijding te verdienen, en ook dat maakte hem tot een groot kampioen.

'We gingen naar de Tour met maar één doel voor ogen,' zegt Landis. 'De meeste ploegen gaan naar de Tour in de hoop dat ze kunnen winnen. Wij gingen erheen in de overtuiging dat we konden winnen als we alles goed zouden doen. De meeste renners in de Tour hebben nooit bij zo'n ploeg gereden.'

Landis zegt dat die winnaarsmentaliteit rechtstreeks afkomstig was van Lance, hun inspirerende leider. 'Hij was de beste dankzij zijn concentratie,' zegt Landis. 'Wat hij ook deed, alles draaide om zijn doel. De meeste mensen houden dat niet vol. Als ze alleen maar bezig zijn met één ding, dan stort hun leven in, dan verliezen ze overal de controle over. Daarom was ik zo onder de indruk van Lance: hij had alles onder controle en nam ook nog eens alle beslissingen over het team. Hij kon beter met stress omgaan dan ieder ander en zich toch blijven concentreren op wat hij aan het doen was.'

Een jaar na een Tour waarin Lance alle uitdagingen gewoon over zich heen had laten komen, zowel fysiek als emotioneel, nam hij nu alle touwtjes in handen om alles stevig onder controle te houden. Dat gebeurde bij het F-One-project en dat gold voor de Tour zelf, waarbij hijzelf, Bruyneel, Carmichael en het hele team een absolute prioriteit maakten van de eindzege.

Maar in 2004 had de organisatie een parcours uitgezet dat op papier niet in het voordeel was van Lance' kwaliteiten: klimmen en lange tijdritten. Er waren bijna twee weken van vlakke etappes voorafgaand aan de eerste bergrit, geen lange tijdritten voor de derde week en in de ploegentijdrit waren maar weinig bonifactieseconden te winnen. Juist in die ploegentijdrit blonk US Postal doorgaans uit en had Lance in het verleden belangrijke tijdwinst geboekt.

Die ploegentijdrit van 64 kilometer bleek meteen ook de meest beslissende en sensationele etappe van de eerste Tourhelft. Er werd gereden met onweersbuien, hevige wind en zware regenval. De ploegen die het best georganiseerd waren, die het juiste materiaal gebruikten en onder deze erbarmelijke omstandigheden het meest voorzichtig reden over het gladde parcours, werden beloond. T-Mobile met Ullrich was langzamer omdat ze geen gesloten achterwielen toepasten, Hamiltons Phonak reed heel veel lek doordat ze voor lichtere banden hadden gekozen en CSC van Basso verloor tijd door veel risico te nemen, wat leidde tot een reeks valpartijen. US Postal kende dergelijke problemen niet. Lance stimuleerde zijn ploegmaten om zich terug te vechten na een vrij trage start en alle andere ploegen werden op een of meer minuten gereden. 'Toen we onze eerste tussentijden doorkregen, begon Lance ons allemaal aan te moedigen,' zei Hincapie. 'Hij zat bomvol energie, het leek wel of het zijn eerste Tour de France was. Hij ging volkomen op in de gedachte dat we gingen winnen... en dan zou het een prestatie zijn van het collectief, niet alleen een inspanning van Lance Armstrong.'

Lance had zich opgeladen door de teamprestatie en was opgelucht de dag goed doorstaan te hebben, waarop voor een deel over natte kasseien was gekoerst. Hij had ertegen opgezien om in de Tour over kasseien te moeten rijden. 'In deze wedstrijd ben ik altijd bang,' zei Lance. 'En als je dan ook nog rekening moet houden met de regen, de wind... de afgelopen dagen zijn verschrikkelijk geweest voor me.' Ondanks zijn bange voorgevoelens kwam Lance als winnaar tevoorschijn uit de ploegentijdrit: hij reed in het geel en had een kleine voorsprong op zijn belangrijkste rivalen Ullrich, Hamilton en Basso. Mayo was door een val op de dag daarvoor al uitgevallen. Er waren in de openingsweek 25 valpartijen geweest, bij één daarvan was Hamilton betrokken en die liep daarbij een zware blessure op.

Het volgende machtsvertoon van US Postal vond pas een week later plaats, toen de eerste bergen zich in de Tour aandienden. Na dagenlang in een soort van hittegolf te hebben gereden, belandde het peloton in de Pyreneeën in stortbuien die de wegen in rivieren veranderden en de temperatuur met twintig graden lieten dalen. Hincapie en Landis, de ultieme knechten, hielden het tempo op de openingsklim zo hoog dat velen moesten lossen, dat niemand durfde aan te vallen en Lance in staat was op de laatste beklimming naar La Mongie zelf te demarreren. Basso, de enige die mee kon, won de etappe. 'Ik denk dat hij me de etappe liet winnen omdat mijn moeder met kanker in het ziekenhuis lag,' zei de 26-jarige Italiaan. De twee waren bevriend geraakt en de stichting van Lance ondersteunde Basso's moeder bij haar strijd tegen haar ziekte.

Hamilton, die nog steeds kampte met de naweeën van zijn val, kon het tempo van Lance en Basso op de beklimming naar La Mongie niet volgen en ook Ullrich moest lossen en verloor tweeënhalve minuut. De Duitser zou dieper moeten gaan dan ooit om Lance te verslaan en hij vroeg Klöden zo lang als hij kon bij Lance te blijven. Ondanks hun inspanningen had Lance na afloop van de etappe een stevige voorsprong: Basso en Klöden stonden op meer dan een minuut en Ullrich op bijna vier minuten.

Maar het was de monsteretappe van tweehonderd kilometer op de dag daarna, met zeven cols en finish op Plateau de Beille, die door US Postal werd aangegrepen voor het grootste machtsvertoon van hun collectieve kracht. Bij de vijfde klim waren er in de eerste groep nog maar tweeëntwintig renners over en zeven daarvan waren van US Postal. Hincapie en Landis verrichtten al het kopwerk tot aan de voet op zestien kilometer van de finish. Daar maakten ze plaats voor een lange inspanning van Rubiera totdat nieuwkomer Azevedo tot vijf kilometer van de finish tempo maakte voor de lancering van Lance. 'Al die mannen werken als manschappen voor hem,' zegt acteur Robin Williams, die diverse Rondes van US Postal van nabij meemaakte. 'Ze beschermen hem, voeden hem letterlijk en houden de rest op afstand. Het is een team... en Lance is de laatste trap van de raket.' En toen de raket eenmaal was gelanceerd, was er geen houden meer aan. Lance ging er als de bliksem vandoor en sprintte naar de dagzege. Daar stond Sheryl klaar 'om Lance te zien winnen' en alvast champagne te nippen. In de Alpen liet hij de champagnekurken nog drie keer knallen door zijn rivalen onschadelijk te maken: hij zette Basso en Ullrich buitenspel door de etappe naar Villard-de-Lans te winnen, zette Ullrich op een minuut en Klöden en Basso op twee minuten tijdens de klimtijdrit op Alpe d'Huez en sprintte nijdig voorbij Ullrich en Klöden op Le Grand Bornand, nadat de twee Duitsers zijn plan hadden doorkruist om Landis te laten winnen.

Voorheen had geen enkele Tourwinnaar vier bergetappes op rij gewonnen, en het hadden er vijf kunnen zijn als Lance er niet één aan Basso had gegund. Maar dit enorme overwicht stoorde de fans niet, integendeel, ze waren enthousiaster dan ooit. Naar schatting een half miljoen mensen stonden langs het legendarische traject met 21 haarspeldbochten naar Alpe d'Huez. De opwinding rond Lance' poging een zesde Tour te winnen, was dermate groot dat de politie een bedreiging met de dood tegen hem serieus nam. Zij hielden bierdrinkende fans die enthousiast met vlaggen zwaaiden of hem wellicht probeerden te raken als hij door de smalle haag reed streng in de gaten. Beveiligers in burger zaten tijdens de etappe in auto's voor en achter Lance en hij kwam ongehavend uit de strijd.

Zijn etappeoverwinningen in de Alpen werden bekroond met een overwinning in de laatste tijdrit in Besançon, waarmee hij zijn voorsprong op Klöden en Basso tot meer dan zes minuten uitbouwde. Een sterk finishende Ullrich werd vierde en greep voor het eerst in zijn Tourcarrière naast een podiumplaats. 'Ik kwam dit jaar gewoon tekort en dat is jammer,' zei de Duitse toprenner en Tourwinnaar van 1997. 'Ik moet toegeven dat ik er een beetje triest van werd toen ik de ceremonie op de Champs-Élysées zag. Maar mijn doel is niet veranderd. Ik wil nog één keer Parijs binnenrijden met het geel om mijn schouders.'

Met zijn record van zes Tourzeges vergaarde Lance roem in heel Europa. De koppen in de krant logen er niet om: 'Kampioen der kampioenen'... 'Grootste der grootsten'... 'Heerser van de Tour'. Maar de verhalen onder die koppen hadden soms een cynische of negatieve bijklank. Lance was een 'unieke, maar verontrustende kampioen' bij de ene publicatie en 'kil en arrogant' bij de andere en weer een derde hield het 'tussen twijfel en bewondering'. Wellicht was een dergelijke scepsis ook wel onvermijdelijk, aangezien een boek waarin Lance van dopingmisbruik werd beschuldigd nog steeds een bestseller was in Frankrijk.

De verdachtmakingen in het boek waaiden ook over naar Amerika: SCA Promotions weigerde de laatste bonus van vijf miljoen dollar, die hij met zijn zege in 2004 had verdiend, uit te keren voordat hun advocaten de beweringen in het boek hadden onderzocht. Medio september, zes weken na de Tour, verzochten Lance' juristen om arbitrage. Daarbij werd gewag gemaakt van het feit dat de andere verzekeraars direct waren overgegaan tot uitbetaling en dat alle dopingtests van Lance in de Tour negatief waren geweest.

Toch was het probleem met SCA niet het enige waarmee Lance tijdens die herfst en winter werd geconfronteerd. Een daarvan was een veroordeling in een langlopende Italiaanse rechtszaak tegen zijn trainer dr. Ferrari. De Italiaanse sportarts was vrijgesproken van de verspreiding van doping, maar schuldig bevonden aan het illegaal uitoefenen van de geneeskunst en 'sportieve fraude', een juridisch begrip dat zich uitstrekt van doping in de paardensport tot omkoping in de voetballerij.

Na die uitspraak gaf Lance een verklaring af waarin stond: 'Ik ben teleurgesteld over de veroordeling van dr. Ferrari door het Italiaanse hof. Ik ken hem al heel lang en hij is altijd een gewaardeerd adviseur voor mij en mijn team geweest en in die periode heeft hij me nooit prestatieverhogende middelen aangeraden, voorgeschreven of geleverd. Ik wens absoluut niets te maken te hebben met iemand die is veroordeeld of die gebruik van prestatiebevorderende middelen mogelijk maakt en het team en ik hebben besloten in afwachting van het volledige vonnis alle zakelijke betrekkingen met dr. Ferrari op te schorten.'

Met die beslissing kwam een eind aan een samenwerking van negen jaar. 'Lance had altijd, en heeft dat nog steeds, enorm veel respect voor Michele,' zegt Lance' andere trainer Chris Carmichael, 'en hij heeft Lance natuurlijk uitstekend geholpen.' Hincapie, die net als Landis een aantal jaren met de controversiële trainer heeft gewerkt, is het daarmee eens: 'Ferrari was een goeie kerel, een erg slimme trainer en zeer goed ingevoerd.'

Een andere kwestie waar Lance tegenaan liep, was een ruzie die hij kreeg met zijn mecanicien Mike Anderson die hij die winter ontslagen had. Anderson diende vervolgens een aanklacht in wegens het niet nakomen van beloftes en beweerde dat hij bij het schoonmaken van Lance' huis in Spanje in 2004 een doos had gevonden met 'androstenin' waarvan hij meende dat het een steroïdeachtig product was. Van bodybuilders en honkballers is bekend dat ze dergelijke middelen gebruiken om spiervorming te bevorderen, maar de gewichtstoename die ermee gepaard gaat, zou een renner niet van pas komen. Toch was er opnieuw twijfel over de integriteit van Lance.

Al deze kwesties, gevoegd bij de nog steeds slepende aanklachten wegens smaad tegen Engelse en Franse uitgevers en de vele verschillende verplichtingen, braken Lance die winter op. De man die met meerdere problemen tegelijk wist om te gaan en zich toch kon blijven concentreren, zat nu aan zijn taks. Op een ochtend was hij aan het trainen in de heuvels bij Los Angeles en ontving naar eigen zeggen 'een hele serie vervelende e-mails inzake onze rechtszaken tegen *The Sunday Times* en SCA'. Op dat moment stapelden alle verdachtmakingen, teleurstellingen en verplichtingen zich dusdanig op dat Lance zijn BlackBerry in een ravijn smeet, en daarmee symbolisch zijn leven van zich afwierp. Maar zijn problemen kon hij niet van zich afwerpen.

21 Eentje nog om het af te leren

'Bij mij gaat het beter als ik nerveus en gretig ben.'
– Lance Armstrong

Er waren geen records meer die Lance nog kon verbeteren, behalve zijn eigen record. Hij was 33, een leeftijd waarop de meeste andere renners stoppen. Hij sloot zich echter niet bij hen aan vanwege een clausule in zijn contract met de nieuwe hoofdsponsor Discovery Channel. Die clausule hield in dat Lance nog minstens één keer een Tour moest rijden, in 2005 of 2006. Hij had zijn contract ook niet na kunnen komen, maar als Lance iets belooft – of het nu aan zijn vrienden, de kankerstichting of een sponsor is –, komt hij die belofte altijd na.

Eind januari was hij met Sheryl in Los Angeles en ging trainen met zijn muziekvriend Michael Ward. 'Tijdens die rit zei hij tegen me: "Weet je, ik ga de Tour nog één keer rijden. Ik heb er zelf geen zin in, maar de mensen van Discovery willen dat ik het doe." En hij zei: "Of ik geef een persconferentie om het wereldkundig te maken of ik vertel het daar ter plekke. Wat vind jij?" Ik zei toen dat hij het van tevoren moest aankondigen zodat al zijn fans over de hele wereld daar rekening mee konden houden en nog één keer naar hem konden komen kijken.'

Op 16 februari 2005 kondigde Lance aan dat hij dat jaar zou deelnemen aan de Tour en hij benadrukte dat het zijn allerlaatste Tour zou zijn. Hij realiseerde zich dat hij laat aan zijn voorbereiding begon en dat het moeilijk zou worden om snel in vorm te komen en de juiste motivatie te vinden. In Frankrijk was weer een nieuw onderzoek gestart als gevolg van interviews in David Walsh' boek LA *Confidentiel*. In een reactie daarop gaf Lance een verklaring af waarin hij stelde: 'Ik gebruik geen en heb nooit prestatieverhogende middelen gebruikt. Onderzoekers kunnen mijn lange lijst met dopingtestresultaten bestuderen waarbij ik nooit positief ben bevonden. Alleen al in 2004 ben ik 22 keer getest door de UCI, WADA en de USADA.' Walsh geeft zelf over zijn boek toe: 'We hebben geen hard bewijs. We sommen gewoon de feiten op en de lezer mag bepalen wie de waarheid spreekt.' Het Franse onderzoek werd uiteindelijk gestaakt. De overige juridische verwikkelingen gingen onverminderd door en hij was zo veel mogelijk thuis bij zijn kinderen of op stap met Sheryl.

Het sterrenduo trok veel aandacht bij de uitreiking van de Grammy Awards en Lance kon het backstage goed vinden met de muzikanten waarmee ze samenspeelde, of het nu de Wallflowers waren of de Rolling Stones. Hij stelde zijn terugkeer naar Europa en het wielrennen uit tot maart.

Twee dagen na zijn aankomst verscheen Lance met een jetlag aan de start van Parijs-Nice. Hij startte beroerd, met de slechtste tijdrit uit zijn carrière: hij werd slechts 140ste van de 168 renners. Toen het tijdens de vierde etappe beestenweer werd, verliet hij de wedstrijd en keerde terug naar zijn huis in Spanje.

Hij had maar weinig tijd om zich zorgen te maken over zijn matige vorm. Naast de maalstroom van juridische beslommeringen had hij voortdurend verplichtingen tegenover de Lance Armstrong Foundation, de President's Council on Cancer en zijn verschillende sponsoren die hem steeds meer tijd kostten. Zelfs als hij in Gerona verbleef om te trainen, kwam hij er nauwelijks aan toe om het even rustiger aan te doen. 'Hij was altijd aan het bellen met mensen van de stichting of van Nike of met wie dan ook,' zegt vriend en ploeggenoot Hincapie. 'Toen hij een dag bij mij logeerde omdat ze aan het klussen waren in zijn appartement, betrapte ik Lance terwijl hij voor het eerst in weken languit op de bank lag. Het was zo ongebruikelijk dat ik er een foto van heb gemaakt. Dat was overigens wel nadat hij een trainingsrit van zeven uur achter de rug had...'

Het humeur van Lance verbeterde toen Sheryl na voltooiing van haar album *Wildflower* in Gerona aankwam. Het album bevat diverse liefdesliedjes die volgens velen aan Armstrong zijn opgedragen. In het eerste nummer, 'I Know Why', zingt Sheryl de volgende regels: 'Ze zeggen dat liefde aan kracht wint/ Voor mij was dat al heel lang bekend/ Want waar je ook heen gaat, weet dat ik je vind/ Want ik reis steeds naar waar jij bent.'

Begin april voegt ploegmaat Barry zich bij het stel om met een privévliegtuig naar België te vliegen voor de Ronde van Vlaanderen. 'We waren maar met zijn drieën. Ik heb de hele vlucht met Sheryl zitten kletsen, maar Lance zei bijna niets,' zegt Barry. 'Ze was heel erg aardig en volgens mij ook oprecht. Ze was duidelijk helemaal weg van hem. Ze had zich verdiept in het wielrennen en in alles wat hij deed en wilde alles weten van zijn leven. Ze had ook echt interesse in wat iedereen naast het wielrennen deed. Heel anders dan Lance. Die zal niet zomaar vragen hoe het thuis gaat, terwijl Sheryl gewoon aan tafel aanschuift en met iedereen een praatje maakt.'

Bij wedstrijden was Lance een en al zakelijkheid, nog steeds de CEO, en hij was dat voorjaar niet tevreden met de prestaties van zijn team. 'Lance had zijn zaakjes altijd goed op orde en had de pest in als hij verslagen werd,' zegt Barry. 'Na de Ronde van Vlaanderen zat ik in de bus. Niemand van ons had voorin gezeten. Lance was woedend. Hij kwam binnen, waste zich, gaf een hand en was verdwenen. Er kon geen woord af. De boodschap was duidelijk: de ploeg had niet gepresteerd. Daar doet hij niet luchtig over.'

Twee weken later nam Barry met Lance deel aan de Tour van Georgia waar ook Floyd Landis en Dave Zabriskie aan meededen, weer twee ploegmaten die waren vertrokken om bij een andere ploeg te gaan rijden.

'Onze ploeg had matig gepresteerd in de tijdrit,' herinnert Barry zich. 'Floyd en Zabriskie waren eerste en tweede geworden... en ónze beste ploeggenoot werd zevende. Tijdens het eten was Lance erg stil en hij had zijn pet diep over zijn ogen getrokken. Hij ging van tafel voordat iedereen was uitgegeten en vertrok naar zijn kamer. Hij zei die avond geen stom woord. De volgende dag hield Johan in de bus een kleine ploegbespreking en iedereen wist wat ons te doen stond. Toen nam Lance het woord en zei: "We hebben gisteren verschrikkelijk op onze sodemieter gekregen en we moeten ons doodschamen, zeker omdat die twee kerels niet meer bij ons rijden. Daarom moeten we ze vandaag afmaken." Hij had maar weinig woorden nodig, maar ze waren veelbetekenend. Die dag waren we allemaal steeds voorin te vinden.'

Het peppraatje van Lance had het gewenste effect: Tom Danielson van Discovery Channel won de volgende dag, nam de leiding van Landis over en zou later de Tour van Georgia winnen, met Lance op de vijfde plek.

Het was voor Lance een race tegen de klok om op tijd in vorm te komen voor zijn laatste Tour: zijn klimmen en tijdrijden waren nog niet op niveau en een echte prikkel ontbrak. De ommekeer zou moeten komen in de trainingskampen van mei en juni en Lance wilde graag dat Sheryl daar weer bij zou zijn. Dit leidde tot een uiterst zeldzame confrontatie tussen Lance en zijn trainer.

'Ik vertelde hem dat hij Sheryl niet moest laten overkomen voor de trainingskampen in de Alpen en de Pyreneeën,' zegt Carmichael. 'Ik vond dat maar afleiden. Het was een moeilijk gesprek. Ik vind Sheryl een geweldige meid, een heerlijk mens en ik wist dat hij enorm van haar hield. Maar er zat ook iets niet goed in die relatie. Ik weet niet wat het was, maar het leidde hem af en het zou zijn presteren in zijn laatste Tour nadelig beïnvloeden. Ik had wel vaker woorden met hem gehad, maar...'

Het was voor de trainer moeilijk om deze aanwijzingen te moeten geven aan een oude vriend. Zoals Carmichael het uitdrukt: 'Je hebt het hier wel over een man die iets heeft gepresteerd wat nog nooit iemand heeft gepresteerd. Hij heeft de Tour zes keer gewonnen. Hij heeft miljoenen verdiend. Hij is wereldberoemd... Maar ik zei tegen hem: "Lance, je kunt me vertellen dat ik dood kan vallen, maar je weet dat ik je altijd wijs op dingen die niet goed zijn voor je prestaties en daarom zeg ik nu iets wat je misschien niet wil horen. Ik denk dat het niet verstandig is dat Sheryl erbij is tijdens die twee trainingskampen. Jullie relatie is nog pril, het leidt je af en het beïnvloedt je prestaties." Hij reageerde in de trant van: "Weet je, ik zat verdomme hetzelfde te denken." En hij zei: "Ik bedenk wel een oplossing. En ze kwam niet naar het eerste, maar wel naar het tweede kamp. Het was nu 2005. Als het in 1995 was gebeurd, dan had ik kunnen zeggen: "Luister, ze kan niet mee." Maar nu kon dat niet meer.'

Lance' vorm werd inderdaad beter door de trainingskampen, maar was nog niet op het niveau dat zijn trainer voor ogen had. Dat bleek toen hij deelnam aan zijn laatste wedstrijd voor de Tour, de Dauphiné, waar zijn beste klasseringen een derde plaats in een tijdrit en een vierde in een bergrit waren. Dus ging Lance voor het eerst in zijn professionele, dertienjarige loopbaan naar de Tour zonder ook maar één wedstrijd te hebben gewonnen. Toch was hij meer ontspannen dan in 2004, toen hij een poging deed het record te verbeteren met een zesde zege. 'Ik hoef mezelf dit jaar niet zo nodig te bewijzen,' zei hij. 'Ik wil het er gewoon van nemen, genieten van mijn laatste Tour en genieten van de vorm die ik denk te hebben.'

Ullrich en Basso, de meest waarschijnlijke tegenstanders van de Amerikaan in deze Tour, leken aanzienlijk sterker dan het jaar daarvoor en beiden werden gesteund door een sterke ploeg. Klöden en Vinokoerov, op het podium in 2004, reden nu allebei voor Ullrichs T-Mobile en daarom zei ploegleider Walter Godefroot op de vooravond van de wedstrijd: 'In theorie hebben we een numeriek overwicht, maar dat moeten we nog wel in praktijk brengen.'

Godefroot en Ullrich waren er allebei op gebrand om de theorie in daden om te zetten, al klonken de slotwoorden van Godefroot die avond: 'Ik geloof dat hij Armstrong kan verslaan', niet erg overtuigend.

Gegeven zijn gemoedstoestand eerder dat jaar, was het verbazingwekkend om te zien dat Lance in de aanloop naar de Tour blaakte van zelfvertrouwen. Het leek of hij wist dat hij was voorbestemd om voor de zevende keer de Tour te winnen, precies zoals Alexi Grewal in 2001 had voorspeld. Opnieuw zou hij proberen het onmogelijke waar te maken.

Ullrich wachtte een ander lot: hij leek gedoemd tweede te worden achter de Amerikaan. Hoe zou het angstaanjagende ongeluk 24 uur voor de wedstrijd, waardoor hij bijna niet aan start had kunnen verschijnen, anders moeten worden uitgelegd? In een poging zich optimaal voor te bereiden, had hij het kunstje om het parcours te verkennen van Lance afgekeken. Hij deed dat op volle snelheid, met dik vijftig kilometer gegangmaakt door de ploegleidersauto. Hij was halverwege en reed op slechts enkele centimeters van de bumper toen plotseling een vrachtwagen opdook en de bestuurder van de ploegauto keihard op de rem moest gaan staan. Ullrich kon geen kant op. Hij knalde door de achterruit en liep snijwonden in zijn nek op. Hoewel de verwondingen niet ernstig waren, verkeerde hij in een shocktoestand.

Als twee gladiatoren cirkelden Ullrich en Lance op hun fietsen om elkaar heen terwijl ze zich op de proloog voorbereidden. Zij waren de twee laatste starters, de renners op wie de menigte had staan wachten. Ullrich was de eerste die vertrok en hij had al snel het juiste ritme te pakken. Hij reed de eerste kilometers over een hoge brug voordat hij de lange, rechte wegen bereikte waar hij van hield. Lance startte een minuut na hem en kreeg de schrik van zijn leven toen bij het vertrek van het podium zijn voet van het pedaal schoot. Hij herstelde zich snel en lag goed in cadans toen hij boven op de brug reed en voor het eerst een glimp van het roze shirt van Ullrich opving. Dat stipje in de verte was de enige prikkel die Lance nodig had. Hij verhoogde het tempo en zijn doelwit kwam dichterbij. Hoe dichter hij bij Ullrich kwam, des te groter werd zijn concentratie. Als hij nú zijn grootste rivaal inhaalde, zou de Tour voorbij zijn voor deze goed en wel begonnen was.

Iedereen volgde hoe vanuit een helikopter te zien was dat Lance eerst naar Ullrich toe reed en hem vervolgens met nog een dikke drie kilometer te gaan achter zich liet. Symbolisch liet Lance zijn grote tegenstrever zijn hielen zien. Opnieuw was hij dat beest dat hunkert naar succes.

Het was een spectaculaire wending voor 'Mr. July' die van maart tot juni op zoek was geweest naar zijn goede vorm. 'Bij mij gaat het beter als ik nerveus en hongerig ben,' zei hij. 'Parijs-Nice was geen lolletje, net zo min als Georgia of de Dauphiné. Door al die ervaringen dacht ik: wil ik dit eigenlijk wel? Ik heb dat telkens weer bevestigend beantwoord en raakte steeds meer overtuigd. Met wie weet drie goede weken als eindresultaat.'

Lance was van plan om de genadeklap uit te delen in de tiende etappe, die eindigde met een klim van twintig kilometer naar het skioord Courchevel in de Alpen. Het was een etappe waaruit de breedte van Discovery Channel bleek. Door Hincapies lange en zware kopwerk moest Ullrich tien kilometer voor de finish lossen. 'Ik had geen goede benen en ik had last van pijn in mijn ribben,' zei Ullrich, die de dag ervoor zwaar ten val was gekomen. Vier kilometer verderop moest ook Basso lossen. 'Mijn benen waren niet zo goed als ik had gehoopt,' zei hij, 'maar ik heb de schade weten te beperken.' Door de minuut die Basso daar verspeelde en de twee van Ullrich, ging hun hoop om Lance te verslaan in rook op. Lance onderstreepte zijn superioriteit in de Pyreneeën. De Amerikaan Leipheimer weet nog goed dat hij, Basso en Landis de enigen bleken te zijn die in staat waren om Lance op de steilste gedeeltes van de zwaarste klim, de

Port de Pailhères, bij te houden. 'Het frustreerde hem dat we niet zo snel konden – of, in zijn ogen, niet wilden – rijden als hij wilde,' zegt Leipheimer. 'Ik zat aan mijn limiet, en ik weet zeker dat ik niet de enige was. We konden zijn tempo niet bijbenen en hij zei: "Waar zijn jullie nou mee bezig? Dit is belachelijk." Misschien was het gewoon bluf, maar het was overduidelijk dat het hem geen centje pijn kostte.'

Lance bekroonde zijn zevende Tourzege met een overwinning in de laatste tijdrit in Saint-Étienne, een dag voor de finish in Parijs. Geheel volgens verwachting eindigde zijn eeuwige rivaal Ullrich, die eigenlijk nooit een echte kans had gehad, als tweede met een halve minuut achterstand. Want Lance had zich net zo nauwgezet op deze tijdrit voorbereid als op die van 1999 in Puy du Fou, toen hij voor het eerst de gele trui veroverde. Voor de start van deze Tour was Lance naar Saint-Étienne gegaan om het parcours van 56 kilometer niet één, maar twee keer te verkennen. De ochtend voor de start reed hij het een derde maal om elke meter van de paar kilometer aan beklimming en afdaling in zijn geheugen te prenten. Het was sinds hij twaalf jaar daarvoor zijn debuut in de Tour had gemaakt zijn allerzwaarste tijdrit ooit.

Na zijn 22ste etappezege in de Tour verklaarde Lance wat hem de kracht en de motivatie had gegeven om zijn mogelijke laatste Tour te winnen. 'Er was voor mij geen druk om te winnen,' zei hij. 'Het zat er gewoon nog in. Als sportman wilde ik op mijn hoogtepunt stoppen en dat was dus de enige reden en de enige druk.' Vervolgens prees Lance zijn 'goede vriend' Bruyneel en stelde dat hij zonder zijn Belgische ploegleider niet één Tour had kunnen winnen, laat staan zeven.

Vierentwintig uur later werd Lance op de Champs-Élysées voor de zevende opeenvolgende keer tot winnaar van de Tour uitgeroepen. Hij was er als eerste bij om nummer twee Basso en nummer drie Ullrich te feliciteren. Staande op de hoogste trede van het podium, met de Arc de Triomphe badend in de zon achter hem, boog hij zich voo1over en omhelsde onhandig zijn eeuwige rivaal. 'Jan is een bijzondere renner en een bijzonder mens,' zei hij, voordat hij zich tot Basso richtte. 'Ivan is een goede vriend, de toekomst van deze sport.'

Die avond stond er in Parijs niet een opgeschoten jongen van 21 in de kroeg 'met een grietje aan elke arm en een biertje in elke hand', maar woonde een volgroeide 33-jarige kampioen in een chique balzaal een feestmaal bij om zijn nieuwe record te vieren. 'Hij was de laatste renner die bij de ceremoniemeester aan het woord kwam,' herinnert chiropractor Jeff Spencer zich. 'Lance pakte de microfoon en zei dat er nóg een renner moest worden voorgesteld, en hij liet vervolgens Jan Ullrich naar voren komen. Er waren 750 gasten aanwezig. Die raakten door het dolle heen en gaven Ullrich een staande ovatie. Ullrich stond perplex, wist zich geen raad met de situatie. Dit waren twee tegenstanders die voor elkaar even belangrijk waren omdat ze het beste in elkaar naar boven brachten. Het was een moment van verzoening en wederzijds respect.'

Alsof hij zich pas zojuist had gerealiseerd dat hij de laatste wielerwedstrijd van zijn leven had gereden, zei Lance: 'Ik heb geen reden om door te gaan. Het is mooi geweest.'

Vervolgens besloot hij met: 'Godzijdank zijn mijn kinderen hier. Als het maandagochtend is, worden we in Parijs wakker en dan vliegen de kinderen, Sheryl en ik en enkele goede vrienden en familieleden naar het zuiden van Frankrijk. We gaan het er daar een week lang van nemen, op het strand liggen, wijn drinken, niet fietsen en we gaan lekker eten, zwemmen in het zwembad, rondplonzen met mijn kinderen en even nergens aan denken. Deze sport zit vol stress en deze Tour zit vol stress, dus wordt volgende week een voorafspiegeling van hoe mijn leven er de komende vijftig jaar uit zal zien. Zonder stress.'

22 's Werelds grootste kampioen

'We komen allemaal wel eens een mierenhoop op ons pad te-
gen; deze man gaat op zoek naar bergen.'
— Elizabeth Edwards

Als zevenvoudig winnaar van de Tour, ex-kankerpatiënt en leider van een wereldwijd opererende stichting voor bewustwording van kanker had Lance recht op een periode zonder stress. En hij genoot, geheel volgens plan, van zijn week vakantie aan de Franse Rivièra. Hij ging daar met zijn drie kinderen en Sheryl begin augustus 2005 naartoe. Nog geen maand later echter kwam *L'Équipe* onder de kop 'De leugen van Armstrong' met een reportage vol nieuwe onthullingen. Zich baserend op de uitkomsten van nieuwe testen die waren uitgevoerd op ingevroren urinemonsters beweerde de auteur dat Lance in de Tour van 1999 epo zou hebben gebruikt. De beweringen vormden een aanslag op zijn integriteit en bij twijfel aan zijn integriteit zouden zijn Tourprestaties weinig tot geen waarde hebben en zijn historische betekenis voor het onder de aandacht brengen van kanker zou teniet worden gedaan.

Later zouden zowel het artikel als de tests in hun geheel worden weerlegd door een onafhankelijk onderzoek dat door de UCI werd ingesteld. Maar ondanks die verklaring en de kritiek op de betrouwbaarheid van de tests uit kringen van wetenschappers was het kwaad al geschied. Lance en zijn woordvoerders legden onmiddellijk verklaringen af, kwamen op tv en verzonden e-mails om zijn reputatie in ere te herstellen. Het is een onderwerp waarover nog steeds wordt gesproken door degenen die hem als geen ander kennen. Lance' voormalige zwemtrainer Chris MacCurdy heeft jarenlange ervaring met sporters op het hoogste niveau. 'Door wat er bij het wielrennen gebeurt, gaan mensen geloven dat je wel iets extra's moet doen wat waarschijnlijk verboden is,' zegt hij. 'Maar Lance is zo'n Pietje Precies in alles wat hij doet en hij is zo uniek, fysiek gezien, dat hij dat helemaal niet nodig heeft. Geen sprake van, geen sprake van.'

Zaakwaarnemer en trainer Scott Eder, die zijn mentor was toen Lance als tiener aan triatlons deelnam, ziet het anders: 'Ik ken voldoende kerels die in Europa bij professionele ploegen hebben gereden en daarvan terugkwamen omdat ze geen doping wilden gebruiken. Moet je dan doping gebruiken om het bij te kunnen benen? Ik sta overal voor open. Ik weet hoeveel methoden er zijn om gebruik te maskeren, maar het lijkt me onwaarschijnlijk dat zoiets nooit ontdekt wordt als je zo vaak bent getest als Lance. Ik wens te geloven dat hij geen doping heeft gebruikt en ik ben van mening dat hij dat inmiddels wel heeft bewezen.'

Wielerexpert Len Pettyjohn, die in de beginjaren van Lance' loopbaan ploegleider was bij concurrerende ploegen, is ervan overtuigd dat Lance van meet af aan geloofwaardig was. 'Ik heb zowel Lance als Greg LeMond van jonge sporters zien uitgroeien tot winnaars van de Tour de France en het wereldkampioenschap,' zegt Pettyjohn. 'Ze vertoonden allebei dezelfde gerichtheid en hetzelfde talent. Ze waren 19 en gebruikten geen doping. Ze waren gewoon beter. Dus al zouden ze op een of andere manier met doping in de weer zijn gegaan, met andere mensen, dan waren ze nog steeds beter. Het doet helemaal niets af aan hun prestaties.'

En winnaar van olympisch goud Alexi Grewal, die vaak wedstrijden tegen Lance reed, vindt de dopingkwestie zelfs irrelevant. 'Met alle doping ter wereld win je de Tour de France niet,' zegt hij. 'Of je hebt de capaciteiten of je hebt ze niet. Lance was de beste Tourrenner ooit en dat in een tijdperk waarin renners zich er speciaal op richtten om hem te verslaan. In een tijdperk waarin enkele bijzonder goede renners actief waren zoals met name Pantani en Ullrich, was hij die elke keer de baas, telkens weer.'

Naast het weer oprakelen van oude aantijgingen leidde het artikel in *L'Équipe* er mogelijk ook toe dat sca sterker stond in de arbitragezaak over het niet uitkeren van vijf miljoen dollar als bonus voor Lance' Tourzege in 2004. 'sca was overal toe bereid,' stelt Lance. 'Ze betaalden mensen, verzonnen dingen en lieten een hele zwik getuigen opdraven. Toen wij die getuigen aan de tand voelden, leek het net een toneelstuk waarin ze één voor één door de mand vielen.'

Eén van de potentiële getuigen die werden benaderd was tweevoudig – in 1988 en 1992 – deelnemer aan de Olympische Spelen Bob Mionske, inmiddels advocaat. 'Ik werd gebeld door SCA in de veronderstelling dat ze van mij iets te weten zouden kunnen komen om Lance te kunnen pakken,' zegt Mionske. 'Ze probeerden me over te halen en me als advocaat op deze zaak te zetten. Ik zou ervoor worden betaald. Dat stonk.'

Wellicht de meest belastende getuige die SCA wist te vinden, was Betsy Andreu, de vrouw van voormalig ploegmaat Frankie Andreu. Zij en Frankie hadden Lance na zijn hersenoperatie in het ziekenhuis bezocht, ruim twee jaar vóór zijn eerste Tourzege. Betsy verklaarde dat ze Lance tegen een dokter had horen zeggen dat epo één van de prestatiebevorderende middelen was die hij in het verleden had gebruikt. Chris Carmichael, zijn vrouw en anderen die ook aanwezig waren in de ziekenhuiskamer daarentegen kunnen zich dat gesprek niet herinneren. Dr. Craig Nicholls, bij wie Lance in het ziekenhuis van Indianapolis onder behandeling was, stelde in een verklaring onder ede dat het vermeende gesprek in elk geval niet is vastgelegd. Daaruit trokken de meeste aanwezigen de conclusie dat Betsy Andreu het gesprek verkeerd had verstaan of verkeerd had begrepen. 'Ik had tot op de bodem kunnen gaan met de getuigen,' zegt Lance, 'maar dan waren we wel een jaar verder geweest. Daarom besloten we niet Jan en alleman op te roepen. We hadden iemand uit het verre verleden als Mark Allen kunnen oproepen. Ik ben er het meest trots op dat ik altijd al een goed sportman was.'

Zou triatlonlegende Allen zijn opgeroepen te getuigen, dan had hij de scheidsmannen duidelijk kunnen maken dat Lance al op 15-jarige leeftijd een fenomeen was. Dat hij een sportman was die het uiterste uit zijn aangeboren kwaliteiten haalde om de belangrijkste wedstrijden in bijna twintig jaar tijd keer op keer te blijven winnen. Allen, die met zijn zesvoudige wereldtitel in de Ironman ook een record in handen heeft, zou ook kunnen hebben verteld hoe moeilijk het is om de belangrijkste titel in je sport te behalen en wat ervoor nodig is om dat jaar na jaar te herhalen, zoals hij dat deed in Hawaï en Lance dat deed in Frankrijk.

Het zou bijna een jaar duren voordat in de zaak van SCA een vonnis werd geveld, en wel ten faveure van Lance. De arbitragecommissie oordeelde dat SCA niet had bewezen dat Lance doping had gebruikt om de Tour te winnen. Lance kreeg de bonus van 5 miljoen dollar toegewezen, plus 2,5 miljoen dollar aan rente, kosten en honoraria van advocaten.

Bovendien werd Lance in juni 2006 nogmaals gerehabiliteerd toen *The Sunday Times*, die door Lance was aangeklaagd wegens smaad, een schikking trof omdat het ernaar uitzag dat de krant de zaak zou verliezen aangezien er geen enkel steekhoudend bewijs was gevonden. Onder verwijzing naar het artikel waarin LA *Confidentiel* werd samengevat, het boek met uitputtend onderzoek om Lance zwart te maken, stelde de krant: '*The Sunday Times* heeft tegenover de heer Armstrong bevestigd dat men nooit de intentie heeft gehad om hem te beschuldigen van het gebruik van prestatiebevorderende middelen en heeft hem zijn oprechte excuses aangeboden als die indruk mocht zijn gewekt.' In het insinuerende artikel werd de samenwerking van Lance met de controversiële Italiaanse sportarts Michele Ferrari in detail beschreven, en ook die zou zijn rehabilitatie krijgen: in mei 2006 won hij in hoger beroep tegen zijn veroordeling van sportieve fraude en misbruik van zijn functie als medicus.

In de zomer van 2005 speelde het verhaal uit *L'Équipe* met zijn aantijgingen echter wel degelijk door Lance' hoofd. En het 'Is Lance een bedrieger?'-debat overheerste eind augustus nog steeds in de media op het moment dat hij en Sheryl er voor een tripje mountainbiken tussenuit knepen naar Sun Valley in Idaho. Daar, op een bergmeer in een stuurloos bootje zonder benzine, vroeg Lance Sheryl ten huwelijk en zij gaf haar jawoord. Ze spraken af in het voorjaar te trouwen.

De hele herfst droeg Sheryl trots haar verlovingsring met zeskaraats diamant. Ze gaf interviews aan vrouwenbladen over het aanstaande huwelijk en Lance vertelde hun verhaal bij Oprah Winfrey. Hun vriendschap en verliefdheid leken groter dan ooit en werden intenser door de steeds hechtere band van Sheryl met de kinderen van Lance. Maar toch, 34 en net gestopt, had Lance zijn zorg en twijfel. 'Je vraagt je af: passen we bij elkaar? Moeten we wel trouwen? Want als het niet goed gaat, dan is dat scheiding nummer twee, zegt hij. 'En nummer twee wil ik niet.'

Eind januari 2006, vijf maanden na het huwelijksaanzoek en twee weken voor Sheryls 44ste verjaardag, kondigde het stel aan dat het huwelijk werd afgeblazen. 'De relatie was een tijdje moeizaam,' zegt

Lance. 'Ik vind Sheryl een geweldige vrouw, maar zij wilde trouwen, zij wilde kinderen. Het is niet dat ik dat niet wilde, maar ik wilde het toen nog niet, omdat ik net een huwelijk achter de rug had en zelf net kinderen had. Dus ik had zoiets van, jeetje, wat gebeurt er allemaal? En ondertussen tikte haar biologische klok door, die druk is ons opgebroken. We zijn in therapie geweest, maar in deze situatie kan een therapeut niets toevoegen. Want als iemand een kind wil – man, dat is het grootste geschenk dat je aan een vrouw kunt geven – wie ben jij dan om te zeggen dat je geen kind wil. We zaten gewoon in een andere levensfase. We konden het niet eens worden over dat onderwerp dat zo belangrijk is voor een vrouw en ook voor een man, maar ik was er op dat moment gewoon niet klaar voor... Misschien later wel, maar toen niet.'

Sheryl vertelde aan *Vanity Fair*: 'Het zou te gemakkelijk zijn om te zeggen dat het allemaal om mij draait, dat ik wil trouwen en kinderen wil krijgen, maar zo eenvoudig ligt dat niet. Het lag veel complexer.' Ze is altijd terughoudend geweest om meer te vertellen over hun relatie. Maar opnieuw gaf ze haar gevoelens prijs in haar teksten. In 'Now That You're Gone' dat ze schreef nadat ze uit elkaar waren, schreef Sheryl: 'Je gezicht is altijd bij me/ Je sleutels in mijn hand/ Waar ik ook heen ga/ Ik zal proberen te bedenken/ Wie ik nou echt ben.'

Ook Lance was diep bedroefd. 'Hij was er kapot van toen hij en Sheryl uit elkaar gingen,' zegt de journaliste Suzanne Halliburton, die hem in die periode sprak. 'Iedereen is er kapot van als er een einde komt aan een zo intense relatie.'

In die gemoedstoestand besloot Lance er in zijn eentje op uit te trekken en hij maakte meteen zijn agenda vrij voor een trip met de auto. 'Dat had ik nog nooit gedaan,' zegt hij. 'Ik was nog nooit alleen geweest. Ik word altijd omringd door mensen, zeker nu, met zakelijke partners en de stichting verkeer ik altijd in een drukke omgeving.' Hij zette een route uit: US Highway 1 langs de kust van de Stille Oceaan naar boven door Noord-Californië en Oregon. Maar vlak na zijn vertrek ontving hij een sms van Sheryl op zijn BlackBerry: er was net borstkanker in een vroeg stadium bij haar geconstateerd.

'Ik ben meteen omgekeerd om naar LA te rijden,' zei Lance tegen *Vanity Fair*. 'We spraken elkaar onderweg en toen zei ze: "Weet je, ik denk dat dat geen goed idee is."' Crow had het gevoel dat het 'moeilijk zou zijn om de scheiding en de diagnose te verwerken'. Ze had behoefte aan steun die er onvoorwaardelijk zou zijn en waarbij er niet allerlei andere emoties een rol speelden. Daarom zocht ze die steun bij haar familie. 'Dat was lastig. Ik wist dat hij erbij wilde zijn,' zei Sheryl later. 'Ik had het heerlijk gevonden als hij te hulp was geschoten en me erdoorheen had gesleept.' Lance zou dat ook hebben gewild. Vanaf het moment dat hij zijn eigen kanker had overwonnen, heeft Lance door middel van bezoekjes, telefoongesprekken, e-mails, brieven en gesigneerde foto's honderden, misschien wel duizenden geholpen kanker het hoofd te bieden. De meesten van hen waren voor hem vreemden die zelf of via vrienden zijn hulp hadden ingeroepen. Hoe vol zijn agenda ook is, hij maakt altijd tijd vrij om een uur te praten met iemand die terminale kanker heeft of om een inspirerende tekst te schrijven die wordt voorgelezen tijdens een herdenkingsdienst van een hem onbekend kankerslachtoffer. 'Hij is verlegen. Hij is niet goed in gesprekjes aanknopen en kan niet over koetjes en kalfjes praten,' zegt zijn vriend Knaggs, 'dus is hij waarschijnlijk ook geen held als hij iemand moed in moet spreken die op zijn sterfbed ligt.' Toch doet hij het wel.

Nu moest Lance proberen om kanker een plaats te geven die iemand had getroffen die hem ruim twee jaar het dierbaarst was geweest, degene voor wie hij het liefst klaar wilde staan en die hij zo graag wilde helpen. Hij zegt dat Sheryl tijdens zijn vijfdaagse solotrip van bijna tweeduizend kilometer geen moment uit zijn gedachten is geweest. 'Ik probeerde me de hele tijd in haar situatie te verplaatsen,' zegt Lance. 'Je probeert je los te maken van de ander en je probeert dicht bij de ander te blijven om erover te kunnen praten. Zij probeerde zich los te maken en zich te redden in haar situatie. Het was ongemakkelijk omdat ik het contact bleef zoeken, om af en toe te praten met haar, met haar artsen te praten... dat draaide erop uit dat ik veel met haar moeder sprak. Haar moeder is geweldig, Bernice is een elegante vrouw met klasse.'

Behoorlijk ontredderd reed Lance noordwaarts in een gehuurde suv. 'Ik reserveerde niks,' zegt hij. 'Ik liep naar binnen, sprak de receptionist aan en droeg altijd een petje en een zonnebril.' Als Lance zijn zwarte American Express-card liet zien, dan 'controleerde de receptionist alles driedubbel, maar niemand viel me lastig. Ik at op mijn kamer, liet me af en toe masseren, niets anders, en ik sprak helemaal niemand.'

Hij bleef twee dagen in Medocino en 'liep veel hard. Het was adembenemend in de bossen daar, joggend over de droge zandpaden.' Lance trok verder langs Lost Coast, waar surfers de hoogste golven opzoeken, en door Arcadia naar Eureka. 'Daar heb je geen radio-ontvangst. Je zoekt zenders, maar je kunt blijven zoeken. Maar ik had luisterboeken bij me. Ik luisterde naar *The Four Agreements: A Toltec Wisdom Book* van Miguel Ruíz.'

Die vier afspraken zijn: wees altijd oprecht in wat je zegt, betrek niet alles op jezelf, neem niets klakkeloos aan en doe altijd je uiterste best. De boodschap van het boek stond Lance aan. Het bevestigde zijn eigen normen en waarden en hij wilde die in alle facetten van zijn leven tot uiting brengen: als vader, zoon, partner en vriend. En als ambassadeur voor kankerpatiënten, als sportman en zelfs als beroemdheid.

Het is niet eenvoudig om vast te stellen wanneer Lance precies toetrad tot de rijen der beroemdheden, al was dat misschien al wel in de herfst van 1999, niet lang na zijn eerste overwinning in de Tour. Bij zijn terugkeer in Austin werd hij met een officiële parade vanaf het stadhuis in de schijnwerpers gezet en als een echte plaatselijke held ontvangen. Maar zijn sterrenstatus kwam pas echt tot uiting toen hij in het Bass Theatre in Austin de première van een honkbalfilm bijwoonde: *For Love of the Game*. Hij was uitgenodigd om daar samen met hoofdrolspeler Kevin Kostner en filmster en parttime-inwoner van Austin Matthew McConaughey te verschijnen. 'Voor aanvang van de film werden de beroemdheden in het gezelschap aangekondigd,' herinnert McConaughey zich. 'Ze kondigden mij aan. Ik kreeg een groot applaus. Toen kondigden ze Lance aan, die achter mij zat. Er klonk een ovationeel applaus. Toen ik me omdraaide zei hij: "Dat klonk harder dan bij jou, toch?" En ik dacht: "Ik mag die man."

De status van Lance steeg het jaar daarop nog eens extra, zegt supertriatleet Mark Allen. 'Nike organiseerde een feestje voor hem om hem in het zonnetje te zetten na de Tour van 2000 en toen was hij inmiddels groot nieuws. Hij was absoluut veranderd sinds ik hem in

1998 bij de Ride for the Roses had getroffen. Daar was hij nog volkomen argeloos, bescheiden en dankbaar, meer dan ik hem daarna ooit heb gezien,' zegt Allen. 'Het feest van Nike was in Beverly Hills in een gigantisch huis van een filmregisseur met een adembenemend uitzicht over werkelijk alles. We werden met golfkarretjes over zijn enorme oprit vervoerd. En toen arriveerde Lance. Het was een indrukwekkende entree. Voor hem was het een kwestie van invliegen, een praatje maken en handjes schudden en daarna weer terugvliegen... terug naar Europa.'

Hoezeer Lance ook was geboren om sportman te zijn, een geboren beroemdheid was hij niet. Hij moest doen alsof hij gemakkelijk omging met publiek, maar die houding paste hem niet. Nog afgezien van zijn verlegenheid – een karaktertrek die hij alleen vertoont 'in situaties waarin hij niet alles onder controle heeft', meent ex-vrouw Kristin – staat hij niet bekend om zijn gevoel voor humor. 'Hij is niet echt grappig,' zegt Knaggs. 'Hij vertelt steeds dezelfde grappen,' voegt voormalig ploegmaat Michael Barry toe. 'En die grappen zijn meestal behoorlijk flauw.' Bovendien voelt hij zich niet op zijn gemak als hij spontaan moet reageren of een toespraak moet houden. Vijf jaar voor dat feestje van Nike, herinnert Davis Phinney zich, 'waren we aanwezig bij een diner in smoking voor de Amerikaanse Cycling Night of Champions. Ik ontving een prijs voor mijn hele carrière en hield een speech. Toen stond Lance op om zijn prijs als Renner van het Jaar in ontvangst te nemen, en hij zei alleen maar: "Ik bedank iedereen voor zijn komst. Veel plezier." Dat was het. Na afloop hadden we het erover en hij vroeg me hoe ik mijn speeches maakte. Ik zei tegen hem: "Ik vind het gewoon leuk om verhaaltjes te vertellen." Hij luisterde. Een paar jaar later sprak hij tijdens een van zijn benefietoptredens in Austin al een stuk makkelijker in het openbaar.'

Lance spreekt mensen aan door de rol die hij speelt, niet door zijn conversatietalent of humor. Vandaag de dag ontvangt hij als spreker 150.000 dollar. Sommige optredens doet hij gratis, zoals die in december 2007 in Irak en Afghanistan waar hij Robin Williams bij een bezoek aan de troepen daar vergezelde. 'Lance kan inspirerend zijn, maar hij werd zelf geïnspireerd door mensen te ontmoeten die elke dag hun leven riskeren,' zegt Williams. 'Hij kwam gewoon naar voren en zei tegen hen, en hij meende het: "Jullie zijn mijn helden."'

'Hij wilde nooit als beroemdheid gezien worden,' zegt Jeff Garvey, de eerste voorzitter en inmiddels vicevoorzitter van de Lance Armstrong Foundation. 'Hij wilde gewoon een maatje zijn.' Voor Lance diende zijn bekendheid een hoger doel: de promotie en bevordering van zijn kankerstichting. In dat opzicht zijn de resultaten van die inspanningen vrijwel een evenaring van zijn sportieve prestaties. Sinds het bescheiden begin in het rommelige appartement van College, is de stichting uitgegroeid tot een professionele nonprofitorganisatie die meer dan een kwart miljard dollar heeft geworven om haar missie ten uitvoer te brengen: 'Mensen die aan kanker lijden te stimuleren en te steunen in hun strijd [...] door middel van onderwijs, de advocatuur, volksgezondheid en onderzoeksprogramma's.' Tot de belangrijkste bijdragen behoren een website die gezondheid en een goede conditie promoot en een jaarlijkse Live-Strong Summit die nu wereldwijd is geworden. 'Bezoek een bijeenkomst van LiveStrong en je zult zien hoe belangrijk hij en zijn organisatie zijn voor mensen in het hele land,' vertelt Elizabeth Edwards, de vrouw van voormalig senator John Edwards, me. 'Dit is een reddingsboei, die ze kunnen grijpen voor informatie, voor steun. Als je op zoek bent naar iemand met veel en diepgaande invloed, dan denk ik dat hij met zijn capaciteiten en aantrekkingskracht de ideale mix heeft gevonden.'

Edwards, die zichzelf omschrijft als 'een voorbeeld van vrouwen die bekend zijn geworden omdat ze kanker hebben', ontmoette Lance, 'de man die bekend is geworden omdat hij kanker heeft', voor het eerst op een van die bijeenkomsten van LiveStrong en sindsdien hebben ze zich samen ingezet voor een grotere bewustwording van kanker. Hoewel haar kanker is uitgezaaid en haar prognose niet gunstig is, behoudt Edwards goede hoop. Zij ontleent die hoop deels aan het voorbeeld van Lance, zeker met het oog op de aankondiging van zijn tweede comeback op 37-jarige leeftijd in 2008.

'Ik denk dat het voor mensen die net als ik kanker hebben, echt heel veel betekent wat hij op dit moment doet: opnieuw trainen en wedstrijden rijden,' zegt Edwards. 'We komen allemaal wel eens een mierenhoop op ons pad tegen; deze man gaat op zoek naar bergen. Daardoor wordt het lastiger om je te beklagen, wat je ook overkomt. Ik realiseer me dat hij doet wat hij nu doet omwille van een complex van redenen, persoonlijke redenen. Ik weet niet of hij beseft wat het betekent voor anderen. Hij blijft onmogelijke dingen tot stand brengen, terwijl wij worstelen met dingen die mogelijk zijn, zaken die overkomelijk zijn in vergelijking met alles wat hij doet. Er zijn wel andere topsporters geweest die hebben geprobeerd terug te komen, zoals Michael Jordan, maar wielrennen is fysiek zo'n ongelooflijk veeleisende sport en hij houdt het al zo lang vol, dat het je gewoon duizelt. Dit is anders dan tegen een bal trappen, anders dan vijf maanden een aantal wedstrijden spelen. Het is een zware, fysieke uitdaging, zelfs voor jongelui, en in het wielrennen is hij nu een "oude" man. Zijn lichaam is gesloopt en weer hersteld. Als je de kanker buiten beschouwing laat is dat al verbluffend. Maar als je wel rekening houdt met de kanker, dan is het ronduit verbijsterend.'

Lance besteedt een groot deel van zijn tijd aan het steunen en inspireren van anderen, maar hij vindt zelf ook veel steun bij zijn vrienden: oude vrienden uit Austin als College en Knaggs en nieuwe filmstervrienden als Robin Williams en Matthew McConaughey. McConaughey zegt dat hij Lance na hun eerste kennismaking bij de filmpremière in 1999 achttien maanden lang niet had ontmoet. Toen hij met zijn Airstream-caravan terugkeerde in Austin, zocht hij een plekje op de plaatselijke camping en belde Lance om eens een keer af te spreken. 'Typisch Lance,' herinnert McConaughey zich. 'Hij antwoordde: "Wat doe je vanavond?" Niemand gaat sneller van A naar B dan Lance. "Ik kom je straks ophalen. Waar ben je?" "Nou, ik sta hier op de camping." Waarop hij zei: "Wat? Oké, wacht es even, je neemt me in de maling." "Nee hoor." Dus vertelde ik hem hoe hij moest rijden en hij kwam naar me toe. Hij schudde zijn hoofd. "Wat doe je hier?" Hij begreep helemaal niets van mij en mijn Airstream. We gingen naar Eddie V voor een steak, installeerden ons aan een tafeltje achterin, bestelden een fles rode wijn en gingen zitten eten. We hebben daar een uur of vier, vijf gezeten. Leerden elkaar beter kennen, filosofeerden wat, een beetje als twee jongens met ons fantastische leven. Vanaf die avond zijn we goede vrienden en gaan we nog steeds naar datzelfde tafeltje. En dat was achttien maanden na "Dat klonk harder dan bij jou, toch?",' zegt McConaughey, terwijl hij zich breed lachend op de knieën slaat.

De vriendschap met mannen heeft altijd een grote rol gespeeld in het leven van Lance, zeker toen persoonlijke en zakelijke relaties samenvloeiden, zoals bij Knaggs, Stapleton, Bruyneel en Carmichael, zijn trainer vanaf het eerste uur. 'Toen hij probeerde vast te stellen op wie hij wel en op wie hij niet kon rekenen, heeft hij dat ook bij mij gedaan,' zegt Carmichael. 'Hij is buitengewoon alert op mensen die hem mogelijk de rug toekeren, zoals in zijn jeugd is gebeurd, en met Eddy B en met andere trainers in andere sporten... maar ik heb hem nooit in de steek gelaten. Volgens mij houdt hij er altijd rekening mee dat het gebeurt en als dat niet het geval is, voelt hij zich veilig en op zijn gemak. Als je kijkt hoe zijn hele carrière is verlopen, dan zijn het in principe steeds dezelfde mensen geweest, een select gezelschap van mensen met wie hij heeft samengewerkt: met Bill Stapleton, Och en met mij, met Ferrari en Johan. Ik denk dat we allemaal gaandeweg in een stadium zijn gekomen waarin hij vond dat we zijn vertrouwen hadden verdiend. Het is geweldig om zijn leven van dichtbij mee te maken. Iemand vroeg me ooit: "Ben je niet op zoek naar een nieuwe Lance?" En ik zei: "Nee, dat ben ik niet. Er is maar één Lance Armstrong in iemands leven. Ik was gelukkig met onze verstandhouding, erg gelukkig. Die verstandhouding is belangrijk geweest voor Chris Carmichael en uiteraard ook voor Lance. Maar je raakt zo intens betrokken... je kunt je maar met een paar renners zo intensief bezighouden. Ik ontmoette hem voor het eerst toen ik 29 was. Dus denk je nou echt dat ik nog een keer een Lance tegenkom nu ik 50 ben om nog eens een leven lang mee samen te werken? Nee hoor, dit was het wel." '

Carmichael trainde Lance gedurende elke van zijn zeven Tourzeges, maar zijn trainingswerk hield daar niet bij op. Lance is altijd op zoek naar sportieve uitdagingen en naar de conditie en de voorbereiding om die tot een goed einde te brengen. Daarom wendde hij zich tot Carmichael voor het trainingsschema dat hem in staat zou stellen om zijn allereerste marathon in New York in november 2006 binnen de drie uur te lopen. Het was Carmichael die hem aanmoedigde om te trainen voor de Leadville 100, een wedstrijd voor mountainbikers in Colorado. 'Gewoon voor zijn plezier,' zei Carmichael, die de wedstrijd zelf twee keer had gereden. Dus reden de twee in augustus 2008 die wedstrijd samen en Chris had gelijk: Lance beleefde er plezier aan. Hij genoot van het trainen, de strijd en van het gevoel dat hij ervan kreeg: fit en vol energie. 'Hij heeft drie weken stevig getraind voor Leadville,' zegt Carmichael. 'Vóór die tijd had hij maar wat aan zitten klooien.' Tijdens de laatste week trainen ontkiemde Lance' plan om terug te keren naar het professionele wielrennen. 'Ik dacht eerst dat hij een grapje maakte,' zegt Carmichael tegen me. 'Hij was er niet erg uitgesproken over, hij zei alleen: "Het houdt me van de straat, ik blijf in conditie... en het stelt me in staat aandacht te vragen voor mijn stichting." Bono had hem verteld hoe hij zijn platform als popzanger gebruikte om zijn sociale bewogenheid naar voren te brengen. Dat deed Lance vroeger ook af en toe toen hij fietste, maar niet in die mate waartoe hij nu in staat zou zijn.'

In Leadville verraste Lance iedereen, zichzelf inbegrepen, door als tweede te eindigen in deze wedstrijd van zeven uur. Zijn plan voor een rentree was een feit. Hij zou nog één keer een Tour rijden en hij zou zijn naam zuiveren in het belang van zijn kinderen Luke, Grace en Bella. Maar eerst moest hij naar hun moeder Kristin om te vragen wat zij ervan vond.

'We hadden een geweldig gesprek,' zegt Kristin. Ze was zo geraakt door zijn zorg voor haar en de kinderen dat ze moest huilen. 'Hij vertelde me wat hij van plan was. Het was natuurlijk een enorme verplichting en een enorme onderneming en het had waarschijnlijk nu meer impact dan ooit op de kinderen. Ze zijn wat ouder en ze missen hem als hij er niet is.'

Overigens benadrukt Kristin dat Lance een fantastische vader is. 'Hij is zorgzaam, hij is lief, hij is betrokken,' zegt ze. 'Ik heb het gevoel dat hij er altijd is voor de kinderen en mij, waar ter wereld hij ook is.'

Het vaderschap heeft bij Lance altijd vooropgestaan. Daarom heeft hij zijn kinderen ook altijd betrokken bij zijn relatie met Sheryl en daarna bij relaties met andere vrouwen, zoals Anna Hansen, die in september 2008 aankondigde dat ze zwanger was van een kind van hem. 'Ik ontmoette haar begin 2007 in Denver,' zegt Lance over de sportieve blondine uit Colorado die afgestudeerd biologe is en op dat moment werkzaam was bij een non-profitorganisatie die buitenactiviteiten organiseert voor kinderen met kanker. 'Ik moest daar speechen op een presentatie van T-Mobile en daarna dronken we een biertje... en we hielden contact. Ze werkte voor First Descent, een kleine zusterorganisatie van ons.'

In juli 2008 begonnen 'ze elkaar vaker te zien', zegt Lance. Hij was toen aan het trainen voor Leadville. 'Deze relatie was veel minder openbaar dan mijn andere relaties en dat stelde zij op prijs. Ze wil niet dat iedereen zich met haar bemoeit, en dat is goed. En het is goed voor mij.' Lance heeft begrip voor die behoefte aan privacy en aarzelt te vertellen over Anna of hun toekomstplannen. Als ik hem vraag of hij verbaasd was toen bleek dat Anna zwanger was, geeft hij me een van zijn verlegen lachjes. 'We waren best een klein beetje verrast,' zegt hij, in de wetenschap dat dit zijn eerste kind zou zijn dat op natuurlijke wijze is verwekt. Hij was niet langer door de kanker onvruchtbaar. 'Gelukkiger nog dan verrast,' voegt hij daaraan toe. 'Anna en ik zijn uitgelaten en alle mensen die ertoe doen zijn uitgelaten. Mijn moeder is uitgelaten, Kristin is uitgelaten en Luke, Grace en Bella zijn uitgelaten.' Kristin bevestigde haar instemming met Lance' relatie en de baby die op het punt stond zich bij het gezin te voegen. In de winter van 2008 zegt ze: 'Het was 18 december en Lance, Anna, een stel jonge fietsers die met Lance aan het trainen waren, ikzelf en de kinderen gingen wijn drinken en pizza eten in de Airstream van Lance,' de caravan van aluminium zoals die van McConaughey die Lance nu ook had. 'Daarna gingen we kijken naar de kerstverlichting. We hebben veel gelachen en plezier gehad. De volgende dag realiseerde ik me dat het op 18 december vijf jaar geleden was dat we gingen scheiden, op de dag zelf heb ik daar geen moment aan gedacht. Als iemand mij in 2003 had verteld dat ik vijf jaar later met mijn kinderen, Lance en zijn vriendin naar de kerstverlichting zou gaan kijken en dat die vriendin zwanger zou zijn, dan zou ik vermoedelijk hebben gelachen: "Ja hoor, natuurlijk." Dat is een prachtig voorbeeld dat bewijst dat tijd kan helen en ook voor mij persoonlijk: het toont dat God kracht geeft en het mogelijk maakt om je goed te voelen in een andere situatie.'

Met zijn privéleven meer op orde dan ooit was Lance klaar voor zijn rentree in de sport. Hij trainde hard om de strijd aan te kunnen gaan met de beste renners in de grootste wedstrijden, waaronder zijn favoriet, de Tour de France. Hij was er ook klaar voor om te beginnen met het meest grondige en onafhankelijke programma van dopingtests die wekelijks één of twee keer plaatsvonden om een definitief einde te maken aan de vragen over doping. Hij zou zich nog één keer bewijzen. Hij zou aandacht vragen voor de wereldwijde strijd tegen kanker. En de hele wereld kon zich opmaken voor een nieuwe demonstratie van wereldklasse.

Sommige mensen zeggen dat Lance is geboren met de kenmerken die hem tot een superieure sporter maken: een perfect fysiek gestel, een zeldzaam effectief stelsel van hart- en bloedvaten en een hoge pijngrens. Anderen zeggen dat zijn dominantie het gevolg is van zijn obsessieve, maar uiterst gedisciplineerde training, zijn innovatieve ideeën, zijn enorme gedrevenheid, blinde ambitie en winnaarsmentaliteit. En velen wijzen erop hoe geniaal Lance het beste team van trainers, ploegleiders, fysiotherapeuten, technische experts en renners om zich heen heeft verzameld. En dat is allemaal waar, maar toch is het niet genoeg om te verklaren wat hij heeft bereikt.

Davis Phinney, dezelfde renner van concurrent Coors Light die niet geloofde dat Lance de winstpremie – uitgeloofd door een Amerikaans bedrijf – van één miljoen dollar voor de Triple Crown in 1993 zou opstrijken, gaat nog een stap verder in zijn poging te bevatten wat Lance uniek maakt: 'Alles valt bij hem op zijn plaats: zijn fantastische genen, zijn arbeidsethos en de instelling waarmee hij de lat zo hoog legt. Vervolgens zag hij de dood in de ogen en daarna ging hij pas werkelijk zijn leven en de talenten die hij had op waarde schatten. Niet iedereen is in staat om tot dergelijke inzichten te komen. Lance begrijpt hoe moeilijk het is om de uitzondering te zijn, maar ook dat het een keuze is om de uitzondering te zijn. Ik geloof dat het verhaal van Lance Armstrong een roeping is en ik ben heel erg dankbaar dat ik er getuige van ben geweest.'

Er lijkt inderdaad een roeping in zijn leven tot nu toe te zitten. Die begint toen hij erg jong was en het gezin verhuisde naar een huis tegenover de fietsenwinkel van Jim Hoyt. Hoyt was slechts één van de velen die van invloed waren op Lance en die hem hielpen zijn dromen en mogelijkheden waar te maken. Zelfs de mensen die uit zijn leven verdwenen, zijn natuurlijke vader en zijn stiefvader, gaven hem iets mee: een woede en passie die hem de energie gaven om te winnen.

Maar het waren de mensen die in zijn leven bleven die hem in staat stelden 's werelds grootste kampioen te worden: zijn vrienden die hem in zijn tienerjaren andere sporten leerden, zijn mentoren,

trainers, ploegleiders, de artsen en zusters die zijn leven hebben gered, zijn ploegmaten, de teamdirectie en staf, de vrouwen die van hem hielden en hem steunden en zijn vrienden die er altijd waren. Altijd verscheen er iemand op zijn pad die hem gaf wat nodig was tijdens zijn mythische reis. Alles begon bij Linda, zijn moeder. 'Volgens mij ben ik vooral ópgevoed met de mentaliteit van een winnaar en er niet mee geboren,' zegt Lance. 'Je wordt niet geboren met agressie of een killersinstinct. Maar mijn moeder leerde me een vechter te zijn en nooit op te geven. Elke dag zei ze wel: "Pak ze!" '
En dat deed hij.

Dankwoord

Toen Kevin Hanover, mijn redacteur bij Da Capo Press, voorstelde om een boek te schrijven over Lance Armstrong, wist ik dat ik die uitdaging zou aannemen. Niet omdat ik Lance al een half leven ken en hem tientallen keren heb geïnterviewd, en niet omdat ik honderdduizenden woorden heb geschreven over zijn verrichtingen als professioneel wielrenner. Nee, ik wilde dit boek schrijven om de dingen over hem te ontdekken die ik nog niet wist – dingen die ik alleen maar te weten kon komen door met diegenen te praten die van invloed zijn geweest op zijn leven. Ik wilde van hen de verhalen horen over een opmerkelijke persoonlijkheid die wonderbaarlijke prestaties heeft geleverd – zowel op sportief gebied als daarbuiten – en die heftige, tegengestelde emoties opriep bij zowel zijn supporters als zijn tegenstanders.

Ik had dit boek niet kunnen schrijven zonder de openhartigheid van de meer dan zestig personen die ik, meestal een op een, heb gesproken. Ik wil met name degenen bedanken die ik wel ontmoet heb, maar wier namen en woorden niet voorkomen in dit boek – hun tijd en moeite is niet voor niets geweest, omdat zij mij nieuwe inzichten hebben verschaft over bepaalde aspecten van Lance' leven, of mij aan details hielpen die ik kon gebruiken in interviews met anderen. Ik wil graag de familieleden en vrienden bedanken die mij foto's beschikbaar hebben gesteld uit hun privéarchief, en ook diegenen die mij hebben geholpen met het vinden van moeilijk te traceren beelden of het verkrijgen van toestemming om bepaalde foto's in dit boek af te drukken.
Lance heeft mij enorm met dit project geholpen; door tijd vrij te

maken voor nieuwe interviews, bij hem thuis of onderweg, en mij in staat te stellen te spreken met mensen die anders wellicht niet zo vrijuit over hem hadden willen praten. Wellicht nog belangrijker en indrukwekkender: Lance hoefde niets terug te lezen van wat ik hier geschreven heb.

Boven alles wil ik mijn vrouw bedanken, Rivvy Neshama, wier visie, wijsheid, ijver, literaire kwaliteiten, liefde en voortdurende aanmoediging mij geholpen hebben om dit boek alles te laten zijn waar ik op hoopte.

John Wilcockson
April 2009